KB128687

하도 河圖

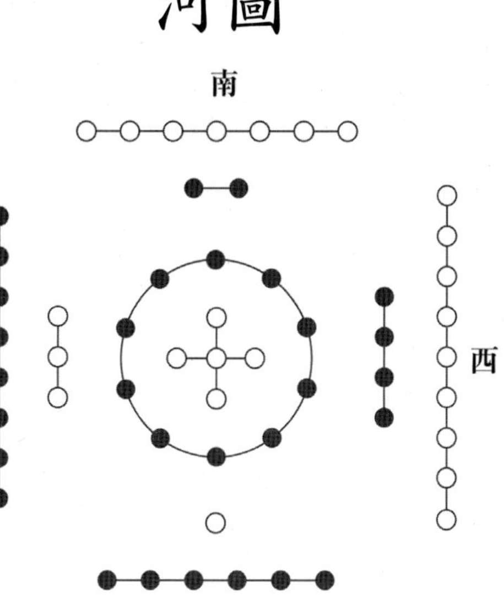

낙서 洛書

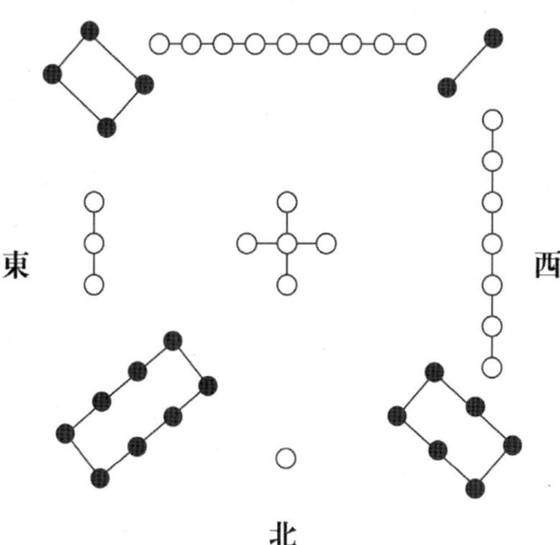

복희선천팔괘방위지도

伏羲先天八卦方位之圖

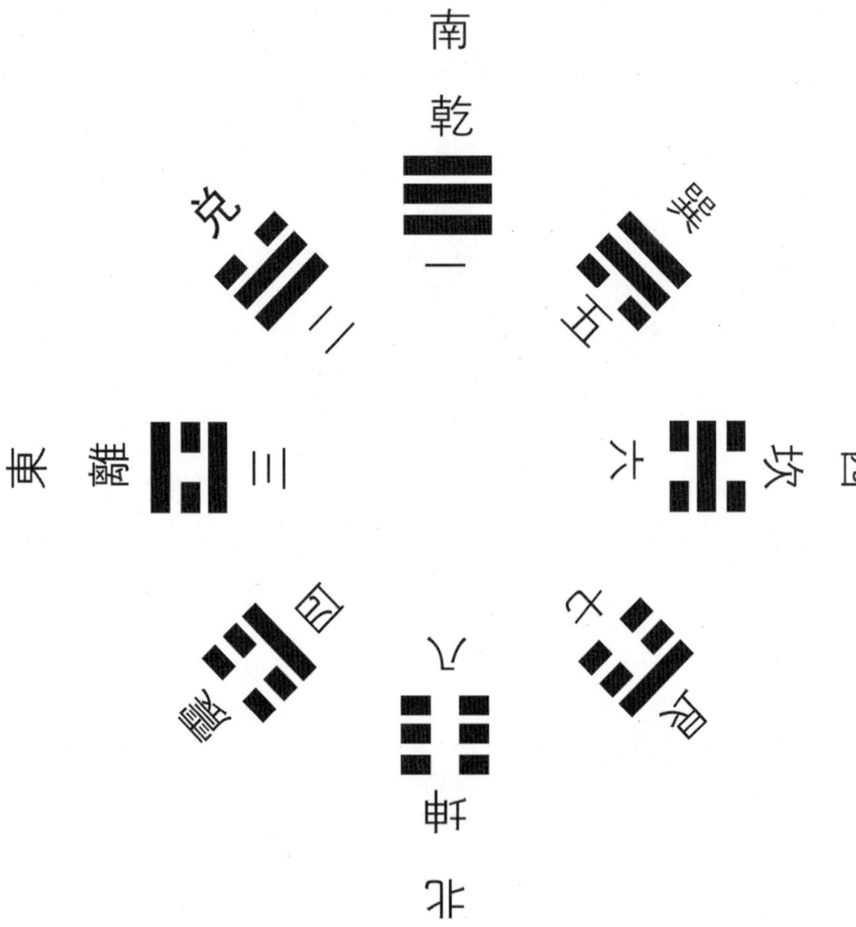

南

乾 一

兌 二

巽 五

離 三

東

坎 六

西

震 四

艮 七

坤 八

北

문왕후천팔괘방위지도
文王後天八卦方位之圖

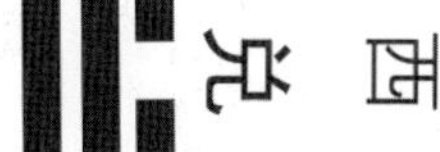

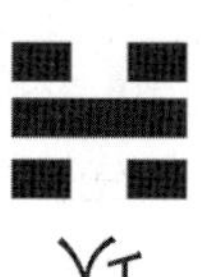

복 희 육 십 사 괘 방 위 지 도

伏羲六十四卦方位之圖

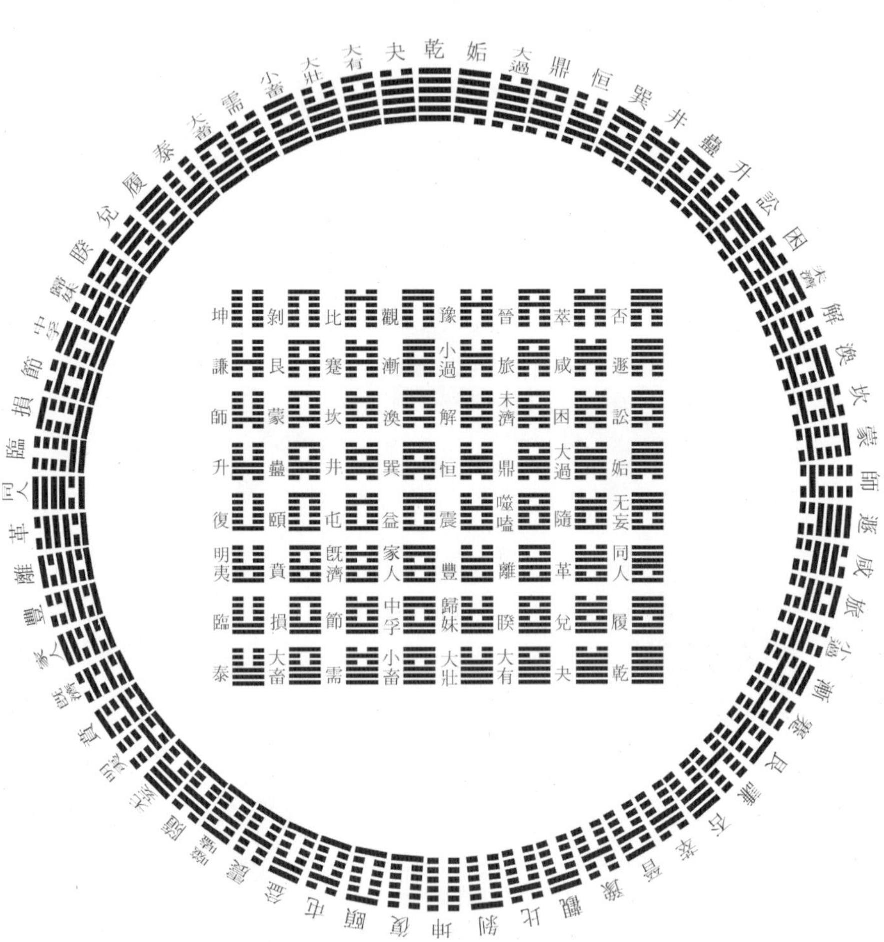

태 극 도

太極圖

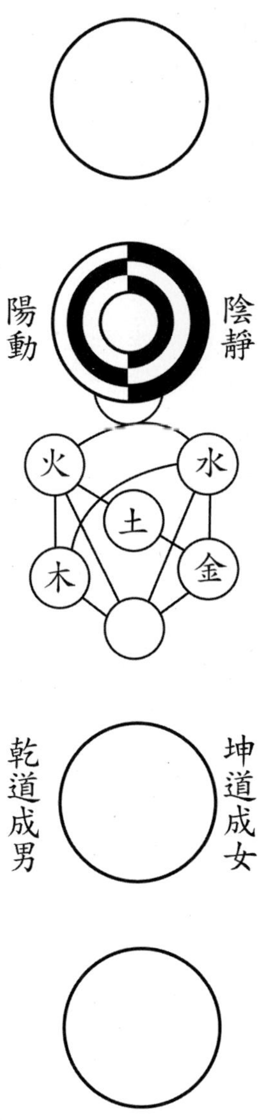

주역내전 2

이 번역은 중국 장사(長沙)의 악록서사(嶽麓書社)에서 1992년에 발행한 선산전서(船山全書) 가운데 『주역내전(周易內傳)』과 『주역내전발례(周易內傳發例)』를 저본으로 하였습니다.

이 책은 (재)한국연구재단의 지원으로 학고방출판사에서 출간, 유통합니다.

한국연구재단 학술명저번역총서
동양편 613

(동인괘同人卦䷌~이괘離卦䷝)

주역내전 2

Zhou Yi Nei Zhuan

왕부지(王夫之) 지음 | 김진근(金珍根) 옮김

學古房

역자서문

올해가 30년째다. 왕부지가 홀연히 내게 철학의 심오함을 일깨워주는 이로 다가온 뒤 어언 이만큼의 세월이 흘렀다. 그동안 나는 왕부지를 통해 동양철학의 정수(精髓)를 섭렵할 수 있었고, 학인(學人)으로서의 자세가 어떠해야 한지를 어렴풋이나마 엿볼 수 있었다. 그래서 대학원 학업 과정에서 왕부지의 역학(易學)을 연구하여 석사・박사학위를 얻었으며, 『왕부지의 주역철학』이라는 서서도 냈나. 뿐만 아니라 왕부지의 역학을 주제로 하여 10편이 넘는 논문을 써서 국내 학계는 물론 중국 학계에서 발표하기도 했다. 그리고 강단에 자리를 잡고 후학들에게 강의도 할 수 있게 되었다. 이러한 점에서 볼 때, 왕부지는 나의 사숙(私淑) 스승이요 학문적 은인이라 할 수 있다. 그리고 나의 평생 공부는 이 왕부지의 역학 속에 있다.

이 세월 동안 왕부지의 『주역내전』을 읽은 것을 바탕으로 이제 이 번역을 내놓는다. 한국연구재단의 2011년도 명저번역사업 분야에서 이 『주역내전』 번역으로 연구비를 지원받아 4년 동안 매진한 결과가 이 번역 속에 녹아 있다. 이 세월 동안 힘들었던 만큼 이제 뿌듯함으로 다가온다. 그리고 두렵다. 동양철학사 3천 년에서 걸작 중의 걸작인 이 작품을 우리말로 옮기면서 내가 얼마나 많이 훼손했을까를 생각하니! 완전 번역을 지향하면서 매달렸지만, 진행하면 할수록 그것은 이상일 뿐이라는 느낌을 번역자로서 처연하게 받았기 때문이다. 왕부지의 『주역』은 그만큼 어렵고 무거운 것이었다. 그래도, 완전 번역을 이루지는 못하더라도, 그만큼 내 손에 의해 훼손된 것이 많다손 치더라도, 우리말로 된 것이 있는 것이 없는 것보다는 낫다는 전제에서 용기를 내서 진행하였다. 독자 제현께서 혜량해주시기를 바란다.

이 『주역내전』은 왕부지가 67세 때 완성한 것이다. 그가 37세 때 쓴 『주역외전』과는 달리, 이 『주역내전』은 『주역』의 경(經) · 전문(傳文)을 축자적으로 충실하게 풀이하고 있다. 이 『주역내전』은 원래 왕부지가 제자들에게 『주역』을 강의하는 데서 교재로 활용하기 위해 저술한 것이다. 이에 비해 『주역외전』은 경 · 전문이 없이 단지 『주역』의 틀만을 준수하며 왕부지가 자신의 『주역』철학을 체계적으로 서술한 것이다. 따라서 우리는, 그가 '내(內)' · '외(外)'라는 말을 사용하여 이들을 구별 짓고 있는 점을 대강 짐작할 수 있다. 즉 『주역내전』은 『주역』 속에 들어가서 속속들이 그 풀이를 시도한 것이고, 『주역외전』은 『주역』 밖에서 그것을 전체적으로 조망하며 쓴 풀이글이라는 것이다. 이들 『주역내전』과 『주역외전』은 쌍벽을 이루며 왕부지 철학의 정수(精髓)를 보여주고 있다. 이들은 중국철학사에서 '인식 체계의 대전환(paradigm shift)'이라 부르기에 충분한 철학적 독창성과 혜안을 여실히 보여주고 있다. 이들 외에도 왕부지는 『주역대상해(周易大象解)』, 『주역고이(周易考異)』, 『주역패소(周易稗疏)』 등을 저술하여 『주역』에 대한 그의 입체적인 이해와 포괄적인 설명을 내보이고 있다.

그런데 왕부지의 『주역』은 독자에게 무거움을 요구한다. 그 이유는 이러하다. 첫째, "『주역』은 군자가 일을 도모하는 데 활용하기 위해 만든 것이지 소인이 무슨 일을 도모하는 데 활용하도록 만들어진 것이 아니다."(『正蒙』, 「大易」: 『易』爲君子謀, 不爲小人謀)라는 장재(張載)의 말을 그가 금과옥조(金科玉條)로 운용하기 때문이다. 이는 왕부지가 『주역』을 읽는 이에게 선결 요건으로 군자가 되라고 요구함을 의미한다. 그렇지 않으면, 즉 군자의 요건을 갖추지 못한 채 자신의 이익 따위나 도모하기 위해 시초점을 치면, 정작 거기에서 나온 괘・효사의 의미가 점친 이에게 해당되지 않는다고 하기 때문이다. 왕부지는 『춘추좌씨전』에 나오는 목강(穆姜)의 예를 들어 이를 강조하고 있다. 따라서 자신이 군자가 아니고 또 시초점에게 묻는 일이 의로움[義]이 아니라 이로움[利]에 관련된 것이라면, 아예 『주역』은 손에 잡아서도 안 된다고 하는 의미가 된다. 왕부지는 이러한 관점에서 『주역』이 "의로움을 점치는 것이지 이로움을 점치는 것이 아니다(占義不占利)."고 하였고, "군자에게 권하여 경계하도록 하는 것이지 자신을 모독해가면서까지 소인에게 고해주지 않는다(勸戒君子, 不瀆告小人)."고 하였다. 이처럼 왕부지의 역학은 의리역학의 정수(精髓)를 보여주고 있는 것이다. 이는 공자가 항상된 덕이 없으면 점을 치지 말라고 하였던(『論語』, 「子路」: 子曰, "南人有言曰, '人而無恆, 不可以作巫醫.' 善夫!" "不恆其德, 或承之羞." 子曰, "不占而已矣.") 가르침을 그대로 이어받은 것이라 할 수 있다. 그래서 무겁지 않을 수가 없다.

둘째, 왕부지의 한평생이 『주역』 속에 녹아 있기 때문이다. 그는 오늘날 우리 한국인의 관점에서 보면 지나치다 싶을 정도로 한족(漢族)과 다른 민족들을 구별하였다. 이른바 '이하지변(夷夏之辨)'에서 그는 주변의 다른 민족들을 동등한 인간으로 보려 하지 않는 점이 너무나 두드러지는 것이다. 이러한 관점을 가진 그가 만주족에게 중원이 지배당한 수모 속에 지식인으로서 한평생을 살았으니, 그 열패감이 어떠했으리라는 것은 짐작키에 어렵지 않다. 그런데 그는 자신의 '이하지변'을 정당화하는 차원에서 한족의 문화적 우월성을 든다. 짐승과 구별되는 사람 세상을 운용할 수 있도록 하는 체제인 예(禮)를 가졌다는 측면에서 그렇다는 것이며, 그 장구한 역사 속에서 성현(聖賢)들의 가르침을 많이 축적하고 있다는 점에서 그렇다는 것이다. 이러한 점들을 그대로 온축하고 있는 것이 이 『주역』이다. 그는 이제 한족에 의한 중원 회복 가능성이 완전히 사라져버렸다고 여긴 상황에서 이렇게 이민족에게 지배를 당함이 하늘의 뜻이라 보고는, 자신의 서실에 "육경이 나를 다그치며 새로운 면모를 열라 하니, 이 한 몸 하늘의 뜻을 좇으며 산 채로 묻어 달라 애걸하네!(六經責我開生面, 七尺從天乞活埋)"라는 대련(對聯)을 붙이고 경전 연구에 자신의 남은 평생을 걸었다. 이렇게 하여 탄생한 것이 이 『주역내전』이다. 그만큼 그의 『주역』은 독자들에게 숙연함을 요하고 있다.

셋째, 『주역내전』에는 중국 고전에 대한 왕부지의 해박함이 그대로 녹아 있기 때문이다. 이 『주역내전』을 읽다 보면, 문(文)·사(史)·철(哲) 모두에 달통한 그의 지식이 총망라되어 있다는 것을 금방 알아차릴 수 있다. 『주역』 풀이에서 이들 고전의 관련 구절을 인용하며 풀이하는 곳이 너무나 많기 때문이다. 13경은 물론이요, 24사(史)로 통칭할 수 있는 중국의 역사적 사건들이 그 풀이에 끊임없이 동원되고 있는 것이다. 따라서 독자로서도 이러한 배경 지식이 없으면, 오리무중(五里霧中)을 헤매는 답답함에 애가 닳기 십상이고, 읽고 또 읽어도 격화소양(隔靴搔

癢)의 미진함이 남기 마련이다. 그만큼 왕부지의 『주역』은 독자들에게 무거움으로 다가온다고 할 수 있다.

넷째, 왕부지의 글이 너무나 압축이 심하고, 어휘가 풍부하기 때문이다. 그가 중국의 그 방대한 고전을 꿰고서 그것들을 『주역』 풀이에 적절하게 활용한다는 데서 이미 들어난 사실이기도 하지만, 왕부지의 천재성이 이 『주역내전』에는 남김없이 발휘되어 있다. 따라서 그에 못 미치는 수준의 사람으로서는 이 『주역내전』을 읽는 것이 여간 힘든 일이 아니다. 그가 60대에 들어서는 잔병치레 하느라 끊임없이 시달렸고 지병이었던 천식 때문에 몸을 가누기조차 어려운 상황인지라, 제자들에게 말로 『주역』을 설명하기가 어려워 글로 풀이를 제시하기 위해 이 『주역내전』을 썼다는데, 그의 천재성이 녹아 있는 압축과 풍부한 어휘가 그만 범연한 사람으로서는 따라 읽는 것을 너무나 어렵도록 하는 것이다. 도대체 풀이가, 풀이가 아닌 것이다. 이 풀이를 이해하기 위해서 우리는 다시 공부하지 않으면 안 되고, 그가 하고자 하는 말이 무슨 의미를 지닌 것인지 몇 날이고 곱씹어보지 않으면 안 된다. 그래서 왕부지의 『주역』이 독자들에게 무거움으로 다가온다고 하지 않을 수가 없다.

역자로서 나는 내가 읽으면서 느낀 이 무거움을 가능하면 독자들은 겪지 않도록 하겠다는 차원에서 최선을 다해 번역에 임하였다. 그래서 왕부지가 『주역』 풀이에서 동원하고 있는 관련 고전의 구절과 역사적 사실들을 일일이 전거를 찾아서 각주의 형식을 빌려 설명하였다. 아울러 압축이 심한 구절의 의미를 재삼재사 곱씹으며 나름대로 풀이하여 제시하였다. 그러다 보니, 각주의 수가 엄청나게 불어났고, 각주 하나하나의 양도 한없이 늘어나기만 했다. 그런데 관점에 따라서는 필요하지 않는 각주들이 있다고 여길 수도 있고, 각주가 너무 장황하다고 여길 수도 있을 것이다. 그러나 역자로서는 독자들에게 하나라도 더 배경 지식을 전해준다는 차원에서 시도해본 것이니, 역자의 각주가 필요 없는 수준의 독자들로서는 이 점을 양해하길 바란다.

이 『주역내전』의 독창적인 면 몇 가지를 약술하고자 한다. 첫째, 왕부지의 태극관(太極觀)이다. 왕부지는 태극을 '음·양이 나뉘지 않은 채 뒤섞여 있는 것(陰陽之渾合者)'이라 한다. 즉 음·양이라는 본체가 인(絪)·온(縕) 운동을 하면서 서로 함께 어울려 합동으로 지어내고(合同而化) 하늘과 땅 둘 사이를 가득 채우고 있는 것을 태극이라 한다. 다시 말해서 '음·양 둘이 합하여 함께 이루어내는 합동의 조화(合同之之和)'를 태극이라 한다. 이렇게 보면, 왕부지에게서 태극은 음·양이라는 두 본체의 기(氣)가 인(絪)·온(縕) 운동을 통해 만물을 지어내면서 이루고 있는 전체적인 조화의 양태를 의미한다. 그러므로 이 태극은 따로 독립된 장(場)을 갖거나 자기 정체성(identity)을 갖는 또 하나의 존재가 아니다. 이렇듯이 왕부지는 이 태극을 우주 만물의 총 근원·근거로서의 본체라 하지 않는다. 왕부지에게서 이러한 본체는 어디까지나 음·양의 기(氣)다. 그는 이것을 '인·온 운동을 하는 속에 거대하게 조화를 이루고 있는 기[太和絪縕之氣]'라고 명명하였다. 이러한 왕부지의 태극관은 주희(朱熹)의 태극관과 명확하게 비교된다. 주희는 태극을 형이상자(形而上者)로서의 도(道), 음·양을 형이하자(形而下者)로서의 기(器)라 하면서, 양태로 보면 휑하고 아득하여 아무런 조짐이 없는[沖漠無朕] 태극 속에 음·양의 리(理)가 다 갖추어져 있다고 하였다.(朱熹, 『太極圖說解』 참조) 따라서 주희에게서는 우주 만물의 총 근원·근거로서의 본체가 이 태극이다. 그리고 주희는 이 태극을 리(理), 음・양을 기(氣)라 하면서, 이 둘 사이에는 본래 선후가 없는 것이지만 논리적・개념적으로 소종래(所從來), 즉 어디로부터 왔는가를 추론해보면 태극인 리(理)가 먼저 있고 그것으로부터 기(氣)가 왔다고 해야 한다고 하였다. 그러나 왕부지에게서 이러한 태극은 없다. 태극이 결코 음・양의 본체나 근거가 될 수 없는 것이다. 태극이 자기 정체성을 지닌 독립된 존재가 아니기 때문이다. 이것이 이 『주역내전』의 태극에 대한 설명에서 분명하게 제시되어 있다.

둘째, 왕부지는 이 세계의 본체인 음・양을 『주역』에서 표상하고 있는 것이 건괘☰・곤괘☷ 두 괘요, 음(陰)・양기(陽氣)가 천지 만물을 낳는 것처럼 이들 두 괘가 나머지 62괘를 낳는다고 하고 있다. 왕부지는 이를 '건괘・곤괘 두 괘가 아울러 다른 괘들을 세움[乾坤竝建]'이라 명명하고 있다. 따라서 왕부지의 역학(易學)에서는 태극이 본체가 되지도 않고, 건괘☰만이 홀로 본체가 되지도 않는다. 어디까지나 이들 건괘・곤괘 두 괘가 아울러서 『주역』 64괘의 본체가 된다고 하고 있다. 이를 논증하기 위해 왕부지는 한 괘의 여섯 효 낱낱의 뒤쪽[背]에는 앞쪽[嚮]과 상반되는 효가 자리 잡고 있다고 하였다. 즉 앞쪽에 양효(—)가 있으면 뒤쪽에는 음효(--)가 있고, 앞쪽에 음효(--)가 있으면 그 뒤쪽에는 양효(—)가 자리 잡고 있다는 것이다. 따라서 왕부지에게서 한 괘는 6위(位)가 아니라 12위(位)가 된다. 이 12위(位)를 고려하면 『주역』의 64괘는 모두 건괘・곤괘 두 괘로 환원된다. 다시 말해서 64괘가 모두 건괘・곤괘 두 괘로 이루어져 있다고 함을 확인할 수 있는 것이다. 이 '건곤병건'설은 그의 기철학(氣哲學)을 역학에서 정합적으로 운용한 것이라 할 수 있다.

셋째, '사성동규(四聖同揆)', 또는 '사성일규(四聖一揆)'론이다. 이는, 오늘날 우리가 접하는 『주역』을 복희씨(伏犧氏), 문왕(文王), 주공(周公), 공자라는 네 성인이 각기 시대를 달리하면서도 동일한 원리를 좇아서 만들었다고 하는 주장이다. 복희씨는 팔괘를 그렸고, 문왕은 이를 육십사괘로 연역하고는 각각의 괘에 괘사(卦辭)를 붙였으며, 그 아들 주공은 육십사괘 각각의 여섯 효들에 효사를 붙였다는 것이다. 효사는 모두 386개다. 그리고 공자는 『주역』의 원리 및 괘・효사들에 담긴 의미를 풀이해주는 전(傳)으로서의 '십익(十翼)'을 지었다는 것이다. 다만 왕부지는 전통 주역관에서 말하는 것과는 달리 역전(易傳) 가운데 「서괘전(序卦傳)」만은 공자의 저작이 아니라고 단언하며 이 『주역내전』에서 그 원문만을 덩그러니 그대로 둔 채 아예 풀이조차 하지 않고 있다. 그리고는 '십익'에서 이 「서괘전」을 빼낸 자리에, 이제 「상전(象傳)」에서 「대상전」을 분리하여 추가함으로써 '십익'의 숫자 '10'을 채우고 있다. 왕부지는 그의 천재성으로 말미암아 「서괘전」의 조악함을 벌써 눈치챈 것이다. 사실 냉엄하게 보면, 이 「서괘전」만큼은 그 횡설수설 및 논의의 일관성 결여 때문에 십익 가운데서도 너무나 격이 떨어진다. 그래서 이것을 『역전』 속에 포함시키는 것이 민망스러울 정도다. 그런데 왕부지는 그 학문적 엄밀성과 객관성에 입각하여, 전통적으로 경전의 의심스러운 점들에 대해 자신의 관점에서 함부로 재단하지 않고 그대로 두는 '존이불론(存而不論)'의 태도를 지양하면서, 이렇게 과감하게 자신의 입장을 개진하고 있는 것이다. 그리고 왕부지는 '사성동규'론에 입각하여 팔괘, 육십사괘, 괘・효사, 『역경』과 『역전』 사이 등에 정합성과 일관성이 자리 잡고 있다고 본다. 즉 이들 사이에 어떤 모순도 존재하지 않는다고 보는 것이다. 따라서 괘・효사들 사이에 더러 상충되어 보이는 것들에 대해서 그는 어떻게든 그 정합성과 일관성을 역설하며 풀이를 시도하고 있다. 이것을 왕부지 자신은 '단효일치(彖爻一致)'라는 말로 부르고 있다.

넷째, 『역학계몽』의 『주역』 풀이 관점과 도설(圖說)들을 철저하게 배격하는 점이다. 주지하다시피 『역학계몽』은 채원정(蔡元定)과 주희(朱熹)가 함께 지은 것으로서, 주자학이 동아시아에서 관학으로 자리 잡은 뒤에는 주희의 권위에 실려 『주역』 풀이에서 거의 교조(敎條)처럼 자리매김 되어 있었다. 이 『역학계몽』의 핵심을 이루는 것은 소옹(邵雍)의 『주역』 관련 저작들과 한대(漢代)부터 거의 정설처럼 내려오는 괘변설이다. 그런데 왕부지는 소옹이 그린 도(圖)들을 거의 모두 부정하고, 가일배법(加一倍法)도 신랄하게 비판한다. 우주 변화의 법칙은 이처럼 정연하게 점진적으로, 또 도식적으로 변화하지 않는다는 이유에서다. 즉 우주는 인간의 입장에서까지 예측 가능할 정도로 이와 같은 필연의 과정을 밟으며 변화하지 않는다고 보는 것이다. 물론 왕부지 자신이 "수의 밖에는 상이 없고, 괘・효상의 밖에는 괘・효사가 없다.(無數外之象, 無象外之辭)"라고 하며 『주역』을 풀이하는 데서 괘・효상과 수를 고려함이 필수불가결함을 역설하고는 있다. 그리고 그는 이를 논거로 하여 왕필의 유명한 "뜻을 얻었거들랑 말은 잊어버리고, 말을 얻었거들랑 상은 잊어버려라!(得意忘言, 得言忘象)"라는 설을 비판하고도 있다. 왕부지 자신도 상(象)과 수(數)를 『주역』의 핵심 요소로 보고 있는 것이다. 그럼에도 불구하고 왕부지는 『역학계몽』에서 내세우는 도(圖)나 상(象)・수(數) 및 관련 이론들에 대해 철저하게 부정하는 입장을 취하며 자신의 관점에서 정치(精緻)한 대안들을 제시하고 있다. 『역학계몽』의 관점과 해석틀이 당시 동아시아에서 절대적 권위를 확보하고 있었다는 배경을 감안할 때, 이러한 면은 왕부지 역학의 대단히 두드러진 특징이라 하지 않을 수 없다. 그리고 우리는 여기서 왕부지의 학문적 순수성과 객관성을 충분히 짐작할 수 있다.

왕부지는 이 『주역내전』에 대해서 장문의 '일러두기'에 해당하는 『주역내전발례(周易內傳發例)』를 붙이고 있다. 그런데 이 『주역내전발례』에는 『주역내전』에 대한 단순한 일러두기를 넘어 왕부지의 주역관이 소상하게 개진되어 있다. 따라서 어떤 측면에서는 이것이 『주역내전』의 길잡이 역할을 한다고도 할 수 있다. 이러한 이유에서 역자인 나는 독자들이 본격적으로 『주역내전』을 읽기에 앞서 이 『주역내전발례』를 먼저 읽을 것을 권하고 싶다.

이제 이 성과를 책으로 내면서 역자로서 나는 한국연구재단에 감사하지 않을 수 없다. 피상적으로만 보면 전혀 돈이 될 리가 없는 이 『주역내전』의 번역과 출판을, 이 재단에서 명저번역사업의 일환으로 전격 지원해 주었기 때문이다. 이 지원이 없으면 거의 빛을 보기 어려웠을 이 작업성과가 이렇게 하여 세상에 드러날 수 있었다. 따라서 번역자의 입장에서 한국연구재단에 아무리 감사해도 지나치지 않다고 본다.

또 있다. 우리 한국교원대학교의 대학원 석·박사 과정에서 나에게 지도를 받고 있고 또 받았던 김경주·김명희 선생께 나는 감사해야 한다. 이들은 나에게 이 『주역내전』을 디지털로 옮겨 줌으로써 내가 그만큼 편하게 번역을 진행할 수 있도록 해주었다. 그리고 이들은 일부의 교정에도 흔쾌히 시간을 내주었다. 이제 이 성과를 출간하면서 이들의 노고를 기리며 마음속 깊이 고마움을 느낀다. 아울러 이 번역의 출간에 흔쾌히 응해준 학고방 출판사의 하운근 사장과 직원들에게 깊이 감사한다. 특히 나의 다양한 요구들을 말없이 수행해 준 박은주 차장에게 감사하다는 말씀을 올린다.

독자 제현들의 눈에 이 번역물이 한두 곳에만 문제가 있는 것이 아닐 것이다. 이에 대해 독자 여러분들의 따뜻하면서도 준엄한 질정(質正)을 바란다. 그리고 이러함이 모여 우리나라에 왕부지의 역학이 더욱 정확하게 알려지고 그에 대한 수준 높은 연구가 지속될 수 있기를 바란다.

2014년 11월 24일

문수 · 보현봉이 바라보이는 작은 서실에서

김진근 쓰다

목 차

주역내전 (건괘乾卦䷀~비괘否卦䷋)

주역내전 (동인괘同人卦䷌~이괘離卦䷝)

주역내전 (함괘咸卦䷞ ~ 곤괘困卦䷮)

주역내전 (정괘井卦䷯~미제괘未濟卦䷿)

5

주역내전 (계사전繫辭傳)

주역내전 (설괘전說卦傳·서괘전序卦傳·잡괘전雜卦傳·附 발례)

附 발례

일러두기

- 이 번역은 중국 장사(長沙)의 악록서사(嶽麓書社)에서 1992년에 발행한 선산전서(船山全書) 가운데 『주역내전(周易內傳)』과 『주역내전발례(周易內傳發例)』를 저본으로 하였다.

- 『주역』 본문의 끊어 읽기와 풀이는 저자의 것을 기준으로 하였다. 따라서 우리나라의 전통 끊어 읽기와 다른 곳이 있을 수 있고, 우리나라의 전통 풀이와 다른 곳이 있을 수 있다. 괘 이름에서도 저자의 풀이를 근거로 하였다. 예컨대 우리나라에서는 遁卦䷠를 '돈괘'라고 읽지만, 왕부지가 철저하게 '은둔'의 의미로 풀고 있음을 존중하여 이 번역에서는 '둔괘'로 읽었다.

- 가능하면 순수한 우리말로 풀자는 관점에서 우리말로 표기한 것들이 있다. 예컨대 '剛・柔'를 '굳셈[剛]・부드러움[柔]'으로, '動・靜'을 '움직임(動)・고요함(靜)'으로 표기한 것들이 그것이다. 이 외에도 가능하면 순수한 우리말로 풀자는 시도를 의식적으로 하였다. 따라서 이것들이 일반 서술어들과 혼동을 줄 수 있는 여지가 있지만 독자 제현의 양해를 바란다.

주역내전

(동인괘同人卦䷌~이괘離卦䷝)

동인괘同人卦䷌ ~ 이괘離卦䷝

同人卦離下乾上

동인괘䷌

同人于野, 亨. 利涉大川, 利君子貞.

들에서 다른 사람들과 하나가 됨이다. 형통하다. 큰 하천을 건넘에 이롭고 군자가 올곧음에 이롭다.

'同人'者, 同於人而人樂與之同也. 剛者, 柔之所依, 一陰固願同於衆陽; 柔者, 剛之所安, 衆陽亦欲同於一陰. 凡卦之體, 以少者爲主. 二者, '同人'之主也. 柔而得應, 無離群孤立之心, 而少者, 物之所貴而求者也, 則五陽爭欲同之矣. '于野'者, 迄乎疏遠, 迨乎邱民, 皆欲同之之謂. 爲衆所欲同, 其行必'亨'. 柔非濟險之道, 而得剛健者樂與同心, 則二之柔旣足以明炤安危之數, 而陽剛資之以'涉大川', 必利矣. '利君子貞'者, 柔居中而得位, 故與物同, 而無容悅詭隨之失. 凡應事接物者, 不正而利, 其邪彌甚. 故『易』無有言利不貞者. 君子之貞, 無所不利, 而此獨言 '利君子貞'者, 以同非君子之道, 則其利似非君子之貞. 然'吾非斯人之徒與而誰與', 義不可得而異, 唯大同斯利矣. 君子之利, 合義而利物也, 非苟悅物情而所欲必得之謂也.

'同人(동인)'이란 다른 사람과 하나가 되어 어울리고 다른 사람들도 즐겁게 그와 하나가 되어 어울림을 의미한다. 굳셈[剛]은 부드러움[柔]들이 의지하는 존재다. 그래서 이 괘의 단 하나 있는 음[육이효]은 본디 이 괘의 여러 양(陽)들과 하나가 되어 어울리기를 원한다. 그리고 부드러움은 굳셈들이 편안히 여기는 존재다. 그래서 이 괘의 여러 양들도 단 하나 있는 음과 하나가 되어 어울리려고 한다. 무릇 괘들에서는 적은 것이 주체가 된다. 그래서 이 동인괘의 육이효는 사람들과 하나가 되어 어울림에서 주체가 된다. 그것이 부드러우면서도 응하는 이들이 있으니 무리로부터 떠나 고립하고 싶은 마음이 없다. 그리고 적게 있는 것은 물(物)들이 귀하게 여겨 구하는 존재니, 다섯 양들이 쟁탈을 벌이며 그와 하나가 되며 어울리려고 한다. '들에서'란 아득히 먼 곳까지라는 의미로서 산골짝의 백성들에 이르기까지 모두 그와 하나가 되어 어울리기를 원한다는 말이다. 이처럼 모든 이들이 하나가 되어 어울리기를 원하니 그의 행함은 반드시 '형통'한다.
그런데 부드러움[柔]은 험난함을 구제하는 방법이 아니다. 그럼에도 불구하고 이 동인괘에서는 굳세고 씩씩한 이들이 즐겁게 그와 한마음이 되고 육이효의 부드러움으로서도 안녕을 초래하거나 위태로움을 초래하는 법칙을 이미 충분히 밝혀주고 있다. 그래서 양의 굳셈[剛]들이 이 도움을 받아 '큰 하천을 건너서' 필연코 이롭게 되는 것이다.
'군자가 올곧음에 이롭다'는, 부드러움이 중앙에 제자리를 차지하고 있기 때문에 다른 이들과 하나가 되어 어울리되, 결코 제 뜻을 굽히면서까지 영합하여 남을 기쁘게 함[232]이나 옳고 그름을 따져 보지도 않고 망령되이 남의 의견을 따름[233] 따위의 잘못은 없다. 무릇 일을 처리하는 이들이나 남과 교섭하는 이들이 부정(不正)함으로써 이로움을 얻으면 그 사악함이 더욱 심하다. 그러므로 『주역』에서는 '올곧지 않음(不貞)'에 대해 '이롭다'고 말하는 경우는 없다. 그리고 군자가 올곧음을 지키고 있음에는 이롭지 않음이 없다. 그런데도 여기서 유독 '군자가 올곧음에 이롭다'고 한 까닭은, 이 동인괘에서는 군자의 도(道)가 아닌 것에까지 하나가 되어 어울리고 있어서, 마치 이 이로움이 군자의 올곧음이 아님에 대해서 이롭게 한 것처럼 보이기 때문이다. 그러나 이는 공자께서 "내가 이 사람의 무리와 함께하지 않고 누구와 함께하리오!"[234]라고 하신 말씀과

---

232) 이 말은 『맹자』에 나오는 맹자의 말이다.(『孟子』, 「盡心上」: 有事君人者, 事是君, 則爲容悅者也.)

233) 이 말은 『시경』, 「대아·민로」(無縱詭隨, 以謹無良.)편에 나오는 말이다. 이에 대해 주희가 이곳의 왕부지처럼 풀이하였다.(朱熹, 『詩經集傳』, 「大雅·民勞」: 詭隨, 不顧是非而妄隨人也.)

234) 『논어』, 「미자」 편에 나오는 공자의 말이다. 여기서는 장저(長沮)와 걸익(桀溺)이라는 두 은자(隱者)가 공자의 구세(救世)적 삶을 비웃는 광경이 있다. 그들은 도도히 흘러가는 저 물처럼 스스로의 원리와 법칙으로 돌아가고 있는 세상을 사람으로서는 결코 바꿀 수 없거늘 공자는 애당초 가능하지도 바람직하지도 않은 일을 하고 있다고 비판한다. 그리고는 차라리 세상을 피해 자연과 하나 되는 삶이 더 낫다고 한다. 이에 대해 공자는 "사람이 짐승들과는 함께 무리 지어 살 수 없으니, 내가 이 사람의 무리와 함께하지 않고 누구와 함께하겠는가? 천하가 원리 원칙대로 잘 돌아가고 있다면 나는 새삼 그것을 바꾸려하지 않을 것이다.(鳥獸不可與同羣, 吾非斯人之徒與而誰與? 天下有道, 丘不與易也.)"라고 말하고 있다.

의미가 다를 수가 없다. 오직 대동(大同)이라야 이로운 것이다. 그렇다고 하여 군자의 이로움은 의로움에 합치하고 물(物)들을 이롭게 하는 것이지, 결코 물(物)들의 정서에 구차하게 영합하여 기쁘게 한다든가 욕구하는 것마다 반드시 얻는다는 말은 아니다.

「彖」曰: 同人柔 · 得位 · 得中而應乎'乾', 曰'同人'.

「단전」: 동인은 부드러움이고 제자리를 차지하고 있으며 득중하여 상괘인 건괘☰에 응하고 있다. 그래서 '동인'이라 한 것이다.

具此三德, 故人樂得而同之. 二正應在五, 不言應剛而言'乾'者, 人之志欲不齊, 而皆欲同之, 則爲衆皆悅之鄕原矣. 唯不同乎其情之所應, 而同乎純剛無私之龍德, 以理與物相順, 得人心之同然而合乎天理, 斯爲大同之德, 而非苟同也.

이 세 가지 덕, 즉 부드러움 · 제자리를 차지함 · 득중함을 갖추고 있기 때문에 사람들이 즐겁게 그와 하나가 되어 어울린다. 이 동인괘에서 육이효의 제대로 응함[正應]은 구오효에게 있다. 그런데도 '굳셈에 응한다'고 하지 않고 '건괘☰에 응하고 있다'고 한 까닭은, 사람의 뜻함과 욕구가 똑같지 않은데도 모두 구오효하고만 하나가 되어 어울리기를 원한다면 그는 다중 모두가 다 기뻐하는 향원(鄕原)[235]이기 때문이다.

---

235) '향원(鄕原)'은 『논어』에 나오는 말이다. 공자는, "향원은 덕을 해치는 인물이다.(『論語』, 「陽貨」: 鄕愿, 德之賊也.)"라고 하였다. 이에 대해 주희는 "'鄕(향)'이

오직 그 정(情)이 쏠리는 이와 하나가 되어 어울리지 않고 사욕이라고는 전혀 없는 순수한 굳셈의 용덕(龍德)에 하나가 되어 어울리는 것이다. 그리하여 이치에 입각하여 타인들과 서로 순종함으로써 사람들의 마음

란 비속하다는 뜻이고 '原(원)'은 '願(원)'과 같다 …… 이러한 사람은 세상의 흐름에 함께하며 더러움에 영합함으로써 세상 사람들에게 아첨한다. 그래서 향인(鄕人)들 가운데 유독 그가 '원하는 사람'으로 일컬어지는 것이다. 공자님께서는 이것이 마치 덕인 듯하지만 결코 덕이 아니고 오히려 덕을 어지럽히는 것이기 때문에 덕을 해치는 것으로 여겨 매우 미워하신 것이다.(朱熹, 『論語集注』, 「陽貨」: 鄕者, 鄙俗之意. 原, 與'願'同……蓋其同流合汙, 以媚於世, 故在鄕人之中獨以願稱. 夫子以其似德非德而反亂乎德, 故以爲德之賊而深惡之.)"라고 설명하고 있다.

이 '향원(鄕原)'에 대해 맹자는 보다 구체적으로 설명하며 비판한다. 그는 공자의 이름에 기대 향원이, 잘못을 지적하려 해도 무엇 하나 딱히 꼬집을 것이 없고 나무라고자 하여도 역시 무엇 하나 꼬집을 것이 없으며, 세속에 하나가 되어 어울리고 더러운 세상에 영합하는 존재로 설명한다. 뿐만 아니라 평소 생활할 적에는 마치 마음속에서 우러난 것처럼 군 나머지 신실(信實)해 보이고, 행동하는 데서는 청렴결백한 듯 보여서, 모든 사람이 좋아하고 스스로도 자신이 옳다고 여기는 인물이라 한다. 그러나 이러한 부류의 인물은 흡사 비슷하기는 하지만 실질은 아니어서[似而非] 덕을 어지럽히는 존재일 뿐이라고 맹자는 비판하고 있다. 그리고는 이에 대해 군자를 대비시키면서, 군자는 인류공동체를 운영하는 데서 영원히 근본이 되는 것[經]으로 돌이키는 인물이라 하고 있다. 그 속에서 인류공동체 구성원들의 삶의 지평이 확보되고 사특함이 배격될 것이라 한다.(『孟子』, 「盡心下」: 萬章曰, "一鄕皆稱原人焉, 無所往而不爲原人, 孔子以爲德之賊, 何哉?" 曰, "非之無擧也, 刺之無刺也, 同乎流俗, 合乎汚世, 居之似忠信, 行之似廉絜, 衆皆悅之, 自以爲是, 而不可與入堯舜之道, 故曰'德之賊'也. 孔子曰, 惡似而非者: 惡莠, 恐其亂苗也; 惡佞, 恐其亂義也; 惡利口, 恐其亂信也; 惡鄭聲, 恐其亂樂也; 惡紫, 恐其亂朱也; 惡鄕原, 恐其亂德也. 君子反經而已矣. 經正, 則庶民興, 庶民興, 斯無邪慝矣.")

이 자신과 하나가 됨을 얻고 하늘의 이치에 합치한다. 이는 대동(大同)의 덕이지, 결코 구차하게 하나가 되는 '구동(苟同)'이 아니다.

同人曰 "同人于野, 亨."

동인괘에서는 말하기를, "들에서 다른 사람들과 동화함이다. 형통하다."라 하고 있다.

『本義』曰, "'同人曰'三字, 衍文." 按. '于野'之義未釋, 蓋有脫誤.

'同人曰(동인왈)'에 대해, 주희의 『주역본의』에서는 "'同人曰(동인왈)' 세 글자는 쓸데없이 들어가서 글자 수만 늘린 것이다."라고 하였다. 내가 보기에, 지금 이 「단전」에서는 '于野(우야)'에 대해 풀이하지 않고 있는데, 아마 빠진 글자가 있는 것 같다.

'利涉大川', 乾行也.

'큰 하천을 건넘에 이롭고'는 건괘(乾卦)☰의 덕이 행함이다.

應乎'乾'而'乾'同之, 剛健以濟柔, 故無險不可涉.

육이효가 상괘(上卦; 悔卦)인 건괘☰에 응하니 건괘☰가 그에 하나가 되어 어울리며, 그 굳세고 씩씩함으로써 부드러움인 육이효를 건너게 해준다. 그러므로 육이효에게 건널 수 없는 험난함이란 없다.

文明以健, 中正而應, 君子正也. 唯君子爲能通天下之志.

씩씩함으로써 세계를 빛나고 밝게 하는데, 중심이 되는 자리를 올바르게 차지하여 응함은 군자의 올바름이다. 오직 군자라야 세상 사람들의 뜻함을 통하게 할 수 있다.

'文明'非暗私之好, 剛健非柔佞之交. 君子之同, 同於道也. 同於道, 則'能通天下之志', 而天下同之. 小人之所以同天下者, 苟以從人之欲, 而利於此者傷於彼, 合於前者離於後, 自以爲利而非利也.

'세계를 밝고 빛나게 함'이란 자신이 사사로이 좋아함을 남의 눈에 띄지 않게 행하는 것이 아니다. 그리고 굳세고 씩씩한 사람은 부드럽고 간사한 것들이 교제할 수 있는 이가 아니다. 군자가 하나가 됨은 도에 하나가 됨이다. 도에 하나가 되니 '세상 사람들의 뜻함을 통하게 할 수 있는' 것이고, 세상 사람들도 그와 하나가 되어 어울린다. 이에 비해 소인들이 세상 사람들과 하나가 되는 까닭은, 진실로 남들이 욕구하는 것을 좇기 때문이다. 그래서 이 사람에게 이로움이 저 사람에게는 해로움이 되고, 앞사람과 함께함이 뒷사람과는 헤어짐이 되니, 스스로는 이롭다 여기지만 참다운 이로움이 아니다.

「象」曰: 天與火, '同人', 君子以類族辨物.

「대상전」: 하늘이 불과 함께함이 동인괘니, 군자는 이를 본받아 사람의 겨레를 분류하고 물(物)들을 구별한다.

火在天中, 以至虛含大明, 明不外發, 而昭徹於中. 人之貴賤·親疏·賢愚, 物之美惡·順逆·取舍, 無不分以其類而辨其情理, 則於天下無不可受, 而無容異矣. 大明函於內, 而兼容竝包, 以使各得明發於外, 憲天敷治, 而賞善懲惡, 以統群有. 存發之道異, 上下之用殊, '同人'·'大有', 君子竝行而不悖也.

불이 하늘 가운데 있음은 지극한 텅 빔 속에 거대한 밝음을 함유함이다. 그리고 그 밝음은 밖에서 빛을 발하는 것이 아니라 속에서 밝게 비춘다. 그리하여 사람의 존귀함과 비천함, 친밀함과 소원함, 현명함과 어리석음 및 물(物)들의 아름다움과 추악함, 순종함과 거역함, 취함과 버림 등에 대해 어느 것 하나 그 부류에 따라 나누지 않은 것이 없고, 그 상황과 이치를 구별하지 않음이 없다. 그래서 천하에 받아들일 수 없는 것이 없으니, 다름을 허용하지 않는다. 커다란 밝음이 안에 함유되어 있으면서 천하 만물을 두루 아울러 포용함으로써 그들로 하여금 각기 밝음을 얻어 밖에서 발하게 한다. 그리고 하늘을 본받아 다스리며 선에는 상을 내리고 악에는 벌을 내림으로써, 세상 모든 것들을 거느린다. 존속함과 활짝 피어남의 원리는 다르고, 위와 아래의 쓰임도 다르다. 그런데 이 동인괘䷌와 그 종괘(綜卦)로서 대유괘䷍의 덕은 군자가 아울러 행하더라도 서로 어긋나지 않는다.

初九, 同人于門, 无咎.

초구: 문에서 사람들과 하나가 되어 어울림이니, 허물이 없다.

初處退藏之地, 而以剛處之, 動而不括, 以上承六二, 故一出門而即得其友. 不自安於卑陋, 以求合於賢而相麗爲明, 雖交未及遠, 固'无咎'也.

초구효는 물러나 은거하는 곳에서 자신을 드러내지 않은 채 지내고 있지만, 굳셈으로써 이에 대처하고 있다. 그래서 움직이더라도 속박되지 않은 채 위로 육이효를 받든다. 그러므로 문을 나서자마자 곧 벗을 얻는다. 스스로 비루함에 편안해 하지 않고 현인(賢人)들과 합치하여 서로 의지하며 벗이 되기를 추구하고 있으니[236], 비록 교제함이 아직 멀리까지는 미치지 않지만 본디 '허물이 없음'이다.

「象」曰: 出門同人, 又誰咎也!

「상전」: 문을 나서자마자 곧 사람들과 한마음이 되어 어울리니, 또한 그 누가 허물할 수 있으리오!

卦自下生, 故嚮上爲'出'. '誰咎', 詰咎之者之辭. 離群索居, 則雖有高賢,

236) 왕부지의 『주역내전』에서는 이곳과 뒤의 구삼효사에 대한 풀이 두 번에 걸쳐 '相麗爲明'이라는 말이 나온다. 그런데 이 구절의 '明(명)' 자는 아무래도 의미가 통하지 않는다. 문맥상 앞뒤의 말과 잘 이어지지 않고 어색한 것이다. 역자로서는 이 글자가 '朋(붕)' 자의 오자일 것이라고 여긴다. 이 두 글자가 형태가 비슷해서 이렇게 썼을 수가 있다고 보는 것이다. '붕'자로 하면 너무나 뜻이 매끄럽게 통한다. '서로 의지하며 벗이 되다'가 되기 때문이다. 그래서 이렇게 번역하였다. 뒤의 구삼효사에 대한 풀이도 마찬가지다.

覿面而失之. 君子友天下之善士, 而鄙夫日嚅囁於戶庭婦子之間, 謂可以避咎, 覆以出門之交譏其不謹, 愚矣哉!

괘는 아래에서 위로 생긴다. 그러므로 위로 올라가는 것이 '출(出)', 즉 '(문을) 나섬'이 된다. "그 누가 허물할 수 있으리오!"는 허물하는 사람을 힐난하는 말이다. 제 무리를 떠나서 쓸쓸하게 살아가면, 비록 고상하고 현명한 덕을 지니고 있다 할지라도 얼굴을 마주치고서도 잃어버린다. 군자는 천하의 훌륭한 선비들을 벗으로 사귄다. 그러나 비루한 인간들은 날마다 문밖 정원의 부녀자들 사이에서 얼버무리며 "허물을 피할 수 있다."고 말한다.[237] 그리고 오히려 문밖을 나가 교제함에 대해서는 "신중치 못하다."고 비방한다. 어리석도다!

六二, 同人于宗, 吝.

육이: 종족(宗族)[238]의 사람들하고만 하나가 되어 어울림이니, 아쉬워함이 있을

---

237) 이는 부드러움(柔)과 무언(無言)을 강조하는 도불(道佛)을 풍자하는 말로 보인다.
238) 이 육이효사의 '宗(종)'에 대해서는 역대 제가들의 풀이가 다양하다. 그러나 대강 두 개의 부류로 개괄할 수 있다. 첫째는 '宗主(종주)'로 보아 구오효를 지칭하는 것으로 본다는 것이다. 이 계열의 풀이에서는, 이 동인괘䷌가 5양(陽)·1음(陰)으로 이루어져서 뭇 양효들이 모두 유일한 음효인 이 육이효에게 다가와서 '동인(同人)'을 이루려 하지만, 육이효가 다른 양효들의 바람을 물리친 채 오로지 구오효하고만 응하기 때문에 '인색함(吝)'의 결과를 초래한다고 본다. 이 계열의 선구를 연 사람은 왕필이다. 그는 '육이효는 구오효와 응의 관계를 이루고 있는데, 오직 종주인 구오효하고만 한마음으로 어울리고 있다.

것이다.

以全卦言之, 衆陽相協以求同於二, 故曰 '于野'. 以六二之動言之, 則二往同於人, 而麗於二陽之間, 交不能遠, 故爲 '于宗'. '同'云者, 遇物而即相合之謂. 二近初・三, 即同之, 雖有正應, 不能待也, 其志褊矣. 是以九五號咷而興師.

동인괘 전체의 관점에서 말한다면, 여러 양효들이 서로 협심하여 육이효

그러나 종주에게 지나치게 응하면 꽉 틀어 막혀 비색해진다. 마음씀이 쫀쫀하여 인색함의 도가 있다.(왕필, 『주역주』, 동인괘: 應在乎五, 唯同於主, 過主則否, 用心褊狹, 鄙吝之道.)라 하고 있다. 이 계통에는 호원(胡瑗, 『周易口義』), 주진(朱震, 『寒上易傳』), 혜동(惠棟, 『周易述) 등이 속한다.

둘째 계열에서는 '宗(종)'을 '宗族(종족)', 즉 '제 피붙이'로 본다. 그래서 육이효를 위・아래에서 끼고 있는 초구・구삼효로 보든가, 아니면 구사・상구효까지를 포함하여 네 양효로 본다. 그리하여 이 효사의 풀이에서는, 육이효가 구오효와 응의 관계에 있으면서도 이들하고 하나가 되어 어울림으로써 동화(同和)함이 널리 미칠 수가 없게 되었다고 본다. 즉 구오효가 임금이기 때문에 그와 하나가 되어 어울려야 그 영향력이 그만큼 클 텐데 기껏 자기 제 피붙이(宗族)하고만 동화하다 보니 쫀쫀해져서 인색함의 도가 있다는 것이다. 이 계열의 선구를 연 사람은 역설적이게도 왕필의 『주역주』를 교조로 하였던 공영달이다. 그는 "육이효가 구오효와 응의 관계로 묶여 있으면서도 정작 어울리며 하나가 된 것은 제 피붙이들에 있기 때문에 널리 펼쳐 나아갈 수가 없다. 이것이 비루하고 인색한 까닭이다.(공영달, 『주역정의』, 동인괘: 係應在五, 而和同於人在於宗族, 不能弘闊, 是鄙吝之道.)"라고 하였다. 이 계통에는 순상(荀爽; 李鼎祚, 『周易集解』), 정이(程頤, 『易傳』), 주희(『周易本義』) 등이 속한다. 왕부지도 바로 이 계통의 설을 따라서 풀이하고 있다. 따라서 지금 이곳에서는 '종족(宗族)'이라 번역하게 되었다.

에게 한마음으로 어울리기를 구한다. 그러므로 '들에서'라고 하였다. 그런데 육이효의 움직임이라는 관점에서 말한다면, 육이효가 가서 사람들과 하나가 되어 어울리고자 하는데 지금 두 양효 사이에 끼어 있어서 그 교제 범위가 멀리까지 미칠 수 없다. 그러므로 '종족의 사람들하고만'이 된다. '同(동)'은 대상을 만나자마자 곧 서로 함께한다는 말이다. 육이효는 초구·구삼효와 가까이 있으니, 이들과 곧 한마음이 되어 함께한다. 그래서 비록 제대로 응함[正應]의 관계에 있는 이(구오효)가 있다 하더라도 기대할 수가 없기 때문에 그 뜻함이 편협한 것이다. 이에 구오효는 큰 소리로 울부짖다가 군사를 일으키게 된다.

「象」曰: '同人于宗', 吝道也.

「상전」: '종족(宗族)의 사람들하고만 한마음으로 어울림'은 아쉬워함에 이르는 길이다.

君子之交, 近不必比, 遠不必乖. 是以堯親九族, 而必明俊德, 施及於百姓黎民; 周道親親, 而賓三恪, 懷萬邦. 君子友天下之善士, 以爲未足, 考三王·俟後聖而求一揆. 若規規然就所親近者而與同, 雖得其善者, 亦一鄉之善士而已, 自困而何能行遠乎?

군자의 사귐은 가깝다고 해서 꼭 친해지거나 멀다고 하여 꼭 어그러지지 않는다. 그래서 요임금께서는 구족(九族)[239]과 친히 지내면서 위대한 덕을 펼쳐 그것이 백성들에게 미치게 하였다.[240] 그리고 주(周)나라의 도(道)는 피붙이와 친하게 여기는 것이었지만, 3각(恪)[241]을 손님으로

예우하며 공경을 다하였고, 세상의 모든 나라를 다 끌어안았다. 군자는 천하의 훌륭한 선비들과 우정을 나누면서 부족하다고 여기면 삼왕[242]에게서 모범사례를 찾아보고 그 뒤에 오는 성인들에게까지 적용될 수 있는 일관된 법칙을 찾는다. 만약에 비루하게 이것저것에 얽매어서 친근한 사람들하고만 어울린다면, 비록 그중에서 훌륭한 사람을 얻었다고 할지라도 역시 한 고을의 훌륭한 선비일 따름이니, 스스로 그에게 묶이게 될 것이다. 그러니 어찌 멀리까지 행할 수 있겠는가!

---

239) 구족은 자기를 본위(本位)로 하여 위로 4대를 거슬러 올라간 고조할아버지, 아래로 4대를 내려간 현손(玄孫)까지 모두 9대에 걸쳐 혈연관계를 맺고 있는 피붙이를 총칭하는 말이다.

240) 『서경』, 「요전(堯典)」 편에 나오는 말이다.(昔在帝堯, 聰明文思, 光宅天下 …… 克明俊德, 以親九族. 九族旣睦, 平章百姓. 百姓昭明, 協和萬邦, 黎民於變時雍.)

241) '3각'은 주나라가 새로 선 뒤에 이전 세 왕조의 자손들을 봉(封)하고 왕후(王后)의 명칭을 주었던 것을 일컫는다. 이렇게 함으로써 주나라는 그들에게 최고의 공경을 표시하고자 하였다. 구체적으로 이전 세 왕조가 무엇이냐에 대해서는 두 가지 설이 있다. 첫째, 순임금이 세웠던 우(虞)나라의 후예를 진(陳)나라에, 우임금이 세웠던 하(夏)나라의 후예를 기(杞)나라에, 탕임금이 세웠던 상(商)나라의 후예를 송(宋)나라에 봉했다는 설이 있다. 이는 『춘추좌씨전』의 기록을 근거로 한 것이다. 둘째, 황제(黃帝)·요(堯)·순(舜)의 후예를 각각 계(薊)·축(祝)·진(陳)나라의 제후에 봉했다는 설이다. 이는 『시경』에 나오는 설을 근거로 한 것이다.

242) '삼왕(三王)'에는 여러 가지 의미가 있다. 첫째, '하(夏)·상(商)·주(周) 삼대의 창건 임금'을 가리키는 말로서, 우(禹)·탕(湯)·문왕(文王)이나 우·탕·무왕(武王)을 가리킨다. 둘째, 주(周)나라를 창건한 무왕의 입장에서 그 조상들인 태왕(太王)·왕계(王季)·문왕(文王)을 가리킨다. 셋째, 왕(王)씨 성을 가진 세 사람을 연칭하는 말이다. 한(漢)·당(唐) 시기에 각기 여러 부류가 있었다. 여기서는 첫째 의미로 쓰였다.

九三, 伏戎于莽, 升其高陵, 三歲不興.

구삼: 군사를 수풀 속에 매복시켰는데 그 높은 언덕 위로 올라가니 3년이 지나도 일으키지 못한다.

六二一陰得位, 衆陽皆欲與之同, 不能徧與相應, 則爭必起, 三・四・五所以皆有用兵之象. 三密邇於二, 以相麗爲明, 固欲私二以爲己黨, 而忌五之爲正應. 五位尊誼正, 不可明與之爭, 故'伏戎于莽', 待五之來合而邀擊之. '升其高陵', 謂五也. 託處尊高, 灼見其情形, 而三之伏戎無所施, 至於'三歲不興', 而必潰矣, 五之所以大師能克也. 竇融之在河西, 既歸心漢室, 而隗囂中梗, 欲連合以拒漢, 光武洞炤其姦, 明以詔融, 河西之人謂天子明見萬里, 卒歸漢, 而囂計遂窮, 蓋類於此.

육이효는 이 동인괘의 유일한 음효로서 제자리를 차지하고 있으니, 뭇 양들이 모두 그와 더불어 하나가 되어 어울리고자 한다. 그런데 만약에 육이효가 모두에게 두루 응하지 않는다면 반드시 다툼이 일게 되어 있다. 그렇기 때문에 구삼・구사・구오효에게는 모두 무력을 사용하는 상이 있다. 이 중에서도 구삼효는 특히 육이효와 밀접하게 가까워서 서로 의지하며 벗이 되어 있다. 그래서 본디 육이효를 사사로이 자기하고만 어울리는 당파로 만들고 싶어 하며 구오효와 제대로 응함[正應]이 됨을 꺼린다. 그런데 구오효는 지위가 존귀하며 매우 올바른 덕성을 지니고 있으므로 드러내 놓고는 그와 다툴 수가 없다. 그래서 이 구삼효는 '군사를 수풀 속에 매복시켜 놓고' 구오효가 오기를 기다렸다가 요격하려고 한다. '그 높은 언덕 위로 올라가니'라 한 것은 구오효에 대해 하는 말이다. 높은 곳에 존귀하게 자리를 잡고서 그 정황을 환히 보고 있으니 구삼효로서는 도대체 자신의 매복시켜 놓은 군사를 써먹을 수가 없다. 그리하여 '3년이 지나도 일으키지 못한다'는 지경에 이르니 반드시 궤멸하게 되어 있다. 그래서 구오효의 대군은 승리할 수 있다.

두융(竇融[243])이 하서(河西[244])에 근거지를 두고 있을 적에 마음은 벌써 동한의 황실에 귀의하는 쪽으로 기울었는데, 외효(隗囂[245])가 중간에서

---

243) 두융(竇融; B.C.16~B.C.62)은 동한 초기의 장군이다. 부풍(扶風)의 평릉(平陵; 지금의 섬서성 함양 서북) 출신이다. 조상 대대로 하서(河西)에서 권문세가의 영예를 누렸다. 왕망의 신(新)나라 말기에 적의(翟義)의 반란을 진압한 공로로 왕망에 의해 파수장군(波水將軍)에 임명되었다. 그러나 나중에는 경시제(更始帝)가 이끄는 녹림군에 귀의하여 장액속국도위(張掖屬國都尉)에 임명되었다. 경시제가 죽자 하서오군대장군(河西五郡大將軍)으로 추대되어 여전히 자신의 근거지를 관할하였다. 이때 동한과 외효(隗囂)는 서로 대치하고 있었다. 두융은 이들 사이에서 먼저는 외효를 섬겼으나 나중에는 광무제의 군대가 가장 막강하고 기율도 살아있는 것을 알고는 광무제에게 귀의하여 양주목(涼州牧)에 임명되었다. 광무제가 외효를 격파하기 위해 서정(西征)에 나서자 그는 다섯 군(郡)의 태수 및 서강(西羌)・소월씨(小月氏) 등 당시 소수민족의 보병과 기병으로 구성된 군사 수만 명을 거느리고 함께 참여하여 외효를 격파하는 데 결정적인 기여를 하였다. 그 공로로 안풍후(安豐侯)에 임명되었다. 그리고는 수도로 올라가 기주목(冀州牧)・대사공(大司空)・대행위위사(代行衛尉事) 겸 장작대장(將作大將) 등을 역임하였다. 이후로 두씨 일문은 대대로 동한 황실의 총애를 받으며 온갖 부귀영화를 다 누렸다. 급기야 그의 증손녀가 장제(章帝)의 황후가 되어 이후 '두태후(竇太后)'로 불리며 중국 역사에서 커다란 역할을 하기도 하였다.

244) 하서는 산서(山西)・섬서(陝西) 두 성 사이를 흐르는 황하 남단의 서쪽 지역을 말한다.

245) 외효(?~33)는 신(新)나라에서 동한으로 이어지던 시기에 농우(隴右; 隴山 이서 지역, 지금의 감숙성) 지역을 장악하고 동한의 광무제에게 맞섰던 인물이다. 천수(天水)의 성기(成紀; 지금의 甘肅省 靜寧) 출신이다. 이 지역 거족 가문의

방해를 하며 두융과 연합하여 한(漢)나라에 저항하려고 하였다. 광무제는 그의 간계를 환히 꿰뚫고 두융에게 분명하게 조서(詔書)를 내리게 되었다. 그러자 하서 지역의 백성들 사이에 "천자가 만 리 밖에서도

후예다. 그가 이 지역에서 벼슬살이를 할 적에 당시 국사(國師)이던 유흠(劉歆)이 그의 현명함에 대해 전해 듣고 국사(國士)로 천거하였다. 왕망이 피살되고 신(新)나라가 멸망하자 외효는 군대를 일으켜, 농서(隴西) · 무도(武都) · 금성(金城) · 무위(武威) · 장액(張掖) · 주천(酒泉) · 돈황(敦煌) 등 이 지역의 크고 작은 군현들을 차례로 정복하였다. 나중에는 유흠에게 귀순하여 우장군(右將軍)에 봉해졌고, 다른 사람들의 행적을 고변하여 그 공으로 어사대부에 봉해졌다. 그러나 오래지 않아 자신의 고향으로 도망을 가서 스스로 서주대장군(西州大將軍)이라 칭하며 이 지역을 장악하였는데, 당시 혼란하던 형세에서 한때는 광무제(光武帝)에게 그 능력을 인정받기도 하였다. 광무제 건무(建武) 6년(30년)에 공손술(公孫述)이 남군(南郡)을 침범하자 광무제는 외효에게 촉(蜀) 지역을 토벌하라고 조서를 내렸으나 외효는 이를 거절하였다. 이에 광무제가 건위대장군(建威大將軍) 경엄(耿弇)을 파견하여 촉 지역을 토벌하며 외효를 멸망시키려 하자 외효는 광무제에게 잘못을 빌고 용서를 받았다. 그러나 외효는 겉으로만 그랬을 뿐 여전히 속마음으로는 광무제에게 충성하지 않으며 공손술과 내통하였다. 이에 건무 8년(32년)에 광무제가 군대를 파견하여 약양(略陽; 지금의 甘肅省 秦安 隴城鎮)을 빼앗자, 외효는 수하의 장수를 보내 맞섰다. 그렇지만 광무제의 군대와 하서(河西)의 두융(竇融) 연합군의 공격을 받아 궤멸(潰滅)하였다. 이에 외효는 가솔을 데리고 도망을 가서 공손술에게 의탁하였는데, 공손술이 그를 삭영왕(朔寧王)에 봉했다. 그러자 광무제는 인질로 잡혀 있던 그의 아들 외순(隗恂)을 죽이고는 다시 군대를 파견하여 그를 공격하였다. 외효는 또 공손술의 도움으로 구출되었지만 이듬해(33)에 울분을 삭이지 못하고 자살하였다. 그가 죽은 뒤에도 그의 부하들이 그의 또 다른 아들인 외순(隗純)을 왕으로 옹립하고 저항하자 광무제는 또다시 군대를 파견하여 토벌하였다. 그리고 마침내 외순이 투항함으로써 농서(隴西)의 난이 평정되었다.

환히 보고 있다."는 말이 돌았다. 이에 두융은 마침내 한나라에 귀의하였고, 외효의 계책은 궁지에 몰리게 되었다. 이 구삼효사에 담긴 의미가 바로 이와 같은 부류에 해당한다.

「象」曰: '伏戎于莽', 敵剛也, '三歲不興', 安行也.

「상전」: '군사를 수풀 속에 매복시킴'은 적이 강하기 때문이요, '3년이 지나도 일으키지 못한다'는 편안히 행함이다.

'敵剛'謂五以剛健居中, 不能顯與相敵, 故伏戎以徼幸. '安行'謂五旣升陵, 下望知其伏, 而伏不得興, 則安驅而下與二合, 無所阻也. 凡爻辭皆有此爻而發彼爻之義者: 彼爻爲卦主, 而此爻乃其所際之時, 所遇之事也. 『易』爲君子謀, 不爲小人謀. '伏戎于莽'之姦, 其吉凶不足道, 神所不告, 唯明示九五之用'大師', 使知其無能爲, 而進克不疑.

'적이 강하기 때문이요'라는 것은 구오효가 굳세고 씩씩함으로서 중앙의 위(位)를 차지하고 있으니 드러내 놓고는 대적할 수 없다는 의미다. 그러므로 군사를 매복시켜 놓고 요행을 바라는 것이다. '편안히 행함이다'는, 구오효가 이미 높은 언덕에 올라가 아래로 내려다보고 그가 매복에 있는 것을 알아차렸으니, 구삼효로서는 군사를 일으킬 수가 없다. 그래서 구오효가 편안하게 말을 몰아 아래로 육이효와 합심하는 데 방해되는 것이 없다는 말이다. 이처럼 무릇 효사에는 모두 이 효사이면서도 저 효의 의미를 드러내는 것들이 있다. 이 경우에는 저 효가 괘주(卦主)가 되고 이 효는 그것과 접하는 때이거나 해당하는 일이 된다.

『주역』은 군자의 도모함을 위한 것이지 소인의 도모함을 위한 것이 아니다. '군사를 수풀 속에 매복시킨' 간계에 대해서는 그 길·흉을 입에 담을 가치조차 없고 신(神)도 고해주지 않는다. 오직 구오효가 '강대한 군사력(大師)'을 사용하리라는 것만을 명시하여 구삼효로 하여금 어찌할 방도가 없음을 알게 하니, 나아가 물리침에 대해 의심할 여지가 없다.

九四, 乘其墉, 弗克攻, 吉.

구사: 그 담을 올라가지만 공격을 할 수가 없다. 길하다.

四居二·五之間, 而與內卦相近, 退而就下, 故亦有爭同於二之情焉. '乘其墉'者, 將踰三而取二也. 乃以剛居柔, 三方伏戎以待, 則見不可攻而退, 以承乎五, 故吉.

동인괘의 구사효는 육이효와 구오효의 사이에 있고 내괘[貞卦]와 서로 가까워서 물러나 아래로 간다. 그러므로 그에게는 또한 육이효에 하나가 됨을 놓고 다른 양효들과 다투고자 하는 마음이 있다. '그 담을 올라가지만'이라 한 것은 장차 구삼효를 타고 넘어가서 육이효를 취하려 한다는 의미다. 그러나 구사효는 지금 굳셈으로서 부드러움의 자리를 차지하고 있고 구삼효가 바로 군사를 매복시켜 기다리고 있으니, 공격할 수 없다는 것을 알고는 물러나 구오효를 받든다. 그래서 길하다.

「象」曰: '乘其墉', 義弗克也, 其吉, 則困而反則也.

「상전」: '그 담을 올라가지만'은 의리상 할 수 없다는 의미다. 그 길한 까닭은 곤고하여 원칙으로 되돌아왔기 때문이다.

二非己正應, 義所不得而有. 始於忮求, 而終於安分, 既過能改之象.

육이효는 구사효에게 제대로 응함[正應]이 아니니, 의리상 소유할 수가 없다. 그래서 처음에는 질투와 탐하는 마음[246]에서 시작하였지만 끝내는 자신의 분수에 편안해 하니, 이미 지나간 과오를 능히 고치는 상이다.

九五, 同人先號咷而後笑, 大師克相遇.

구오: 사람과 하나가 되어 어울림에서 먼저는 큰 소리로 울부짖지만 뒤에는 웃는다. 강대한 군사력을 사용하니 이겨내고 서로 만난다.

九五於二, 以剛之有餘, 濟柔之不足, 不特自得所應, 且以引二於衆陽之中, 而使合於中正. 三・四既爭, 二且有'于宗'之吝, 義激所感, 不能不'號咷'焉. 而中正道合, 三姦既露, 四斂而退, 疑釋而相得以喜矣. 拔孤陰於群爭之地, 非大用師不能克. 五唯剛中, 故能勝其任而定於一.

---

246) 원문의 '기구(忮求)'는 『시경』, 「패풍(邶風)・웅치(雄雉)」 편에 나오는 말이다. (不忮不求, 何用不臧!)

구오효는 육이효에게 자신의 넉넉한 굳셈으로써 그 부드러움의 부족함을 구제해준다. 그래서 자신이 육이효와 응(應)의 관계에 있다는 점에 스스로 만족할 뿐만 아니라, 또한 여러 양효들 속에서 육이효를 끌어내어 중정(中正)함에 합치하도록 한다. 그런데 구삼・구사효가 이 구오효와 더불어 이미 쟁투를 벌이고 있고 육이효에게도 '종족들에게만 한정함'으로 말미암은 아쉬워함이 있으니, 구오효는 의리상 격하게 느껴 '큰 소리로 울부짖지' 않을 수가 없다. 그러나 구오효는 중정하고 있고 육이효와는 도가 합치한다. 그리고 구삼효의 간계는 이미 들추어졌고, 구사효는 거두어들이고 물러났다. 그래서 의심이 풀려 서로 웃을 수가 있다. 외로운 음을 여러 패가 한 데 어울려 쟁투하는 데서 뽑아내기 위해서는 강대한 군사력을 사용하지 않고는 불가능하다. 그런데 이 구오효는 오직 굳셈이 득중하고 있으니 이러한 임무를 완수하고 하나로 평정할 수가 있다.

「象」曰: 同人之先, 以中直也. 大師相遇, 言相克也.

「상전」: 구오효가 사람들과 하나가 되어 어울리는 데서 앞장섬은 득중하고 강직하기 때문이다. 강대한 군사력을 써서 서로 만난다는 것은 서로 이겨낸다는 말이다.

二・五皆中, 道宜相應, 理直氣激, 不容已於號咷矣. '相克'者, 非懲伏莽之戎, 則不得遇. 故曹・衛折而晉・宋始合, 隗囂破而竇融始歸. 士苟欲親君子, 必峻拒小人, 皆此義也.

육이·구오효는 모두 득중하고 있으니 도리상 서로 응하는 것이 맞다. 그리고 이치는 강직하고 기(氣)는 격하니 어쩔 수 없이 울부짖는 것이다. '서로 이겨낸다'고 함은 수풀 속에 매복하고 있는 군사를 응징하지 않으면 서로 만날 수 없기 때문이다. 그러므로 조(曹)·위(衛) 두 나라가 꺾이자 진(晉)·송(宋) 두 나라는 비로소 한마음으로 될 수 있었고[247], 외효(隗囂)가 격파당하자 두융(竇融)은 비로소 동한의 황실로 귀의하게 되었다.[248] 선비가 진실로 군자와 친해지기 위해서는 반드시 소인을 준열하게 거절해야 하는 까닭은 모두 이러한 의미에서다.

---

247) 이는 진문공(晉文公)이 패자가 되는 과정 중의 한 사건을 말한다. 여희(驪姬)의 난 때문에 장장 19년을 나라밖으로 떠돌던 중이(重耳; 진헌공의 둘째 아들)가 진목공(秦穆公)의 도움으로 귀국하여 왕위에 올라 문공이 되었다. 그리고는 국외를 떠돌 때 함께했던 좋은 신하들과 야심차게 새 나라를 꾸려 갈 즈음인 주양왕(周襄王) 18년(B.C.634) 겨울, 초나라 군대가 송(宋)나라와 제(齊)나라를 침범한 사건이 발생하였다. 이때 조(曹)·위(衛) 두 나라는 초(楚)나라와 우호관계를 맺고 있었다. 다급해진 송나라는 진(晉)나라에 도움을 요청하였다. 이에 진문공(晉文公)은 중신(重臣)인 고언(狐偃)의 책략을 받아들여 조·위 두 나라를 공격하였다. 그러자 초나라는 이 두 나라를 돕기 위해 송나라에 대한 포위를 풀고 진나라를 상대하게 되니, 송나라는 자연히 위기로부터 벗어나게 되었다. 이 뒤로 진나라는 조·위 두 나라를 손아귀에 넣고 조종하면서 초나라와의 맹약을 끊게 하였다.

248) 왕부지가 여기서 지칭한 조(曹)·위(衛) 두 나라와 외효(隗囂)는 구삼효의 매복하고 있는 군사에 해당하고, 송(宋)나라와 두융(竇融)은 이들과 함께하느라 구오효에 소원하게 굶으로써 구오효를 큰 소리로 울부짖게 한 육이효에 해당한다. 그리고 진(晉)나라와 동한(東漢)은 구오효에 해당한다. 자세한 것은 앞 주243), 245)를 참고하라.

上九, 同人于郊, 无悔.

상구: 교외에서 사람과 하나가 되어 어울림이니 후회함이 없다.

上遠於二, 二已應五, 其與二同者, 浮慕其名, 泊然相遭於逆旅而已, 本無求同之志, 故失亦无悔.

상구효는 육이효로부터 멀리 떨어져 있다. 그리고 육이효는 벌써 구오효에게 응하고 있다. 그러므로 상구효가 육이효와 하나가 되어 어울린다는 것은, 육이효의 명성 때문에 그저 겉으로만 사모하는 척하는 정도다. 비유컨대 객지를 떠돌던 중 묵게 된 임시 숙소에서 잠깐 만나고 지나치는 정도일 따름이다. 이처럼 상구효에게는 본래 육이효와 한마음으로 어울리고자 하는 뜻이 없었기 때문에 그를 잃어버린다 하더라도 역시 후회함이 없다.

「象」曰: '同人于郊', 志未得也.

상전: '교외에서 사람들과 하나가 되어 어울림'이란 뜻함을 얻지 못한 것이다.

志未相得, 人同而己亦同, 自謂不爭, 而亦惡足爲有無哉!

뜻함을 아직 서로 얻지 못했으나 사람들이 하나가 되어 어울리니 자기도 이들과 함께한다. 그리고 스스로 "나는 육이효에 하나가 되어 어울림을 두고 다른 효들과 다투지 않는다."고 하니, 어찌 또한 족히 '있다'·'없다'고 할 것이겠는가!

大有卦乾下離上
대유괘䷍

大有, 元亨.

대유괘: 으뜸되고 형통하다.

大有者, 能有衆大, 大謂陽也. 六五以柔居尊, 統群陽而爲之主, 其所有者皆大, 則亦大哉其有矣. '元亨'者, 始而亨也. 群陽環聚, 非易屈爲己有, 而虛中柔順以懷集之, 則疑阻皆消, 而無不通矣. 此象創業之始, 以柔道通天下之志, 而群賢來歸, 速於影響, 始事之亨也. 衆剛效美於一人, '乾'道大行, 故有'乾'元亨之德. 而不言利貞者, 無剛斷以居中, 未能盡合於義, 能有衆善而不能爲衆善之所有, 則不足以利物; 柔可以順物情, 而不能持天下之變, 汎應群有, 未一所從, 則其正不固也.

'대유'는 많고 큰 것을 소유할 수 있음을 의미하는데, '大(대)'는 이 괘의 양효들을 말한다. 즉 육오효가 부드러움으로서 존귀한 지위를 차지한 채 뭇 양효들을 통할하면서 군주가 되어 있으니, 그가 소유한 것들은 모두 크다. 그래서 또한 '크도다, 그 소유함이여!'라는 의미를 지니고 있다.
'으뜸되고 형통하다'란 시작이면서 형통하다는 의미다. 뭇 양효들이 빙 둘러 싼 채 모여 있으니 쉽게 자기 소유로 굴복하지 않은 형국이나,

육오효가 자신의 마음을 비운 채 부드러움과 순종함으로써 이들을 품에 안으며 모이게 한다. 그래서 그에 대한 혐의나 방해 요소는 모두 사라져서 통하지 않음이 없다. 이 대유괘는 개창의 시초를 상징한다. 그래서 부드러움의 도(道)로써 세상 사람들의 뜻함을 통하게 하여 뭇 현인들이 자신에게로 귀의하니, 그 영향이 신속히 퍼져 나아간다. 바로 일을 시작함에서의 형통함이다. 그리고 뭇 굳센 이들이 오직 한 사람에게만 능수능란한 자신들의 능력을 바치니, 건도(乾道)가 크게 행해지는 것이다. 그러므로 이 괘에는 건괘(乾卦)의 으뜸됨과 형통함의 덕이 있는 것이다. 그런데 이 괘에서 건괘의 다른 덕들인 '이로움 · 올곧음'에 대해 말하지 않는 까닭은, 육오효가 굳셈과 과단성이 없는 채 중앙의 위(位)를 차지하고 있으니 완전히 의로움에 합치할 수 없고, 또 뭇 선함들을 자신이 소유할 수는 있지만 정작 그 뭇 선함들에게는 소유될 수가 없어 물(物)들을 이롭게 하기에는 부족하기 때문이다. 부드러움으로서는 물(物)들의 실정에 순종할 수는 있지만 세상의 모든 변함들을 지탱하지는 못한다. 그래서 범연하게 뭇 있는 것들에 응하고는 있지만, 하나라도 좇지 않는 이가 있다면 그 올바름은 견고하지 못하다.

此卦之德, 王者以之屈群雄, 綏多士, 致萬方之歸己, 而既有之後, 宰制震疊 · 移風易俗之事未遑及焉; 君子以之遜志虛衷, 多聞識以廣德, 而既有之餘, 閑邪存誠, 復禮執中之功猶有待焉. 蓋下學之初幾, 興王之始事也. 是以六五雖受天祐, 而致'易而无備'之戒焉. 其辭略者, 「繫辭」所謂'辭有險易', 卦體簡而易見, 約舉其占, 而使人自求之也.

이 대유괘의 덕은 제왕이 이것을 가지고 군웅을 굴복시키고 많은 선비들을 편안하게 하여 온 나라 사람들을 자신에게로 귀속시키는 것이다. 그리하여 이러함이 이미 이루어진 뒤라면, 엄격하게 통제함이나 나라의 풍조와 습속을 바꾸는 일 따위는 그다지 서두를 것이 없다. 또 군자는 이러한 덕을 발휘하여 자신의 뜻함을 겸손히 하며 속마음을 비운 채 많은 것을 듣고 알아서 덕을 더욱 넓혀야 한다. 이러함이 이미 이루어진 뒤라면 자신에게서 사악함이 싹트는 것을 틀어막고 정성스러움을 유지함[249]이나 자신의 욕구를 누르고 예를 회복함[250] · 중용의 도를 유지함[251]과 같은 자기 수양의 공력들은 오히려 기대해도 된다.

배움의 길에 들어선 기초 단계에서의 미세한 차이가 나중에 제대로 된 사람이 되느냐 몹쓸 사람이 되느냐로 갈라지게 하니, 마땅히 정심(精深)하게 이를 살피지 않으면 안 된다. 제왕을 흥하게 하는 시초도 이와

---

249) '한사존기성(閑邪存其誠)'으로서 『주역』, 「문언전」, 건괘(乾卦) · 구이(九二) 편에 나오는 말이다. 군자의 수양 방법을 말하는 것이다.

250) '극기복례(克己復禮)'를 말한다. 『논어』, 「안연」 편에 나오는 말로서 공자가 안연(顔淵)에게 '인(仁)'의 함의로 제시한 말이다. 자기의 욕구가 공동체의 운용 체제인 예(禮)와 충돌하는 상황에서 자기의 욕구를 누르고 예를 회복해야 한다는 것이다. 공동체가 제대로 돌아가야 각 개인은 그 속에 들어가 삶의 존재 지평을 확보할 수 있기 때문이다. 여기에는 사람이 단독자로는 살 수 없다고 함이 전제되어 있다.

251) '집중(執中)'을 말한다. 이는 순임금이 우임금에게 나라를 선양(禪讓)하면서 준 국가경영의 원리이자 지침에 해당한다.(『서경』, 「대우모(大禹謨)」: 人心惟危, 道心惟微, 惟精惟一, 允執厥中) 맹자는 이를 자막(子莫)의 '집중(執中)'과 비교하며, 진정한 '집중'이라면 상황의 변화를 고려하지 않고 언제 어디에서나 똑같이 한 가지만을 고집하며 적용하는 것이 아니라 그때그때마다 모든 것을 종합적으로 고려하여 가장 알맞음을 실현해야 하는 것으로 강조하고 있다.(『맹자』, 「진심(盡心) 상」: 子莫執中, 執中爲近之, 執中無權, 猶執一也.)

같다. 그렇기 때문에 육오효가 비록 하늘로부터 복을 받기는 하였으나 '쉽게 생각하여 대비하지 않음'을 여기서 경계하고 있는 것이다. 그런데 지금 괘사에서 이 말이 생략된 것은 「계사전」에서 말하는 "괘・효사에는 험난함도 있고 평이함도 있다."[252] 고 함에 해당한다. 그리하여 괘체는 간결하고 평이하게 드러내며 그 점(占)을 요약해서 제시하고 있지만, 사람들로 하여금 스스로 그 의미를 알아내서 추구(追求)하게 하고 있다.

「彖」曰: 大有, 柔得尊位, 大中而上下應之曰大有.

「단전」: 대유괘는 부드러움이 존귀한 지위를 차지하고 있으면서 큰 것들 속에서 중용의 도를 발휘하고 있으니 윗사람이나 아랫사람이나 이에 응한다. 그래서 '대유'라고 하였다.

居陽之中曰'大中'. 位尊, 故上下皆應.

양효들의 중앙을 차지하고 있음을 '큰 것들 속에서 중용의 도를 발휘하고 있음'이라 한 것이다. 그리하여 지위가 존귀하기 때문에 윗사람이든 아랫사람이든 모두 응한다.

252) 「계사상전」 제3장에 나오는 말이다.

其德剛健而文明, 應乎天而時行, 是以元亨.

그 덕이 굳세고 씩씩하여 문채가 환히 드러나며, 하늘에 응하면서 때에 맞게 행한다. 그래서 으뜸되고 형통한 것이다.

'離'謂之'文明'者, 陰陽相錯之謂文. 陰, 質也; 陽, 文也. '離'陰中而陽外, 其文外著, 火日外景其象也. 以文明之德, 應天之剛健, 時可行則行, 而行皆亨矣, 陽皆爲之用也.

이괘(離卦)를 '문채가 환히 드러나며'라고 한 것은 이괘처럼 음·양이 서로 하나씩 하나씩 엇갈림을 '문채'라 하기 때문이다.[253] 여기서 음은 바탕이고 양은 그 위에 꾸민 것이다. 이 이괘는 음효가 가운데 있고 양효는 밖에 있으니, 그 문채가 밖으로 드러난다. 불이나 해가 밖으로

---

253) 여기서 '문채가 환히 드러나며'라고 번역한 원어는 '文明(문명)'이다. 이는 인류공동체의 작동 원리인 예(禮)가 잘 실현되어 훌륭한 사람 세상을 이룬 것을 말한다. 유가에서 이 '文(문)'은 '野(야)'에 대비시킨 말이다. '야(野)'는 짐승들이 공존의 원리인 예(禮)는 없이 생겨난 그대로[質朴] 욕구를 취하며 살아가는 모습을 의미한다. 이를 유가에서는 혼란으로 본다. 이에 비해 예가 잘 실현되는 세상은 가치적으로 '아름답다'는 의미에서 이 '文(문)' 자를 쓰는 것이다. 공자가 그토록 이 '문'을 강조했던 데(『論語』, 「八佾」: 子曰, "周監於二代, 郁郁乎文哉! 吾從周."/ 「雍也」: 子曰, "質勝文則野, 文勝質則史. 文質彬彬, 然後君子."/子曰, "君子博學於文, 約之以禮, 亦可以弗畔矣夫!"/ 「泰伯」: 子曰, "大哉堯之爲君也! 巍巍乎! 唯天爲大, 唯堯則之. 蕩蕩乎, 民無能名焉. 巍巍乎! 其有成功也, 煥乎其有文章!"/ 「子罕」: 子畏於匡, 曰, "文王旣沒, 文不在玆乎? 天之將喪斯文也, 後死者不得與於斯文也, 天之未喪斯文也, 匡人其如予何?") 는 이러한 의미가 들어있다. 그리고 이 '文(문)'은 유가의 핵심 어구가 된다.

빛을 내뿜는 것은 바로 이 상이다. 지금 이 대유괘는 사람 세상을 환히 밝히는 덕으로써 하늘의 굳세고 씩씩함에 응하고 때가 행할 수 있으면 행하니, 그 행함이 모두 형통하다. 여기서 양효들은 모두 그렇게 작용하고 있다.

「象」曰: 火在天上, '大有', 君子以遏惡揚善, 順天休命.

「대상전」: 불이 하늘 위에 있음이 대유괘니, 군자는 이를 본받아 악은 틀어막고 선은 드날리며 하늘에 순종하고 그 명을 빛나게 한다.

'遏'之·'揚'之者, '乾'道之健也. 因天之所予而揚之, 因天之所奪而遏之, '離'明之昭晰也. 天者, 理而已矣. 順理, 而善惡自辨矣. 火炎上, 附天而明. 天左旋, 日右轉而隨天以升降; 順天而行, 則明炤於下, 故遏揚之順理象焉. 賞罰黜陟, 王者之事, 而言 '君子'者, 若孔子作『春秋』, 行天命天討之事, 非必己有位也. 君子成人之美, 不成人之惡, 亦此道爾.

'틀어막고'·'드날리고' 하는 것은 건괘(乾卦)의 도가 지닌 씩씩함이다. 이에 비해 하늘이 어떤 경우에 주는가를 본보기로 삼아 그에 맞추어 드날려야 할 것은 드날리고, 하늘이 어떤 경우에 빼앗는가를 본보기로 삼아 그에 맞추어 틀어막아야 할 것은 틀어막으니, 이는 이괘(離卦)의 밝음이 드러내는 빛남이다. 하늘은 이치[理]일 따름이다. 이 이치에 순종하여서는 선과 악이 저절로 구별된다. 불은 위로 타오르는데 하늘에 붙어서 밝게 빛난다. 하늘은 왼쪽으로 돌고 해는 오른쪽으로 돌며 하늘을 따라가며 오르내린다. 그리고 해가 하늘을 따라서 운행하면 밝음이

아래로 환히 비추니 여기서 이치[理]에 따라서 틀어막거나 드날림의 상(象)이 드러나는 것이다.[254)]

상을 주거나 벌을 줌, 승진을 시키거나 강등시킴은 제왕의 일이다. 그런데 여기서 '군자'라고 한 것은 공자와 같은 경우를 상정한 것이다. 공자가 『춘추』를 지어 하늘의 명(命)과 하늘의 토벌에 관련된 일을 행한 것은 꼭 자신에게 그러한 지위가 있어서 한 것은 아니다. 군자가 사람의 아름다움을 이루기는 하지만 사람의 악을 이루지는 않음은 또한 이러한 이치일 따름이다.

初九, 无交害, 匪咎? 艱則无咎.

초구: 사귐이 없어 해로움이니 어찌 허물이 아니리오? 어렵사리 지낸다면 허물이 없을 것이다.

'害'謂違衆背明, 相悖而害也. '匪咎', 詰詞, 猶言"豈非咎乎?" 六五大明在上, 虛中以統群有, 衆剛受命以定交, 初猶遠處, 置身深隱之地, 剛傲

254) 『주역』 64괘의 「대상전」은 모두 취상설에 의해 괘를 설명하고 있다. 취상설에 의하면 건괘☰는 하늘을 상징하고 이괘☲는 불과 해를 상징한다. 그런데 이 대유괘는 상괘가 이괘, 하괘가 건괘로 이루어져 있다. 그래서 하늘 위에 해가 떠 있는 모습이다. 하늘에 해가 떠 있으면 세상을 환하게 비추게 되어 모든 것이 분명하게 드러나게 된다. 그래서 군자가 하늘을 본보기로 삼고 그 이치에 따라서 틀어막아야 할 것은 틀어막고, 드날려야 할 것은 드날린다는 의미다.

而不上交. 六五虛中延訪, 非有失賢之咎, 則非初九之咎而誰咎乎? 必若伯夷・叔齊之絶周, 悲歌餓困・備嘗艱苦而不恤, 然後可以免咎. 若嚴光・周黨傲岸自得, 非艱難之時, 無艱難之心, 咎其免乎?

'해로움'이라 한 것은 다중을 어기고 밝음을 등지기 때문에 서로 어긋나서 해롭다는 말이다. '匪咎(비구)'는 꾸짖는 말이다. "어찌 허물이 아니리오!" 라고 말하는 것과 같다. 대유괘의 육오효는 크나큰 밝음이 위에 있음이니, 속마음을 비우고서 뭇 존재하는 것들을 통할한다. 이에 대유괘의 여러 굳셈의 효들은 그 명(命)을 받아들이면서 육오효와 사귄다. 그런데 초구효는 오히려 멀리 떨어져 있어서 몸을 깊이 은둔하는 곳에 두고 있다. 그래서 그만 그 굳셈이 오만을 떨어 위로 육오효와 사귀려 들지 않는다. 그래도 육오효는 속마음을 비우고 그를 초빙하기까지 하니, 그에게는 현자를 잃어버림의 허물이 있지 않다. 그렇다면 이 허물이 초구효의 잘못이 아니고 누구의 잘못이겠는가?
기왕에 일이 이렇게 되었을 경우에는 반드시 백이・숙제처럼 주나라와의 인연은 완전히 끊고서 슬픈 노래를 부르며 기아에 굶주리거나 일찍이 간고함을 대비하여 이에 대해서는 전혀 마음 쓰지 않아야 한다. 이러한 뒤에라야 허물을 면할 수 있다. 그렇지 않고 엄광(嚴光)[255]이나 주당(周

255) 엄광은 생몰 연대가 미상이다. 원래 이름은 장광(莊光)이었는데 나중에 장제(莊帝)의 휘(諱)를 피하기 위해 엄광(嚴光)으로 이름을 바꾸었다. 자는 자릉(子陵)이다. 동한 초기의 인물로서 회계(會稽)의 여조(餘姚; 지금의 浙江省 餘姚) 출신이다. 소년 시절에는 나중에 후한 광무제(光武帝)가 되는 유수(劉秀)와 함께 유학하였고, 성장하여서는 유수가 기병하여 왕망의 군대를 격파하고 황제가 되는 데 큰 도움을 주었다. 그러나 서기 25년, 유수가 황제가 되어

모든 것을 손에 넣자 엄광은 이제 자신은 그에게 더 이상 필요 없다고 여긴 나머지 이름을 숨기고 부춘산(富春山)에 은거하며 농사와 낚시로 세월을 보냈다.
광무제가 그의 은혜와 현명함을 그리워하며 그를 초빙하였으나 그는 아예 종적을 감추었다. 겨우 그를 찾아내어 세 번째로 초빙하였을 적에 엄광은 마지못해 그에 응하였다. 엄광이 수도로 오는 길에 역관에 이르렀는데, 엄광의 또 하나의 옛 친구인 사도(司徒) 후패(侯霸)가 사자를 보내 곧 그를 찾아가겠다는 글을 먼저 보냈다. 그러나 엄광은, 광무제가 세 번을 부르기에 오는 길인데, 정작 부른 군주는 나타나지 않고 그 신하가 온다는 것에 대해 매우 못마땅하게 여기고는 그 사자에게 심한 모욕을 주었다. 그리고는 후패를 조롱하는 글을 자신이 구술하고 그 사자가 쓰게 하여 그에게 보냈다.
이 사실을 보고받은 광무제는 자신이 나서지 않으면 안 된다고 판단하고 친히 역관에 나아가 그를 마중하기로 하였다. 이처럼 두 사람의 사이는 돈독하였다. 역관에 도착한 광무제가 오랜만에 그를 상봉할 마음에 너무나 들뜬 나머지 바로 그의 방을 찾아갔으나 그는 자리에서 일어나지도 않고 눈조차 떠보지도 않았다. 광무제는 누워 있는 그의 배를 쓰다듬으며, "자릉, 다시 한 번 나를 도와주지 않을래?" 하고 간청하였다. 그러나 그는 묵묵부답이었다. 한참이 지난 뒤 엄광은 "사람마다 각기 뜻한 바가 있는 것입니다. 어찌 꼭 나를 불러서 쓰려고 하십니까!" 하고는 눈을 감은 채 다시는 대꾸조차 하지 않았다. 너무나 실망한 광무제는, "자릉, 그다지도 나의 신하가 되는 것이 마땅치 않은가?"라고 탄식하였다. 그리고는 자신의 바람을 이루지 못한 채 그곳을 떠날 수밖에 없었다. 왕부지가 여기서 지적하는 엄광의 문제점이 바로 이 장면에 있는 것 같다.
엄광의 이러한 고절(高節)은 훗날 송나라의 범중엄(范仲淹)에 의해 높이 평가받는다. 범중엄은 또 광무제의 국량에 대해서도 높이 평가하였다. 엄광이 은거하던 부춘산에 엄광을 기리는 사당이 있었는데, 범중엄은 이것을 중수하고는 그 「기(記)」에서, "선생의 마음은 해와 달보다도 높았고, 광무제의 국량은 세상을 밖에서 휩쌀 정도였네!(范仲淹, 『嚴先生祠堂記』: 蓋先生之心, 出乎日月之上; 光武之量, 包乎天地之外.)"라고 묘사하였다.

黨)[256]처럼 거만을 떨며 자기만족을 하는 것은, 간난신고의 시절도 아니었고 간난신고의 마음도 없었으니, 그 허물을 면할 수 있겠는가!

「象」曰: 大有初九, 无交害也.

「상전」: 대유괘의 초구효는 사귐이 없어 해로움이다.

當大有之世, 而居疏遠自絶之地, 則害君臣之義.

대유괘의 덕이 펼쳐지는 시대를 맞이했는데도 멀리 인적이 없는 곳에서 스스로 세상과 절연한 채 살아가는 것은 군주와 신하 사이의 의로움을 해친다.

---

256) 주당(周黨)은 생몰 연대가 미상이다. 자는 백축(伯況)이다. 태원(太原) 광무(廣武) 출신이다. 그가 거주하던 고을의 사람들은 그의 수양 경지가 매우 높다고 칭송하였다. 왕망이 제위를 찬탈하여 신(新)나라를 세우자 그는 병을 핑계대고 두문불출하기도 하였다. 나중에 광무제가 의랑(議郞)이라는 벼슬을 주고 그를 불렀으나 그는 역시 병을 핑계대고 나아가지 않았으며 그의 처자를 데리고 민지(黽池)라는 곳으로 이거하여 버렸다. 다시 부르자 어쩔 수 없이 그는 깡총한 홑옷차림에 닥나무 껍질로 만든 두건을 쓴 채로 상서(尙書)를 거쳐 광무제를 만났다. 그러나 그는 엎드린 채로 얼굴조차 들지 않고 자신이 평소 품고 있는 은거의 뜻을 말하였다. 광무제는 이를 허락하였다. 그리고 그에게 비단 40필을 하사하였다. 이에 마침내 주당은 마음 놓고 민지에서 은거할 수 있었다. 그리고 저서 상・하편을 냈다. 『후한서』에 그의 전(傳)이 실려 있다. 왕부지는 역시 여기서 주당이 광무제를 대하던 태도와 벼슬을 거절하던 것을 문제로 삼고 있는 것 같다.

九二, 大車以載, 有攸往, 无咎.

구이: 큰 차에 싣고서 가야 할 일이 있다. 허물이 없다.

九二剛而居中, 爲群陽之所附託, 皆唯其載之而行. 才富望隆, 歸之者衆, 有與五分權之象, 疑有咎矣. 然上應六五, 不居之以爲己有, 而往以輸之於五, 則迹雖專而行順, 不得以逼上擅權·輦衆歸己而咎之.

구이효는 굳셈의 덕을 지니고서 중앙의 위(位)를 차지하고 있는데, 뭇 양들이 그에게 의지하며 기탁하고 있다. 구이효는 이들 모두를 오로지 싣고서 간다. 그의 능력이 풍부하고 사람들이 그에게 거는 기대도 높으니 그에게 귀의하는 이들이 많다. 그래서 육오효와 권력을 양분하는 상을 지니고 있다. 이 때문에 그에게 허물이 있으리라고 의심할 수도 있다. 그러나 구이효는 위로 육오효에 응하며, 자신에게 귀의하는 이들을 제 소유로 차지하지 않고 그들을 육오효에게 실어다 준다. 그러니 겉으로는 구이효가 비록 혼자 마음대로 결정하고 단행하는 것으로 드러나 보이지만 사실은 육오효에게 순종하면서 행한다. 그래서 윗사람을 핍박하며 권력을 제멋대로 농단하고 다중을 자기 차에 실어주어 자신에게로 귀의시키는 것으로 여겨 그에게 허물을 줄 수가 없다.

「象」曰: '大車以載', 積中不敗也.

「상전」: '큰 차에 싣고서'는 속에 누적하여 패하지 않는다는 뜻이다.

誠信之輪於五者積於中, 則持盈而物莫能傷. 後世唯諸葛武侯望重道隆, 而集思廣益, 以事沖主, 能有此德.

구이효는 육오효에게 실어다 주는 성실함과 믿음직함을 속에 누적하고 있다. 그래서 그러함을 유지하고 가득 차서 물(物)들이 그를 상하게 할 수가 없다. 후세에서는 오직 제갈량(諸葛亮)만이 사람들 신망이 두텁고 지닌 도가 높아 많은 사람들의 지혜를 모으고 유익한 의견을 널리 구하여서[257] 나이 어린 군주를 섬겼으니, 그에게는 이 덕이 있을 수 있다.

九三, 公用亨于天子, 小人弗克.

구삼: 공(公)이 천자에게 음식을 바침이니 소인은 이렇게 할 수가 없다.

'亨', 『本義』依『春秋傳』作'享'. 古'亨通'·'獻享'·'烹飪'三字通用, 是也. 九三居內卦之上, 爲三陽之統率, 而三爲進爻, 率所有之大以進於上, 公領其方之小侯, 修貢篚以獻天子之象也. '乾'健而陽富, 席盛滿之勢以上奉柔弱之主, 自非恪守侯度之君子, 必且專私自植. 故言'小人弗克', 以戒五之愼於任人.

---

257) 이는 원래 제갈량의 말이다.(宋司馬光, 『資治通鑑』 권70, 「魏紀2, 世祖文皇帝下」: 亮乃約官職, 修法制, 發教與羣下曰, "夫參署者, 集衆思, 廣忠益也.")

효사의 '亨(형)' 자를 『주역본의』에서는 『춘추전』에 의거하여 '享(향)'이라 하였다. 그리고 옛날에는 '형통하다(亨通)'의 '亨(형)' 자, '흠향하시라고 음식을 올리다(獻享)'는 말의 '享(향)' 자, '삶아서 익히다(獻享)'의 '烹(팽)' 자 등 세 글자를 통용하였다고 하고 있다. 맞는 말이다. 대유괘의 구삼효는 내괘의 맨 위에 자리 잡고서 세 양(陽)을 통솔하고 있고, 3효는 나아감의 효로서 소유하고 있는 큰 것들을 거느리고 윗사람에게 나아가 바치는 의미를 지니고 있다. 그러므로 이는 공(公)이 자기가 관할하는 지역의 작은 제후들을 거느리고 나아가 공물을 잘 갖추어서 천자에게 바치는 상이다. 건(乾)☰은 씩씩하고 양(陽)은 부유하다. 그래서 좌석을 가득 채운 세(勢)를 가지고 위의 유약한 군주를 봉양한다. 그런데 여기서 스스로 제후의 법도를 삼가 성성스레 시키는 군사가 아니라면 반드시 전횡하며 제 세력을 심으려 할 것이다. 그래서 '소인은 할 수가 없다'고 한 것이다. 이를 통해 육오효가 사람을 임용하는 데서 신중해야 함을 경계하고 있다.

「象」曰: '公用亨于天子', 小人害也.

「상전」: '공(公)이 천자에게 음식을 바침이니' 소인에게는 해롭다.

小人處此則尾大不掉, 天子諸侯交受其害矣.

소인이 이러한 경우에 처하면 세력이 강성해져서 윗사람의 지휘를 받아들이려 하지 않으니[258], 천자와 제후가 번갈아 그 피해를 입는다.

九四, 匪其彭, 无咎.

구사: 그 북소리를 울림이 아니니, 허물이 없다.

'彭', 許愼說鼓聲也. 鼓聲所以集衆而進之. 四陽連類, 四居其上而與內卦相接, 疑於衆將歸己. 乃其引群陽而升者, 將與之進奉九五而使之富, 非號召衆剛使戴己也, 故雖不當位而无咎.

'彭(팽)'을 허신(許愼)은 '북소리'라고 했다. 북소리는 다중을 모이게 하여 진격할 때 울린다. 구사효까지 네 개의 양효가 같은 부류로 연결되어 있는데, 구사효는 그 윗자리를 차지하고 있으면서 내괘[貞卦]와 서로 접하고 있으니, 이 다중들이 자기에 귀의해 오는 것으로 의심을 받는다. 이에 그는 뭇 양효들을 이끌고 올라가 이들과 함께 구오효를 받들며 이들을 부유하게 해준다. 이렇게 하여 여러 굳셈들을 북소리로 불러낸 것이 자신을 추대하기 위함이 아니라는 것을 보여준다. 그러므로 구사효는 비록 마땅한 위(位)는 아니지만 허물이 없다.

「象」曰: '匪其彭无咎', 明辯晳也.

「상전」: '그 북소리를 울림이 아니니, 허물이 없다'는 분명하게 변별해서 밝히기 때문이다.

---

258) 『춘추좌씨전』, 「소공(昭公)」 편 11년 조에 나오는 말로서, "끝이 크면 반드시 부러지고 꼬리가 크면 흔들지 못한다."(末大必折, 尾大不掉.)는 뜻이다.

'晢', 明也. 居疑貳之地, 必別嫌明微, 以昭君臣之定分, 而後可无咎. 九四與'離'爲體, 故無冒昧之過.

「상전」의 '晢(절)' 자는 밝다는 뜻이다. 이 구사효는 혐의를 받는 곳에 자리 잡고 있으니, 반드시 혐의점을 변별하고 미세한 것을 밝힘으로써 임금과 신하 사이에 정해진 분수를 밝게 드러내야 한다. 그런 뒤에라야 그에게 허물이 없다. 대유괘의 이 구사효는 상괘인 이괘☲의 몸을 이루고 있다. 그러므로 이것저것 분간하지 않고 경솔하게 행동함에서 오는 허물이 없다.

六五, 厥孚交如, 威如吉.

육오: 그 믿음으로 서로 사귀는데 위엄이 있어야 길하다.

'厥孚', 陽自相孚也, 故曰厥. '交如', 交於五也. 五虛中而明於任使, 其俯有群陽也, 以循物無違之道, 行其坦易無疑之心, 衆皆願爲其所有, 群陽相孚以上交, 道極盛矣. 而又戒以'威如'則吉者, 五本有德威存焉, 但衆剛難馭, 雖大公無猜, 而抑必謹上下之分以臨之, 益之以威, 初不損其柔和之量, 而無不吉也.

효사의 '厥孚(궐부)'는 양효들이 스스로 서로 믿음을 의미한다. 그러므로 '그'를 의미하는 '厥(궐)'이라 하였다. '사귀는데'는 이 육오효와 사귄다는 말이다. 육오효는 자기 마음속을 비운 채 명석하게 사람을 임명하니 그의 휘하에는 여러 양효들이 있다. 이렇게 육오효는 물(物)들에 전혀 거스름이 없이 순종하는 원칙과 방법으로써 그 활짝 열려 있고 솔직하며 의심하지 않는 마음을 행한다. 그래서 다중은 모두 그의 소유가 되기를 원한다. 그리고 뭇 양효들은 서로 믿으면서 위로 그와 사귀니, 육오효의 도는 극도로 융성해진다. 그런데도 또한 '위엄이 있어야' 길하다는 것으로써 경계하는 까닭은, 육오효에게 본래 덕성과 위엄이 있지만 단지 여러 굳셈들을 제어하기 어렵기 때문이다. 그래서 육오효가 비록 의심함이 없이 크게 공정하다 할지라도 반드시 위・아래로 정해진 분수를 삼가 잘 살펴서 그들에게 임하고 거기에 위엄을 더해야 한다. 그러면 처음부터 그 부드러움으로 화목함을 이루는 양(量)을 손상시키지 않으며, 길하지 아니함이 없다는 것이다.

「象」曰: '厥孚交如', 信以發志也. '威如'之吉, 易而无備也.

「상전」: '그 믿음으로 서로 사귀는데'라는 것은 믿음으로써 자신의 뜻함을 펼쳐낸다는 의미다. '위엄이 있음'의 길함은 쉽게 대하고 막음이 없기 때문이다.

'信', 陰德也, 故『易』每於陰言信焉. 虛中柔順, 乃能篤信於人而不貳. 其於物多疑者, 必其有成見以實其中, 而剛於自任者也. 六五孤陰處尊位, 撫有衆陽而不猜, 其信至矣. '發志', 謂感發衆志而使歸己. '易', 和易近人. '无備', 不妨其潛逼也. 創業之始, 感人心以和易, 而久安長治之道, 必建威以消萌, 大有之所未逮, 故不足於利貞, 而又以'威如乃吉'戒之.

'믿음'은 음(陰)의 덕이다. 그러므로 『주역』에서는 언제나 음(陰)에서 믿음을 말한다. 자신의 속을 비운 채 부드럽고 순종하니 능히 사람들에게 믿음을 돈독하게 하여 두 마음이 생기지 않게 한다. 물(物)들에게 의심이 많은 이들은 반드시 선입관이 그 마음속을 꽉 채우고 있고, 모든 일에 대해 자신이 적임이라고 굳게 자부하는 이들이다. 그런데 대유괘의 육오효는 외로운 음으로서 존귀한 위(位)를 차지하고 있고 여러 양효들을 어루만지며 의심을 내지 않으니, 그 믿음이 지극하다. '뜻함을 펼쳐낸다'는 것은 여러 양효들의 뜻함을 감동시키고 분발시켜 자기에게 귀의하도록 한다는 말이다. '쉽게 대하며'는 그들과 어울리며 쉽게 다가오도록 하여 사람들에게 친근감을 준다는 의미다. '대비함이 없다'는 그들 속에 지금은 잠복해 있지만 장차는 자신을 핍박할 수 있음을 가로막지 않는다는 의미다. 나라를 막 세운 시초에는 사람들의 마음을 감동시켜 어울리며 쉽게 다가오도록 해야 하지만, 국가가 오래도록 평인하며 인정 속에 번영하도록 하기 위해서는 반드시 위엄을 세워 위험요소가 싹트는 것 자체를 사라지게 해야 한다. 그런데 대유괘는 이에는 미치지 못한다. 그러므로 '이롭고 올곧음(利貞)'은 부족하다. 그래서 또한 '위엄이 있어야 길하다'는 것으로써 이에 대해 경계하고 있다.

上九, 自天祐之, 吉无不利.

상구: 하늘이 복을 줌이니 길하며 이롭지 않음이 없다.

此爻之辭, 又別一義例, 所以贊六五之德至而受福也. '天'即指上而言. 上九在五上, 而五能有之, 自天祐也, 其義『繫傳』備矣. '吉', 以居言; '无不利', 以行言.

이 효의 효사는 또 다른 하나의 의미를 제시하여, 육오효의 덕이 지극하여 복을 받음에 대해 찬양하고 있다. '하늘'은 바로 이 상구효를 가리켜 말한 것이다. 상구효는 육오효의 위에 있는데, 육오효가 그것을 가질 수 있으니 하늘이 복을 주는 것이다. 그 의미에 대해서는 「계사전」에 완비되어 있다.[259] 여기서 '길함'이란 평소의 생활함에 대해 말한 것이고, '이롭지 않음이 없다'는 무엇인가 행동함에 대해 말한 것이다.

「象」曰: 大有上吉, 自天祐也.

「상전」: 대유괘의 상구효가 길함은 하늘이 복을 주기 때문이다.

大有而能有在上之陽, 則不特人助之, 而天亦祐之矣.

---

259) 「계사전」에서 이를 언급하는 곳은 세 곳이다. 하나는 군자가 평소 생활할 적에는 괘・효상과 괘・효사를 익히 연구하고, 행동해야 할 때는 『주역』의 점(占)에 드러난 하늘의 메시지에 따라야 한다는 것이다.(「계사상전」 제3장: 君子居則觀其象而玩其辭, 動則觀其變而玩其占, 是以自天祐之, 吉无不利; 『易』曰, "自天祐之, 吉无不利.") 또 하나는 사람이 남들에게 믿음을 주게끔 행동하고, 생각 속에서는 하늘에 순종하며, 현자를 숭상해야 한다고 하고 있다.(「계사상전」 제12장: 子曰, 祐者助也, 天之所助者 順也, 人之所助者信也. 履信思乎順, 又以尙賢也, 是以'自天祐之, 吉无不利'也.) 마지막으로는 궁하면 변하고, 변하면 통하며, 통하면 오래간다고 하여 사람이 경직되게 외곬으로 행동하면 안 된다고 하고 있다.(「繫辭下傳」 제2장: 『易』窮則變, 變則通, 通則久, 是以自天祐之, 吉无不利.) 이런 경우들에 하늘이 복을 주어서 길하지 않음이 없다는 것이다.

육오효가 크게 가지고 있으면서도 위에 있는 양(陽; 상구효)까지 가질 수 있으니, 단지 사람들만 그를 돕는 것이 아니라 하늘도 그를 돕는 것이다.

謙卦艮下坤上
겸괘䷎

謙, 亨, 君子有終.

겸괘: 형통하다. 군자에게 유종의 미가 있다.

'謙', 古與慊通用, 不足之謂也. 此卦唯一陽浮寄於衆陰之中, 而不能如'師''比'之得中, '復'之振起, 與'剝'略同, 其不足甚矣, 特陽未趨於泯喪而止於內耳. 以其不足, 伏處於三陰之下, 安止而順受之, 不爲中枵外侈以自剝喪, 爲能受益而進於善, 是以君子有取焉. 亨之爲義, 「彖傳」備矣. 又言'君子有終'者, 必君子而後能終其謙也.

'謙(겸)'은 옛날에 '慊(겸)' 자와 통용되었다. '부족하다'·'찐덥지 않다'는 뜻이다. 이 겸괘에서는 오직 하나의 양효가 여러 음효들 속에서 들뜬 채 붙어 있다. 그래서 사괘(師卦)䷆·비괘(比卦)䷇에서 양효가 득중(得中)한 것이나 복괘(復卦)䷗에서 양효가 떨쳐 일어남과 같을 수가 없다.

이는 박괘(剝卦)䷖와 대략 같으니 그 부족함이 심하다. 다만 양효가 아직 사라져 버림에까지는 이르지 않고 속(內卦)에 멈추어 있을 따름이다. 이처럼 부족하기 때문에 세 음효의 아래에 엎드려 있으면서 멈춰 있음을 편안히 여기고 그것을 순종하며 받아들인다. 그래서 속은 텅 빈 채 겉으로만 호사를 부림으로써 스스로 상처를 입고 사라지지는 않으며 능히 이익을 받고 선으로 나아가게 된다. 그래서 군자가 이에 대해서는 취함이 있다. 왜 형통한지에 대해서는 「단전」에서 밝히고 있다. 또 '군자에게 유종의 미가 있다'고 한 것은 반드시 군자인 뒤에라야 그 겸손함을 끝마칠 수 있다는 의미다.

道之在天下也, 豈有窮哉! 以一人之身, 藐然孤處於天地萬物之中, 雖聖人而不能知·不能行者多矣. 其在心也, 嗜欲攻取, 雜進於耳目, 以'惟微'之道心與之相感, 勢不能必其貞勝, 皆孤陽介立之象也. 君子知此, 念道之無窮而知能之有限, 故學而知其不足, 教而知困, 歉然望道而未之見. 其於天下也, 則匹夫匹婦勝予是懼, 而不忍以驕亢傷之. 故雖至於聖, 且不自聖, 以求進德於無已, 以虛受萬物以廣其仁愛, 斯則謙而有終矣. 若無忌憚之小人, 如老聃之教, 以私智窺天地鬼神之機, 待人情之好惡, 欲張固翕, 以其至柔馳騁天下之至剛, 己愈退則物愈進, 待其進之已盈, 爲物情之所不容, 然後起而撲之, 無能出其網羅者, 以爲妙道之歸, 則始於謙者終於悍, 故其流爲兵家之陰謀·申韓之慘刻. 小人之謙, 其終如是, 與謙道相反; 其亨也, 不如其無亨矣.

도(道)가 천하에서 어찌 궁핍함이 있겠는가! 한 사람의 몸으로써 하늘과 땅 사이 만물들 속에 아득하고 외롭게 처해 있으니, 비록 성인이라 할지라도 그 도에 대해 알 수가 없고 행할 수가 없는 것이 많을 따름이다. 그것이 마음에 있음에서는 도심(道心)이 되는데, 기욕(嗜慾)이 공격하고 탈취하며 눈·귀와 같은 감각기관을 통해 뒤섞여서 진입하니 '오직 미약한' 도심으로서[260] 이들과 서로 감응하게 됨에, 추세상 꼭 그 '올곧음[貞]'이 승리할 수가 없다. 이러함은 모두 외로운 양효가 음효들 사이에서 맑고 고아한 절개를 지키고 있음의 상이다.

군자는 이러함을 알기에, 도는 무궁함에 비해 자신의 지식과 능력에는 한계가 있음을 염두에 둔다. 그러므로 배우면서 자신이 부족하다는 것을 알고 교화하면서 곤고함을 알게 되어, 스스로 찐덥지 않은 마음으로 도(道)를 바라보나 보이지가 않는다. 세상살이에서 보면 필부필부(匹夫匹婦)가 자신보다 나음을 보고 두려움을 느낀 나머지, 교만을 떨며 목을 뻣뻣이 세운 채 맞서다 상처를 입는 짓을 차마 하지 않는다. 그러므로 비록 성인의 경지에 이르렀다 할지라도 스스로를 성인으로 여기지 않고 끊임없이 덕을 증진시키고자 하며, 마음속을 텅 비워 만물을 받아들임으로써 그 인애(仁愛)를 더욱 넓힌다. 군자는 바로 이렇게 하기 때문에 겸손하며 유종의 미를 거둔다.

그러나 거리낌 없이 무슨 짓이든 하는 소인들은 그렇지 않다. 예컨대 노담(老聃)의 가르침이 그러하니, 이들은 사사로운 지혜를 가지고 천지

---

260) 『서경』, 「대우모(大禹謨)」 편에 나오는 말이다. 전체적으로는 "인심은 오직 위태롭고 도심은 오직 미약하니, 오로지 정심함·한결같음의 수양의 공력을 통해 인격을 다져서 진실로 그 중용의 도를 지켜라!(人心惟危, 道心惟微, 惟精惟一, 允執厥中)"로 되어 있다. 이는 순임금이 우임금에게 나라를 선양(禪讓)하면서 준 국가 경영의 원칙이자 지침이다. 여기에 나오는 '인심'과 '도심'의 문제는 나중에 조선성리학에서 커다란 논쟁의 주제가 되었다.

와 귀신의 '작용 체제[機]'를 엿보고서 사람들의 일반적인 정서 속에 있는 호(好)・오(惡)에 의지하였다. 그래서 장차 확장하고 싶거든 진실로 움츠리고[261], 그 지극한 부드러움으로써 천하의 가장 굳셈으로 재빠르게 달려간다. 이렇게 하여 자기가 물러나면 날수록 물(物)들은 그만큼 다가오니, 그들의 다가옴이 완전히 가득차기를 기다렸다가 상황이 이제 더 이상 수용할 수 없게 된 뒤에 일어나서 이들을 후려치면 아무도 그물망으로부터 벗어날 수가 없다고 한다. 그들은 이를 오묘한 도(道)의 귀결이라 여긴다. 겸손함에서 시작한 것이 이처럼 사나움으로 끝마치는 것이다. 그러므로 그것이 흘러가서는 병가의 음모술과 신불해(申不害)[262]・한비자(韓非子)[263]의 흉악하고 잔인한 학설이 된다.[264] 소인의

---

261) 『노자』 제36장에 나오는 말의 일부다. 『노자』에서는 "장차 오그라들게 하고 싶거든 반드시 진실로 확장시켜 주고, 장차 약하게 하고 싶거든 반드시 진실로 강하게 해주며, 장차 폐하고 싶거든 반드시 진실로 흥하게 하고, 장차 빼앗고 싶으면 반드시 진실로 주어라. 이를 '미명(微明)'이라 한다. 부드럽고 약한 것이 굳세고 강한 것을 이긴다.(將欲翕之, 必固張之; 將欲弱之, 必固强之; 將欲廢之, 必固興之; 將欲奪之, 必固與之. 是謂微明. 柔弱勝剛强.)"라고 하여 오묘한 역설(逆說)을 펼치고 있다. 이는 보통 사람들의 일반적인 생각이나 견해와는 정반대로 보인다. 그러나 뒤집어보면 확장함・강함・흥함・줌 등이 오히려 그 반대의 결과를 초래하는 경우가 많다. 우리의 욕구와 이기심이 이들을 지향하지만 사실은 그 반대로 향해 가는 것이다. 그래서 왕필은 이러함이 물(物)들의 본성대로 하여 그들로 하여금 스스로 죽이게 하며 형벌을 빌리지 않고 제거하는 방법이라고 하였다.(王弼注, 『老子道德經』 제36장: 因物之性, 令其自戮, 不假刑為大, 以除將物也.) 그리고 하상공(河上公)은 '미명(微明)'에 대해 "이 네 가지는 그 도는 은미하지만 그 효과로 드러남은 분명하다.(河上公章句, 『老子道經』卷上, 제36장: 此四事, 其道微其效明也.)"라고 풀이하였다.

262) 신불해(申不害; 약 B.C. 385~B.C.337)는 중국의 하남성 형양(滎陽) 출신이다.

법가(法家)를 대표하는 인물 가운데 하나로서 '술(術)'을 중시한 사상가로 알려져 있다. 신불해는 원래 멸망한 정(鄭)나라의 신하였는데, 한(韓)나라에 들어와 한소후(韓昭侯)에게 발탁되어 장장 19년 동안 재상을 하는 사이에 이 나라를 부국강병으로 이끌게 하였다. 내치와 외교 모두 성공하여 그의 재임 중에는 한나라가 단 한 번도 외침을 받지 않았다.

263) 한비자(약 B.C.281~B.C.233)는 전국시대 한(韓)나라의 사람으로서 법가 사상의 핵심 인물로 평가받는다. 조상 대대로 한(韓)나라의 귀족이었는데, 한비자 당시에 이르러 날로 쇠약해지는 조국을 걱정하며 『고분(孤憤)』, 『오두(五蠹)』 등 일련의 저술을 하였다. 나중에는 이들이 『한비자』라는 책으로 포괄되었다. 그는 말더듬이기 때문에 직접 말로 하기보다는 이러한 저술을 통해 한나라 임금에게 구국(救國)의 방책을 전하고자 하는 충정에서였다. 그러나 자기 나라의 군주로부터는 철저하게 무시당했고, 오히려 한나라와 대치하고 있던 진(秦)나라의 왕(나중에 중국을 통일한 秦始皇)이 이 책을 읽고 감명을 받은 나머지 "아, 과인이 이 사람을 만나 교유할 수 있다면 죽어도 여한이 없겠다!"라고 탄식하였다. 실제로 진시황은 그를 얻기 위해 한나라를 공격하였고, 그렇게 해서 빼앗은 땅을 한비자와의 교환 조건으로 돌려주었다. 이렇게 하여 진(秦)나라로 잡혀 온 한비자는 진시황에게 협조를 거부하여 투옥되었다. 그리고 그가 진시황에게 총애를 받는 것을 시기하고 두려워한 이사(李斯)의 농간에 빠져 감옥에서 모진 고초를 당하다 음독자살하였다. 이사는 한비자와 함께 순자(荀子)의 문하에서 동문수학한 사이였다. 이후 진시황은 『한비자』의 저술에 있는 가르침대로 행하여 부국강병에 성공한 나머지 결국 중원을 통일하게 되었다. 후세에서는 그를 '한비자(韓非子)'라 칭한다.

『한비자』는 선진 시대 법가 사상의 결정체다. 이 책에서는 선진 시대 여러 학파들의 관점을 비판적으로 흡수하였고, 『노자도덕경』을 끌어들여 법가 사상의 정수를 논하고 있다. 그래서 오늘날 우리들이 선진시대 사상을 연구하는 데서 하나의 간접적인 자료를 제공하기도 한다. 여기서는 주어진 직책과 수행한 업적을 한 치도 잘못됨이 없이 비교하여 신상필벌(信賞必罰)해야 한다는 형명참동(刑名參同) 사상, 법을 숭상해야지 현명함을 숭상해서는 안 된다는 사상, 군주는 도(道)와 같이 지고(至高)의 절대적 존재라는 사상, 세(勢)

겸손함은 그 끝마침이 이와 같으니, 겸괘의 도와는 서로 반대된다. 그러니 그 형통함도 차라리 형통함이 없는 것만 못하다.

五・上二爻, 行師侵伐, 亦'謙'必有之變也. 故內卦言'君子', 言'貞', 而外卦但言'吉利'.

육오・상육효 두 효는 군대를 동원하여 국경을 넘어가 정벌하는 것인데, 이 또한 겸괘에 반드시 있어야 하는 변함이다. 그러므로 내괘에서는 '군자'를 말하고 '올곧음'에 대해 말하지만, 외괘에서는 단지 '길하고 이롭다'라고만 말하고 있다.

는 둘이 나누어 가져서는 안 된다는 등의 사상이 망라되어 있다. 그러나 왕부지는 법가 사상이 중국 역사에 끼친 해독을 들어 이 사상을 여기서 이렇게 비판하고 있는 것이다.

264) 여기서 왕부지는 『노자』에서 제시하고 있는 '겸(謙)'의 사상이 소인들에게 해당한다는 주장을 펼치고 있다. 『노자』에서 드러난 '겸'의 사상은, 개인들의 생존의 장을 확보하기 위해 공동체를 우선하는 수기・치인의 논리, 즉 유가의 극기복례(克己復禮) 논리와 맞지 않다고 보기 때문이다. 유가의 성인이나 군자는 늘 자신이 부족하다고 느끼며 고아한 절개를 지키는 수양의 과정에 있고 이것이 유가의 '겸' 사상임에 비해, 노자의 사상에는 이러한 점이 결여되어 있다고 보는 것이다. 그래서 왕부지는 노자의 이들 역설(逆說) 속에 드러난 '겸' 사상이 개인의 이기심을 충족시키기 위한 교활한 방책이라 하고 있다. 그래서 법가 사상으로 흘러들어가서는 그처럼 흉악하고 잔인한 학설을 만들게 되었다는 것이다.

「彖」曰: 謙亨. 天道下濟而光明, 地道卑而上行.

「단전」: 겸괘가 형통함은, 하늘의 도가 이로움과 복택을 아래로 베풀어 만물을 길러내고 빛이 온 누리를 비치며, 땅의 도가 낮추면서도 위로 행하기 때문이다.

'天道'九三之陽也. 他卦皆以三爲進爻, 四爲退爻, 唯'謙'一陽伏處於三陰之下, '豫'一陽拔出於三陰之上, 因內外而分上下, 故'謙'曰 '下濟', '豫'曰 '出地', 因象立義, 所謂不可爲典要也. '光明', '艮'之德也. '艮'陽在外, 其明外見. 光者, 明之加於物者也. 地道之上行, 陽降而陰自升, 若陽讓之使然也. 陽知其不足, 而猶然下以濟陰之乏, 其志光明, 陰所共白, 非小人僞爲卑遜以屈天下之陰謀, 故'卑而上行', 無所不順, 此其所以亨也.

'하늘의 도'란 이 괘 구삼효의 양을 가리킨다. 다른 괘들에서는 모두 3효를 나아감의 효로 여기고 4효를 물러남의 효로 여긴다. 그런데 오직 이 겸괘䷎만은 하나의 양효가 세 음효들의 밑에 엎드려 있고, 예괘(豫卦)䷏는 하나의 양효가 세 음효의 위로 몸을 빼가지고 있다. 그래서 내괘와 외괘로 말미암아 위와 아래로 나뉜다. 그러므로 겸괘에서는 '이로움과 복택을 아래로 베풀어'라고 하였고, 예괘에서는 '땅 위로 나오다'라고 하고 있다. 이는 괘상을 근거로 하여 괘의 의미를 세운 것이니, 그래서 "일정불변한 틀을 만들어 모든 괘들에 일률적으로 적용해서는 안 된다."라고 하는 것이다.

'온 누리를 비침'이란 간괘☶의 덕이다. 간괘는 양이 밖에 있으니 그 밝음이 밖으로 드러난다. 빛이라는 것은 밝음이 물(物)들에 쏘는 것이다. 그리고 땅의 도가 위로 행한다고 함은 양이 내려오면서 음은 저절로 올라감이니, 이는 마치 양이 양보하여 그렇게 하도록 하는 것처럼 보인다. 양은 자신의 부족함을 알지만 오히려 아래로 내려가며 음의 결핍을 구제한다. 그래서 그 뜻함이 온 누리를 환히 비친다. 그리고 음은 그 밝음을 공유한다. 이는 결코 소인이 거짓으로 자신을 낮추고 겸손하게 하여 천하를 굴복시키는 따위의 음모가 결코 아니다. 그러므로 '낮추면서도 위로 행하다'고 하는 것이니, 여기에는 순종하지 않음이 없다. 이것이 바로 겸괘가 형통한 까닭이다.

天道虧盈而益謙, 地道變盈而流謙, 鬼神害盈而福謙, 人道惡盈而好謙.

하늘의 도는 가득 찬 것을 줄어들게 하여 겸손한 것에 더해 주고, 땅의 도는 가득 찬 것을 변하게 하여 겸손한 것으로 흘러가게 하며, 귀신은 가득 찬 것에는 해롭게 하고 겸손한 것에게 복을 주며, 사람의 도는 가득 찬 것을 싫어하고 겸손한 것을 좋아한다.

'虧盈益謙'者, 物壯盛則衰槁, 稺弱則增長也. '變盈流謙'者, 山阜高危, 則夷下隨流以充谿壑也. 天・地・人・神, 情理之自然, 君子體之以修德, 小人測之以徼利, 然而其可亨一也.

'가득 찬 것을 줄어들게 하여 겸손한 것에 더해 줌'이란 물(物)이 장성하여 융성하면 시들고 마르며, 어리고 약하면 더욱 자라난다는 의미다. '가득 찬 것을 변하게 하여 겸손한 것으로 흘러가게 함'이란 산과 언덕이 위태로울 정도로 높으면 평평한 아래를 따라 흘러가서 계곡과 골짜기를 채운다는 의미다. 하늘, 땅, 사람, 귀신은 상황과 이치의 저절로 그러함이니, 군자는 이를 체득하여 덕을 닦는데 소인은 이를 엿보아 이로움을 바란다. 그래도 형통할 수 있다는 점에서는 같다.

謙尊而光, 卑而不可踰, 君子之終也.

겸손함은 존귀하면서도 빛이 나고 낮게 있더라도 뛰어넘을 수가 없다. 이것이 군자의 끝맺음이다.

'尊而光', '艮'德也. 以一陽爲群陰之主, 處內卦之上, 止其淫泆, 其道尊也. 其退伏於三陰之下者, 自見不足, 而非以媚物, 志可大白於天下, 其光也. '卑而不可踰', '坤'德也. 天尊地卑, '坤'順之德固然, 而其道上行, 順理以升, 山雖高, 終在地中, 不可踰也. 君子以養己之德, 而順天下之情, 志正而量弘, 斯以謙始而以謙終, 非君子不能也.

'존귀하면서도 빛이 남'은 간괘☶의 덕을 말한 것이다. 겸괘에서는 하나의 양효가 뭇 음효들의 주재자가 되어 내괘[貞卦]인 간괘의 맨 위에 자리 잡고 있다. 그리하여 음효들의 음란하고 방탕함을 억지하니, 그 도가 존귀하다. 그리고 물러나 상괘인 곤괘☷의 세 음효들의 밑에 엎드려 있으니, 이는 스스로 부족하다는 것을 드러내고 있다. 그러나 이는 물(物)들에게 아양을 떠는 것이 아니니, 그의 뜻함이 천하에 크게 드러날 수 있다. 이는 빛남을 의미한다.
'낮게 있더라도 뛰어넘을 수가 없음'은 곤괘☷의 덕이다. 하늘은 높고 땅은 낮다. 곤괘의 순종함의 덕은 본디 이러한 것이다. 그런데 그 도가 위로 행하며 이치에 순종하여 올라가니, 산이 비록 높다고 하더라도 끝내는 땅속에 있는 것이다. 이는 뛰어 넘을 수가 없다. 군자는 자기를 양성하던 덕으로써 세상 사람들의 정서에 순종하며, 뜻함이 올바르고 국량도 크다. 이렇게 겸손함으로 시작하여 겸손함으로 끝내는 것은[265] 군자가 아니면 불가능하다.

「象」曰: 地中有山, '謙', 君子以裒多益寡, 稱物平施.

「상전」: 땅속에 산이 있음이 겸괘다. 군자는 이를 본받아 많이 가진 이들에게는 끌어모아주고 적게 가진 이들에게는 보태주어서, 물(物)들에 알맞도록 균평하게 베푼다.

'地中有山'者, 謂於地之中而有山也. 山者, 地之高者, 非地之外別有山也. 地溥徧乎高下, 山亦其所有爾. 人見山之餘於地, 而不知山外乃地之不足, 可增而不可損也. '裒'聚也. '施'者, 惠民之事. 地道周行於天以下, 時有所施化, 多者裒聚之而益多, 寡者益之使不乏, 固不厚高而薄下, 抑不損高以補下, 各稱其本然而無容私焉. 故高者自高, 卑者自卑, 而要之均平. 君子施惠於民, 務大德, 不市小恩. 不知治道者, 徇疲惰之貧民, 而剷削富民以快其妬忌, 釀亂之道也. 故救荒者有蠲賑而無可平之粟價, 定賦者有寬貸而無可均之徭役. 雖有不濟, 亦物情之固然

---

265) 자기를 양성함이 시작함이고, 세상 사람들의 정(情)에 순종하는 것이 끝냄이다. 군자는 이 과정 전체에 '겸(謙)'의 덕으로써 시종일관한다는 의미다.

也. 不然, 則爲王莽之限田, 徒亂而已矣.

'땅속에 산이 있다(地中有山)'고 함은 땅 가운데에 산이 있음을 의미한다. 산이란 땅이 높은 것이지 땅의 밖에 따로 산이 있는 것이 아니다. 땅은 높게도 낮게도 광대하게 보편으로 벋어 있는 것이니 산도 그 속에 있는 것일 따름이다. 그런데 사람은 산이 땅보다 더 넉넉하다는 것만을 본다. 그러나 산 밖은 바로 땅이 부족함이기 때문에 산에 대해서도 보탤 수는 있어도 덜어낼 수는 없다는 것을 알지 못한다.[266]

'부(裒)' 자의 뜻은 끌어모으다는 뜻이다. '베풂(施)'은 백성들에게 시혜를 주는 일이다. 땅의 도는 하늘 아래에서 두루 운행하고 있으며 때에 맞추어 지어냄[造化]을 베푼다. 그래서 많이 가진 이들은 끌어모아서 더욱 많아지고, 적게 가진 이들은 보태어서 결핍되지 않게 한다. 그러니 진실로 높은 것들만을 두텁게 해주면서 낮은 것들은 박하게 해주는 짓을 하지 않고, 그렇다고 하여 높은 것들에게서 덜어내서 낮은 것들을 보조해주지도 않는다. 각기 그 본래 그러함에 들어맞도록 하지 절대로 여기에 사사로움을 들이지 않는다. 그러므로 높은 것은 저절로 높아지고 낮은 것은 저절로 낮아지며 균평함에로 나아간다.

군자가 백성들에게 혜택을 베푸는 데서는 큰 덕에 힘써야지 쩨쩨하게 작은 은혜를 주고받기로 베풀어서는 안 된다. 도(道)대로 다스릴 줄

---

266) 아무리 산이 높다 하더라도 그것 역시 땅의 일부인바 땅이 부족하기 때문에 그 높이밖에 안 된다는 의미다. 만약에 땅이 부족하지 않았다면 그 산은 그만큼 높아졌을 것이다. 따라서 산이 일반 땅보다 높다고 하여도 거기에서 덜어내서는 안 된다는 것이다. 그것 역시 부족해서 그 높이의 산을 이룬 것이기 때문이다.

모르는 이들은 병들거나 게으른 빈민들만을 일방적으로 역성들며 부유한 사람들을 착취함으로써 그 빈민들의 질투와 시기심에 영합하려 하는데, 이는 혼란을 길러내는 길일뿐이다. 그러므로 흉년을 구제하는 데서 세금을 면제해주어 기근을 면하게 함은 있어도 곡식의 값어치(穀價)를 똑같게 할 수는 없으며, 부역을 결정하는 데서도 관대하게 용서하여 사면함은 있어도 어떤 사람이 하는 요역이든 모두 똑같은 것으로 간주할 수는 없다. 비록 천하 만물들 사이에 들쭉날쭉 형편이 고르지 않음이 있다하더라도 이는 역시 물(物)들의 실정에서 드러나는 본디 그러함이다. 그런데 이 본디 그러함을 없애버리려 한다면 왕망(王莽)의 조정에서 시행하였던 한전제(限田制)처럼 되고 말아 한갓 혼란상만을 초래할 따름이다.[267)]

---

267) 왕망(B.C.45~A.D.23)은 한(漢) 왕조를 무너뜨리고 '신(新; 8~23)'이라는 나라를 건립하였던 인물이다. 전한(前漢; 西漢) 황실의 외척이었는데 기원전 8년 38세로 재상이라 할 수 있는 대사마(大司馬)가 되었고, 9세의 평제(平帝)를 옹립한 뒤 자기의 딸을 왕후로 삼았다. 그리고는 스스로에게 안한공(安漢公)과 재형(宰衡)이라는 칭호를 붙여 평제의 정치를 돕는 사람으로 자임하였다. 그러다 서기 5년에 평제를 죽인 다음 겨우 두 살에 불과한 영(嬰)을 황위에 앉힌 뒤 스스로 섭정이 되어 '가황제(假皇帝)'라고 자칭하였으며, 신하들에게는 자신을 '섭황제(攝皇帝)'라 부르게 하기도 하였다. 그 3년 뒤에는 아예 전한을 무너뜨리고 새로운 왕조를 세웠다.
황제가 되자마자 왕망은 유교를 통치 이념으로 내세우면서 『주례(周禮)』를 근거로 삼아 탁고개제(托古改制)를 시행하였다. 영(令)을 내려 전국의 모든 토지를 '왕전(王田)'이라는 이름으로 바꾸고 노비를 '사속(私屬)'이라는 이름으로 바꾸게 하면서 매매를 금지하였다. 그리고 주대(周代)의 정전법(井田法)을 모방하여 토지개혁을 단행하였는데, 남자 인구가 8명 미만이면서 1정(井; 900畝) 이상의 토지를 소유하고 있으면 그 남는 만큼의 토지를 몰수하여

初六, 謙謙君子, 用涉大川, 吉.

초육: 겸손하고 겸손한 군자가 겸손함으로써 큰 하천을 건너니, 길하다.

卦之所以爲'謙'者, 以九三一陽處陰下, 不自足而能止爲義. 然陰之數不足, 而其德柔, 故六爻俱有謙道焉. 此爻之又一例也. 內卦, 體也, 謙以修己. 外卦, 用也, 謙以待人. 君子之謙, 以反己自克而求進於道, 非以悅人也. 故內卦兩言 '君子', 而外卦有戒辭焉. '謙謙'者, 處不足之地, 而持之以歉也. 初六當潛藏之位: 初學立志之始, 知道之廣大而知行之不逮, 柔輯其心以遜志於道, 君子之修也. '用涉大川'而吉者, 下學而上達, 日見不足則日益, 雖以涉浩渺無窮之域, 而馴致之, 无不吉也.

이웃 고을의 토지가 없는 사람들에게 분배해 주었다. 이때의 기준이 장정 1사람당 100무(畝) 단위로 분배하는 것이었다. 이것이 바로 '한전제(限田制)'다. 이를 좋게 보면 서한 말기의 사회적 모순을 해결해 보려고 한 시도라 할 수 있다.

그러나 황제의 지위에 오르기까지의 그의 행적에 비추어보면, 이 한전제의 시행이 자신의 통치 기반을 공고히 하기 위한 술책의 일환이라고도 할 수 있다. 즉 대토지 소유를 하고 있던 지방 호족의 세력을 약화시키기 위한 것이다. 궁극적으로는 그들이 자신의 왕조에 대해 위협 세력이 될 것임을 염려하여 내린 조치라고도 볼 수 있기 때문이다. 어쨌든 왕망은 당시의 모순들을 해결하기 위해 여러 가지 새로운 정책을 시도하였으나 해결하지 못한 채 결국 그 자신의 왕조가 15년 만에 후한의 광무제(光武帝)에게 망하고 말았다. 왕부지는 여기서 왕망의 '한전제'를 예로 들며 '부다익과'를 '많은 쪽에서 덜어내어 적은 쪽에 보태준다'로 해석해서는 안 되는 반론의 근거로 삼고 있다.

이 괘가 겸괘가 되는 까닭은, 구삼효 1양이 음들의 밑에 처하여 스스로 만족하지 않으면서도 능히 멈추어 있음을 의로움으로 삼고 있기 때문이다. 그러나 음효의 수는 양효에 비해 부족하고[268] 그 덕은 부드럽다. 그러므로 이 겸괘에서는 여섯 효들이 모두 겸괘의 도를 갖추고 있다고 할 수 있다. 이는 이 효의 또 하나의 예(例)다.

내괘[貞卦]는 체(體)다. 그래서 겸손함으로써 수양하고 있음의 의미를 담고 있다. 그리고 외괘[悔卦]는 용(用)이다. 그래서 겸손함으로써 사람을 대한다는 의미를 담고 있다. 군자의 겸손함은 문제의 원인을 자기에게로 돌려 스스로 극복하고 도(道)에로 더 나아감을 구하는 것이지, 남을 기쁘게 하는 것이 아니다. 그러므로 내괘에서는 두 번 '군자'를 말하고 있지만, 외괘에서는 경계하는 말만 하고 있다.

'겸손하고 겸손함'이란 부족한 곳에 처하여 이러한 자세를 지키며 스스로 만족스럽게 여기지 않음이다. 초육효는 마땅히 자신을 드러내지 않고 있어야 할 위(位)다. 이는 처음으로 배움의 길에 들어선 사람이 이제 막 뜻을 세움이다. 그래서 도(道)의 광대함을 알고 자신의 행위가 미치지 못함을 알며, 그 마음을 부드럽게 모아서 공손하게 도(道)에 뜻을 둔다. 이것이 군자의 수양이다.

'겸손으로써 큰 하천을 건너니' 길하다는 것은, 아래로 일상생활과 관련된 기초 단계의 것부터 배워 나아가 위로 이 세상의 가장 오묘한 이치까지를 통달함[下學而上達]의 방식으로, 날마다 자신이 부족함을 발견하며 날마

---

268) 양효(—)의 숫자적 의미는 '9'임에 비해, 음효의 숫자적 의미는 '6'이다. 음효가 양효에 비해 1/3이 적으니, 그만큼이 결(缺)해 있다고 보는 것이다. 또 괘를 뽑아내는 데서 양효의 과설지책은 '36'이고, 음효의 과설지책은 '24'다.

다 진보해 나아간다면 비록 끝없이 넓은 지역을 건넌다 할지라도 그에 익숙하고 길들여져서 길하지 않음이 없다는 것이다.

「象」曰: '謙謙君子', 卑以自牧也.

「상전」: '겸손하고 겸손한 군자'란 자기 자신을 낮추어서 스스로 기름이다.

處位最下, 而以柔爲道, 曰'卑'. '牧', 養也. 若牧人之養牛羊, 謹司其放佚而愼調其芻秣, 積小以成大也.

가장 낮은 위(位)에 처해 있으면서 부드러움을 도(道)로 삼음을 '자신을 낮춤'이라 한다. '기름'은 양성한다는 의미다. 즉 남의 소나 양을 기르는 것처럼, 제멋대로 뛰어다니는 그것들을 잃어버리지 않도록 삼가 잘 경계하고 그들이 먹는 풀을 신중하게 조절하는 것이다. 이는 작은 것들을 쌓아 나아가서 큰 것을 이룸이다.

六二, 鳴謙, 貞吉.

육이: 새들끼리 소리 내어 호소하는 겸손함이니[269], 올곧아서 길하다.

---

269) 이 풀이는 왕필・공영달의 풀이와 두르러지게 다르다. 왕필은 '鳴謙(명겸)'에 대해 '성가와 명예가 세상에 알려짐'으로 풀이하며, 그 까닭은 육이효가 제자리인 중위(中位)를 차지하고 있으면서 겸손하고 올바르기 때문이라 하였다.(王

'鳴', 鳥相呼告也. 九三爲謙之主, 二近而承之, 上六其應; 九四爲豫之主, 初六其應; 皆相應求者也, 故曰 '鳴'. 自見不足, 呼三而告之, 以求益也. 二與三同體, 三以陽道下濟, 不吝其勞; 二雖求益, 而當位得中, 受'艮'之止, 則鳴而不失其正, 非以貧約屈節而媚非其類者也, 故吉.

'鳴(명)'은 새들이 서로 소리 내어 호소함을 의미한다. 구삼효가 겸괘의 주체인데, 육이효는 가까이서 그를 받들고 있고 상육효는 그에 응하고 있다. 이것이 예괘(豫卦)䷏에서는 구사효가 되어 예괘의 주체가 되는데 초육효가 그에 응한다. 이는 모두 서로 응하면서 구함이다. 그래서 '鳴(명)'이라 한 것이다. 즉 스스로 부족하다는 것을 발견하고는 그에 대해 구삼효에게 호소함으로써 더 나아짐을 구함이다. 육이효와 구삼효는 한몸이다. 그래서 구삼효는 양의 도로써 아래로 베풀어 도와주며 그 수고로움을 아끼지 않는다. 그리고 육이효는 비록 더 나아짐을 구하기는 하지만 제자리인 중위(中位)를 차지한 채 간괘☶의 멈춤을 받고 있으니, 소리 내어 호소하면서도 그 올바름을 잃지 않는다. 이는 결코 빈약하여 절개를 굽히는 태도로써 제 부류가 아닌 것에게 비위를 맞추는 것이 아니다. 그래서 길하다.

弼, 『周易注』: 鳴者, 聲名聞之謂也. 得位居中, 謙而正焉.) 공영달도 같은 취지로 풀이하고 있다.(孔穎達, 『주역정의』: 鳴謙者謂聲名也, 處正得中, 行謙廣遠, 故曰鳴謙.)

「象」曰: '鳴謙貞吉', 中心得也.

「상전」: '새들끼리 소리 내어 호소하는 겸손함이니, 올곧아서 길하다'는 속마음으로 얻음이다.

'中心'亦志也. '天道下濟', 故得益而志遂.

'속마음'은 또한 뜻함을 의미한다. '하늘의 도가 아래로 베풀며 구제하기' 때문에 이익을 얻어 그 뜻함이 이루어지는 것이다.

九三, 勞謙, 君子有終, 吉.

구삼: 공로가 있음에도 겸손함이니, 군자에게 유종의 미가 있다. 길하다.

'勞謙'者, 有勳勞而自居不足也. 三以一陽止於其位, 群陰方在貧寡, 已力任其勞而匡濟之, 乃退居三陰之下, 有勞不伐, 君子之所以終其德業也. 老氏處錞而不敢爲天下先, 以避艱難而自居於泰. 君子小人義利公私之別, 於斯辨矣.

'공로가 있음에도 겸손함'이란 공로를 세웠음에도 불구하고 제 스스로는 부족하다고 여긴다는 의미다. 구삼효는 하나의 양효로서 그 위(位)에 멈추고 있고 뭇 음효들은 빈약함에 처해 있다. 그래서 구삼효는 자신의 능력으로 그 수고로움을 떠맡아서 널리 구제하고 있다. 그러나 세 음효들의 아래로 물러나 있고 공로가 있음에도 내세우지 않으니, 군자가 그 덕행과 사업을 끝마칠 수 있는 것이다. 이에 비해 노씨(老子)는 납작 엎드린 채 감히 천하의 선구자가 되지 않음[270]으로써 어려움을 피하였고 이를 태평하다고 여기며 자처하였다. 군자와 소인이 의로움과 이로움, 공과 사를 어떻게 구별하는지가 여기서 판이하게 드러난다.

「象」曰: '勞謙君子', 萬民服也.

「상전」: '공로가 있음에도 겸손한 군자'니, 온 나라 사람들이 다 복종한다.

'民'謂陰也. 努而能謙, 謙而不避其勞, 下濟而光明, 群陰皆順之, 所以有終而吉.

'온 나라 사람들'이란 이 괘의 음효들을 가리킨다. 구삼효가 노력하면서도 겸손할 줄 알고, 겸손하면서도 그 수고로움을 피하지 않으며, 아래로 베풀어 구제하면서 환하게 비추니, 뭇 음들은 모두 그에게 순종한다. 그래서 유종의 미를 거두며 길하다.

六四, 无不利, 撝謙.

육사: 이롭지 않음이 없다. 겸손함을 휘날림이다.

---

270)『노자』 제67장에 나오는 말.

內卦謙德已成, 至於四則出以接物矣. 順人情之好, 避鬼神之害, 柔遜退讓, 无不利矣. 然必推廣'謙'道, 撝散而平施之, 勿侮鰥寡, 勿畏彊禦. 如恃謙爲善術而固守之, 則爲奄然求媚之鄕原, 逮乎物求無厭, 而不容已於侵伐行師, '謙'不終矣.

이 겸괘는 내괘[艮卦]에서 겸손함의 덕이 이미 이루어졌으니, 육사효에 이르러서는 나가서 물(物)들을 접한다. 그리하여 사람들의 공통된 정서의 좋아함에 순종하고 귀신의 해로움을 피하며, 부드러움·공손함·물러남·양보함을 발휘하니 이롭지 않음이 없는 것이다. 그러나 반드시 겸괘의 도를 미루어서 넓히고, 그것을 휘날리며 공평하게 베풀어야 한다. 홀아비·과부라고 하여 쉽게 여겨 모욕하지 말고, 강하게 방비한다고 하여 두려워하지 말아야 한다. 그렇다고 하여 겸손함이 마치 무슨 좋은 기술이라도 되는 양 이것 하나만을 전적으로 믿고 고수하면, 남들의 비위나 맞추려 드는 향원과도 같아질 것이고, 다른 이들이 무엇을 요구하더라도 싫증을 내지 않고 들어주려 할 것이다. 또 국경을 넘어가서 정벌하기 위해 군대를 동원하는 것조차 받아들이지 않을 수 없게 될 것이다. 이렇게 해서는 겸손함이 끝나지 않는다.

「象」曰: '无不利撝謙', 不違則也.

「상전」: '이롭지 않음이 없다. 겸손함을 휘날림이다'는 원칙에 위배되지 않기 때문이다.

斟酌其可謙而順施之謂 '則'. 无不利矣, 而尤必撝謙. 君子之謙, 非但以求利也, 求得其理而平施之也.

겸손함을 베풀어도 되는 것인지를 헤아려 순종하며 베풂을 '원칙'이라 한다. 이롭지 않음이 없으니 더욱더 꼭 겸손함을 휘날려야 한다. 군자의 겸손함은 단지 이로움만을 구하는 것이 아니라, 그 이치를 깨달아서 공평하게 베푸는 것이다.

六五, 不富以其鄰, 利用侵伐, 无不利.

육오: 이웃 때문에 부유하지 않음이니, 국경을 넘어 들어가 정벌함에 이롭고, 이롭지 않음이 없다.

陰本'不富', 然六五居中, 有容畜之道, 亦足以富; 而上六儉吝, 成其不足之勢, 則其爲謙爲少, 皆 '鄰'使之然也. 人情雖惡盈而好謙, 而頑民每乘虛以欺其不競, 則欲更與謙退而不得, 而侵伐之事起矣. 漢文賜吳王以几杖, 而吳卒反, 蓋類此. 以其自居卑約, 本無損於物, 則用以侵伐, 而師直爲壯, 无不利矣. 然而非君子之道也. 君子爲不可犯, 而乃以全天下之頑愚. 不善用'謙', 以致稱兵制勝, 是鷙鳥之將擊而戢翼, 猛獸之將攫而卑伏, 雖利, 而亦險矣哉!

음은 본래 '부유하지 않은 것'이다. 그러나 이 겸괘에서 육오효는 중위(中位)를 차지하고 있고 포용하여 길러냄의 덕이 있으니, 충분히 부유해질 수 있다. 그런데 이 괘의 상육효가 검소하고 인색하여 부족함의 형세를 이루고 있다. 그래서 이 육오효가 겸손함을 행하고 적게 가짐은 모두 이 '이웃'이 그렇게 하도록 만든 것이다. 사람의 일반적인 정서는 비록 가득 차 보이는 것을 싫어하고 겸손함을 좋아하기는 한다. 그런데 완고하여 도대체 교화가 안 되는 인간들은 언제나 그 비운 마음을 타고 들어와 남과 다투려 하지 않는 겸손함을 속이려 드니, 다시는 그들에게 겸손하게 대하거나 물러설 수가 없다. 그래서 국경을 넘어 들어가 정벌해야 하는 일이 일어나게 된다. 한문제(漢文帝)가 오왕(吳王)에게 안석과 지팡이를 하사하였지만 오나라가 끝내 반란을 일으킨 것[271]이 아마 이에 해당할

---

271) '칠국의 난' 또는 '칠왕의 난'을 일컫는다. 서한 초기인 경제(景帝) 2년(B.C.154), 오왕(吳王)에 봉해졌던 유비(劉濞)가 교서왕(膠西王) 유앙(劉卬)과 결탁한 뒤, 유(劉)씨 성을 가진 한(漢) 종실의 번왕(藩王)들을 규합하여 모두 일곱 나라가 일으킨 반란을 말한다. 한나라는 건립 초기에, 전대(前代)인 진(秦)나라가 법가 사상에 입각하여 가혹한 통치를 한 나머지 멸망한 사실을 교훈으로 삼아 황로(黃老) 사상을 그 통치 이념으로 삼았다. 그래서 '문제・경제의 치세(文景之治)'라는 말을 들을 정도로 이것이 한 시대를 풍미하는 흐름을 이루었다. 문제(文帝)는 한나라의 제3대 황제, 경제(景帝)는 제4대 황제다. 다만 황로 사상은 '무위에 의한 통치(無爲之治)'를 치세의 방식으로 택하기 때문에 적극적인 통치 행위가 결여한 나머지, 한나라 황실의 권위는 급격히 약해지고 종실 제후들의 세력은 그에 반비례하여 점점 강해지는 현상을 낳았다. 그래서 그들은 오만방자해져서 곳곳에서 조정과 대립하기에 이르렀다. 이에 문제 때는 대부(大夫)이던 가의(賈誼)의 건의를 받아들여 그들의 세력을 약하게 할 정책을 시행하였다. 그리고 경제가 즉위한 첫해에 어사대부이던 조착(晁錯)의 건의를 받아들여 중앙 황실의 권력을 강화하고 그들의 세력을 약하게 하는 정책을 시행하게 되었다. 조착은 경제가 태자(太子)이던 때 그의 스승이기도 하다. 이런 일련의 정책을 시행하자 필연적으로 번왕들의 권력과 봉지(封地)는 감소하였다. 이에 불만을 품고서 그들이 반란을 일으키게 된 것이다.

특히 오왕이 그 중심에 있었는데, 거기에는 그럴 만한 이유가 있었다. 문제(文

것이다.

육오효는 스스로를 낮추고 절제의 삶을 살아가는 것으로 자처하기에 본래 물질적으로 손해를 입을 것이 없다. 이런 태도로 국경을 넘어가

帝) 때 그의 세자가 황궁에 들어가 문제의 태자(나중에 즉위하여 景帝가 됨)와 함께 술도 마시고 바둑도 두고 하며 어울려 지냈다. 그런데 이 세자의 태도가 문제였다. 태자에게 너무나 함부로 대했다. 특히 바둑을 둘 적에는 이기고자 하는 마음까지 더해져 더욱 무례하게 굴었다. 이에 참다못한 태자가 어느 날은 바둑판을 들어 세자를 때려죽이고 말았다. 이후로 오왕과 한 황실 사이가 더욱 나빠졌다. 오왕은 병을 핑계로 황실에 대한 조회(朝會)조차 준수하지 않았으며, 한나라 황제는 그의 사자(使者)들을 구금하고 보내주지 않았다. 이에 오왕은 반역의 마음을 품게 되었다. 비록 나중에 문제(文帝)가 그에게 궤안(几案)과 지팡이를 하사함과 동시에 그가 연로하였다는 이유로 조회에 대한 의무까지 면제해 주었지만 소용이 없었다. 이 궤안과 지팡이는 황제가 나라에 공이 많은 늙은 제후에게 궤장연(几杖宴)을 베풀어 주며 하사하던 예물이다.

오왕은 교서왕 유앙을 부추겼고, 뜻이 맞은 둘은 다른 번왕(藩王)들과 연대하여 반란을 일으키게 되었다. 여기에 참가한 일곱 나라는 오(吳)·초(楚)·조(趙)·교동(膠東)·교서(膠西)·제남(濟南)·치천(菑川) 등이었다. 조착(晁錯)도 이때 죽임을 당했다. 황제의 총명을 흐리는 측근을 깨끗이 한다는 명분으로 그들이 경제(景帝)를 핍박하자 경제가 마지못해 이를 받아들인 결과다. 조착은 그들의 권력과 봉지를 삭탈하여 그 세력을 약화시켜야 한다는 정책을 건의해서 실행케 한 인물이다. 경제(景帝)는 나중에 태위 주아부(周亞夫)와 대장군 두영(竇嬰)을 파견하여 이들의 난을 진압하였다. 그리고 번왕들의 권력을 껍데기만 남긴 채 실권은 모두 삭탈하는 정책을 시행하였다.

왕부지는 문제·경제의 황로 사상에 입각한 '무위(無爲)의 통치'를 일곱 나라의 번왕들이 이처럼 역이용한 것을 두고, 여기서 '그 비운 마음을 타고 들어와 다투고자 하지 않는 겸손함을 속이려 드니'라 표현하고 있다. 아울러 그 정벌의 필요성을 이렇게 역설하고 있다.

정벌하는데 군대는 강직하고 씩씩하여 이롭지 않음이 없다. 그러나 이것이 군자의 도는 아니다. 군자라면 범할 수 없다. 그래서 바로 이러함으로써 세상의 완고한 이들과 어리석은 이들을 온전히 보듬는다. 이에 비해 겸괘의 도를 잘 쓰지 못함으로써 군대를 동원하여 제압하기에 이른다면, 이는 맹금(猛禽)이 먹잇감을 낚아채기 위해 날갯짓을 멈추고 노려봄이나 맹수가 먹잇감을 움켜쥐기 위해 납작 엎드려서 노려봄이니, 비록 승리한다고 하더라도 역시 험난하리로다!

「象」曰: '利用侵伐', 征不服也.

「상전」: '국경을 넘어 들어가 정벌함에 이로움'이란 복종하지 않는 이를 정복함이다.

謙而猶不服, 則征之必利, 吳王所以卒死於漢文之柔.

겸손히 대하는데도 오히려 복종하지 않는다면, 그를 정복하여서는 틀림없이 이롭다. 그래서 오왕은 마침내 한문제의 부드러움에 죽임을 당한 것이다.

上六, 鳴謙, 利用行師, 征邑國.

상육: 새들끼리 소리 내어 호소하는 겸손함이니, 군대를 동원함에 이롭고 읍과 나라를 정벌한다.

上六雖與三爲應, 呼告以不足, 而天道下濟, 終不益之. 弱而無援, 豈必四海之廣哉, 近而在國之邑, 且有欺而叛之者. 柔之極, 必激而爲慘, 勢且不容已於征伐. 屈極必伸, 可以得利; 乃較之六五, 害愈迫而道愈衰矣.

상육효는 구삼효와 응하는 관계에 있다. 그래서 비록 구삼효에게 자신의 부족함을 호소해 보지만, 하늘의 도는 아래로 베풀며 구제하는 것이라서 끝내 상육효에게 이익이 되지 않는다.272) 이렇듯 상육효는 약하지만 어떤 구원의 손길도 없으니, 어찌 꼭 온 세상의 광활함에까지 갈 필요가 있으리오, 가까이 있는 나라의 읍에서조차 속이면서 그에게 반란을 일으키는 자가 있다. 부드러움이 극에 이르면 틀림없이 그 흐름을 방해하는 이와 맞부딪혀 참담해진다. 이렇게 되면 추세상 어쩔 수 없이 정벌에 나서게 된다. 그런데 굽힘이 극에 이르면 반드시 펼쳐지기 때문에, 이로움을 얻을 수는 있다. 그러나 이를 육오효와 비교해보면, 해로움이 더욱 핍박하고 도는 더욱 쇠미하다.

「象」曰: '鳴謙', 志未得也, 可用行師, 征邑國也.

「상전」: '새들끼리 소리 내어 호소하는 겸손함'은 뜻함을 아직 이루지 못했음이다. 군대를 동원할 수 있으니 읍과 국을 정벌하게 된다.

---

272) 구삼효가 상육효보다 아래에 있기 때문에, 아래로 베푸는 구삼효로부터 상육효는 어떤 도움도 받지 못한다는 의미다.

不能如六二之得志, 近者且不服, 則唯利於行師, 征之而已.

상육효는 육이효와는 달리 뜻함을 이룰 수 없어서 가까이 있는 이들조차 복종하지 않으니. 오직 군대를 동원함에 이로워서 그들을 정벌할 따름이다.

豫卦坤下震上
예괘䷏

豫, 利建侯行師.

예괘: 제후를 세움과 군대를 동원함에 이롭다.

'豫', 大也, 快也. 一陽奮興於積陰之上, 拔出幽滯之中, 其氣昌盛而快暢, 故爲'豫'; 乃靜極而動, 順以待時而有功之象. 天下旣順, 而建諸侯以出治; 民情旣順, 而討有罪以興師; 乃王者命討之大權, 非可褻用者也. 孤陽居四而失位, 然而爲'豫'者, 與'小畜'之陽止不舒, '謙'之陽伏不顯, 正相爲反. 凡此類, 以錯綜之卦互觀之, 義自見矣.

'豫(예)'는 크다, 통쾌하다는 뜻이다. 하나의 양효가 누적된 음효들의 위로 떨치고 일어나 어둠 속에 정체되어 있던 것으로부터 몸을 빼냈으니, 그 기(氣)가 왕성하게 뻗어 나아가며 통쾌하게 번창한다. 그러므로 예괘가 된다. 이는 고요함이 극에 이르러 움직임이 되고, 순종하며 때를 기다려 공을 세우는 상이다. 천하가 이미 순종하여 자기의 세상이 되었으면 자기를 대신하여 다스릴 제후를 세워 나가서 다스리게 하고, 백성들의 마음이 이미 자기에게 순종하고 있으면 군대를 일으켜 죄 있는 이를 토벌해야 한다. 그러나 왕이 토벌하라고 명(命)하며 준 대권은 함부로 사용해서는 안 되는 것이다. 지금 이 괘를 보면, 외로운 양효가 4효의 자리를 차지하고 있는데 그것이 제자리가 아니다. 그런데도 예괘가 된 것은 소축괘䷈의 양효들이 멈춘 채 펼치지를 못하는 것, 겸괘䷎의 양효가 엎드린 채 드러내지를 못하는 것과 완전히 상반된다. 무릇 이와 같은 부류는 착(錯)・종(綜)의 관계에 있는 괘들을 가지고 상호 대조하며 살피면 그 의미가 저절로 드러난다.[273)]

「彖」曰: 豫, 剛應而志行, 順以動, 豫.

「단전」: 예괘는 굳셈이 응하여 뜻함이 행해지고, 순종하며 움직이니, 그래서 예(豫)다.

陰陽之爻, 致一而動, 爲群爻之異所待合者, 無論其位之應不應, 而皆曰'應'. 故'同人', '大有'之陰, '豫'之陽, 皆言'應'. '志行'者, 出於地上而震動, 無能撓之者也. '坤'在下以立動之基, '震'在上以致動之用, 静函動之理, 其動也皆静中之所豫, 前定而不窮, 內順乎心而外順乎物, 則己志大行而物皆順應, 此其所以可豫也.

273) 착종설에 대해서는 주137)에서 설명하였다. 참고하기 바란다.

음효·양효가 어떤 괘에서 단 하나로서 움직이고 이 효와 다른 효들이 이것과 합치하기를 고대함을 모두 '응(應)'이라 한다. 이 경우에는 그 위(位)가 응이냐 불응이냐는 따지지 않는다. 그래서 동인괘(同人卦)䷌·대유괘䷍의 음효, 예괘䷏의 양효에 대해서 모두 '응'을 말하고 있다. '뜻함이 행해지다'는 것은 땅 위로 나와서 진동(震動)하니 아무도 그것을 꺾을 수 없다는 의미다. 예괘는, 곤괘☷가 아래에서 움직임의 터전을 확보해 주고 진괘☳가 위에서 움직임의 작용을 이루는 상으로 되어 있다. 그래서 고요함이 움직임의 이치를 함유하고 있고, 그 움직임은 모두 고요함 속에서 예정되어 있던 것들로서 앞날이 정해져 있다. 그래서 궁색하지 않다.[274] 예괘는, 안으로는 마음에 순종하고 밖으로는 물(物)들에 순종하니, 자기의 뜻함이 크게 행해져서 물들이 모두 그에게 순종하며 응한다. 이러하기 때문에 크다, 통쾌하다는 의미의 '예(豫)'가 될 수 있다.

豫順以動, 故天地如之, 而況建侯行師乎! 天地以順動, 故日月不過而四時不忒. 聖人以順動, 則刑罰淸而民服. 豫之時義大矣哉!

---

274) 왕부지는 여기서 취상설과 취의설에 입각하여 예괘(豫卦)를 풀이하고 있다. 예괘는 회괘(悔卦)가 진괘☳, 정괘(貞卦)가 곤괘☷로 이루어져 있다. 그런데 취상설에서는 진괘가 우레를, 곤괘가 땅을 상징하는 것으로 되어 있다. 그리고 취의설에서는 진괘가 진동함을, 곤괘가 고요함·순종함을 상징한다. 왕부지는 바로 이 해석 틀에 맞추어 여기서 예괘를 설명하고 있는 것이다.

예괘는 순종하며 움직임이니, 그래서 하늘과 땅이 이와 같거늘 하물며 제후를 세움 · 군대를 동원함이랴! 하늘과 땅은 순종하며 움직이기 때문에 해와 달이 운행의 도수를 지나치지 않고 사계절도 어긋나지 않는다. 성인도 순종하며 움직이기 때문에 그가 내리는 형벌이 맑고 백성들이 승복한다. 이처럼 예괘의 때와 의의는 위대하도다!

豫一陽而失其位, 方靜之極而忽動以快其所爲, 此非常之事. '建侯行師', 王者命討之大權, 所宜慎也, 而以快豫行之, 疑於不利. 故聖人推言所以利之故, 而歎其時義之大, 非善體者不能用也. 審其時, 度其義, 知'豫'爲天地聖人不測之神化, 則不敢輕於用'豫', 而無'鳴豫'之凶 · '盱豫'之悔矣.

예괘는 양효가 하나인데 그마저 제 위(位)가 아닌 곳에 있다. 그런데 고요함이 막 극에 이르면 그것이 홀연히 움직여 그 하는 일을 통쾌하게 수행해내니, 이는 특별한 일이다. '제후를 세움 · 군대를 동원함'이 이에 해당하는데, 왕이 토벌하라고 명(命)하며 내린 대권은 마땅히 신중히 행해야 한다. 그런데 통쾌하게 예정된 대로 행하다 보면, 이롭지 않으리라고 의심을 가질 수도 있다. 그러므로 성인께서는 여기서 왜 이로운지에 대한 까닭을 미루어 말하면서 그 때와 의의의 위대함에 대해 찬탄하고 있다. 그래서 잘 체득한 이가 아니면 이를 사용할 수 없다. 그 때를 살피고 의의를 헤아려 예괘가 하늘과 땅, 성인들의 예측할 수 없는 신묘한 지어냄[神化]을 담고 있다는 것을 알면, 감히 예괘의 도를 경솔하게 사용하지 않을 것이다. 그래야 '명예(鳴豫)'의 흉함도, '우예(盱豫)'의 후회함도 없다.

方靜而忽動, 非蹶然而興也. 日月之有晝夜, 四時之有寒暑, 其變大矣. 帝王之用刑罰, 其威赫矣. 而不過不忒, 適如其恆, 萬民咸服, 各滿其志者, 何也? 天地順其度, 聖人順於理也. 其所以順者, 靜而不廢動之誠, 則動可忽生, 而不昧其幾也. '坤'之爲德, 純乎虛靜. 虛者私意不生, 靜者私欲不亂; 故虛而含實・靜而善動之理存焉. 虛靜以聽陽之時起而建功, 故一旦奮興, 震驚群昧, 人視爲不測之恩威, 而不知其理已裕於虛靜之中, 隨所行而無不順也. 必若此, 而後時不足以限之, 位不足以拘之, 於心無逆, 於人無拂, 坦然快適而無所不可, 豈靜昧其幾, 動乘於變, 遽思快志者所勝任哉! 唯二與四自知之而自行之, 非外此者所得與也. 聖人耳順從心, 無所不樂, 而天下見其非常, 此聖而不可知之神所以上合天道也. 以是居位行志, 立不測之恩威, 特其見諸行事之緖餘耳.

고요함이 막 극에 이르면 그것이 홀연히 움직인다고 함은 넘어졌다가 벌떡 일어남과는 다르다. 해와 달의 운행에는 밤과 낮이 있고, 사계절의 운행에는 더위와 추위가 있으니, 이들은 그 변함이 큰 것이다. 그리고 제왕이 형벌을 사용함은 그 위엄이 혁혁한 것이다. 이들은 이렇게 하는 데서 지나치지도 않고 어기지도 않는다. 그래서 마치 늘 그러던 것처럼 딱 들어맞으니 온 백성들이 다 승복하고 각기 그 뜻함을 만족하게 이룬다. 왜 그럴까? 하늘과 땅은 그 도수를 순종하고 성인은 이치에 순종하기 때문이다. 그 순종하는 원리를 보면, 고요함 속에도 움직임을 완전히 없애버리지 않는 성실함이 있기 때문인데, 그래서 움직임이 홀연히 생겨나지만 그 싹터 나옴을 놓치지 않는 것이다. 곤괘☷의 덕은 순수한 텅 빔이고 순수한 고요함이다. 텅 빔이니 사사로운 의도가 생겨나오지 않고, 고요함이니 사사로운 욕구가 어지럽히지 않는다. 그러므로 텅 비었지만 실(實)을 함유하고 있는 이치와 고요하지만 잘 움직이게 하는 이치가 거기에 존재한다.

곤괘의 덕인 이 텅 빔과 고요함은 양(陽)이 때에 맞게 일어나 공을 세움에 순종한다. 그러므로 일단 떨쳐 일어나면 무릇 몽매한 이들을 진동(震動)하니, 사람들은 가늠하기 어려운 은택과 위력을 보고서 그 이치가 이미 텅 빔과 고요함 속에 여유롭게 있었음을 알지 못하면서도 행하는 바에 따라서 순종하지 않음이 없다. 반드시 이와 같은 뒤에라야 특정 시(時)에 한정할 수 없고 특정 위(位)에 구속할 수 없이[275], 어느 시(時) 어느 위(位)에든 존재하고 작동한다고 할 수 있다. 그리고 사람들 마음에서도 거슬림이 없고 사람들에게서도 털어내 버리고자 함이 없으니, 앞길이 넓게 툭 터져 쾌적하고 불가한 바가 없다. 그러니 어찌 이것이, 고요함에서는 그 싹터 나옴에 대해 몽매하고 움직임에서는 변함을 타고 이리저리 흔들리다가 갑자기 자신의 뜻함을 통쾌하게 이루고 싶어 하는 이로서 해낼 수 있는 일이겠는가![276] 오직 육이효와 구사효만이 이를 스스로 알고 스스로 행할 뿐, 이들을 제외한 나머지로서는 감당할 수가 없다.

---

275) 해・달의 운행과 성인・제왕의 형벌 시행, 즉 통치 행위는 현상으로 출현한 특정 시(時)에만 한정할 수 있는 것이 아니라 움직임으로 드러나든 고요함으로 드러나지 않든 일관되게 작동하고 있다는 의미다. 그래서 그것을 반영하고 있는 『주역』의 괘에서도 특정 위(位)에만 한정할 수 있는 것이 아니라는 의미다. 그러므로 넘어짐과 벌떡 일어남 같이 불연속적인 변화와는 다르다. 이것이 위에서 그가 "넘어졌다가 벌떡 일어남과는 다르다."고 한 말의 논거다.

276) 이 말은, 위에서 "고요함이 막 극에 이르면 그것이 홀연히 움직인다고 함은 넘어졌다가 벌떡 일어남과는 다르다."라고 한 말과 연관된다.

성인은 귀로 듣는 모든 것을 이해하여 거슬림이 없으니 듣는 것이 순조롭고, 마음 내키는 대로 하더라도 공동체를 운용하기 위해 요구되는 규범을 어김이 없으며[277], 즐기지 않는 바가 없다.[278] 그리고 세상에 출현한 일상적이지 않은 기미[幾]에 대해서도 안다. 이러함은 성스러우면서도 보통사람들로서는 알 수 없는 신묘함이다. 그래서 성인은 위로 하늘의 도와 합치하는 것이다. 성인들은 이러함으로써 제위(帝位)에 올라 뜻함을 행하며 가늠할 수조차 없는 어진 정치와 형벌에 의한 다스림을 세우는데, 다만 우리는 그 분들이 행한 일의 끝자락만을 볼 수 있을 따름이다.

'豫'與'復'同道, 而'豫'動於上, 天道也; '復'動於下, 人道也. 以天道治人事, 必審其幾, 故歎其'時義'之大; 以人道合天德, 必察其微, 故歎其'見

---

277) 『논어』, 「위정」 편에 나오는 말로서 공자가 자신의 평생을 10살 단위로 끊어 술회하는 데서 각각 60대와 70대에 대해 묘사한 말이다.(六十而耳順, 七十而從心所欲不踰矩.) 특히 70대에 대한 묘사는 사람이 다다를 수 있는 최고의 이상적 경지로 평가받는다.

278) 공자는 『논어』의 여러 곳에서 자신의 '즐김'에 대해 술회하고 있다. '가난하지만 삶에 대해 즐김'을 최고로 친 것(「學而」: 不如貧而樂), 그의 고제(高弟) 안연(顔淵)이 극빈의 삶을 살면서도 그에 대해 근심하지 않고 삶을 즐김에 대해 찬탄함(「雍也」: 子曰, "賢哉, 回也! 一簞食, 一瓢飮, 在陋巷, 人不堪其憂, 回也不改其樂. 賢哉, 回也!"), 또 그 스스로 극빈한 삶 속에도 즐거움이 있다고 한 점(「述而」: 子曰, "飯疏食飮水, 曲肱而枕之, 樂亦在其中矣. 不義而富且貴, 於我如浮雲."), 아는 것보다는 좋아함이, 좋아하는 것보다는 즐김이 낫다고 한 것(「雍也」: 子曰, "知之者不如好之者, 好之者不如樂之者."), 근심조차도 잊고 삶을 즐기다 늙음이 이르는 것도 몰랐다고 한 점(「述而」: 樂以忘憂, 不知老之將至云爾.) 등 공자가 '즐김'에 대해 높은 평가를 한 곳이 대단히 많다.

天地之心'也.

예괘䷏와 복괘䷗는 원리가 같다. 예괘는 위에서 움직이니 하늘의 도요, 복괘는 아래에서 움직이니 사람의 도다.279) 하늘의 도로써 사람의 일을 다스리기 위해서는 반드시 그 싹터 나옴의 은미함을 살펴야 한다. 그러므로 이 예괘에서는 '때'와 '의의'의 위대함을 찬탄하고 있는 것이다. 사람의 도로써 하늘의 덕에 합치하기 위해서도 반드시 그 싹터 나옴의 은미함을 살펴야 한다. 그래서 복괘에서는 "하늘과 땅의 마음을 본다."고 찬탄하고 있는 것이다.

「象」曰: 雷出地奮, '豫', 先王以作樂崇德, 殷薦之上帝以配祖考.

「대상전」: 우레가 땅을 뚫고 떨쳐 나옴이 예괘니, 선왕들께서는 이를 본받아 악(樂)을 제작하고 덕을 높였는데, 이를 사계절 순환의 중간 전환점인 동지에280)

---

279) 예괘에서는 '움직임'을 상징하는 진괘☳가 상괘(上卦; 悔卦)가 되어 있고, 복괘에서는 하괘(下卦; 貞卦)가 되어 있다. 그래서 이렇게 말하는 것이다.

280) 왕부지는 이처럼 '殷(은)' 자를 '中(중)'으로 보았다. 시(時)의 중, 즉 사계절이 순환함의 중간 전환점으로 보았다. 그러나 왕필의 『주역주』 이후 대부분의 역학자들은 '殷(은)'을 '성대함(盛)'으로 풀이하였다(왕필, 『주역주』: 殷, 盛之樂). 호원(胡瑗), 정이(程頤) 등 의리역학 계열은 물론이요, 이정조(李鼎祚), 주진 등 상수역학 계열의 학자들도 모두 '성대함'으로 풀이하였다(李鼎祚, 『周易集解』·『漢上易傳』: 殷, 盛也). 장재도 "왕의 악이 이보다 큰 것이 없다(張載, 『橫渠易說』: 王者之樂莫大於是)."고 함으로써 동일한 취지로 풀이하고 있다. 따라서 왕부지의 이 '殷(은)' 자 풀이는 독특하다고 할 수 있다.

하느님께 합주하여 바쳤고 조상들께도 그렇게 하였다.

'豫'之象爲'作樂'者, 取雷出地而搖空有聲, 老氏所謂'樂出虛'也. 殷, 中也; 冬至合樂於圜邱, 時之中也. '配', 合也; 象祖考之德以合漠也. 言'先王'者, 唯德·位·時三者備而後作樂, 不敢褻用之以自逸豫, 而祇以大昭天祖之德. '豫'之不可輕用也如此. 宋蔡京爲'豐亨豫大'之說惑徽宗, 以奢靡而亡; 德不崇而妄作, 爲宋之'大晟'而已.

예괘의 상을 두고 '악(樂)을 제작함'이라 풀이한 것은, 우레가 땅을 뚫고 나와 허공을 흔들어대며 소리를 냄에서 취한 것이다. 노자가 "악(樂)이 텅 빔에서 나온다."[281]라고 하였던 말이 이 말이다. '殷(은)'은 중(中)을 의미한다. 동지에 환구단(圜丘壇)에서 악(樂)을 합주한 것은 동지가 시(時)의 중(中), 즉 사계절 순환의 중간 전환점이기 때문이다.[282] '配(배)'는 합한다는 의미다. 돌아가신 조상들의 덕을 악(樂)으로 구체화하여 막막함에 합함을 의미한다. 다시 말해서, '선왕'들은 오직 덕·위(位)·시(時) 세 가지가 갖추어진 뒤에라야 해당하는 이의 악을 제작하였는데,

---

281) 『노자』 제5장에 나오는 말이다. 다만 완전히 똑같지는 않다. 정확하게는 "하늘과 땅 사이는 풀무와 비슷하도다! 텅 비었으나 굴함이 없고, 움직일수록 더욱더 나온다.(天地之間, 其猶橐籥乎! 虛而不屈, 動而愈出.)"라 하였다.

282) 동지에 새로운 양(陽)이 생긴다. 그래서 지금 왕성하던 음(陰)의 기운은 점점 사라지고 양의 기운이 돌아와 그 자리를 차지하면서 점점 왕성해진다. 이 양의 기운을 타고 새로운 것들이 생겨난다. 이것이 봄이다. 비록 정월 초하루는 그보다 좀 뒤 우리가 양의 기운을 어느 정도 느낄 수 있을 때로 잡아 놓았지만, 사실상 새로운 해는 동지에서 시작된다. 그렇게 되면 동지 이전과 동지 이후가 분명하게 갈리게 된다. 그래서 동지를 시(時)의 중(中)이라 한 것이다.

감히 이를 함부로 사용하면서 스스로 편안히 즐기고 놀지 않음으로써 제대로 하느님과 조상들의 덕을 크게 밝혔다.[283] 바로 이러하기 때문에 예괘의 도를 함부로 사용해서는 안 된다. 북송 때 채경(蔡京)[284]이 '풍괘는

283) 우리가 조상들을 생각할 적에 우선 다가오는 이미지는 막막함이다. 그분들을 직접 뵌 적이 없기 때문이다. 그런데 그분들의 악(樂)을 만들어 꼭 필요한 경우에만 신성하게 연주하고, 그것을 함부로 사용하면서 즐기고 놀지 않는다는 것은 그분들에게 덕이 있음을 반증하는 것이 된다. 그분들에게 그만한 덕이 있었고(德), 그분들이 당시 현실적으로 존재하였으며(時), 그러한 지위에 있었을(位) 경우에만 당사자의 악(樂)을 만들기 때문이다. 이렇게 악을 만들고 연주하며 그분들을 기리면, 즉 막막하던 그분들의 이미지에 그분들의 악(樂) 연주가 합해지면, 그분들의 막막하던 이미지는 사라지고 그분들의 덕이 생생하게 되살아나게 된다. '돌아가신 조상들의 덕을 구체화하여 그 막막함에 합함'이라는 말 속에는 이러한 의미가 들어있다.

284) 채경(蔡京; 1047~1126)은 북송의 정치가, 문인, 서예가였다. 왕안석 신법(新法)의 열렬한 신봉자로서 앞장서서 이를 추진하던 인물이었는데, 왕안석과 함께 당시 이를 둘러싼 정쟁에 따라 부침하였다. 그는 네 차례 재상에 임명되어 모두 17년을 재임하였다. 특히 휘종(徽宗)의 정치적 파트너로서 그의 재임 당시 실권을 쥐고 염법(鹽法)・차법(茶法)을 개정하였고, 당십대전(當十大錢)을 주조하였으며, 휘종에게 화석 채취의 취미를 불러일으켜 주었다. 휘종은 재임 중에 극히 부패하였고 호화 방탕한 생활로 원성을 산 인물인데, 그 바탕에 이 채경이 있었다. 당시 휘종의 화석에 대한 끝없는 열망에 부응하기 위해 강남에서 채석한 화석들을 선단을 통해 개봉(開封)으로 실어 날랐다. 그래서 10선(船)을 1강(綱)으로 짠 선단이 끊임없이 꼬리에 꼬리를 물고 회수(淮水)와 변수(汴水) 등을 오르내렸다고 한다. 남달리 예술적 감각이 뛰어났던 채경이 휘종에게 화석의 취미를 부추긴 결과다. 채경은 당시를 '풍성하고 형통하며 즐겁고 크다'는 설로 평가하며 이러한 사치와 방탕을 부추긴 것으로 되어 있다.(『宋史』권472, 「列傳第231, 姦臣2, 蔡京」: 京倡為豐亨豫大之說, 視官爵財物如糞土, 累朝所儲, 掃地矣) 이에 대해 주희는, "선화・정화 연간에 너무나 사치스러운 생활을 한다고 비판하는 사람들이 있었는데, 소인(蔡京)은

형통하며 예괘는 성대하다'는 설로 휘종을 미혹시켜 사치와 방탕한 생활을 이끈 나머지 나라가 멸망하였다.[285] 덕이 높지도 않은데 망령되이 작곡한 것은 송나라의 대성(大晟)[286]일 따름이다.

初六, 鳴豫, 凶.

초육: 우는 즐거움이니, 흉하다.

도리어 '풍성하고 형통하며 즐겁고 성대한 시절이다'라고 하였으니, 이렇게 하는 데서는 틀림없이 끝 간 데 없는 사치가 생긴다. 제멋대로만 하니 어찌 혼란스럽지 않겠는가?(朱熹, 『御纂朱子全書』권30, 「易5, 豊」: 宣・政間, 有以奢侈爲言者, 小人卻云當豐亨豫大之時, 須是恁地侈泰方得, 所以一面放肆, 如何得不亂?)"라고 날카롭게 비판하였다. 그의 정치적 후견인이었던 휘종이 죽고 흠종(欽宗)이 즉위하자 태학생 진동(陳東)과 고등(高登)이 상소를 올려 그를 '나라를 패망으로 이끈 여섯 도적놈 중의 우두머리(六賊之首)'로 지목하였다. 이에 흠종은 그를 영남(嶺南)의 지방 관리로 좌천시켰는데 부임하는 도중 담주(潭州; 지금의 호남성 長沙)에서 죽었다. 향년 81세였다. 그는 예술적 자질이 극히 뛰어나서 서예, 시, 산문 등에서 절세의 재주로 이름을 날렸다. 그의 작품으로 『초당시제기(草堂詩題記)』, 『절부첩(節夫帖)』, 『궁사첩('宮使帖)』 등이 있다.

285) '풍괘는 형통하고 예괘는 성대하다(豐亨豫大)'는 풍괘(豐卦)와 이 예괘(豫卦)에서 나온 말이다. 즉 풍괘 괘사에서 '豐亨(풍형)'을 따고 예괘 육사효사에서 '豫大(예대)'를 따서 조합한 말이다. 그러나 왕부지는 여기서 이것이 예괘의 도를 남용한 사례로 거론하고 있다. 그것이 북송 멸망의 원인이라는 것이다.

286) '대성(大晟)'은 송나라 때 대성부(大晟府)에서 정리하고 만든 악곡(樂曲)을 말한다.

初六與九四相應, 故見九四之奮興而往告以豫. 乃柔弱德既不勝, 於時方在潛藏, 不度時審義, 妄欲取悅, 志淫而才不堪, 故凶. 孔甲抱書以干陳涉, 非道行之日, 妄欲快志, 其可得乎? 魯兩生之所以終不出也. '豫'之時義, 非凉德所堪, 故爻多不吉.

초육효는 구사효와 서로 응한다. 그러므로 구사효가 떨쳐 일어나는 것을 보고 이 초효는 가서 즐거움으로써 고한다. 그러나 초육효는 유약(柔弱)하여 덕이 이를 감당할 수 없을 뿐만 아니라 시간적으로도 지금은 바야흐로 숨어서 자신을 드러내지 않아야 할 시기다. 그런데도 시간 속에 담긴 의미를 제대로 파악하지 못하고 망령되어 열락(悅樂)을 취하려고 하니, 뜻함이 음란스럽고 능력으로도 감당하지 못한다. 그러므로 흉하다.

공갑(孔甲)이 『상서(尙書)』를 껴안고 진섭에게 가서 녹을 구한 것[287]은,

---

287) 진섭(陳涉)은 진승(陳勝, ?~B.C.209)을 가리킨다. '섭(涉)'은 그의 자(字)다. 그는 진(秦)나라 말기의 농민기의군을 이끌고 초왕(楚王)을 자처하던 인물이다. 자세한 것은 주95)를 참고하라. 그런데 여기서 말하는 공갑(孔甲)은 하(夏)나라의 제14대 왕 공갑이 아니라 공자(孔子)의 8세손 공부(孔鮒; B.C.264~B.C.208)를 가리킨다. 공부는 소년 시절에 아버지 공겸(孔謙)으로부터 조상 대대로 전해오는 가학(家學)을 엄격하게 전수받았다. 그 후 경사(經史)에 박통하게 된 그는 진여(陳余), 장이(張耳) 등과 교유하며 그 견문의 폭을 넓혔다. 그는 노(魯)의 문통군(文通君)을 역임하였고 곧 소부(少傅)가 되었다. 진승(陳勝)이 기의(起義)하여 초왕(楚王)이 되었을 때, 공부를 초빙하여 박사(博士), 태사(太師)로 삼았다. 이때 그가 『상서(尙書)』를 들고 진승에게 귀의하였다고 한다.(閻若璩, 『尙書古文疏證』 권5하: 余謂, 藏書有二說. 『家語』作孔襄, 『東觀漢記』作孔鮒鮒, 為陳涉博士, 持孔子禮器, 以歸者, 孔鮒近是. 鮒卒與陳王俱死. 死之後藏書遂無傳焉, 容事理之所有者.)

도가 행해지지 않는 시절에 망령되이 자신의 뜻함을 통쾌하게 이루려 한 것이니, 그것이 가능하겠는가! 노(魯)의 두 유생(儒生)[288]은 그래서

---

288) 숙손통(叔孫通)은 진한(秦漢) 교체기에 활동하였던 인물로서, 설(薛; 오늘날 山東省의 한 곳) 출신이다. 학문적 식견이 매우 탁월하여 진(秦)나라에서 대조박사(待詔博士)가 되었다. 그는 자신의 학식과 타고난 정치 감각으로 당시 왕조가 교체되며 화란(禍亂)이 끊이지 않던 상황 속에서 세(勢)를 남보다 빨리 읽어내고 그것을 자신의 생존과 입신양명을 위한 도구로 잘 활용하였다. 그리하여 그는 다섯 번 배신하였고, 10명의 주군(主君)을 모셨다는 점에서 아부의 화신으로 혹평을 받기도 한다. 특히 당시나 후세 유학자들의 평가가 대체로 그러하다. 왕부지도 여기에서 예외는 아니다. 그러나 그때 상황에서 그가 한 선택과 처신을 긍정적으로 평가하는 사람이 있는 것도 사실이다. 특히 사마천(司馬遷)은 숙손통에 대해 '한나라 유학의 마루[漢家儒宗]'라 하며 극찬하고 있다. 이것이 『사기(史記)』의 「유경·숙손통열전(劉敬叔孫通列傳)」에 드러나 있다.
숙손통은 그의 해박한 유가 예학(禮學) 실력을 바탕으로 하여 한고조(漢高祖) 유방(劉邦)에게 새로운 조의(朝儀)를 제정해 주었는데, 이에 대한 평가 역시 호불호가 갈린다. 그가 새로운 예(禮)를 제정하고서 고례(古禮)를 일소하는 바람에 그 뒤로 고례가 전해지지 못하게 하였다는 측면에서 비판을 하는 사람이 있는가 하면, 새로운 시대에 맞게 새로운 예를 제정함으로써 국가 공동체 운용의 틀을 일신하였다는 점에서 긍정적 평가를 하는 사람도 있다. 왕부지가 여기에서 거론하고 있는 사실은 숙손통이 이 새로운 예를 제정하던 배경과 관련이 있다. 숙손통은 새로운 예를 제정하고 그것을 시현하는 데서 유생(儒生)들의 도움이 절실하여, 그가 어릴 적 공부하던 산동성의 유학자들을 초빙하였다. 이곳은 공자의 출생지인 노(魯)나라 지역으로서 당시에도 유가가 성행하던 곳이었다. 숙손통은 30여 명을 초빙하였는데, 그 가운데 2명의 유생이 숙손통을 비판하며 거절하였다. 그들은 숙손통이 그동안 해온 일과 그 인품의 마땅치 않음을 거론하였고, 아울러 새로운 예악을 제정하기 위해서는 백년의 덕업을 쌓아야 하는데 이제 막 새로 개국한 한(漢)나라에게는 이것이 맞지 않는다는 이유를 내세웠다. 그들은 숙손통을 따라나서서 새로운 예(禮)의

끝내 출사(出仕)하지 않았던 것이다. 예괘의 때와 의의는 인의의 덕이 부족한 인물로서는 감당하지 못한다. 그러므로 예괘의 효들에서는 대부분 '길하다'는 말을 하지 않고 있다.

「象」曰: '初六鳴豫', 志窮凶也.

「상전」: '우는 즐거움이니, 흉하다'는 것은 뜻함이 궁하여 흉하다는 의미다.

非'豫'之時, 而欲徼人之興以自快, 其志卑陋而窮矣.

예괘의 도를 펼칠 시기가 아닌데도 막 떨쳐 일어난 사람을 찾아가 스스로 통쾌함을 구하려 함은, 그 뜻함이 비루하여 궁한 것이다.

六二, 介于石, 不終日, 貞吉.

육이: 돌처럼 굳게 지키고 있음이니, 하루가 가지 않는다. 올곧아서 길하다.

제정을 돕는다면 이는 자신들을 더럽히는 일이라고 사자(使者)를 쏘아붙였다. 그러나 숙손통은 이에 아랑곳 않고 이들이 시대의 변화를 모르는 '비루한 유생[鄙儒]'이라고 비웃으며 동조하는 유생들만을 활용하여 자신의 과업을 완수하였다. 이로 말미암아 이 뒤로 '노이생(魯二生)' 또는 '노양생(魯兩生)'은 유가의 절개를 지키며 시속(時俗)의 더러움에 함께하지 않는 인물, 또는 시대의 변화를 읽을 줄 모르는 완고한 인물이라는 의미로 불리게 되었다.

二爲'坤'主, 柔得位而中, 順德之至者也. 靜正以居, 而不妄動, '介于石'也. 動而無靜之體, 非善動也. 靜而無動之體, 非善靜也. 介于石, 中立而不倚於物, 則至正而萬變不出其樞機, 善惡之幾不待審而自著, 可以不待終日而應之速. 故九四之奮興以快所爲, 其本在此大正而無不吉也.

육이효는 예괘䷏의 하괘인 곤괘☷의 주효(主爻)다. 이 효는 부드러움이 제자리를 차지한 채 득중하고 있으니, 순종의 덕이 지극한 이다. 고요하고 올바르게 거처하고 있으면서 망동(妄動)하지 않음이 '介于石(개우석)'이다. 움직이기만 하고 고요함은 없는 체(體)는 잘 움직이기는 것이 아니고, 고요하기만 하고 움직임은 없는 체(體)는 잘 고요한 것이 아니다. 돌처럼 굳게 지키고 있으면서 중립을 유지한 채 물(物)들에 기울지 않으면, 지극히 올바르며 어떤 변함이든 그 추기(樞機)에서 벗어나지 않고, 잘 살피지 않더라도 선과 악으로 갈리는 은미한 기미(幾)가 저절로 드러난다. 그래서 하루 종일 기다리지 않더라도 신속하게 응할 수 있다. 그러므로 구사효는 떨쳐 일어나서 해야 할 일을 통쾌하게 하는데, 그 근본은 여기에 있으니 크게 올바르며 길하지 않음이 없다.

「象」曰: '不終日貞吉', 以中正也.

「상전」: '하루가 가지 않는다. 올곧아서 길하다.'는 것은 육이효가 중정하기 때문이다.

得中則柔而不靡. 寂然不動之中, 大正存焉, 故可感而遂通天下之故.

득중하면 부드러움이라 할지라도 쓰러지지 않는다. 고요한 채 움직이지 않는 속에, 크게 올바름이 존재한다. 그러므로 천하가 이루어지는 까닭을 느껴서 마침내 통한다.

六三, 盱豫, 悔, 遲有悔.

육삼: 그저 올려다보기만 하는 즐거움이니, 후회함이 있고, 지체하여 또 후회함이 있다.

'盱', 上視也. 九四之動而豫, 物情所震, 抑物情所喜也. 六三與四相近而承之, 然異體不易相親, 徒瞻望而覬分其欣暢, 四方奮興, 不與爲緣, 將自悔矣. 既悔其躁動以失己, 遂退沮遲滯而不相就, 又且自絶於大有爲之世, 無以見功, 時過幾失, 而復悔之. 無定情, 則無所往而不悔, 不能審幾故也. 以柔居剛, 躁而不能自立, 故其象如此.

'盱(우)'는 올려다봄을 의미한다. 구사효의 움직여 통쾌함에 사람들의 마음이 몹시 흔들리거나 아니면 사람들이 마음으로 기뻐한다. 이 예괘에서 육삼효는 구사효와 서로 가까우면서 그것을 받들고 있다. 그러나 이들은 됨됨이가 달라서 서로 쉽게 친해지지 않는다. 그래서 한갓 올려다보며 그 기쁘고 통쾌함을 자기에게 좀 나누어주지 않을까 하고 바랄 뿐이다. 그런데 구사효가 떨쳐 일어날 적에 육삼효로서는 함께할 인연이 없어서 스스로 후회하게 될 것이다. 조급하게 움직여 자기 자신을 잃어버림에 대해 이미 후회하기 때문에 마침내 물러나 막혀 지체하면서 그에게로 나아가지 않고 있다. 뿐만아니라 이제는 크게 능력을 발휘할 수 있는 세상을 스스로 끊어버리고 어떠한 공(功)도 세우지 못한 채 시대가 지나가버려 기미를 잃어버리고 있다. 그래서 다시 후회한다. 정해진 마음이 없으면 어디를 가더라도 후회할 수밖에 없는 것은, 세상의 막 싹터 나오는 기미[幾]에 담긴 까닭을 살필 수 없기 때문이다. 예괘의 육삼효는 부드러움으로서 굳셈의 자리를 차지하고 있으니 조급하여 자립할 수가 없다. 그러므로 그 상이 이와 같은 것이다.

「象」曰: 盱豫有悔, 位不當也.

「상전」: 그저 올려다보기만 하는 즐거움이고 후회함이 있다는 것은 위(位)가 마땅하지 않기 때문이다.

獨釋 '盱豫', 不及 '遲悔'者, 始而覬望, 終必遲也. 柔居進爻以承剛, '坤'順之道失, 故無往而不悔.

지금 이 육삼효의 「상전」에서 '그저 올려다보기만 하는 즐거움'에 대해서만 풀이하고 '지체하여 또 후회함'에 대해서는 풀이하지 않은 까닭은, 시초에는 그저 바라보며 바라기만 하고 마지막에는 틀림없이 지체하기 때문이다. 이 육삼효는 부드러움이 나아감의 효를 차지하고 있으면서 굳셈을 받들고 있으니, 곤괘☷의 순종함의 도를 잃어버렸다. 그러므로 어디를 가더라도 후회하지 않음이 없다.

九四, 由豫大有得, 勿疑, 朋盍簪.

구사: 말미암아 즐거움이니 크게 얻음이 있다. 의심을 말지어다, 벗들이 어찌

모이지 않겠는가!

'由豫', 由其道而豫也. '盍', 何不也. '簪', 聚也. 動於積陰之中, 而非其位, 若不測之動, 而實則由乎天道人情之正, 動以大順, 行無不快也. '大有得'者, 群陰皆爲陽所得也. 陽一震起, 陰皆效其材, 而百昌無不榮. 王者奮興, 而百辟皆欣戴之, 以之行師, 而三軍皆踴躍以效命. 乃所疑者, 陽孤而無同志之朋耳. 然陰陽之數各六, 具足於兩間, 陰盛而陽微, 陽隱而未見耳. 一陽震起, 出地而暢遂, 群陰皆爲所得, 則隱而未見之陽, 何所沮而不與相應求? 王者順邱民之情, 崛起有爲, 賢者自不期而至. 君子遜志於學, 一旦豁然, 識大識小, 皆可爲師. 太和日流行於天壤, 在人之自致, 勿憂德之孤也.

'말미암아서 즐거움'이라 한 것은, 그 도(道)로 말미암아 즐겁다는 의미다. '盍(합)'은 '어찌 ~하지 않겠는가!'의 의미다. '簪(잠)'은 모이다는 뜻이다.[289] 하괘의 누적된 음효들 속에서 움직여 나왔으나 제자리가 아니어서

---

289) 이 '簪(잠)' 자에 대해 왕필은 '빠르다'는 의미로 보았다. 그리고 '盍(합)' 자를 '합하다'로 보았다. 그래서 이 둘은 '함께 합해서 빨리 오다'는 의미가 된다.(왕필, 『주역주』: 盍, 合也. 簪, 疾也.) 그러나 대부분의 주석가들은 '簪(잠)' 자를 '합하다', '비녀를 꽂아서 묶다'의 뜻으로 본다. 특히 주진(朱震)은 머리카락을 움켜 비녀를 꽂음으로써 머리카락이 흐트러지지 않고 단정하도록 함이라 하였다.(朱震, 漢上易傳: 四剛在上下衆柔之際, 交而通之, 猶簪也. 髮非簪則散亂不理, 安有髮之柔順而不從簪乎!) 소식(蘇軾; 『東坡易傳』: 盍, 何不也. 簪, 固結也.), 정이(程頤; 『伊川易傳』: 簪, 聚也. 簪之名, 簪取聚髮也.) 등은 물론 원・명・청대로 이어지며 대부분의 주석가들은 이렇게 풀이하고 있다. 따라서 왕부지가 이렇게 풀이한 것은 당연하다고 해야 할 것이다.

예측하지 못한 움직임과도 같다. 그러나 사실은 하늘의 도(道)와 사람의 상황의 올바름으로 말미암아 움직이며 크게 순종하니, 행동에 통쾌하지 않음이 없다.

'크게 얻음이 있다'는 것은 이 예괘의 여러 음(陰)들이 모두 육사효의 양(陽)에 의해 얻는 바가 있다는 의미다. 즉 양 하나가 떨치며 일어나니 음들은 모두 그 자질을 드러내고 각종 생명체들이 피어나지 않음이 없다는 것이다. 왕이 된 이가 떨쳐 일어나면 백관들은 모두 기뻐하며 그를 추대한다. 이렇게 하여 군대를 동원하면 삼군이 모두 용맹을 떨치며 받은 바의 명(命)을 제대로 수행해낸다.

그런데도 의심을 받는 것은 양이 외롭고 동지(同志)가 되는 벗들이 없기 때문이다. 그러나 음 · 양의 수는 각기 6으로서 하늘과 땅 사이에 다 갖추어져 있다. 한때 음이 왕성하고 양이 미약함은 양이 숨어서 드러나지 않기 때문일 따름이다. 하나의 양이 떨치며 일어나 땅 위로 나와서 화창하게 완수해내면 뭇 음들이 모두 그에 의해 얻게 된다. 그러므로 숨어서 드러나지 않는 양이라 한들 어찌 막혔다고 하여 더불어 서로 응하며 구하지 않겠는가! 왕이 될 사람이 백성들의 마음에 순종하여 우뚝 솟아나 사업을 해내게 되면 현자들이 기약하지 않았더라도 저절로 이르게 된다. 군자가 겸손히 학문에 뜻을 두고 해 나아가다 어느 날인가 불현듯 활연관통(豁然貫通)하여 큰 것도 알고 작은 것도 알게 되면 모두에게 스승이 될 수 있다. 거대한 조화가 하늘과 땅 사이에서 날마다 널리 행해질 수 있느냐는 사람이 제 스스로 해냄에 달려 있다. 결코 덕이 외롭다고 근심하지 마라!

「象」曰: '由豫大有得', 志大行也.

「상전」: '말미암아서 즐거움이니 크게 얻음이 있다'는 것은 뜻함이 크게 행해진다는 의미다.

四之志, 本欲振起群陰而散其鬱滯. 静極而動, 一由乎道, 孰能禦之?

구사효의 뜻함은 본래 뭇 음들을 흔들어 대서 그 답답하게 정체되어 있음을 흩트리고자 한다. 고요함은 극에 이르면 움직이게 된다. 이 자체가 한결같이 도(道)로 말미암는데 그 누가 막을 수 있겠는가?

六五, 貞疾恒不死.

육오: 항상 질병에 시달리나 늘 그대로며 죽지는 않는다.

'貞', 常也. 四因大順之理, 奮興於静中, 勢不可禦. 五以陰柔處其上, 抑之而不能, 而又不與之相得以欣暢, 幽憂致疾, 淹彌歲月, 四雖無凌奪之心, 可以不死, 而生人之氣亦微矣. 衰周之君, 徒延名號; 矯廉之士, 祗自困窮; 皆其象也.

여기에서 '貞(정)'은 '항상'·'늘'을 의미한다. 구사효가 크게 순종함의 이치에 따라 고요함들 속에서 떨쳐 일어났으니 그 추세를 막을 수가 없다. 육오효는 음의 부드러움으로서 그 위에 처해 있으며 그것을 억눌러 보지만 되지 않는다. 그렇다고 하여 그 구사효와 함께 기뻐하며 서로 창달할 수 있는 것도 아니다. 그래서 마음 깊은 곳에 우환이 쌓여 질병이 된 채 세월 속에서 점점 번지며 퍼져 간 것이다. 그런데 구사효에게는 이 육오효를 능멸하며 지위를 빼앗고자 하는 마음이 없으니, 육오효로서는 비록 죽지 않을 수는 있지만, 사람의 생명을 유지하게 하는 기(氣)도 쇠미해져 있다. 벌써 쇠약해질 대로 쇠약해진 주나라의 임금들이 한갓 명호만을 연명하던 것이나 억지로 청렴과 고결함을 가장하는 선비가 스스로 곤고함을 초래함 등은 모두 이 상(象)이다.

「象」曰: '六五貞疾', 乘剛也, '恒不死', 中未亡也.

「상전」: '육오효의 만성의 질병'은 굳셈을 올라타고 있기 때문이다. '늘 그대로며 죽지는 않음'은 중위(中位)를 차지한 채 아직 망하지 않았기 때문이다.

九四之剛, 順道而有得, 豈可乘哉! '未亡'者, 特未亡耳, 終亦以此而亡.

구사효의 굳셈은 도(道)에 순종한 것이고 그에 의해 얻음도 있으니, 어찌 올라탈 수 있으리오! '아직 망하지 않았다'는 것은 다만 아직 그러하다는 것일 따름이지 끝내는 역시 이 때문에 망하게 된다.

上六, 冥豫, 成有渝, 无咎.

상육: 어둠에 싸인 즐거움이나 이룸에 달라짐이 있어서 허물이 없다.

上遠於四, 時方奮起, 而陰暗居上, 不與俱興, 昧於'豫'者也. 四順以動,莫之能遏, 志行而必成其功. 其功既成, 上不得不變其情, 與之交暢. 處卦之終, 而其勢危, 其上更無闕抑之者. 非若五之有中位可安, 而重陰覆之, 徒自苦以終身也. 能自渝焉, 則无咎矣.

상육효는 구사효로부터 멀리 떨어져 있고, 시기적으로도 그것이 이제 막 떨쳐 일어나는 정도다. 그래서 음(陰)인 상육효는 어둠에 싸인 채 윗자리를 차지하고 있으면서 함께 일어나지 않으니, 즐거움에 대해서는 몽매한 이다. 그런데 구사효는 순종하면서 움직이고 그러함을 막을 수도 없으니 그의 뜻함은 행해지며 반드시 그 공(功)을 이루게 된다. 그 공이 이루어지고 나면 상육효는 어쩔 수 없이 그 마음을 바꾸어 구사효와 사귀며 창달하게 된다. 그리고 상육효는 예괘의 끝에 자리 잡고 있어서 그 추세가 위태롭기는 하지만 다시는 그 위로 가로막으며 억누르는 이가 없다. 이는 구오효와 다른 점이다. 구오효는 중위(中位)를 차지하고 있어서 편안해 할 수 있다. 그러나 중첩된 음(陰)들이 뒤덮고 있음이어서 한갓 스스로 괴로워하며 삶을 마치게 되어 있다. 이에 비해 상육효에게는 가로막으며 억누르는 이가 없어 스스로 달라질 수 있다면 허물이 없게 된다.

「象」曰: 冥豫在上, 何可長也?

「상전」: 어둠에 싸인 즐거움이 위에 있으니 어찌 길게 갈 수 있으리오!

冥於豫, 則違時已甚, 雖欲如五之不死而不得, 故必渝而後无咎.

즐거움에 대해 어두우니 때를 어김이 벌써 심하다. 그래서 비록 죽지도 않고 얻지도 못하는 육오효와는 다르다고 하여도 반드시 달라진 뒤에라야 허물이 없다.

隨卦震下兌上
수괘䷐

隨. 元亨利貞, 无咎.

수괘: 으뜸되고 형통하고 이롭고 올곧다. 허물이 없다.

以下從上之謂'隨'. 此卦'震'陽生於下, 以從二陰, '兌'陽漸長, 而猶從一陰, 躡其後而順之行, 故爲'隨'. 陽雖隨陰, 而初陽得資始之氣, 以司帝之出, 得'乾'元亨之德; 四・五漸長, 陽盛而居中, 以大正而利物, 得'乾'利貞之德. 如是, 則雖順陰以升, 若不能自主, 如長男之隨少女, 而陽剛不損其健行, 可以无咎. 使非具四德, 而係戀乎陰, 以喪其剛健中正之實, 則周赧・漢獻之爲君, 唐高・宋光之爲夫也, 其咎大矣.

아랫사람으로서 윗사람을 좇음을 '隨(수)'라 한다. 이 수괘(隨卦)는 하괘가 진괘☳로서 양이 아래에서 생겨나 위로 두 음을 좇고 있고, 상괘는 태괘☱로서 양들이 점점 자라났으면서도 오히려 하나의 음을 좇고 있다.

이렇게 각기 그 뒤를 밟아가며 순종하고 행한다. 그래서 수괘가 된 것이다.

그런데 이 수괘는 상・하괘들에서 비록 양이 모두 음을 따르고는 있으나 초구효의 양은 바탕과 비롯함이 되는 기(氣)를 얻어서 제왕의 출현을 담당하고 있다.[290] 그래서 건괘의 으뜸됨・형통함의 덕을 얻고 있다. 그리고 구사・구오효는 점점 자라나서 양이 왕성하여 중위(中位)를 차지하고 있는데 크게 올바름으로써 만물을 이롭게 한다. 그래서 건괘의 이로움・올곧음의 덕을 얻고 있다. 이와 같으므로 비록 음에 순종하며 올라간다고 할지라도 스스로가 주인이 될 수가 없다면, 장남이 소녀를 따라감과 같다.[291] 이래서는 양의 굳셈이 그 씩씩한 운행을 덜어내지

---

290) 여기에는 「설괘전」의 풀이가 담겨 있다. 「설괘전」에서는 팔괘의 의미와 그것들이 각기 차지하고 있는 방위를 설명한 뒤, 그 순환에 대해 논하고 있다. 「설괘전」의 작자는 제왕이 진괘☳에서 출현한다고 하고 있고, 진괘의 방위는 동쪽이며, 순환의 처음을 차지하는 것으로 설명하고 있다.(帝出乎'震', 齊乎'巽', 相見乎'離', 致役乎'坤', 說言乎'兌', 戰乎'乾', 勞乎'坎', 成言乎'艮'. 萬物出乎'震'; '震', 東方也, 齊乎'巽', '巽', 東南也, 齊也者, 言萬物之絜齊也. '離'也者, 明也, 萬物皆相見, 南方之卦也; 聖人南面而聽天下, 嚮明而治, 蓋取諸此也. '坤'也者, 地也, 萬物皆致養焉, 故曰致役乎'坤'. '兌', 正秋也, 萬物之所說也, 故曰說言乎'兌'. 戰乎'乾', '乾', 西北之卦也, 言陰陽相薄也. '坎'者水也, 正北方之卦也, 勞卦也, 萬物之所歸也, 故曰勞乎'坎'. '艮', 東北之卦也, 萬物之所成終而所成始也, 故曰成言乎'艮'.) 송대의 소옹(邵雍)은 「설괘전」의 이러한 논의를 바탕으로 「문왕후천팔괘도(文王後天八卦圖)」를 그렸다. (앞면 그림 3. 「文王後天八卦方位之圖」 참조)

291) 「설괘전」의 해석 틀에 의한 풀이다. 「설괘전」에서는 진괘☳를 장남, 태괘☱를 소녀라 하고 있기 때문이다.('震'一索而得男, 故謂之長男. '巽'一索而得女, 故謂之長女. '坎'再索而得男, 故謂之中男. '離'再索而得女, 故謂之中女. '艮'三索而得男, 故謂之少男. '兌'三索而得女, 故謂之少女.)

않아 '허물이 없음'을 이룰 수 있다. 그러나 이 네 덕을 구비하지 않은 채 음(陰)에 대한 연모(戀慕)에 얽매인 나머지 그 굳세고 튼튼함과 올바르게 가운데 자리를 차지하고 있는 실질을 상실한다면 주나라의 난왕(赧王)[292]과 한나라의 헌제(獻帝)[293]가 임금 노릇을 하던 것과 같을 것이다.

---

292) 난왕(?~B.C.256)은 동주(東周)의 마지막 왕이다. 재위 기간(B.C.314~B.C.256)이 59년으로서 서(西)・동(東) 양주(兩周)의 왕들 가운데 가장 길다. 그러나 그가 재위하는 동안 주나라 왕실의 영향력은 겨우 왕기(王畿)인 낙읍(洛邑; 오늘날의 낙양 부근)으로 한정되어 있었다. 낙읍은 당시 동주의 수도였다. 그의 할아버지인 현왕(顯王)이 재위할 적부터 벌써 진(秦)나라의 세력이 급속히 팽창하여 패주(霸主)로 자처하고 있었다. 그리고 그의 재임 시에는 진의 소양왕(昭襄王)이 거의 주나라 천자의 지위를 대신하고 있었다. 망조가 들어 멸망해 가는 주나라에 대해 난왕으로서는 전혀 손을 쓸 수 없는 상황이었다. 심지어 6국의 연합군에게 길을 터주기 위해 난왕이 당시의 부자들에게 돈을 빌려 쓰고 전쟁에 승리하면 갚기로 하였으나, 합종이 실패하여 계획이 수포로 돌아가자 그 부자들의 빚 독촉을 피하기 위해 그저 궁내의 높은 대(臺)에 앉아 있어야 할 정도로 비참해져 있었다. 마침내 그의 재위 59년째 되던 해(B.C.256)에 진나라에 의해 동주는 멸망하였다. 투항한 뒤 난왕은 양성(梁城)으로 갔다가 1달 뒤에 죽었다.

293) 동한(東漢)의 효헌황제(孝獻皇帝; 181~234)를 말한다. 동한의 마지막 황제로서 재위 기간은 189년에서 220년까지 31년이다. 동탁에 의해 9살 때 황제로 추대되어 마치 전국시대 주나라의 천자들처럼 허수아비 황제 노릇을 했다. 동탁이 죽고 난 뒤에는 조조(曹操)에게 의탁하였는데(196), 조조는 그를 맞아들인 뒤 이를 명분으로 자신이 웅거하고 있던 허창(許昌)을 허도(許都)로 개칭하고 연호를 건안(建安)으로 바꾸었다. 그러나 헌제는 아무런 실권이 없는 황제일 따름이었다. 그런데 비록 헌제가 두 번이나 조조를 암살하려다 실패하였지만 조조는 여전히 그에게 황제의 명호를 부여하였고, 스스로 황제를 칭하지는 않았다. 그러다 220년, 조조가 죽자 그의 아들 조비(曹丕)는 중국의 북방이 이미 안정권에 접어들어 헌제라는 황제의 명호가 없어도 충분히 나라를 꾸려갈

또 당의 고종(高宗)[294]과 송의 광종(光宗)[295]이 지아비 노릇하던 것과

수 있다고 보아 헌제를 핍박하여 자신에게 황위(皇位)를 선양하게 하였다. 그리고 위(魏)나라를 세웠다. 헌제는 산양공(山陽公)에 봉해졌다. 그런데 당시에는 이것이 그가 피살된 것으로 잘못 널리 알려졌기 때문에 유비(劉備)가 이를 빌미로 그에게 '효민황제(孝湣皇帝)'이라는 시호를 내리고 자신이 한나라 황실의 종친 신분임을 내세워 황제에 즉위하였다. 그리고 촉한(蜀漢)을 세웠다. 위나라 명제(明帝) 청룡(青龍) 2년(234년) 헌제가 죽었다. 명제는 그를 위해 소복을 입고 상례를 진행하였다.

294) 당의 고종(628~683)은 중국 당나라의 제3대 황제다. 재위 기간은 34년간(649~683)이다. 태종 이세민(李世民)의 아홉째 아들인데, 당시 태자이던 큰아들과 둘째 아들이 황위 계승권을 놓고 권력 다툼을 벌이자 태종은 그들을 차례로 폐위하고 그를 태자로 삼았다. 그는 정관(貞觀) 17년(643년) 태자로 책봉되었고 정관 23년(649년)에 즉위하였다. 당시 나이 22세였다. 재위 전기에 그는 비교적 사람 보는 눈이 있어서 주변에 훌륭한 신하들을 많이 거느리고 정치를 잘했다. 당나라의 영토가 이때 가장 크게 확장되었다. 그래서 역사가들 중에는 그의 연호를 따서 '영휘지치(永徽之治)'라고 부르는 사람이 있을 정도다. 다만 그는 부인 관리를 잘못해서 나라를 망친 사람이다. 아직 태자일 적에 그는 태종의 궁녀이던 무측천(武則天)과 정을 통했다. 이것이 비극의 씨앗이었다. 태종이 죽자 그녀는 출가를 하였으나 그녀를 못 잊은 고종은 그녀를 다시 궁으로 불러 들여 비빈(妃嬪)들 가운데 가장 서열이 높은 소의(昭儀)로 삼았다. 그리고는 정비(正妃)인 왕씨(王氏)가 소숙비(蕭淑妃)와 황제의 총애를 놓고 치열하게 다툼을 벌이자 그녀를 황후로 맞아들였다. 무측천은 황후가 된 뒤 이들 두 여인의 사지를 잘라 술 도가니에 집어넣을 정도로 잔인한 여인이었다. 그리고 권력은 점점 그녀의 손아귀로 빨려 들어갔다. 고종은 단 한 번 그녀를 폐위할 계책을 세웠다가 사전에 그녀에게 발각되어 낭패를 본 뒤 다시는 무후(武后)를 제압하지 못했다. 나중에는 그의 눈에 문제가 생겨 정권이 완전히 측천무후의 손아귀에 장악되었고, 그는 측천무후의 건의 하에서만 '천황(天皇)'이라는 칭호를 사용할 수 있었다. 그리고 '천후(天后)'인 그녀와 함께 2성(聖)으로 병칭되었다. 나중에는 완전히 장님이 되어 죽은

같을 것이다. 그래서 그 허물은 크다.

「彖」曰: 隨, 剛來而下柔, 動而說, 隨.

「단전」: 수괘는 굳셈이 와서 부드러움의 밑에 있고, 움직이며 기뻐함이니, 수괘가 된다.

송장이나 다름없는 신세가 되었다.

295) 광종(1147~1200)은 송나라의 제12대 황제다. 재위 기간은 5년(1189~1194)이었다. 향년 54세로 죽었다. 그는 송나라 황제들 가운데 어리석었던 인물로 꼽힌다. 그가 그의 아버지 효종(孝宗)으로부터 황위를 선양받아 황제가 되었을 적에는 이미 43세였다. 그는 매우 허약하여 병치레가 잦았을 뿐만 아니라 제대로 나라를 다스릴 수 있는 인물도 못되었다. 간신들의 참언(讒言)을 듣고 주전파를 대거 숙청했을 뿐만 아니라, 당시에 질투심이 많은 여자로 알려져 있던 황후에게 거의 정권을 내맡기다시피 했다. 그녀 역시 대단히 악랄했다고 한다. 그래서 그의 치세 동안 아버지 효종 때의 맑은 정치가 점점 부패한 것으로 변해갔다. 그는 정치에 대해서는 더 이상 흥미를 잃고 주색(酒色)에만 탐닉하였다. 특히 광종은 그의 아버지 효종과의 사이가 이전부터 사뭇 안 좋았었다. 그래서인지 효종이 그에게 황위를 선양한 뒤로 오랫동안 그는 그의 아버지를 찾아보지도 않았다. 순희(紹熙) 5년(1194년), 효종이 병이 들었으나 광종은 사람들에게 병간호조차 하도록 허락하지 않았고, 효종이 죽고 나서도 상복조차 입지 않았다. 이에 대신(大臣) 한탁주(韓侂胄)와 조여우(趙汝愚) 등이 태황태후의 윤허를 얻어 그를 핍박하여 황위에서 물러나게 하였다. 광종은 어쩔 수 없이 그의 아들인 태자에게 황위를 양보하고 수강궁(壽康宮)으로 물러 앉아 태상황(太上皇)이라 자칭하였다. 부랴부랴 황위에 오른 그의 아들 영종(寧宗)이 효종에 대한 상례를 집행하였다.

卦以下爲方生之爻, 故在下曰 '來'. 此卦自否變, 上九之陽, 來而居初, 以處柔下. '動而說'者, 有所行而歆乎物, 則剛者不能自主也. 此皆'隨'之本有咎也.

괘에서는 아래에 있는 것이 막 생겨난 효가 된다. 그러므로 아래에 있는 것을 '왔다'고 한다. 이 괘는 비괘(否卦)䷋로부터 변한 것이다. 그래서 비괘의 상구효가 와서 이 괘의 초효의 자리에 거처하면서 부드러움의 효들 밑에 처해 있다. '움직여서는 기뻐함'이라 한 것은 행한 바가 있어서는 물(物)들에게 기쁨을 준다는 것이다. 그래서 굳셈이 스스로를 내세울 수가 없다. 이는 모두 수괘(隨卦)䷐에 본래 있는 허물이다.

大亨貞无咎, 而天下隨時.

크게 형통하고 올곧으니 허물이 없으며, 천하가 모두 때를 따른다.

'天下隨時'者, 天下已成乎陰上陽下之時, 而因時以與之周旋, 順乎時而不失其大正, 此唯全體天德, 而爲聖人不磷不緇之堅白, 而後無可無不可; 事定・哀之主, 從三桓之後, 受命相從, 而爲聖之時, 終无咎也. 下此者, 與時遷流, 咎可免乎? 彖備四德, 「傳」不言 '利'者, 體仁合禮而恆於正, 則和義而利物. 凡「彖傳」釋利貞, 不更言利, 皆準此.

'천하가 모두 때를 따른다'는 것은 천하에 이미 '음이 위・양이 아래(陰上陽下)'인 시대가 이루어져 있으니, 시대에 맞추어 이와 더불어 돌아감으로써 시대에 순응하며 그 크고 올바름을 잃어버리지 않음을 의미한다. 이는 오직 하늘의 덕을 온전하게 체득한 성인께서 얇아지지 않는 단단함

[堅]과 검어지지 않는 흼[白]의 덕을 발휘함이다.296) 이러한 뒤에라야 가(可)하기만 한 것도 없고 불가(不可)하기만 한 것도 없다. 공자는 정공(定公)・애공(哀公)을 임금으로 섬기다 삼환(三桓)297)을 좇았다.

---

296) 『논어』, 「양화(陽貨)」 편에 나오는 말이다. 공자 나이 56세 때 진(晉)나라 조(趙)씨의 가신인 공산필힐(公山佛肸)이 중모(中牟)에서 배반을 일으킨 뒤 공자를 초빙하여 정치를 맡기려고 하였다. 공자가 가려하자 자로가 "제 몸만을 위하며 불선(不善)을 행하는 이와는 군자가 함께하지 않는다."고 한 이전의 공자 말과 어긋난다고 의문을 제기하며 만류하였다. 그러자 공자는 "단단하지 않은가, 갈아도 얇아지지 않으니! 희지 않은가, 아무리 물들여도 검어지지 않으니!(不曰堅乎, 磨而不磷, 不曰白乎, 涅而不緇.)"라는 말을 인용하며 가려고 하였다. 자신은 결코 외부 환경에 의해 더럽혀지지 않는다는 것이다. 그러나 끝내 가지는 않았다. 이에 대해 송대의 장식(張栻)은, "자로가 이전에 공자에게 들은 것은 군자가 제 몸을 지키는 일상적인 방법이고, 공자가 지금 가려고 한 것은 도를 체득한 성인이 발휘하는 위대한 권도(權道)다. 그런데 공자께서 초빙에 응해서 가려고 한 것은 세상에 끝내 변화시킬 수 없는 인간이란 없고 끝내 할 수 없는 일도 없다는 것을 보여주기 위한 것이었다. 그렇지만 공자께서 끝내 가지 않은 까닭은 공산필힐의 됨됨이가 결코 변화시킬 수 없고 그 일도 끝내 할 수 없는 일이라는 것을 알았기 때문이다. 즉 하나는 만물을 낳는 어짊을 드러낸 것이요, 하나는 사람을 아는 지혜로움을 드러낸 것이다."라고 풀이하였다.(朱熹, 『論語集注』: 敬夫曰, "子路昔者之所聞, 君子守身之常法; 夫子今日之所言, 聖人體道之大權也. 然夫子於公山佛肸之召, 皆欲往者, 以天下無不可變之人・無不可爲之事也; 其卒不往者, 知其人之終不可變而事之終不可爲耳. 一則生物之仁, 一則知人之智也.")

297) 삼환(三桓)은 노(魯)나라의 경대부(卿大夫)인 맹손씨(孟孫氏)・숙손씨(叔孫氏)・계손씨(季孫氏)를 가리킨다. 이들은 노나라 장공(莊公; B.C.693~B.C.662)의 형제들이다. 장공의 부친 환공(桓公)에게 네 아들이 있었다. 적장자(嫡長子) 장공은 노나라 임금의 자리를 계승했다. 서장자(庶長子) 경부(慶父)가 맹손씨(孟孫氏), 서차자(庶次子) 숙아(叔牙)가 숙손씨(叔孫氏), 적차자 계우(季友)가 계손씨(季孫氏)가 되었다. 이들 모두는 장공에 의해 '경'에 봉해졌다. 나중에

그 뒤로는 명(命)을 받아 삼환과 상종하였지만 성인(聖人)이 되었을 때에는 마침내 허물이 없다. 그러나 이에 못 미치는 이들은 시류에 따라 이리저리 옮겨 다닐 뿐이니 허물을 어찌 면할 수 있겠는가? 괘사에서는 4덕을 다 갖추어서 말하고 있는데 지금 이 「단전」에서는 '이로움'에 대해서는 말하지 않고 있다. 그 까닭은 인(仁)을 체득하고 예(禮)에 합치하며 늘 올바름에 있으면, 의로움에 화합하여 물(物)들을 이롭게 하기 때문이다. 무릇 『주역』의 「단전」에서 '이롭고 올곧다'를 풀이하면서 다시는 '이로움'에 대해 말하지 않는 것들은 모두 이를 준거로 한다.

隨時之義大矣哉!

때를 따름의 의로움은 크도다!

卦下一陽本自'否'變, 乃 '傾否'之卦. '乾'德屈而下, 撥亂反正 · 唯聖人

이들은 정치적으로 상호 지지하고 연합하여 집정함으로써 강대한 세력을 형성하였다. 이들이 모두 환공에게서 나왔기 때문에 '삼환(三桓)'이라 부른다. 노나라 왕실은 선공(宣公) 때부터 점점 쇠약해지기 시작했다. 그리하여 마침내 그 국정이 계손씨를 우두머리로 한 이들 삼환의 손아귀로 들어간 것이다. 노나라의 정공(定公)에 의해 중용되어 사구(司寇)까지 역임하였던 공자는 일찍이 이러한 국면을 바로잡으려고 시도해 보았지만 삼환의 막강한 힘 앞에 맥없이 좌절하고 말았다. 결국 공자는 삼환에 의해 노나라에서 쫓겨나서 여러 나라를 주유하게 되었다. 그리고 애공(哀公) 11년 노나라로 돌아와 애공을 섬기다 그 5년 뒤인 애공 16년에 죽었다.

順天道以行大用, 然後可以隨時, 故歎其時義之大, 非可輕用, 以枉道從人. 近世無忌憚之小人以譙周・馮道隨時取容當之, 則廉恥喪, 而爲世患深矣.

수괘(隨卦)의 맨 아래에 자리 잡고 있는 양효(陽爻)는 본래 비괘(否卦)䷋에서 온 것이다. 바로 '꽉 틀어 막힌 비색함을 미끄러지게 함'[298]의 괘다. 그래서 지금 건괘☰의 덕이 자신을 굽히고 아래에 자리 잡고 있으니[299], 이는 혼란한 상황을 평정하여 올바름으로 돌림[拔亂反正]과 오직 성인께서 하늘의 도에 순종하여 위대한 쓰임을 행함이다. 그러한 뒤에라야 때를 따를 수 있으니, 이렇게 그 때의 의의가 지닌 위대함을 찬탄하고 있는 것이다. 결코 경솔하게 사용하여 도(道)를 왜곡시키며 사람을 따르는 짓이어서는 안 된다. 그런데 근세에 거리낌이 없이 행동하는 소인들은, 초주(譙周)[300]와 풍도(馮道)[301]가 때를 따르며 수용함을

---

298) 이는 수괘(隨卦)의 맨 아래 양효가 수괘로 오기 전에 있었던 비괘(否卦)의 상구효사다.

299) 비괘(否卦)䷋는 상괘가 건괘☰다. 그런데 이 수괘䷐에서는 비괘의 상구효가 맨 아래로 내려와 초효에 자리잡고 있다. 그래서 이렇게 말하는 것이다.

300) 초주(201?~270)는 삼국시대 촉한의 학자요, 관리다. 파서(巴西)의 서충국(西充國; 지금의 四川省 西充) 출신이다. 어려서 아버지를 잃고 매우 가난하게 생활하였으나 열심히 육경(六經)을 공부하여 촉(蜀) 지방의 대유(大儒)가 되었다. 그래서 그를 '촉중공자(蜀中孔子)'라고 불렀다. 특히 천문(天文)에 대한 소양이 대단히 컸다. 그 문하에서 『삼국지』를 쓴 진수(陳壽)와 나헌(羅憲) 등 저명한 학자들이 배출되었다. 제갈량이 익주(益州)의 목사(牧士)로 있을 적에 그를 권학종사(勸學從事)에 임명하였다. 그리고 유선(劉禪)을 태자로 세울 적에는 태자복(太子僕)에 임명하였다가 가령(家令)으로 전보하였다. 나중에는 중산대부(中散大夫), 광록대부(光祿大夫)가 되었다.

초주는 나라에 대한 충성심과 의리가 대단하였고 백성에 대한 사랑과 우환이 남달랐다. 수차례 군대를 따라 출정하면서 그는 수년간의 전쟁 때문에 백성들의 삶이 얼마나 피폐해졌는지를 잘 알게 되었다. 그래서 그는 위(魏)나라와 전쟁을 벌이는 북벌(北伐) 전쟁에 일관되게 반대하였다. 국력을 소모시키고 백성을 힘들게 한다는 이유에서였다. 그는 당시 촉나라에 가장 절실한 것은 백성들을 쉬게 하고 병력을 줄이는 것이라 하였다. 그는 전쟁을 벌였을 때의 이해득실을 놓고 상서령(尙書令) 진기(陳祗)와 논쟁을 벌이다 결론이 나지 않자 물러나서 글을 지었다. 이것이 『구국론(仇國論)』이다. 경요(景耀) 6년(263년), 위(魏)의 대장군 등애(鄧艾)가 촉나라를 침입하여 여러 고을을 유린할 적에 견디지 못한 백성들이 산야(山野)로 달아났다. 촉나라의 후주 유선(劉禪)은 이에 대해 속수무책이었다. 그래서 열린 군신회의(群臣會議)에서 초주는 위나라에의 투항을 건의하였다. 그리고 회의결과는 그의 주장대로 되었다. 위나라에서는 그에게 전국을 경영할 만한 능력이 있다고 보고 양성정후(陽城亭侯)에 봉하였다.

왕부지가 여기서 지적하는 점은 바로 이것으로 보인다. 왕부지는, 초주가 시(時)와 의(義)를 정확하게 판단한 것으로 평가하는 것이다. 나중에 진(晉)나라를 연 사마씨(司馬氏)의 정권에서는 초주의 인물됨을 높이 평가하여 기도위(騎都尉), 산기상시(散騎常侍)에 임명하였다. 그러나 그는 작위와 봉토를 돌려주려고 하였으나 뜻을 이루지 못했고, 산기상시에는 병이 위중하여 부임하지는 못한 채 죽었다. 『구국론』 외에도 『고사고(古史考)』, 『촉본기(蜀本紀)』, 『논어주(論語注)』, 『오경연부론(五經然否論)』 등이 있으나 모두 일실되어 오늘날에 전하지는 않는다.

301) 풍도(882~954)는 자가 가도(可道), 호가 장락로(長樂老)였다. 모두 그의 일생을 드러내기에 충분한 이름들이다. 영주(瀛州)의 경성(景城; 지금의 河北省 泊頭市 交河鎭) 출신이다. 중국에서 대규모로 유가 경전을 판각하는 일을 창시한 인물로 꼽힌다. 그는 중국 역사에서 극도로 혼란한 시대였던 5대10국의 시대를 살았던 인물이다. 그래서 5조(朝), 8성(姓), 13제(帝)를 모신 인물로 유명하다. "여러 조대를 이어가며 장상(將相), 삼공(三公), 삼사(三師)의 지위를 떠난 적이 없었다.(司馬光, 『資治通鑑』 권291, 「後周紀二, 太祖聖神恭肅文武孝皇帝

취했던 것을 자신들의 행위에 가져다 맞추며 정당화하고 있다. 이는 염치를 상실한 것일 뿐만 아니라 세상의 근심거리가 됨이 깊다.

「象」曰: 澤中有雷, '隨', 君子以嚮晦入宴息.

「대상전」: 연못 속에 우레가 있음이 수괘다. 군자는 이를 본받아 날이 어두워지려 하면 집에 들어가 편안히 쉰다.

雷在澤中, 動而入於深隱之地, 長從少, 男從女, 陽從陰, 君子無所用

中」: 累朝不離將相三公三師之位)"라고 할 정도로 40여 년에 걸쳐 관리생활을 하였으니 중국 관리사에서 하나의 '오뚜기(不倒翁)'로 평가받는다.
이러한 풍도의 행적에 대해서는 수많은 역사가들의 평가가 극단적으로 갈린다. 구양수는 '염치를 모르는 인물(不知廉恥為何物)'로 평가하였고(『新五代史』), 사마광은 '간신 중에서도 더욱 두드러진다(乃奸臣之尤)'고 평가하였다(『資治通鑑』). 이렇게 보면 그에 대해서는 부정적인 평가가 좀 더 두드러진다고 해야 할 것이다. 이는 특히 임금을 섬기는 사람으로서 충성을 다하지 않았다는 측면에서 내리는 평가다. 그러나 부모 섬김(事親), 백성 구제(濟民), 정치 주도(主政), 현명하고 어진 사람들과의 제휴 등의 부문에서 풍도는 전통적인 군자나 성현의 표준에 들어맞는다는 평가를 받는다. 그래서 그는 오대(五代)에서 "당시 선비들은 현명한 이든 어리석은 이든 모두 그의 됨됨이를 추앙하여 원로로 받들었고 기꺼이 명예로운 인물로 칭송하였다.(歐陽修, 『五代史』권54, 「雜傳」: 當世之士無賢愚, 皆仰道為元老, 而喜為之稱譽)"고 하는가 하면, 전통 유학자들이 '지선(至善) 대 극악(極惡)'이라는 전통적인 이분법으로는 그를 평가하기 어려운 특별한 예에 속하는 것으로 여기는 이들도 있다. 그러나 왕부지는 여기서 풍도에 대해 대단히 긍정적인 평가를 하고 있다.

之, 唯因晝夜動静之恆, 入而宴處以息動. 以動從說, 順人之情; 一張一弛, 文武之道也. '隨', 弛道也; 君子因其時而後弛. 不然, 則朽木糞土之牆而已矣.

우레가 연못 속에 있음은 움직여서 깊고 은밀한 곳으로 들어감이다. 이때는 장년이 소년을 좇고, 남자가 여자를 좇으며, 양이 음을 좇으니, 군자는 쓸모가 없다. 오직 밤과 낮, 움직임과 고요함의 항상됨만을 따라 밤이 되었으면 들어가 편안한 곳에서 활동을 쉬어야 할 따름이다. 움직임으로써 기쁨을 좇음[302]은 사람의 마음속 바람을 좇는 것이요, 한 번은 당겼다가(張) 한 번은 늦추었다(弛) 함은 문왕과 무왕의 통치 방식이다. 수괘는 늦춤의 도를 담고 있다. 그래서 군자는 그 시(時)에 맞추어 늦춘다. 그렇지 않으면, 즉 시(時)와 의(義)가 그렇지 않은데도 쉬고 있다면, 이는 '썩은 나무'나 '사람의 똥을 섞은 썩은 흙으로 쌓은 담'일 따름이다.[303]

302) 취의설(取義說)에 의한 풀이다. 수괘(隨卦)는 상괘가 태괘☱・하괘가 진괘☳로 되어 있기 때문에, 진괘의 '움직임'이 태괘의 '기쁨'을 좇는다는 풀이가 가능하다.

303) 이는 재여(宰予)가 낮잠을 자는 것을 보고서 공자가 꾸짖은 일과 관련이 있다. 공자는 이렇게 나태한 인간은 아무짝에도 쓸모가 없다는 의미에서, "썩은 나무에는 조각을 할 수 없고, 똥을 섞은 썩은 흙으로 담장을 쌓는다면 흙손질을 할 수가 없다."고 하여 '썩은 나무'와 '똥을 섞은 썩은 흙'에 비유하였다. (『論語』, 「公冶長」: 宰予晝寢. 子曰, "朽木不可雕也, 糞土之牆不可杇也, 於予與何誅?")

初九, 官有渝, 貞吉, 出門交有功.

초구: 벼슬에 변함이 있음이니, 올곧아서 길하다. 문을 나가 교제하여 공(功)을 세운다.

'官', 在上臨下之稱. 上爻居高, 而非君位, 故曰官. 此以卦變而言. '否'上之陽變爲陰, 而陽來居初, '否'上九之所謂 '傾否'也. 變而得正, 以交於陰, 故吉. '否'則上下不交. 陽既居下, 出而隨當位得中之陰, '傾否'之功大矣. 二在地上, 而爲人所由, 故'節'二與此皆曰 '門'. 陰虛受陽之出, 故曰 '出門'.

'官(관)'은 위에서 아래로 임한다는 말이다. 이 효는 원래 비괘(否卦)䷋의 상효로서 높은 자리를 차지하고 있었는데, 그것이 군주의 위(位)가 아니기 때문에 그냥 '官(관)'이라 한 것이다. 이는 괘변(卦變)의 관점에서 말한 것이다. 비괘 상구효의 양이 변하여 음이 되고 그 양은 와서 이 수괘䷐의 초구효의 자리를 차지하고 있는 것이다. 이는 비괘의 상구효사에서 말한 '꽉 틀어 막힌 비색함을 미끄러지게 함(傾否)'의 의미다. 그 상구효가 변하여 올바름을 얻은 채로 음과 교제하고 있기 때문에 길하다. 비괘는 위와 아래가 교제하지 않는다. 그런데 이 수괘에서는 양이 이미 아래에 와서 자리 잡고 있을 뿐만 아니라 나가서는 제자리를 차지하며 득중(得中)하고 있는 음을 수행하고 있다. 이렇듯 '꽉 틀어 막힌 비색함을 미끄러지게 함'의 공이 크다. 육이효는 땅 위에 있으니 사람들이 경유하는 곳이 된다. 그러므로 절괘(節卦)䷻의 구이효와 이 초구효에서는 모두 '문(門)'이라 하고 있다.[304] 그런데 이 수괘에서는 육이효의 음이 자신을 비우고서 양이 나옴을 받아들이니 '문을 나가다'라고 하였다.

「象」曰: '官有渝', 從正吉也. '出門交有功', 不失也.

「상전」: '벼슬에 변함이 있음'은 올바름을 좇아서 길함이다. '문을 나가 교제하여 공(功)을 세운다'는 잃어버리지 않음이다.

從二則陽下濟, 而陰保其中正. 陽得位, 故雖從陰而不自失.

초구효가 육이효를 좇으니, 이는 양(陽)이 아래로 은택을 베풀어 구제하고 음은 그 중정(中正)함을 보존함이다. 그리고 이 초구효의 양은 지금 제자리를 차지하고 있기 때문에 비록 육이효의 음을 좇는다고 하더라도 자신을 잃어버리지 않는다.

六二, 係小子, 失丈夫.

육이: 작은이에게 얽매이다 장부를 잃어버린다.

卦以陽隨陰爲義. 然倡者在前, 則和者踵之, 隨者相逐, 則在後者又進而隨之. 故爻之相次者, 皆爲相隨. 二之陰隨陰, 四之陽隨陽, 皆隨也. 陰小陽大, 係戀而相屬也. 二隨三, 而失初九之交, 不言咎吝而自見.

---

304) 절괘의 구이효사는 "문밖 출입을 하지 않음이니 흉하다.(不出門庭, 凶)"로 되어 있다.

이 수괘는 양이 음을 따라감을 의로움으로 하고 있다. 그러나 창도하는 이가 앞서면 화답하는 이는 그 발뒤꿈치를 좇아가게 되고, 따라가는 이들이 서로 각축을 벌이게 되면 뒤쳐져 있는 이는 또한 전진하여 따라가게 된다. 그러므로 효에서 앞뒤로 서로 차례를 이루는 것들은 모두 서로 따라감이 된다. 즉 육이효의 음은 육삼효의 음을 따라가고 구사효의 양은 구오효의 양을 따라가는데, 이것이 모두 따라감이다. 음은 작고 양은 크니, 연모함에 얽매어 서로 관계를 맺음이 정상이다. 그런데 지금 이 수괘의 육이효는 육삼효를 따라가다 초구효와의 교제함을 잃어버린다. 그래서 굳이 '허물'이나 '아쉬워함'을 말하지 않더라도 이러함이 저절로 드러나 있다.

「象」曰: '係小子', 弗兼與也.

「상전」: '작은이에게 얽매임'은 겸하여 함께하지 않음이다.

二以柔順中正, 本無決於棄陽從陰之志, 而既係於三, 則不得復與初相倡和. 人之立己處人, 兩端而已矣. 一入於邪, 則雖有善而必累於惡. 損益之友, 勢無兩交; 忠佞之黨, 道不竝立也.

이 수괘의 육이효는 부드럽고 순종하며 중정(中正)하고 있어서 본래 양을 버리고 음을 좇기로 결단할 뜻이 없었다. 그러나 이미 육삼효에 얽매어 있으니, 다시는 초구효와 서로 창도하고 화답할 수가 없다. 사람이 자기 자신을 세우고 남을 대함에서는 두 끝을 이룰 따름이다. 그래서 어느 한 쪽이 사악함 속으로 들어간다면 비록 다른 쪽에게 선함이 있다 할지라도 반드시 악에 연루되고 만다. 손해를 입히는 벗과 이익을 주는 벗을 추세상 둘 다 교제할 수가 없고, 충성스러운 이들의 당과 아첨하는 무리들의 당에 원리상 다 속할 수가 없다.

六三, 係丈夫, 失小子. 隨有求得, 利居貞.

육삼: 장부에 얽매어서 작은이를 잃어버림이다. 따라가서 구하여서는 소득이 있을 것이나, 거처하면서 올곧음에 이롭다.

陽實而陰虛, 舍二從四, 往求而有得矣. 顧陰之從陽, 道之正也, 以有得而往, 豈其所期望哉! 能弗以有得故求而守貞, 則合義而利.

양은 속이 꽉 차있고 음은 속이 텅 비어 있으니, 지금 육삼효가 육이효를 버리고 구사효를 좇고 있는데, 가서 구하여서는 소득이 있을 것이다. 음이 양을 좇는 데서 양이 그 음을 돌보아 줌은 도(道)의 올바름이다. 그런데 좇는 음이 얻을 것이 있어서 가는 것이라면 어찌 그것이 그 양이 기대하고 바라는 것이리오! 소득이 있다는 것 때문에 구하지 않고, 올곧음을 지킬 수 있다면, 의리에 합치하여 이로운 것이다.

「象」曰: "係丈夫', 志舍下也.

「상전」: '장부에 얽매임'이란 아래 것을 버리는 데 뜻을 둠이다.

內卦之陽方隨己, 而己舍之以從四, 是以可貞.

내괘의 양이 지금 막 자기를 따라오고 있는데도 자기는 그를 버리고 구사효를 좇고 있다. 그래서 올곧게 할 수 있다.

九四, 隨有獲, 貞凶. 有孚在道, 以明何咎!

구사: 따라가면 획득함이 있을 텐데 그렇게 하지 않고 올곧음을 유지하면 흉하다. 그러나 믿음이 도(道)에 있으니, 이렇게 하여 그것을 밝히는 것이 어찌 허물이 되리오!

'獲', 得其心也. 五陽得位, 而四隨之, 必獲其心. 乃當'隨'之時, 方競隨陰, 而四獨守貞以依主, 萇弘之所以爲晉殺, 孔融之所以爲操害也. 雖貞而凶矣. 然其所孚者, 固道也, 能明於倡和之義, 上下之分, 身雖死而志白於天下, 又何咎乎!

'획득함'이란 그 마음을 얻었다는 의미다. 구오효는 양(陽)으로서 제자리를 차지하고 있으니 구사효가 이를 따라가면 틀림없이 그 마음을 얻게 된다. 그러나 수괘(隨卦)의 시절을 맞이하여 바야흐로 다른 이들은 다투며 음을 따라가고 있는데도 불구하고, 구사효만이 홀로 올곧음을 유지하며 주인에게 의지하고 있다. 장홍(萇弘)[305]이 진(晉)의 조앙(趙鞅)의

305) 장홍(?~B.C.492)은 장숙(萇叔)이라고도 한다. 동주(東周) 시기 촉(蜀; 지금의 四川省 资中縣) 출신이다. 동주의 저명한 학자요, 정치가다. 소년 시절부터

책읽기를 좋아하여 천문과 역수(曆數), 음률과 악리(樂理)에 정통하였다. 주(周)나라 경왕(敬王) 24~25(B.C.496~B.C.495)에는 공자가 악(樂)에 대해 묻기 위해 그를 탐방하였다고 한다. 그 정도로 장홍의 학식은 뛰어났다.
장홍은 자신의 직책에 충실한 사람이었다. 다만 그가 재임하는 동안 주나라는 이미 쇠망의 길로 들어서고 있었다. 이에 그는 자신의 학문적 소양을 발휘하며 주나라 왕들이 주도권을 되찾아 명실상부한 천자로서의 권위를 되찾을 수 있도록 최선을 다해 도왔다. 심지어는 귀신까지 부려서 목적을 달성하려 하였다. 그래서 주나라 경왕(景王) 때에는 대부에 임명되어 늘 별점을 쳐서 응대하였고, 경왕(敬王)이 즉위하던 해(B.C.519)에는 천도(遷都)하여 나라를 중흥하는 데 공을 세웠다. 이 공(功)으로 장홍은 내사대부(內史大夫)로 승진하여 조정의 정치를 장악하게 되었다.
B.C.492년, 진(晉)나라에서 대부 범길사(范吉射)와 중행인(中行寅)의 반란 사건이 일어났다. 이때 장홍의 윗사람은 유문공(劉文公)이었다. 이들 유씨(劉氏)와 범길사의 범씨(范氏) 사이에는 누대에 걸쳐 혼인관계로 맺어져 있었다. 그래서 장홍은 자신의 윗사람 편을 돕고자 하는 마음 한편으로 진(晉)의 세력을 약화시키고 주(周) 왕실에 도움이 되게 하기 위해 범길사를 도왔다. 이 때문에 장홍은 당시 진(晉)의 실권자요 이들 반란의 대상이던 조씨(趙氏)로부터 분노를 사게 되었다. 내란이 평정된 뒤에 진(晉)의 실권자이던 조앙(趙鞅)이 이를 구실로 주나라 천자인 경왕(敬王)을 핍박하였다. 그러자 진(晉)나라의 지지로 주나라 천자의 지위에 올랐던 경왕은 빨리 사건을 무마하고 민심을 안정시키기 위해 영(令)을 내려 장홍을 죽여 버리고 말았다. 만고에 빛나는 장홍의 충심이 결국 그가 충성을 다 바친 사람에 의해 죽게 되는 것으로 막을 내린 것이다. 왕부지가 여기서 예로 들고자 한 것은 바로 이 점이다. 이렇게 억울하게 죽어서인지 그가 죽은 뒤에도 피가 멎지 않고 계속 흘렀다고 한다. 촉나라 사람이 그 피를 보관하여 두었는데 3년 뒤에 그것이 푸른 옥(碧玉)으로 변했다고 한다. 『장자(莊子)』에서는 유가에서 강조하는 충(忠)을 다해 보았자 결국에는 억울하게 죽임을 당하는 예로 네 사람을 거론하면서 그 가운데 하나로 장홍을 들고 있다.(『莊子』, 「外物」: 昔者龍逢斬, 比幹剖, 萇弘胣, 子胥靡, 故四子賢, 而身不免乎戮.)

핍박에 의해 살해당하고, 공융(孔融)[306]은 조조에게 살해당했던 것이

---

306) 공융(153~208)은 동한 말의 문학가다. 노(魯)나라의 곡부(曲阜) 출신으로서 공자의 20세손이다. 공융은 낙양에서 호분중랑장(虎賁中郎將)으로 재직할 적에 동탁(董卓)이 한나라의 소제(少帝)를 폐하고 헌제(獻帝)를 옹립한 것에 대해 반대하며 입바른 소리를 한 나머지 동탁의 미움을 사게 되었다. 그래서 동탁은 당시 황건적이 가장 많이 창궐하던 북해의 상(相)으로 그를 파견해버렸다. 북해의 상으로 재직하는 동안 공융은 유비(劉備)와 인연을 맺기도 했다. 한나라 헌제(獻帝)가 허창(許昌)으로 천도하자 공융도 함께 갔다. 그래서 공융은 장작대장(將作大匠)에 임명되었다가 소부(少府)에 임명되었다. 그리고 태중대부(太中大夫)에 봉해졌다.

그런데 그의 됨됨이는 자질구레한 규범에 구애 받지 않고 자신의 재수를 너무 믿어 쉽게 다른 사람들과 마찰을 자주 빚는 타입이었다. 특히 굳세고 올바른 성품이어서 남에게 전혀 아첨할 줄을 몰랐다. 동탁에게 그랬던 것처럼 허창에서도 공융은 사사건건 조조(曹操)에 반대하며 그와 부딪혔다. 예컨대 조조가 육형(肉刑)을 되살리는 것, 조조의 아들 조비(曹丕)가 원술의 며느리를 아내로 맞이하는 것, 금주령을 내린 것 등에 반대하였다. 그리고 오환(烏桓)을 정벌하는 것에 대해서는 조롱하기까지 하였다. 무엇보다 공융은 한나라 황실에 대해 충성을 다 바쳤다. 그래서 한나라 황실의 세력 증강을 꾀하는 상소를 올렸다. 이것이 결정적으로 조조의 격노를 샀다. 그래서 공융은 조정을 비방한다는 등의 죄목으로 죽임을 당하고 말았다. 이때 일가족이 함께 몰살당하였다. 왕부지가 여기서 지적하는 것이 바로 이 점이다. 이미 조조에게 대세가 기울어서 누구나 다 조조에게 환심을 사기 위해 다툼을 하는 상황이었는데, 공융 홀로 한나라 황실에 대한 절개를 지키고 있는 것이 그의 흉함을 불렀다는 것이다. 이것이 수괘(隨卦) 구사효사에 딱 들어맞는다는 것이다.

그런데 이때 조조가 공융에게 가했던 죄명이 하도 엄중해서 서진(西晉) 시기에 정사 『삼국지』를 저술하던 진수(陳壽)조차 감히 '공융전'을 써넣지 못했다. 그래서 진수의 『삼국지』는 가장 유명한 사람을 빠뜨리고 말았다는 약점을 남기고 말았다. 그리고 현량한 사람을 포용한 것으로 유명한 조조에게도 정말로 재능이 있는 사람을 포용하지 않았다는 오점을 남기게 하였다. 그러나

바로 이에 해당한다. 이들이 비록 올곧음을 지키고 있었다고는 하지만 흉하였다. 그러나 이들이 믿었던 것은 진실로 도(道)였다. 그래서 아무리 어려운 상황에서라도 창도(唱導)와 화답(和答)의 의로움・윗사람과 아랫사람의 명분을 밝힐 수 있었으니, 몸은 비록 죽임을 당했을지언정 그 뜻만은 천하에 빛나고 있다. 그러니 또한 어찌 허물이라 할 수 있으리오!

「象」曰: '隨有獲', 其義凶也, '有孚在道', 明功也.

「상전」: '따라가면 획득함이 있을 텐데'라 한 것은 그 의로움이 흉하다는 것이다. '믿음이 도에 있다'는 것은 명철(明哲)한 공(功)이다.

'其義凶'者, 謂以義而凶, 舍生而取義也. '明功'者, 唯辨於所從之正, 故欲效功於五.

'그 의로움이 흉하다'는 것은 의롭기 때문에 흉하다는 말로서 '생명을 버리고 의로움을 취함'[307]이다. '공을 밝힘'이라는 것은 누구를 좇는

조조의 아들인 조비(魏文帝)는 공융의 작품을 좋아하며 매우 높이 평가하였다. 그리고 공융을 왕찬(王粲), 진림(陳琳), 서간(徐幹), 완우(阮瑀), 응창(應瑒), 유정(劉楨) 등과 함께 나란히 높였는데, 이들을 '건안칠자(建安七子)'라고 부른다. 이들 가운데서 물론 공융을 제일로 친다. 전 가족이 몰살당하는 형벌을 받았기 때문에 공융의 작품은 대부분 유실되었다. 그러나 그의 됨됨이와 언행은 그 당시는 물론이요 후세에도 깊은 영향을 미쳤다.

307) 『맹자』, 「고자 상」 편에 나오는 말로서 맹자가 강조한 말이다. 공동체의 운용과 존립을 위해서 필요한 덕목이 '의로움'이고 한 사람의 생존을 보장하는 것이

것이 올바른지를 판단하였기 때문에 구오효에게 공을 세우고자 한다는 의미다.

九五, 孚于嘉, 吉.

구오: 가례(嘉禮)에 대해 믿으니, 길하다.

五以陽剛居尊位, 其往隨於上, 非歆於利, 動於欲也, 陰陽翕合以成嘉禮也. 四方隨己, 與之相孚, 相率而隨上, 嘉會成矣, 故吉. 夫人即有剛健之德, 處尊而得輔, 亦奚必傲然自恃, 不屈以明高乎? 隨能嘉焉, 斯吉矣.

구오효가 양의 굳셈으로서 존귀한 위(位)를 차지하고 있으면서도 가서 상육효를 따라가는 것은, 이로움을 향유하기 위해서가 아니라 욕구 때문에 움직이는 것이다. 그래서 음·양이 합해 짝을 맺어 가례(嘉禮)를 이루게 된다. 구사효가 막 자기를 따라오고 있으니 그와 서로 믿고 서로 거느리며 상육효를 따라감으로써 아름다운 모임이 이루어지는 것이다. 그러므로 길하다. 대저 사람에게 곧 굳세고 씩씩한 덕이 있으면 존귀한 지위에 있다 하더라도 보조할 수가 있는 것이다. 그런데 어찌 꼭 오만하게 자기만을 내세우며 전혀 굽히지 않는 태도로써 자신이

'생명'이다. 그런데 사람은 누구나 공동체의 일원으로 살아가야만 개인의 존립도 보장받을 수 있다는 논리에서 맹자와 유가는 '생명'보다 '의로움'을 우선하는 가치로 여겼다. 이는 공자가 제시한 살신성인(殺身成仁)·극기복례(克己復禮)와 같은 논리에서 있는 것이다.

지위가 높다는 것만을 밝히겠는가? 따라감이 가례(嘉禮)를 이룰 수 있다. 이러하기 때문에 길한 것이다.

「象」曰: '孚於嘉吉', 位正中也.

「상전」: '가례에 대해 믿으니, 길하다'는 것은 위(位)가 정중(正中)하기 때문이다.

當位而得中, 則隨人而非屈.

제자리를 차지하고 있으면서도 득중하고 있으니 남을 따라간다고 하더라도 비굴하지 않다.

上六, 拘係之, 乃從維之, 王用亨于西山.

상육: 구속하여 얽어맴이니 이에 좇아가서 밧줄로 칭칭 그와 동여맨다. 왕이 서산에서 큰제사를 지낸다.

周回縈繫而不釋曰 '維', 謂上六爲五所聯繫, 不使離也. 五位至尊, 更處其上者天神; 人陽而神陰, 故爲王者享帝之象. 位至高而幽, 其與人相接, 在有無恍惚之間, 不可必得其歆享. 而陽屈志盡誠以邀其眷顧, 王者正己無求, 無强人相合之道, 唯用此道以事天而已. 『禮』因名山告成於天. '兌'位正西, 而上處高, 故曰'西山'.

칭칭 동여매서 풀리지 않음을 '維(유)'라고 한다. 이는 상육효가 구오효에 의해 연계되어 분리되지 않는다는 말이다. 구오효는 지존의 위(位)니, 그보다 더 높은 곳에 있는 이는 천신(天神)이다. 사람은 양이고 신은 음이다. 그러므로 상육효는 왕이 천제(天帝)에게 제사지내는 상이다. 상육효의 위(位)는 너무나 높아서 그윽한 곳에 있기에, 사람과 교접함에서는 있는 듯 없는 듯한 황홀함 속에 있다. 그래서 제사에서 받친 제수음식을 그가 꼭 흠향하도록 할 수가 없다. 그러나 양인 구오효가 자신의 뜻함을 굽히고 정성을 다하여 돌보아주실 것을 기구하고 있다. 그런데 왕은 오로지 자신을 바로잡고, 자신을 위해서는 딱히 무엇을 추구하지 않으며, 사람들에게 자기와 합치하도록 억지로 강요하지 않는 원리만으로써 하늘을 섬길 따름이다. 『예기』에서는 명산을 찾아가서 하느님께 공을 이룬 것에 대해 고한다고 하였다.[308] 「문왕후천도」에 의하면 태괘☱는 위치가 정서(正西)다. 그런데 이 수괘에서는 이 태괘가 상괘가 되어 있으니, 높은 데 처함을 의미한다. 그래서 '서산'이라 한 것이다.

「象」曰: '拘係之', 上窮也.

「상전」: '구속하여 얽어맴이니'란 윗사람이 궁함을 의미한다.

---

308) 『예기』의 「예기(禮器)」 편에 관련 구절이 나온다.(是故昔先王尙有德, 尊有道, 任有能, 擧賢而置之, 聚衆而誓之. 是故因天事天, 因地事地. 因名山升中于天, 因吉土以饗帝于郊, 升中于天而鳳凰降, 龜龍假, 饗帝於郊而風雨節寒暑時. 是故聖人南面而立而天下大治.)

卦皆有所隨. 上處卦終, 更無所隨, 窮則將託於冥漠, 而不與人相接. 非盡精誠以係屬之, 其能與人相感悅乎? 陽之隨陰, 非道之正, 故唯以王者享帝當之, 與前五爻別爲一義, 亦所謂不可爲典要也.

괘에는 모두 따라옴이 있다. 그런데 이 수괘의 상육효는 괘의 마지막에 처해 있는데 더 이상 따라옴이 없다. 그래서 궁하니 장차 사람의 감각과 지력으로는 알 수 없는 아득함에 맡기고 남들과 서로 교접하지 않을 것이다. 그러므로 정성을 다해 그를 붙들어 매서 자신에게로 돌리지 않으면 그가 다른 사람들과 함께 서로 기쁨을 느끼겠는가? 양이 음을 따라감은 도(道)의 올바름은 아니다. 그러므로 오직 왕이 하느님께 큰제사를 올리는 것만이 이에 해당한다. 이는 이전의 다섯 효들과는 또 다른 의미다. 이 예 역시 '일정불변한 틀을 만들어 다른 것들에도 개괄적으로 적용해서는 안 됨[不可爲典要]'이라 할 것이다.

●●●

蠱卦 巽下艮上

고괘 ䷑

蠱. 元亨. 利涉大川. 先甲三日, 後甲三日.

고괘: 시작함이요, 형통함이다. 큰 하천을 건넘에 이롭다. 일을 벌이기에 앞서 3일이고, 일을 마친 뒤 3일이다.[309]

---

309) 괘사에 나오는 '甲(갑)' 자의 함의에 대해서는 역대 주석가들 사이에서 굉장히 다양한 풀이가 제시되었다. 이를 분류하면 대강 세 가지로 요약할 수 있다. 첫째, '새로운 영(令)을 제작한 날'로 보는 사람들이 있다. 대표적으로 한대의 정현(鄭玄), 송의 위료옹(魏了翁), 위나라의 왕필 등이 이렇게 풀이하고 있다.(王應麟編, 『周易鄭康成注』: 甲者, 造作新令之日./ 王弼, 『周易注』: 甲者, 創制之令, 又若漢世之時甲令乙令也./ 魏了翁, 『周易要義』: 甲者, 創制之令. 既在有為之時, 不可因仍舊令, 今用創制之令, 以治於人.) 둘째, '일의 시작'으로 보는 사람들이 있다. 『자하역전(子夏易傳)』이 그러하다(甲者, 制事之首也. 夫立制者, 必先究前弊之由, 察其中, 要其終. 故先三日以原之, 然後更之.). 정이(程頤)는 수의 시작과 일의 시작을 아울러 함의한다고 본다.(程頤, 『易傳』: 甲, 數之首・事之始也. 如辰之甲乙, 甲第甲令, 皆謂首也, 事之端也.) 주진과 주희는 모두 '일의 시작'으로 본다.(朱震, 『漢上易傳』: 甲者, 事之始; 庚者, 事之終. 始則有終, 終則更始, 往來不窮./ 朱熹, 『周易本義』: 甲日之始, 事之端也. 先甲三日辛也, 後甲三日丁也.) 셋째, '갑(甲)'을 천간(天干)의 첫째로 보아 10일 단위로 순환하는 데서 첫째 날로 보는 사람들이 있다. 원대(元代)의 오징(吳澄)이 대표적이다.(吳澄, 『易纂言』: 通數日以甲者, 以其為十日之始也. 先乎甲之三日者辛也, 由辛而壬癸則十日終. 終則又始於甲. 歷乙丙而至丁則又為後乎甲之三日矣. 終始者天行之循環也.) 특히 날짜의 순환을 「문왕후천도」의 순환에 적용하여 풀이한 사람들이 있다. 한대의 마융, 명대의 래지덕, 청대의 모기령, 혜동이 그러하다. 이들은 고괘(蠱卦)䷑를 이루고 있는 손괘☴(貞卦)와 간괘☶(悔卦)를 「문왕후천도」에 적용하여 분석하였다. 그래서 간괘☶(상괘)가 동북쪽에 있어서 아직 정동(正東)인 갑(甲)을 지나기 전으로 보아 '갑일 전의 3일(先甲三日)'에 해당한다고 하고, 손괘☴(하괘)는 동남쪽에 있기 때문에 정동인 갑을 지난 것으로 보아 '갑일 뒤의 3일(後甲三日)'에 해당한다고 보았다.(李鼎祚, 『周易集解』: 馬融曰, "甲在東方, 艮在東北, 故云'先甲', 巽在東南, 故云'後甲'. 所以十日之中, 唯稱甲者, 甲為十日之首./ 來知德, 『周易集注』: 先甲・後甲者, 本卦艮上巽下, 「文王圓圖」, 艮巽夾震木于東之中, 故曰先甲後甲言./ 毛奇齡, 『仲氏易』: 震, 東方卦, 屬甲木. 甲乙丙丁戊己庚辛壬癸十幹, 以甲為首/ 惠棟, 『周易述』: 先甲三日巽也, 在'乾'之先故曰'先甲'; 後甲三日兌也, 在'乾'之後, 故曰'後甲'.)

'蠱'之爲字, 从蟲从皿. 當伏羲之時, 民用佃漁, 未有粒食, 奉養於人者, 以皿盛蟲而進之. 毛血鱗介昆, 皆蟲也. 故伏羲以此取義, 而謂之蠱. 至後世粒食, 民得所養, 而食蟲或遇毒而壞爛, 故爲毒爲壞, 非伏羲之本旨也. 此卦剛上柔下, 下以柔承上, 爲臣事君・子養父之象. 皿盛鮮食而進之, 下之養上, 柔道也. 陽尊在上, 陰卑在下, 與隨異道; 名分正, 事使順, 陰竭力以事陽, 天下治矣, 故曰 '蠱治也', 言世方治而未亂也. '元亨'者, 上下各得其分, 而下能致養, 於時始亨也. 時方極治, 上下蒙安, 恐將成乎偸窳, 故'利涉大川', 在安思險, 利在有爲, 涉險以建功, 不可恃已治已安而自廢也. '甲'者, 事之始. 當治之先, 必有開治之功, 圖之遲久而後治, 蠱之所以成, 非易也. 既已治矣, 必有保治之事, 深思永計以善其終, 所以利涉川而保其蠱也, 故申言以見愼終如始之道焉.

'蠱(고)'라는 글자는 동물을 의미하는 '蟲(충)' 자와 그릇을 의미하는 '皿(명)' 자의 합성어로 되어 있다. 복희씨 당시에는 백성들이 수렵과 천렵으로 먹고 살고 아직 알곡식을 먹지 않았기 때문에 사람을 봉양할 적에도 그릇에 충(蟲)을 담아서 드렸다. 털과 피가 있는 뭍짐승, 비늘과 갑(甲)이 있는 물짐승, 곤충들이 모두 충(蟲)이다.[310] 그러므로 복희씨께서는 이러한 의미를 취하여 '고(蠱)'라고 한 것이다. 후세에 이르러서는 알곡식을 먹었는데 백성들도 이를 가지고 봉양할 수가 있었다. 그런데 충(蟲)을

이들 세 가지 풀이 사이의 공통점은 '갑(甲)'을 시작으로 본다는 것, 또 순환 고리의 한 전환점으로 본다는 것이다. 왕부지는 '일의 시작'으로 본다. 그래서 여기서는 이에 입각하여 고괘의 괘사를 이렇게 번역하였다.

310) 실제로 고대에는 사람을 포함한 일체의 동물을 '충(蟲)'이라 하였다.(『漢語大詞典』, '蟲' 字: 3. 古指含人在內的一切動物.)

먹다가 어쩌다 독이 있는 것을 만나면 괴란이 오기에 이 '蠱(고)' 자가 '독'이라는 의미와 '괴란'이라는 의미를 지니게 되었지만, 이것이 복희씨가 이 괘에서 의미하고자 한 본뜻은 아니다.

이 괘는 굳셈이 위・부드러움이 아래로 되어 있다. 이는 아래가 부드러움으로써 위를 받들고 있음을 의미한다. 그래서 신하가 임금을 섬김과 자식이 부모를 섬기는 상이다. 그릇에 신선한 음식을 담아서 윗사람에게 올림이다. 그리고 아랫사람이 윗사람을 봉양함은 부드러움(柔)의 원리다. 양은 존귀하여 위에 있고 음은 비천하여 아래에 있으니, 이는 수괘(隨卦)䷐와는 의미가 다르다. 위와 아래의 명분이 올바르고, 아랫사람이 윗사람을 애써 섬기면서 순종하며, 음이 온 힘을 다해 양을 섬김으로써 천하가 안정이 되기 때문이다. 그러므로 "蠱(고)는 다스림이다."라고 하니, 이는 세상이 한창 안정되어 있고 아직 혼란하지 않음을 의미한다. '시작함이요 형통함이다'고 함은 위・아래가 각기 자신의 직분을 얻고 아랫사람이 능히 윗사람을 봉양하니, 시간적으로 시작함과 형통함이 된다. 시대가 바야흐로 극도로 안정되어 위・아래가 모두 평안함을 누리다 보니, 장차 구차하고 게으름에 빠질까 두려워하게 된다. 그러므로 '큰 하천을 건넘에 이롭다'고 하였다. 삶이 평안하지만 험난함에 빠질 수도 있음을 생각하고, 무엇인가를 함에 이로움이 있기 때문에 험난함을 건너가서 공(功)을 세움이다. 이미 안정이 되어 있음과 이미 평안하다는 것만을 턱 믿고 있으면서 스스로 할 일을 모두 폐기해서는 안 된다. '甲(갑)'이란 일의 시작을 의미한다. 무슨 일을 시작하기에 앞서 반드시 준비 작업이 있어야 하며, 천천히 오랜 기간을 두고 도모한 뒤에 본격적으로 착수해야 한다는 것이다. 이 고괘䷑에 담긴 평안과 안정을 이루어내기란 쉽지가 않기 때문이다. 그리고 일을 다 끝마쳤으면 반드시 그 일을 보완하는 작업이 있어야 하며, 깊이 생각하고 오래도록 유지될 수 있는 대비를 해놓고서 일을 잘 마무리해야 한다. 그래서 강을 건넘에 이롭다 하여 고괘에 담긴 평안함과 안정됨을 돕게 하고 있다. 그러므로 괘사에서는 이 말을 부연함으로써 처음에 시작할 때와 같이 마무리도 신중히 해야 한다는 도(道)를 드러내고 있는 것이다.

「彖」曰: '蠱', 剛上而柔下, 巽而止, '蠱'.

「단전」: 고괘는 굳셈은 위에 있고 부드러움은 아래에 있으며, 공손하면서 멈추어 있다. 이것이 고괘다.

'巽'者, 陰順以入, 而體上之志; '止'者, 上下安其位而不相凌越; 養道也, 治象也.

'공손함'이란 음이 순종하며 들어가 윗사람의 뜻을 체현함이다.[311] '멈춤'은 위·아래가 각기 자신들의 위치에 편안해 하며 서로 능멸하거나 넘지 않음이다. 그래서 봉양함의 도(道)를 담고 있고, 다스림의 상(象)을 드러내고 있다.

---

311) 「단전」에서는 고괘(蠱卦)䷑를 취의설에 입각하여 풀이하였는데, 왕부지는 여기서 취상설에 입각하여 풀이하고 있다. 즉 고괘는 간괘☶·손괘☴로 이루어져 있는데, 아래 손괘가 '공손함'을 의미한다는 것에 대해 왕부지는 하나의 음효(--)가 두 개의 양효(⚌) 밑으로 들어가고 있는 상(象)으로 본 것이다.

'蠱'元亨而天下治也.

고괘는 으뜸되고 형통하여 천하가 안정된다.

以卦變言, '泰'上之陰, 來居於初. '泰'者上下交, 爲治道之所自開; 而'蠱'則陰受陽交, 而承陽以致養, 治之成也. 天下治者, 承平之世也.

괘변(卦變)의 관점에서 보면, 고괘는 태괘䷊ 상효의 음(--)이 와서 초효에 자리 잡고 있는 것이다. 그런데 태괘는 위·아래가 교접함이어서 세상을 안정시키는 원리가 저절로 열림을 드러내고 있다. 그리고 고괘는 음이 양과의 교접을 받아들여 양을 받들면서 봉양함이니 안정이 완성됨을 드러내고 있다. 천하가 안정되었다는 것은 서로 받들면서 태평한 세상을 이루고 있다는 의미다.

'利涉大川', 往有事也.

'큰 하천을 건넘에 이롭다'는 것은 가서 할 일이 있다는 의미다.

上下蒙安, 而善承上者, 豈徒以順上爲得哉! 必宣力以效保治之業, 故不曰有功, 而曰'有事'.

위·아래가 모두 평안함을 누리고 있는 데서, 윗사람을 잘 받든다는 것이 어찌 한갓 윗사람에게 순종함만으로 될 수 있는 것이겠는가! 반드시 온 힘을 다해 안정됨을 돕는 사업을 해내야 한다. 그러므로 이 「단전」에서는 '공이 있다'고 하지 않고, '일이 있다'고 한 것이다.

'先甲三日, 後甲三日', 終則有始, 天行也.

'일을 벌이기에 앞서 3일이고, 일을 마친 뒤 3일이다'는 끝마치면 또 시작함이니, 이는 하늘의 운행을 의미한다.

'行', 運行之常道也. 由甲至癸, 十日循環而運不息, 後非永終, 先者更有先焉者, 天運然也. 於治道之已成, 必更爲興起有爲以垂後, 在終若始, 乃合天而保治. 豈徒恃四海之輯柔以奉己, 而遂可晏然哉?

'行(행)'은 항상 그 길을 따라 운행함이다. 갑(甲)에서 계(癸)에 이르기까지 10일에 걸쳐 순환하며 운행을 쉬지 않으니 '뒤(後)'라 하여도 영원히 끝남이 아니다. 그런데 '앞[先]'이라는 것에 다시 앞서는 것이 있음은 하늘의 운행이 그러하기 때문이다. 즉 세상을 안정시키는 도를 이미 완성하고 나서는 반드시 다시 흥기하여 일을 벌여 후세에 드리우게 되니, 끝남에서 마치 시작함과 같다. 이렇게 하여 하늘에 합치하고 안정됨을 돕게 된다. 어찌 한갓 온 세상 사람들이 모두 모여들어 부드러움으로써 자기를 봉양한다는 것만을 턱 믿고 마침내 편안히 손을 놓고 있을 수 있겠는가!

「象」曰: 山下有風, '蠱', 君子以振民育德.

「상전」: 산 아래로 바람이 붊이 고괘니, 군자는 이를 본받아 백성들을 떨쳐 일으키고 덕을 길러낸다.

風在山下, 入於卑下而振動之, 山峙於上, 以止其飄揚而勿使踰越. 君子治民之道, 興起頑懦, 而養其善以止其非, 天下之所以治也. 風以振之, 山以育之, 始而興起, 繼以養成, 教民之序也.

바람이 산 아래로 붊은 낮추어 아래로 들어가 대상들을 떨쳐 움직이게 함이다. 산은 위에 우뚝 솟아있으면서 그 휘날림을 멈추어 뛰어넘지 못하게 한다. 군자가 백성을 다스리는 원리를 보면, 완고하고 나약한 이들을 일어나도록 하고 그 선함을 함양함으로써 그릇됨을 멈추게 한다. 이렇게 하여 천하가 안정을 이루게 된다. 바람은 떨쳐 일어나게 하고 산은 육성하니, 시작하여서 흥기하고 그것을 계속 이어서 양성함인데, 이는 백성을 교화하는 순서다.

初六, 幹父之蠱, 有子, 考无咎, 厲終吉.

초육: 부모 봉양을 일삼음이다. 자식이 있어서 아버지에게 허물이 없다. 위태롭기는 하지만 마침내 길하다.

'蠱'之爲象, 柔以承剛. 「彖」自其已然而言, 則爲君令臣共而朝廷治之象. 周公繹思其理, 以臣之事君・子之事父, 一也, 而臣雖柔順, 當其過亢, 且有匡正革命之道; 唯子之事父, 先意承志, 下氣怡聲, 有隱無犯, 而不傷於柔, 故爻辭取義於父子焉. 文王當紂之世, 順以奉上, 而冀紂之改過以圖治. 周公承文王之後, 道無可加, 而唯繼志述事, 以順承世德. 故各即其體驗於己者, 示君臣父子之道. 聖人之言, 皆先行而後從者也. '幹', 事也. '幹父之蠱', 以養爲事也. 事父之道, 極其柔下, 不待父之慈而始敦其愛. 二・三重剛在上, 威嚴太過, 父不能无咎, 而子能盡其孝養, 使父太剛之過不形, 則蒸乂允若, 而亦藉以免咎矣. 是則父之嚴乃以成乎子之孝, 終底乎大順而吉. 此一家之治象, 爲天下治之本也, 言'考'者, 通存沒言之.

고괘䷑의 괘상을 보면 부드러움이 굳셈을 받드는 것으로 되어 있다. 「단전」에서는 이미 이루어져 있는 이 상을 보고 말하고 있는데, 임금은 명령을 내리고 신하들은 이를 함께 수행하여 조정을 안정되게 꾸려감의 상이다. 효사를 지은 주공은 그 이치를 미루어 생각하고는 신하가 임금을 섬김과 자식이 부모를 섬김이 같다고 여기고 있다. 그런데 신하는 비록 부드러움과 순종함의 덕을 지니고 발휘한다고는 하지만, 임금이 지나치게 자기 자신만을 내세우며 천하를 도탄에 빠뜨리면 또한 이러한 세상을 바로잡기 위해 혁명을 하는 길을 취하기도 한다. 이에 비해 오직 자식이 부모를 섬김에서만은 먼저 부모의 뜻을 알아차려서 받들고, 설사 부모가 잘못이 있다 할지라도 자신의 기(氣)를 누그러뜨린 채 부드러운 목소리로 간하며[312], 부모의 잘못을 숨겨줌은 있어도 부모를 범함은 없다.[313]

---

312) 『예기』에 나오는 말을 근거로 한 것이다. 『예기』에서는 "부모에게 잘못이 있다 할지라도 자신의 기(氣)를 누그러뜨리고 온화한 낯빛을 한 채 부드러운 목소리로 간해야 한다.(『禮記』, 「內則」: 父母有過, 下氣怡色, 柔聲以諫.)"고 말하고 있다.

313) 이는 공자의 관점을 근거로 한 것으로서 '직(直)'의 문제와 관련이 있다. 섭공(葉公)이 공자에게 자기 고을에서 아버지가 양을 훔치자 아들이 이 사실을 알린 것을 예로 들며, 제 고을의 '직(直)'의 풍속을 은근히 공자에게 자랑하였다. 이에 공자는 아버지가 아들의 범죄 사실을 숨겨주고 아들이 아버지의 범죄 사실을 숨겨주는 속에 '직(直)'의 참다움이 있다고 하였다.(『論語』, 「子路」:

이렇게 하여 부모를 섬기는 데서만큼은 조금도 부드러움을 손상함이 없다. 그러므로 효사에서는 부모와 자식 사이에서 의미를 취하고 있다. 문왕은 은나라의 마지막 왕인 주왕(紂王)이 통치하던 세상을 살면서, 순종함으로써 윗사람을 봉양하였고, 주왕이 과오를 고치고 세상을 안정되게 경영할 것을 바랐다. 이에 비해 주공은 문왕의 뒤를 계승하였으니, 도(道)의 측면에서는 더 이상 보탤 수가 없었고 오직 부왕인 문왕의 뜻과 한 일을 계속 이어감으로써 선세(先世)의 덕을 순종하고 받드는 것이었다. 그러므로 이들은 각기 몸소 체험을 한 것들을 바탕으로 군주와 신하・부모와 신하 사이의 도(道)를 제시하였던 것이다. 성인들께서 하시는 말씀은 모두 먼저 행동을 하고 이처럼 나중에 그것을 말로써 좇는 것이다.[314)]

효사의 '幹(간)'은 일삼는다는 의미다. 그래서 '幹父之蠱(간부지고)'는 부모의 봉양을 일삼는다는 의미가 된다. 부모를 섬기는 도는 그 부드러움

葉公語孔子曰, "吾黨有直躬者, 其父攘羊, 而子證之." 孔子曰, "吾黨之直者異於是, 父爲子隱, 子爲父隱. 直在其中矣.")

314) 여기에는 왕부지의 '사성동규(四聖同揆)'론이 전제되어 있다. 그는 오늘날 전하는 『주역』이 네 성인의 손을 거쳐서 이루어졌는데, 이 네 사람이 동일한 원리에 입각하여 각기 자신의 할 일을 하였고 그것이 『주역』이라는 한 권의 책 속에 합쳐져 있다고 본다. 이것이 '사성동규'론이다. 이 견해는 서한(西漢)의 춘추공양학파의 맥을 잇는 것이기도 하다. 이들 각자가 한 일이란, 복희씨는 팔괘를 그렸고, 문왕은 이를 불려 육십사괘로 연역하고는 괘사를 붙였으며, 주공은 384효사를 썼고, 공자는 이에 대한 풀이로서 7종 10편의 십익(十翼)을 지었다는 것이다. 그래서 지금 이 고괘(蠱卦)를 풀이하는 데서도 왕부지는, 괘사에는 문왕의 철학이 반영되어 있고 효사에는 주공의 철학이 반영되어 있는데, 이들이 각기 처했던 세상이 달랐던 만큼 각기 주안점이 다르지만 궁극적인 원리와 이치는 동일하다고 본다.

과 낮춤을 지극하게 하는 것이지, 결코 부모가 자애롭기를 기다려 비로소 그 사랑을 돈독히 하는 것이 아니다. 이 고괘에서는 구이・구삼효의 중첩된 굳셈들이 위에 있으니 위엄이 너무나 지나치다. 그래서 이들의 상징인 부모로서 허물이 없을 수가 없다. 그러나 자식이 그 효도와 봉양을 다하여 이들 부모의 너무나 지나친 굳셈에서 오는 과오를 드러나지 않게 할 수 있다. 그래서 더욱 효성을 두텁게 하여 잘못을 범하지 않게 하고[315] 자신이 하는 일을 인정하고 따르게 한다.[316] 그 결과 또한 이러함에 의하여 부모도 허물을 면하게 된다. 이렇게 하면 부모의 엄함이 자식의 효성을 이루고 마침내 크게 순종함에 이르며 길하다. 이는 한 가정이 화목을 이루는 상이며, 천하에 안정을 이루는 근본이다. 이 효사에서 말하는 '考(고)'는 살아계시든, 돌아가셨든, 부모를 통틀어서 지칭한 것이다.

---

315) 원문의 '蒸乂(증예)'라는 말을 이렇게 번역하여 보았다. 이는 『서경』, 「우서(虞書), 요전(堯典)」 편에 나오는 말인데, 순임금이 완고한 아버지와 어리석은 어머니 및 오만한 동생과 살아가면서 이러한 덕을 발휘하여 그들로 하여금 잘못을 범하지 않게 하였다고 하고 있다.(瞽子, 父頑, 母嚚, 象傲, 克諧以孝, 烝烝乂, 不格姦.)

316) 원문의 '允若(윤약)'이라는 말을 이렇게 번역하였다. 역시 『서경』의 「우서(虞書), 「대우모(大禹謨)」에 나오는 말이다. 순임금이, 나쁜 짓을 많이 하며 자신에게도 난폭하게 구는 그의 아버지 고수(瞽瞍)의 잘못을 자신의 잘못으로 하고 공경스럽게 대하며 늘 조심조심하며 모셨더니 결국에는 고수도 아들인 순임금이 하는 것을 인정하고 따랐다는 의미다.(負罪引慝, 祗載見瞽瞍, 夔夔齋慄, 瞽亦允若. 至誠感神, 矧兹有苗.)

「象」曰: '幹父之蠱', 意承考也.

「상전」: '아버지 봉양을 일삼음이다'란 뜻으로 아버지를 받듦이다.

其屈承父志而柔以致養, 發於意之誠, 故雖嚴而愈謹.

아버지의 지향(志向)을 굽히고 받들면서 부드럽게 봉양함은 자식으로서 그 뜻이 정성스러운 데서 발현한다. 그러므로 비록 부모가 엄하다 하더라도 자식은 더욱 삼가는 것이다.

九二, 幹母之蠱, 不可貞.

구이: 어머니 봉양을 일삼음이니, 올곧을 수가 없다.

內卦以一陰承二陽於上, 有父母同養之象焉. 二陰位在中, 爲母; 三陽位在上, 爲父. 於此二爻不言本爻之德, 而言初六所以事之者, 蓋'蠱'本以陰承養乎陽爲義, 而所承之陽, 其得失可勿論已. 『易』之以本爻所值之時位發他爻之旨, 若此類者衆矣, 在讀者善通之. 子之承事父母, 柔順卑下, 唯命是從, '蠱'之正也. 但二以剛居柔, 母德不能安靜, 以順三從之義, 一一順而下之, 則且有如漢之竇后, 專制內外, 而權移於外戚; 甚則人彘之禍, 傷心含疚而不可如何. 故'幹母之蠱'者, 有權存乎其間, 因其剛而調之, 期不失於敬愛而止; 必以柔承之而無所裁, 則害延於家國, 故曰, '不可貞'.

고괘의 내괘인 손괘☴는 하나의 음이 위로 두 양을 받들고 있어서, 부모를 함께 봉양함의 상이 있다. 이 가운데 구이효는 음의 위(位)를 차지하고서 가운데 있으니 어머니가 되고, 구삼효는 양의 위(位)를 차지하고서 위에 있으니 아버지가 된다. 그런데 효사에서 이들 두 효에 대해 이들의 본래 덕을 말하지 않고 초육효가 일삼고 있는 것을 가지고 말한 까닭은, 고괘가 본래 '음이 양을 받들고 봉양함'을 의미로 지니고 있고 받듦을 받는 두 양에 대해서는 그 득실을 논하지 않아도 되기 때문으로 보인다. 『주역』에서 본효(本爻)가 만나고 있는 시(時)·위(位)를 가지고 다른 효의 뜻을 드러내는 것은 이와 같은 부류인데, 대단히 많다. 『주역』을 읽는 이는 이 점을 잘 파악해야 한다.

아들이 부모를 받들어 모시되, 부드럽고 순종하며 자신을 낮추고서 오로지 명(命)만 내리면 좇는 것이 고괘의 올바른 의미다. 그런데 지금 고괘의 구이효는 굳셈으로서 부드러움의 위(位)를 차지하고 있으니, 어머니의 덕으로서 고요하게 안정된 채 삼종(三從[317])의 의로움을 따를 수가 없다. 이러한 상태에서 자식이 일일이 순종하며 자신을 낮추다 보면 한나라의 두태후(竇太后)처럼 안팎으로 전제(專制)를 행하면서 권력을 외척에게 이양하게 된다.[318] 더욱 심하게 되면 '인체(人彘)'의

317) 여자가 평생에 걸쳐 세 남자를 좇는다는 말이다. 먼저 자랄 적에는 아버지를 좇고, 혼인하여서는 남편을 좇으며, 남편이 죽고 아들이 장성하면 아들을 좇는다는 것이 그것이다. 이는 남존여비(男尊女卑)와 여필종부(女必從夫)의 관념이 정형화한 것이다.

318) 두태후(B.C.3세기~B.C.135)는 한나라의 제3대 황제인 문제(文帝)의 황후였고, 경제(景帝)의 어머니였으며, 무제(武帝)의 할머니였다. 그래서 이들 3대에 걸쳐 막강한 권력을 행사하였다. 두태후 자신이 황로 사상을 깊이 신봉하였기

때문에 이 기간 동안 한나라의 통치 이념은 황로 사상이었다. 황로 사상은 황제(黃帝)와 노자(老子)의 사상을 결합한 것으로서 원래는 전국시대(戰國時代)에 제(齊)나라 직하(稷下) 학자들에 의해 연구되던 사상이다. 노자의 가르침을 따르기 때문에 통치방식으로는 '무위(無爲)'에 의한 통치를 채택하였다. 이는 국가나 위정자가 어떤 이념이나 목표를 제시하고 백성들을 그곳으로 몰아가는 것이 아니라 백성들의 자생자화(自生自化)에 내맡겨 두는 방식이다. 이는 직전의 진(秦)나라에서 법가 사상을 통치이념으로 하여 백성들에게 숨 돌릴 틈조차 주지 않고 몰아간 나머지 백성들을 극도로 피폐하게 하였던 것에 대한 일종의 치유책이 되었다. 이 황로 사상에 의해 정치에서는 관대함이 드러나고 백성들을 환대하는 결과를 가져와 민생의 안정을 기할 수 있었다. 그래서 이를 역사에서는 '문경지치(文景之治)'라고 부른다. 다만 이것이 필연적으로 국력의 쇠약을 가져와 흉노족의 침범에 속수무책으로 당하게 되자 두태후의 손자요 한나라의 제5대 황제인 무제(武帝) 때에 이르러서는 유가(儒家)로 통치 이념을 바꾸게 되었다. 그리고 동중서(董仲舒)가 이론 제공자가 되어 막강한 제국을 이룰 수가 있었다.

한편 두태후는 빈천한 집안의 태생으로서 궁녀로 팔려가 황후와 태후, 태황태후에 이른 인물이었기 때문에 자신의 친정 피붙이들에 대한 애착이 남달리 심했다. 가난한 집안 형편 때문에 형제자매가 나이 어렸을 적에 뿔뿔이 흩어져 극도로 고생을 하였던 것에 대한 일종의 보상심리일 수도 있다. 특히 오빠 두장군(竇長君)·동생 두광국(竇廣國)과는 황후가 된 뒤에 재상봉하게 되어 애정이 더욱 두터웠다. 그래서 이들에게 수도인 장안(長安)에 거처를 마련해주고 황후의 외척에 걸맞은 대우를 해주었다. 그리고 이들의 요청으로 덕행이 뛰어난 학자를 초빙하여 교육을 받게 하였다. 그래서 나중에 이들은 겸양과 예를 아는 군자가 되었다. 이들은 결코 자신들의 귀한 신분을 내세우며 남들을 못살게 구는 일 따위는 저지르지 않았다고 한다. 따라서 두태후가 비록 외척들에게 권력을 이양했다고는 하지만, 역사에서 자주 보는 여느 외척 세도 정치처럼 그것이 부정과 부패로 흐르지 않았고, 오히려 두태후 자신이 전제 권력을 행하며 '문경지치'를 이루는 데서 이들을 잘 활용하였다고 하는 것이 진실에 가깝다. 두태후의 이러한 권력 행사에는 세 황제, 특히 아들인 경제(景帝)의 화란[319]을 초래하게 되니, 여인의 마음의 상처가 가슴 속에 오랜 병으로 남아 있다 보면, 도대체가 어찌해볼 수가 없게 되는 것이다. 그러므로 '어머니의 봉양을 일삼는' 이는, 권력을 자기 손아귀에 쥐고서 자신의 굳셈을 주체적으로 발휘하여 조절함으로써, 공경과 사랑 때문에 자신을 잃어버리지 않고 적당한 선에서 멈추도록 해야 한다. 그렇지 않고 반드시 부드러움의 덕으로써 받들어 모셔야 한다며 전혀 제재함이 없다 보면, 가정과 국가에까지 해를 끼치게 된다. 그러므로 '올곧을 수가 없다'고 한 것이다.

「象」曰: '幹母之蠱', 得中道也.

「상전」: '어머니 봉양을 일삼음'은 중용의 도를 얻었기 때문이다.

봉양이 뒷받침하고 있다는 것이 왕부지의 이 고괘 구이효사 풀이 속에 담겨 있다.

319) 인체(人彘)는 한고조 유방이 죽고 난 뒤 여태후(呂太后)가 자신의 연적이었던 척부인(戚夫人)에게 잔인하게 가했던 보복의 참상이다. 척부인의 팔다리를 잘라버리고, 눈은 뽑아버리고, 귀에는 구리를 녹인 쇳물을 부어넣어 귀머거리로 만들고, 입에는 벙어리가 되는 약을 먹이고 성대를 잘라버려 벙어리를 만든 채 뒷간에 던져 놓았다. 마치 언뜻 보면 돼지고기처럼 보여 '인체(人彘)'라고 부르는 것이다. 여태후의 이러한 잔인한 권력 행사를 뒷받침해 준 것은 역시 아들인 혜제(惠帝)의 어머니 봉양이라는 것이 왕부지의 이 효사 풀이 속에 담겨 있다.

承其居中之正, 而不順其過剛之爲, 斯得之.

구이효의 중위(中位)를 차지하고 있는 올바름은 받들지만, 그것의 지나치게 굳센 행위에는 순종하지 않는다. 이렇게 해야 중용의 도를 얻는 것이다.

九三, 幹父之蠱, 小有悔, 无大咎.

구삼: 아버지 봉양을 일삼음이다. 작게는 후회함이 있지만 큰 허물은 없으리라.

九三以剛居剛, 父之過於嚴而不中者. 起敬起孝, 雖逢其惡怒而 '小有悔', 然終不失順承之道, 故无大咎.

구삼효는 굳셈으로 굳셈의 자리를 차지하고 있으니 아버지가 지나치게 엄격하여 중용을 이루지 못함을 상징한다. 그런데 공경함을 일으키고 효성을 일으키니, 비록 그 사납게 노여워함을 만나 '작게는 후회함이 있지만', 끝내는 순종하며 받들어 모심의 도를 잃어버리지 않는다. 그러므로 큰 허물은 없는 것이다.

「象」曰: '幹父之蠱', 終无咎也.

「상전」: '아버지 봉양을 일삼음'이니 끝내는 허물이 없다.

道盡, 則心可以安矣.

봉양의 도를 다했다면 마음이 편안할 수가 있는 것이다.

六四, 裕父之蠱, 往見吝.

육사: 부모 봉양을 차고 넘치게 함이니, 가서는 아쉬움을 보이게 될 것이다.

'裕', 有餘之謂. 子之事父, 柔順卑遜, 極所以養之, 豈患有餘哉! 然孝子盡道以事其親, 無違於禮, 則無違於親矣. 而或違道悖禮, 以非所得者苟從親志之私, 則將得罪於鄕黨州閭, 貽譏於天下後世, 於心豈能無歉乎! 外卦以二陰奉一陽, 而四以陰居陰, 柔過而不知所裁, 故其象如此.

'裕(유)'는 차고 넘침을 말한다. 자식이 아버지를 섬김에서는 부드럽게 순종하며 자신을 낮추고 공손히 함으로써 봉양함을 극진히 해야 하는 것이거늘, 어찌 자신의 봉양함에 차고 넘침이 있음을 근심하리오! 효자가 도(道)를 다해 그 부친을 섬기되, 예에 어긋남이 없으면 부친에게도 어긋남이 없는 것이다. 그런데 어쩌다 도에 어긋나고 예를 어기면서까지 자기가 얻어서는 안 될 것으로써 구차하게 부친이 지향하는 사사로움을 좇는다면, 장차 고을의 지역 사회에 죄를 짓게 되고 천하 후세에 비방거리를 주게 될 것이다. 그렇다면 어찌 마음에 찝찝함이 없을쏘냐! 이 고괘䷑의 외괘(悔卦)인 간괘☶는 두 개의 음효가 하나의 양효를 봉양하는데, 육사효는 음으로서 음의 자리를 차지하고 있다. 그래서 부드러움이 지나치면서도 제재해야 할 줄을 모른다. 그러므로 그 상이 이와 같은 것이다.

「象」曰: '裕父之蠱', 往未得也.

「상전」: '부모 봉양을 차고 넘치게 함이니' 가더라도 얻지 못한다.

往而以貽不善於天下, 其不獲乎人心者多矣. 不言凶悔者, 其志順親, 天下必且有諒之者.

가서 천하에 좋지 않음을 끼치니 사람들의 마음을 얻지 못함이 숱할 것이다. 그런데도 이 효에서 '흉하다'거나 '후회한다' 등의 말을 하지 않은 까닭은, 그가 자식으로서 어버이에게 순종함을 지향(志向)하는 것이니, 세상 사람들 가운데 또한 틀림없이 이를 양해하는 이들이 있을 것이기 때문이다.

六五, 幹父之蠱, 用譽.

육오: 부모 봉양을 영예로움으로써 한다.

六五柔順得中, 盡道以事其親者. '用譽', 所謂'人不間於其父母昆弟之言'也. 夫子之事親, 豈以要譽哉! 然率其情以行, 而不問人情之然否, 則自謂無過, 而所抱疚於天人者多矣. 故至於譽, 而人子之心可以差安.

이 육오효는 부드럽고 순종하며 득중하고 있다. 그리고 도(道)를 다해 그 어버이를 섬기는 이다. '영예로움으로써 한다'는 말은, 이른바 "그 부모와 형제들이 그가 효자라고 하는 말에 대해 다른 사람들이 끼어들어 아니라고 하지 못한다."[320]는 말이다. 대저 자식이 어버이를 섬기는 것이 어찌 영예를 바라서겠는가! 그러나 이를 행함에서 제 속마음을 다해 행할 뿐 다른 사람들의 일반적인 정서 따위는 전혀 고려하지 않는다면, 스스로는 허물이 없다고 할지라도 하늘과 사람들에게 좋지 않은 인상과 상처를 줌이 많을 것이다. 그러므로 남들로부터 영예로움을 받기에 이르러야 비로소 사람의 자식된 마음이 어느 정도 편안해질 수 있다.

---

320) 『논어』, 「선진」 편에 나오는 말로서 공자가 민자건(閔子騫)의 효성스러움을 칭찬하는 구절이다. 전체 다를 인용하면 "효자로다, 민자건이여! 그 부모와 형제들이 그가 효자라고 하는 말에 대해 다른 사람들이 끼어들어 아니라고 하지 못한다.(孝哉閔子騫! 人不間於其父母昆弟之言)"로 되어 있다. 민자건의 본명은 '손(損)'이다. 공자의 제자 가운데 효자의 상징으로 알려져 있는 증자(曾子) 이외의 또한 사람의 걸출한 효자다. 그는 어려서 어머니를 여의었는데, 그의 아버지가 어린 그를 부양할 사람을 구해주자는 의도에서 계모를 맞아들였다. 그리고 그 계모에게서 또 두 아들을 보았다. 그런데 여느 계모처럼 그 계모도 자신의 소생들만을 위하고 전실 소생인 민자건은 박대하였다. 어느 겨울날 그의 계모는 친생 두 아들에게 솜을 넣은 방한 옷을 해주면서도 민자건에게는 갈대를 넣은 방한 옷을 해주었다. 이것이 그의 아버지에게 탄로가 나자 화가 난 그의 아버지는 계모를 내쫓으려 하였다. 아이를 돌보라고 맞이한 사람이 오히려 그 아이를 박대한다면 더 이상 존재의 의의가 없을 터이기 때문이다. 이에 민자건은 무릎을 꿇고 울면서 애원하기를, "저 어머니를 우리 집에 그대로 두면 나 혼자만 겨울에 추우면 되지만, 내쫓으면 세 아이가 겨울에 추위에 떨어야 합니다!"라고 하였다고 한다. 그리하여 그의 아버지를 감동시키고 그의 어머니를 감동시켜 이후로는 행복한 가정을 꾸리고 살았다고 한다. 이렇듯 민자건의 효성에 대해서는 그의 부모와 형제들이 모두 마음과 진실을 통해서 알고 있기 때문에, 그들이 그가 효자라고 하는 말에 대해 다른 사람들이 끼어들어 아니라고 해보았자 소용이 없다는 것이 이 말의 함의다.

「象」曰: 幹父用譽, 承以德也.

「상전」: 영예로움으로써 부모를 섬긴다는 것은 덕으로써 받든다는 의미다.

心之所安·理之所得謂之'德'. 德者, 人心之同得, 何譽之不至哉!

마음이 편안하고 이치에 맞는 것을 '덕'이라 한다. 덕이란 사람들 마음에서 똑같이 인정받는 것이니, 어찌 영예로움이 이르지 않으리오!

上九, 不事王侯, 高尙其事.

상구: 왕이나 제후를 섬기지 않고 그 일을 높이고 숭상한다.

爻皆言子之事父, 而上九之義別者, 處高閒之地, 爲時已過, 而安受得中之養, 所固然者. 無得失, 故無吉凶, 不待占也, 故別取象於逸民無所承事而高亢自養之道焉. 與'隨'上言事天, 同一變例也. 四爲侯, 五爲王, 非不屈志以相下, 而時當承平之代, 無功可建, 上下蒙安, 無能爲'後甲'之圖, 則樂道以亢志可矣.

고괘䷑의 다른 효들에서는 모두 자식이 부모를 섬김에 대해 말하고 있으나, 이 상구효의 의미는 그것들과 다르다. 그 까닭은, 이 상구효가 높이 한가로운 곳에 처해 있고 시간적으로 부모에게 효도를 행할 시기를 이미 지났기 때문이다. 그래서 득중한 이의 봉양을 편안하게 받음은 이 상구효의 고연함이다. 그리고 이 상구효는 득·실이 없기 때문에 길·흉도 없고 점에 의거함도 없다. 그러므로 이 효는 덕을 지니고서도 은둔하고 있는 사람들이 무엇을 떠받들거나 하는 일이 없이 지내는 것에서 별도로 상을 취하고 있다. 그래서 높이 자존심을 유지한 채 남에게 수그리지 않으면서 스스로를 봉양하고 있는 도(道)를 드러내고 있다. 이는 수괘(隨卦)䷐의 상육효에서 하늘을 섬김에 대해 말하고 있는 것과 마찬가지로 변이(變異)의 예다. 육사효는 제후이고 육오효는 왕이니, 이 상구효로서는 뜻함을 굽혀 아랫것들을 돕지 않을 일도 아니다. 그러나 지금 평화롭고 안정된 시대를 만나 세울 수 있는 공(功)도 없고 윗사람이든 아랫사람이든 평안함을 누리고 있다. 그리고 '일을 마친 뒤(後甲)'의 도모함을 꾀할 수도 없다. 그래서 이 상구효로서는 그저 자신의 도를 즐기고 남에게 수그리지 않으면서 뜻함을 유지한다 하더라도 된다.

「象」曰: '不事王侯', 志可則也.

「상전」: '왕후를 섬기지 않음'은 그 뜻함이 법칙이 될 수 있기 때문이다.

爻言'事', 而「象傳」言'志'; 既高尙矣, 無事之可見, 志即其事也. 天下宴安, 上下各循其分, 所慮者, 人忘厝火積薪之憂而競於仕進, 逸民不樂在朝廷而輕爵祿, 所以風示天下, 使知富貴利達之外, 有廉恥爲重, 則冒昧偸安之情知所懲, 而以正人心, 止僭濫者, 其功大矣.

이 효의 효사에서는 '섬김[事]'이라 했는데도 이 「상전」에서는 '뜻함[志]'이라고 한 까닭은, 이 상구효의 차지하고 있는 위(位)가 이미 고상할 뿐만 아니라 특별히 무엇을 일삼음이 없어도 됨이 드러나 있기 때문이다.

그래서 뜻함 자체가 곧 그 일삼음이 되어 있다. 지금 천하가 평화롭고 안정되어 있어서 윗사람이나 아랫사람이 각기 그 분수를 잘 따르고 있다. 그래서 염려할 것이란, 사람들이 잔뜩 쌓인 땔나무에 불을 지르는 것일 수도 있다는 우려를 망각한 채 벼슬길에 나아감을 다투는 것이고, 덕을 지닌 채 은둔하고 있는 이들이 조정에서 일하는 것에 대해 즐겁게 여기지 않으며 작록(爵祿)을 가벼이 여기는 것이다. 그래서 천하에 널리 알려 부귀와 영달 이외에도 청렴함과 부끄러움을 앎이 중요하다는 것을 알게 해야 한다. 그리하면 무지한 채 망령된 짓을 한다거나 구차하게 눈앞의 이익만을 도모하는 정서와 지혜가 징치되어, 사람의 마음을 바로잡고 분수에 넘치는 짓을 멈추게 한다. 그러므로 그 공(功)이 크다.

臨卦兌下坤上

임괘䷒

臨, 元亨利貞, 至于八月有凶.

임괘: 으뜸되고 형통하며 이롭고 올곧다. 8월에 이르러서는 흉함이 있다.

'臨', 時已至而治之也. 爲卦, 二陽生出於地位, 以興起人事, 將有事焉, 以治陰之過, 陽進而臨陰也. '元亨利貞', 備'乾'之四德者, 陽長而得中, '乾'道方興, 雖未訖其用, 具其體矣.

임괘는 때가 이미 이르러서 안정된 사회가 유지되고 있음을 의미한다. 임괘의 모양을 보면, 두 양효가 땅의 위(位)에 생겨난 상을 이루고 있다. 그리하여 임괘는 사람의 일을 흥하게 함으로써 장차 여기에 할 일이 있을 것이고, 음들의 지나침을 다스리기 위해서 양이 나아가 음들에게 군림함을 드러내고 있다. '으뜸되고 형통하며 이롭고 올곧다'는 건괘의 4덕을 다 갖춘 것이다. 양이 자라나서 득중하고 있으니, 건괘☰의 도가 이제 막 흥하는데 비록 아직 작용함에까지는 이르지 않았다 할지라도 그 체(體)는 이미 갖추어져 있다.

'八月', 舊說以爲自'復'數之, 至'遯'爲建未之月; 或謂自'泰'數之, 至'觀'爲建酉之月; 其說皆本於京房卦氣. 蓋自'戰國', 經學亂而術數興, 漢儒承之, 以一定之小數窺測天道, 爲之限制, 而不審於'周流六虛, 不可爲典要'之變化, 執十二卦以象十二月, 外此者無所配合, 則房又爲一卦六日之說以文飾之, 乃尙餘四卦, 則置之無用之地; 其爲道也, 致遠而泥者也. 且如以'否'値建申之月, '否', 天地不交者也, 天氣上行, 地氣下降, 閉塞而成冬, 十月之氣也. 七月, 陽方函陰以成熟萬物, 豈其不交而否塞乎? 董仲舒謂冬至前一日無陽, 夏至前一日無陰. 陰陽孤絶, 天地且不能自立, 日月且不能運行, 人物且不能呼吸, 而何有此一日哉! 六陰六陽, 絪縕於兩間, 而太和流行, 故'乾'曰 '不息', '坤'曰 '時行', 非有間斷也. 執『易』以配律曆, 執律曆以限象占, 此亦近世「火珠林」之類. 小術破道, 以亂'惠迪吉, 從逆凶'之理, 非文·周·孔子之所有也. '臨'中無'遯'象, 亦無'觀'象. 若謂理勢之必然, 則無卦不有錯綜之消長. '乾'之初亦可戒以堅冰, '坤'之初亦可許以潛龍, 何獨於剛初長之時, 豫憂'觀'

・'遯'於隔歲建丑之月, 謂明歲秋期之迫哉? 卦中無象, 逆億而爲之慮, 人可不待筮而一於憂疑, 何用『易』乎? 且旣疑於'遯', 以謂文王之用周正; 又疑於'觀', 以爲夏正. 文王演『易』之時, 方服事殷, 殷歷未改, 八月乃建申之月, 豈至德如文王, 以亂一王之正朔耶? 「象傳」言 '消不久也', 使'臨'爲建丑之月, 待'遯'與'觀', 而消則久矣. 然則所謂'八月'者, 合夏・商之正朔而言, 皆秋也. 「說卦」之位, '兌'在正西, 而於時爲秋. '臨'卦, 二陽之上一陰爲'兌'; 六三, '兌'之主也. '臨'以剛長治陰爲道, 至於六三, 變其所守, 陰柔外比, 以悅相靡, 故爻言'甘臨无攸利', 方幸陽之升, 而又以'兌'終, 所爲凶也. 「傳」言 '消不久', 謂陽之消陰未久, 而又悅從乎陰也. 言'有凶'者, 抑不必其凶, 六三所謂'既憂之无咎'也.

'8월'을 이전의 설에서는 복괘(復卦)䷗로부터 헤아려 둔괘(遯卦)䷠에 이르러 건미(建未)[321]의 달이 되는 것으로 보았다. 또는 태괘(泰卦)䷊로부

321) '建(건)'은 고대 동아시아의 천문학에서 북두칠성의 자루(斗柄)를 가리키는 말이었다. 북두칠성은 북극성을 중심으로 도는데 1년 동안 이 자루가 돌아가면서 차례대로 12신(辰)을 가리킨다. 이를 12월건(月建)이라 칭하는 것이다. 지금 우리가 사용하는 하나라 율력[夏曆]에서 음력의 달[月分]은 이를 바탕으로 결정되었다. 예컨대 11월은 건자(建子), 12월은 건축(建丑), 정월은 건인(建寅), 2월은 건묘(建卯), 3월은 건진(建辰), 4월은 건사(建巳), 5월은 건오(建午)월, 6월은 건미(建未), 7월은 건신(建申), 8월은 건유(建酉), 9월은 건술(建戌), 10월은 건해(建亥)라 칭하였다. 이는 12벽괘설과도 밀접한 관련이 있다. 그런데 주나라의 율력을 사용하면 정월이 지금보다 두 달 더 뒤로 가서 건자월(11월)이 되니, 거기에서 8번째 되는 달은 건유월이 아니라 건미월이 된다. 즉 하력(夏曆)의 6월에 해당한다. 그래서 괘는 둔괘(遯卦)䷠가 된다. 참고로 말하면, 하(夏)나라는 정월을 건인월로 잡았고, 은(殷)나라는 건축월로 잡았고, 주(周)나라는 건자월로 잡았다.

터 헤아려 관괘(觀卦)䷓에 이르러 건유(建酉)의 달에 이르는 것으로 보았다.[322] 이 설들은 모두 경방(京房)의 괘기설에 근본을 두고 있다. 전국시대(戰國時代)부터 경학이 이지러워지면서 술수가 흥하였는데, 한유(漢儒)들은 이를 계승하여 어느 정도의 쪼그만 술수로써 천도(天道)를 살짝 넘겨다보고는 그것이 세상을 설명하는 모든 것인 양 그것에 국한하였다. 그러나 이들은 '비어 있는 여섯 위(位)에 두루 유행하기에[周流六虛] 일정불변한 틀을 만들어 모든 괘들에 일률적으로 적용해서는 안 된다[不可爲]典要]'[323]는 『주역』의 원리를 살피지 못했다. 그래서

---

322) 이를 이해하기 위해서는 12벽괘(辟卦)에 대해 이해할 필요가 있다. 이 12벽괘는 복괘(復卦)䷗ㆍ임괘(臨卦)䷒ㆍ태괘(泰卦)䷊ㆍ대장괘(大壯卦)䷡ㆍ쾌괘(夬卦)䷪ㆍ건괘(乾卦)䷀ㆍ구괘(姤卦)䷫ㆍ둔괘(遯卦)䷠ㆍ비괘(否卦)䷋ㆍ관괘(觀卦)䷓ㆍ박괘(剝卦)䷖ㆍ곤괘(坤卦)䷁ 등의 12괘로 1년 12개월에 맞추어 그 월후(月候)를 표시하는 것이다. 그래서 '월괘(月卦)'라고도 하고, '후괘(候卦)'라고도 한다. 그리고 천지만물의 찼다(盈)ㆍ비웠다(虛), 또는 사라졌다(消)ㆍ자라났다(長) 함을 나타낸다는 의미에서 '소식괘(消息卦)'라고도 한다. 말하자면 복괘(復卦)䷗로부터 건괘(乾卦)䷀까지는 양(陽)이 소생하여 자라남[息]에 반비례하여 음(陰)이 꺼져감[消]을 표시한 것이고, 구괘(姤卦)䷫로부터 곤괘(坤卦)䷁까지는 양이 꺼져 감[消]에 반비례하여 음이 소생하여 자라남(息)을 표시하고 있다. 그러므로 이 순환의 과정은 '점(漸)'의 원리를 따른다고 할 수 있다. 그리고 '벽(辟)'이라는 말은 '임금'이나 '군주'를 의미한다. 즉 이 12괘가 각기 12개월을 맡아서 다스린다는 것이다. 그러나 궁극적으로는 건괘䷀ㆍ곤괘䷁ 두 괘의 각 효가 꺼졌다 살아났다 하는 것으로 본다. 그래서 이들을 12개월에 적용하서는 복괘䷗는 11(子)월, 임괘䷒는 12(丑)월, 태괘䷊는 정(寅)월, 대장괘䷡는 2(卯)월, 쾌괘䷪는 3(辰)월, 건괘䷀는 4(巳)월, 구괘䷫는 5(午)월, 둔괘䷠는 6(未)월, 비괘䷋는 7(申)월, 관괘䷓는 8(酉)월, 박괘䷖는 9(戌)월, 곤괘䷁는 10(亥)월을 각각 주재하는 것으로 본다.

323) 「계사하전」 제8장에 나오는 말이다.

12괘를 가지고 12개월을 상징하고는 이 외의 괘들은 배합하지 않았다. 경방은 또 '한 괘가 6일에 해당한다'는 설을 가지고 자신의 괘기설을 더욱 돋보이게 꾸몄지만, 나머지 4괘는 쓸모없는 것으로 버려두었으니[324], 이는 멀리까지 가고자 하면서도 바로 앞의 진흙탕에 빠져 허우적대는 꼴이다.

또 경방의 괘기설에서는 비괘(否卦)䷋를 건신(建申)의 달(7월)에 배당하고 있는데 이 또한 매우 잘못되었다. 비괘는 하늘과 땅이 교접하지 않음을 드러내고 있는 괘다. 즉 하늘의 기(氣)는 위로 올라가고 땅의 기(氣)는 아래로 내려가 폐색된 채 겨울을 이룸을 상징하니, 이는 10월의 기(氣)를 드러내고 있다고 할 것이다. 이에 비해 7월은 양이 막 음을 함유하고서 만물을 성취하고 익히는 달이니, 어찌 이를 하늘과 땅의 기(氣)가 교접하지 않고 비색함이라 할 것인가! 동중서(董仲舒)[325]는

---

324) 경방의 괘기설은 「문왕후천도」에서 각기 동・서・남・북의 4정방(正方)에 해당하는 진괘(震卦)☳・이괘(離卦)☲・태괘(兌卦)☱・감괘(坎卦)☵ 등의 4정괘(正卦)가 4계절을 주관하는 것으로 본다. 아울러 이들 4괘의 여섯 효들(전체는 4X6=24개)이 24절기 중의 각기 한 절기를 주재하는 것으로 본다. 특히 감괘☵의 초육효는 동지를 주재하고, 진괘☳의 초구효는 춘분을 주재하고, 이괘☲의 초구효는 하지를 주재하고, 태괘☱의 초구효는 추분을 주재하는 것으로 본다. 이들 4괘를 제외한 나머지 60괘들은 낱낱 괘들이 각기 6일 7분(分)을 주재하는 것으로 본다. 왕부지가 여기서 "나머지 4괘는 쓸모없는 것으로 버려두었으니"라고 한 것은 바로 이를 가리킨다. 1년의 365일$\frac{1}{4}$을 이들 60괘에 배당하면 각기 6일 7분(分)을 얻는다. 그리고 이 60괘를 1년 12개월에 분배하면 매월에 해당하는 것은 각기 다섯 괘다.

325) 동중서(B.C.179~B.C.104)는 서한의 사상가, 철학자, 정치가, 교육자다. 광천군(廣川郡; 지금의 河北省 景縣) 출신이다. 한무제 원광(元光) 원년(B.C.134)에 강도(江都)의 역왕(易王) 유비(劉非)의 제후국에서 재상으로 임용되어 10년을

“동지 전 하루는 양이 없고, 하지 전 하루는 음이 없다”고 하였다. 그러나 음・양이 이렇게 고립되고 끊어진다면, 하늘과 땅도 스스로 설 수가 없고, 해와 달도 운행할 수 없으며, 사람과 물(物)들도 호흡할 수 없다.

봉직하였고, 원삭(元朔) 4 년(B.C.125)에는 교서왕(膠西王) 유단(劉端)의 제후국에서 재상으로 임용되어 4년을 봉직하였다. 그 뒤로 고향으로 돌아간 동중서는 더 이상 벼슬길에 나서지 않고 저술에만 몰두하였다. 동중서가 집에 머무르고 있음에도 불구하고 조정에 큰 의논 거리가 생기면 여전히 그의 집으로 사람을 파견하여 그 의견을 구할 정도로 동중서에 대한 한무제의 신임은 두터웠다.

동중서와 한무제의 만남은 역사적인 의미가 있다. 한무제는 바로 자기 앞의 문제(文帝)・경제(景帝) 때의 통치 사상인 황로 사상으로는 더 이상 나라를 이끌어 갈 수 없음을 알아차렸다. 황로 사상이 필연적으로 국력의 쇠약을 불러와 외침으로부터 나라를 보지할 수 없게 하였기 때문이다. 그래서 그는 새로운 통치철학으로 새로운 나라를 이끌어가기 위해 온 나라의 지성인들을 대상으로 자신과 함께할 인재와 책략을 구하였다. 여기에 동중서가 화답하였다. 이것이 유명한 ‘거현량대책(擧賢良對策)’이다. 여기서 동중서는 천인감응설(天人感應說)과 천인상부론(天人相副論), 대일통(大一統) 사상, ‘제자백가를 몰아내고 유가만을 받들어야 한다(罷黜百家, 獨尊儒術)’는 주장 등을 웅혼한 체계 속에서 명쾌하게 제시하였다. 이 과정에서 한무제가 세 번을 묻고 동중서가 이에 대해 세 번을 답하였는데, 그 주제가 하늘과 사람에 관련된 것이었으므로 ‘천인삼책(天人三策)’이라고도 한다. 동중서의 철학은 사실은 『춘추공양전』에 입각한 것이다. 그는 여기에 법가, 도가, 음・양가들의 사상을 흡수하여 하나의 새로운 철학 체계를 세웠다. 이러한 동중서의 사상은 한무제에 의해 전격 채택되었다. 이로 말미암아 한무제의 통치 기반은 공고해졌으며 한나라는 대제국을 건설할 수 있었다. 그래서 이 뒤로 유가철학이 중국의 통치철학이 되었다. 동아시아의 여러 나라들이 유가를 통치 철학으로 삼게 된 데는 이러한 역사적 맥락이 자리 잡고 있다. 동중서의 철학은 그의 주저 『춘추번로(春秋繁露)』 속에 집약되어 있다.

그러나 어찌 하루라도 이러한 날이 있으리오! 6음 · 6양이 하늘과 땅 사이에서 인(絪) · 온(縕) 운동을 하고 있고 거대한 조화가 유행하고 있다. 그러므로 건괘䷀에서는 "쉬지 않는다(不息)"고 하였고, 곤괘䷁에서는 "때에 맞게 행한다(時行)"고 하였다. 절대로 중간에 끊기는 일이란 없는 것이다.

『주역』을 율력에 갖다 맞추고 율력을 점치는 데 한정한 것, 또한 근세 「화주림」[326]의 부류다. 이들은 작은 술수를 가지고 도(道)를 파괴함으로써 '도에 순종하면 길하고 역행하면 흉함'[327]의 이치를 어지럽혀 버렸다. 이것은 결코 문왕, 주공, 공자가 만든 현존 『주역』 속에 있는 것이 아니다. 임괘(臨卦)䷒ 속에는 둔괘(遯卦)䷠의 상이 없고 관괘(觀卦)䷓의 상도 없다.[328] 그런데도 만약에 "이치와 추세상 필연적으로 그렇게 되도록

---

326) 「화주림」 점법은 「화주림」에 의해 점을 치는 것이다. 이는 한대(漢代)의 경방(京房)이 창안했다고도 하고, 당말(唐末) · 송초(宋初)에 마의도자(麻衣道者)라는 사람이 창안했다고도 한다. 마의도자는 당시 관상에 능했던 사람으로서 중국역사상 유명한 술수가로 꼽힌다. 그런데 이 「화주림」이 마의도자의 친저(親著)인지, 아니면 후인이 그의 이름에 가탁하여 편찬한 것인지는 아직까지 확실하지 않다. 두 개의 판본이 있는데 하나는 명대(明代)의 『영락대전(永樂大典)』에 인용되어 있는 것으로서 단지 단편적인 단락들만 전해지고 있다. 또 하나는 청대(淸代)에 간행된 것이다. 이 「화주림」은 체제나 원리가 모두 경방역학에 근원을 두고 있다. 그리고 납갑(納甲)법에 의해 점을 치는 전형을 보여준다. 「화주림」 점법에서는 시초(蓍草) 대신 동전을 가지고 점을 친다. 이 「화주림」은 훗날 복서(卜筮)의 전파에 견실한 바탕을 제공해준 것으로 평가받는다. 그러나 왕부지는 이것이 한갓 술수의 범주에 속하는 것으로 여겨 폄하하고 있다.

327) 이는 『서경』, 「대우모(大禹謨)」 편에 나오는 말로서 우임금이 익(益)에게 경계하며 이른 말이다.

되어 있다."고 한다면, 어느 괘에든 착(錯)·종(綜)의 관계에 의한 사라짐(消)·자라남(長)이 있으니, 건괘䷀의 초구효에서도 '두꺼운 얼음(堅氷)'으로써 경계할 수 있을 것이고, 곤괘䷁의 초육효에서도 '물속에 잠긴 용(潛龍)'이라 허가할 수 있을 것이다.[329] 이런 논리라면 굳셈(剛)이 초구효에서 자라나는 괘가 많이 있을 텐데, 어찌 유독 임괘䷒에서만 아직 해가 가기도 전의 건축(建丑)월[330]에 미리 다음해의 관괘(觀卦)䷓·둔괘(遯卦)䷠를 예측하고 우려하며 "내년 가을철에는 박절함이 있을 것이다."라고 말할 수 있겠는가? 이렇듯이 괘 속에 상이 없는데도 거슬러 억측하여 우려한다면, 사람은 점(占)에 의하지 않고도 똑같이 우려하고 의구심을 가질 수 있으리니, 그렇다면 어찌 『주역』을 이용할 필요가 있겠는가? 둔괘䷠를 8월에 배당하는 것에 대해 의구심이 생긴 사람은 "문왕이 괘사를 지을 적에 주나라의 율력을 사용하였다."고 말한다[331]. 이에 비해 관괘䷓를 8월에 배당하는 것에 대해 의구심이 인 사람은 하나라의 율력을 사용했다고 여긴다. 그러나 문왕께서 『주역』을 연역하실 때 문왕의 주나라는 은나라의 한 부속국으로서 아직 은나라를 섬길 때다. 그러므로 은나라 율력이 아직 고쳐지기 전이니 8월은 곧 건신(建申)월에

328) 따라서 12벽괘설은 잘못되었다는 것이다. 결코 임괘䷒ 속에는 그것으로부터 둔괘䷠, 관괘䷓로 점차 진행되는 원리가 없고, 임괘䷒ 속에 이들 괘의 상(象)도 없다는 의미다.

329) 착(錯)의 관계로 보면, 건괘䷀의 초구효가 곤괘䷁의 초육효가 된다. 역도 마찬가지다.

330) 12벽괘설에서는 임괘䷒가 건축(建丑)월에 해당한다.

331) 주나라 율력으로는 정월이 건자(建子)월이기 때문에 8월도 지금 사용하는 하나라 율력에서보다 두 달 전으로 거슬러 올라가야 한다. 그러면 6월로서 둔괘䷠가 이에 해당한다.

해당한다. 어찌 문왕처럼 지극한 덕을 지닌 분께서 한 왕조의 율법을 혼란시켜 정월 초하룻날을 제멋대로 정했겠는가?

「단전」에서 "사라짐이 오래 가지 않을 것이다."라 하고 있는데, 임괘䷒를 건축(建丑)월의 괘로 삼고 둔괘䷠와 관괘䷓를 기다려서 사라진다면 이는 오래 걸린다. 그렇다면 괘사에서 말하는 '8월'은 하나라·상나라의 정월 초하룻날을 합해서 보더라도 모두 가을에 해당한다.[332] 「설괘전」에서 제시하고 있는 팔괘의 방위를 보더라도 태괘☱는 정서(正西)에 해당하고 계절로는 가을이다. 임괘䷒의 하괘(下卦; 貞卦)는 두 개의 양효 위에 하나의 음효가 있어서 태괘☱를 이루고 있다.[333] 그리고 육삼효는 이 태괘의 주효(主爻)다. 그래서 임괘䷒의 원리는 굳셈들이 자라나며 음을 다스림이다. 그런데 육삼효에 이르면, 그 지기는 바가 변하여 음의 부드러움들이[334] 밖에서 비호해주고 있으니, 그만 이들과 패거리를 이루고 어울리며 서로 들뜬 마음으로 쏠려 다니고 만다. 그러므로 그 육삼효사에

---

332) 하나라 율력으로든, 상나라의 율력으로든, 8월은 가을에 해당한다는 의미다. 그래야 「단전」에서 말하는 "사라짐이 오래 가지 않을 것이다."라는 구절과 부합한다는 것이다. 여기에는 12벽괘법에 의해서 이 구절을 이해하려 해서는 안 된다는 의미가 담겨 있다. 12벽괘법에 의하면 임괘䷒와 둔괘䷠·관괘䷓는 멀리 떨어져 있으니 사라짐이 오래 걸리게 되어 있어 "사라짐이 오래 가지 않을 것이다."라는 말과 맞지 않게 되기 때문이다.

333) 앞 단락까지가 12벽괘설로 임괘 괘사를 풀이하는 것에 대한 비판과 반박이었다면, 여기서 왕부지의 견해가 구체적으로 드러나고 있다. 다름 아니라 괘사에서 말하는 '8월'을 12벽괘법에 의해 풀이하지 말고 그냥 '가을'로 보라는 것이다. 이는 임괘䷒의 정괘(貞卦)인 태괘☱가 「설괘전」을 근거로 한 「방위도」에서 정서(正西)에 해당하는 괘로서, 이는 계절로는 정추(正秋)를 의미한다는 점이 뒷받침한다고 하고 있다.

334) 임괘䷒의 회괘(悔卦)인 곤괘☷의 세 음효들을 가리킨다.

서 "달콤하게 임함이니, 이로울 바가 없다."라 하고 있다. 즉 막 양이 올라옴을 바라다가 또한 태괘䷪의 들뜬 마음으로 끝나니, 하는 짓이 흉한 것이다.

「단전」에서 "사라짐이 오래 가지 않을 것이다."라고 말한 것은 양이 음을 사라지게 함이 오래 가지 않을 텐데도 또한 마음이 들떠서 음들을 좇는다는 의미다. 그런데 "흉함이 있다."고 말하였지만, 어쩌면 꼭 그 흉함에 이르지 않을 수도 있는 까닭은 육삼효에서 "벌써 우려하니 허물이 없다."라고 말하기 때문이다.

「彖」曰: '臨', 剛浸而長, 說而順, 剛中而應. 大亨以正, 天之道也.

「단전」: 임괘는 굳셈이 점점 번지며 자라나니, 기뻐하며 순종하고 굳셈이 득중하여 응한다. 올바름으로써 크게 형통함은 하늘의 도다.

'說而順', 陰之德也. 說則相隨, 順則不逆, 故剛臨之而柔受治. 剛旣得中, 雖未居尊位, 可以臨矣. '應'謂六五下而聽其臨也. 剛浸長而得中, 天道上行, 故四德可施也.

'기뻐하며 순종함'은 음의 덕이다. 기뻐하면 서로 따르고, 순종하면 거스르지 않는다. 그러므로 굳셈이 군림하자 부드러움은 그 다스림을 받아들인다. 굳셈(구이효)이 이미 득중하였으니, 비록 아직 존위(尊位)를 차지하지는 않았다 하더라도 군림할 수가 있다. '응함'은 육오효가 구이효의 군림함에 대해 아래로 낮추어 그 명령을 받듦을 의미한다. 굳셈이 점점 번지며 자라나고 득중하였음은 하늘의 도가 위로 올라감이다. 그러므로 건괘☰의 4덕을 베풀 수가 있다.

'至于八月有凶', 消不久也.

'8월에 이르러서는 흉함이 있다.'는 머지않아 사라진다는 의미다.

除惡務盡, 則消而不復長. 六三猶在內卦之上, 二陽說其甘而與爲體, 陰慝乍消, 而勢盛猶足以相拒, 或乘間而復起, 或旁激而變生. 苻堅雖敗, 慕容·拓拔復據中國; 呂惠卿乍黜, 章惇·蔡京復爭紹述. 必待其根株永拔, 而後成乎泰, 非一旦一夕之效也.

악을 제거하는 일이 완전히 끝나야 사라져서 다시는 자라나지 않는다. 이 임괘䷒의 육삼효는 오히려 내괘의 맨 윗자리에 있으니, 그 밑에 있는 두 양효가 그 달콤함에 기뻐하며 한 몸을 이룬다. 그리고 음의 사특함이 사라지자마자 곧 세가 왕성하여져서 오히려 그 세력이 충분히 이전의 음효와 대등할 만하게 되면, 이들이 틈을 타서 다시 일어나기도 하고, 거센 물결을 사방으로 몰아치면서 변고를 낳기도 한다. 부견(苻堅)이 비록 패퇴하였지만[335] 모용씨(慕容氏)[336]와 탁발씨(拓拔氏)[337]가

---

335) 부견(338~385)은 오호십육국(五胡十六國) 시대, 전진(前秦)의 황제였던 선소제(宣昭帝)의 본명이다. 저족(氐族)으로서 략양(略陽)의 림위(臨渭; 지금의 甘肅省 秦安지방) 출신이다. 357년, 폭군이었던 부생(苻生)을 죽이고 스스로를 대진천왕(大秦天王)이라 부르며 제위에 올랐다. 그 뒤 부견은 왕맹(王猛)을 만나 시사를 논한 뒤 그를 큰 인물로 여기면서 자신과 그의 만남을 유비와

제갈량의 만남에 비유하며 그를 중용하였다. 그를 통해 부견은 새로운 농업 정책을 시행하고 폐정을 혁파함으로써 국력의 증대를 꾀할 수 있었다. 이에 고무된 부견은 천하의 통일을 이루겠다는 야망에 불타 대대적으로 병력을 동원하여 동진(東晋)의 정벌에 나섰다. 이때 대신들과 그의 동생(苻融)은 모두 반대하였다. 특히 그의 총애하는 비(妃) 장부인(張夫人)은 여러 차례에 걸쳐 눈물로 호소하며 간곡히 말렸다. 그러나 전국 통일의 조바심에 불타던 부견은 이들의 제지를 모두 물리친 채 전국의 병력을 모두 끌어모아 87만에 이르는 대군을 이끌고 동진(東晋)의 정벌에 나섰다.(383) 그런데 그의 군대는 다민족으로 구성되어 있어 단결과 통일이 결핍된 문제를 안고 있었다. 또 그의 인품이 지나치게 인후(仁厚)하여 투항 귀족들을 똑같이 환대한 나머지 그들에게 호시탐탐 재기의 기회를 노릴 수 있는 토양을 제공한 것이 문제였다. 결국 그의 군대는 비수(淝水; 안휘성 合肥縣 남쪽을 흐르는 강으로서 淮水의 지류)의 싸움에서 참담한 패배를 당하고 말았다. 이때 동진의 군대는 겨우 8만이었다. 1:10의 싸움에서 패배하고 만 것이다. 이 싸움에서 결정적 패배를 당한 전진(前秦)에게 이제 선비(鮮卑)족과 강(羌)족 등이 반란을 일으켰다. 그리고 2년 뒤(385), 서연(西燕)의 황제 모용충(慕容沖)의 공세에 밀려 부견 일족은 오장산(五將山)으로 도망갔는데 이 틈을 타 이전에 자신의 부장이었던 강(羌)족의 요장(姚萇)이 그를 사로잡은 채 황위의 양위(讓位)를 강요하기에 이르렀다. 끝내 버티다 부견은 자결하였다. 자결하기 전에 부견은 자신의 딸들을 오랑캐에게 욕보일 수 없다면서 죽이고는 스스로 목숨을 끊었다고 한다. 이에 장부인과 그의 아들 부선(苻詵)도 따라서 자결하였다고 한다. 후세의 역사가들은 부견에 대해 우수한 문학성을 발휘하여 좋은 작품을 남김, 내치를 훌륭히 하여 나라를 부강한 것으로 이끎, 도량이 큰 포용력을 발휘하여 투항 귀족들을 감싸 안음, 혁혁한 무공을 세워 강국으로 만듦 등을 4대 치적으로 꼽는다.

336) 모용씨의 중원 점령을 달성한 이는 모용충(359~386)이다. 그는 16국시기에 서연(西燕)의 황제(威帝)였다. 선비족으로서 전연(前燕)의 황제 모용준(慕容儁)의 아들이다. 370년, 전연(前燕)이 전진(前秦)에 의해 멸망한 뒤 모용충 형제를 비롯한 수많은 선비족 모용씨 부족은 강제로 관중(關中)으로 이거하였

다. 이때 모용충의 나이는 겨우 12세였는데 용모가 너무나 예뻐 전진의 대왕 부견(符堅)의 미소년이 되었다. 그의 누나 청하공주(清河公主)도 함께 부견의 총애를 받았다. 나중에 부견은 그가 신임하던 신하 왕맹(王猛)의 간언을 받아들여 모용충은 궁궐 밖으로 내보냈다.

전진 건원 19년(383년), 전진이 비수(淝水)의 전투에서 대패하자 경내의 각 부족들도 덩달아 억지로 함락되었다. 그 이듬해 모용충의 숙부가 하북(河北)에서 반란을 일으켰고, 그의 형 모용홍(慕容泓)도 관중에서 거병하여 제북왕(濟北王)이라 칭하였다. 이 틈을 타서 당시 평양태수(平陽太守)로 있던 모용충도 하동(河東)에서 기병하였다. 그 후 모용홍에게로 가서 함께 장안으로 진격하였다. 얼마 후 대신들이 모용홍의 됨됨이가 모용충만 못하다고 여기고 그를 살해한 뒤 모용충을 황태제(皇太弟)로 옹립하였다. 385년에 모용충은 아방궁에서 황제로 즉위하였다. 그리고는 처절한 공방전을 거쳐 장안을 점령하였다. 그러나 모용충은 장안을 거점으로 하여 안일을 탐하기도 하였고, 또 모용수(慕容垂)의 세력이 강대한 것을 두려워하여 그의 고향인 선비족의 옛 터전으로 회군하지 않는 바람에 그만 그의 군대의 군심(軍心)이 변하고 말았다. 그리고는 386년, 그의 수하 장수에 의해 피살되었다. 황제가 된 지 겨우 2년 만에 죽임을 당한 것이다.

337) 탁발씨(拓拔氏)가 중원을 점령하고 세운 왕조는 북위(北魏; 386~534)다. 이는 이전에 조조(曹操)가 세운 위(魏)나라와는 구별되는 왕조로서, 남북조시기 북조의 첫째 정권이다. 그들은 스스로를 황제(黃帝)의 후손이라 칭하였는데, 이 황제의 발원지가 옛 위(魏)나라 지역에 있었고 또 '魏(위)' 자에 아름답다는 뜻도 있어서 그들은 이를 국호로 하였다. 이 북위는 탁발규(拓跋珪)에 의해 건립되었다. 그리고 평성(平城; 지금의 山西省 大同市)에 도읍을 정하였다. 439년, 화북(華北) 지역을 통일하였고, 493년에는 낙양(洛陽)으로 천도하여 황제가 원(元)씨로 성을 바꾸었다. 한족화한 것이다. 534년에는 동위(東魏)와 서위(西魏)로 분열하였다. 그리고 550년 동위에서 북제(北齐)가 건립해 나갔고, 서위는 공제(恭帝) 3년에 권신 우문(宇文)씨의 핍박을 견디지 못해 황위를 선양하고 말았다. 그리고 우문씨는 북주(北周) 정권을 세움으로써 북위는 역사 속에서 사라졌다.

다시 중국을 점거하였고, 여혜경(呂惠卿)[338]이 쫓겨나자마자 장돈(章

338) 여혜경(1032~1111)은 자가 길보(吉甫), 호는 은조(恩祖)였다. 민남(閩南)의 진강(晉江; 지금의 福建省 泉州) 출신이다. 북송의 정치가요, 고급관리며 학자였다. 왕안석의 신법(新法) 시행에 동조한 신당(新黨)의 인물이다. 그는 인종(仁宗) 가우(嘉祐) 2년(1057년) 진사에 급제하여, 인종(仁宗), 영종(英宗), 신종(神宗), 철종(哲宗), 휘종(徽宗) 등 다섯 조정에서 봉사하였다. 같은 당에 속했던 왕안석으로부터는 물론이요, 정적이었던 구양수(歐陽修)에게서까지 인정을 받을 정도로 여혜경은 뛰어난 인물이었다. 그는 권력과 신분의 귀함에 주눅들지 않고 온 힘을 다해 신법의 시행을 추진하였다. 그 결과 '희령변법(熙寧變法)'의 제2인자로 꼽힌다. 신종 희령 2년(1069년) 구당의 영수 인물인 사마광(司馬光)과 일대 격론을 벌일 적에 한나라 때의 제도 변천 과정을 정확하게 적시하며 정연한 논변을 펼친 결과 사마광을 압도하고 승리를 얻어냈다고 한다. 이렇듯이 여혜경은 왕안석과 신법을 추진하는 과정에서도 태자중윤(太子中允), 숭정전설서(崇政殿說書), 겸 경연관각(經筵館閣)을 지냈고, 삼사(三司)의 조례를 제정하여 설치하였으며, 또 사농시(司農寺)・국자감(國子監) 등의 일원으로 활약하였다. 군대의 무기를 관리 감독하는 임무를 맡기도 하였다. 이 밖에도 지간원(知諫院), 지제고(知制誥), 한림학사(翰林學士)와 도검정(都檢正) 등을 지냈다. 희령 7년(1074년) 왕안석이 첫 번째로 재상에서 쫓겨났을 적에 여혜경은 몸이 위중한 상태에서도 명(命)을 받고 나아가 참지정사(副宰相)에 부임하였다. 그러나 이듬해, 등관(鄧綰) 등의 공격을 받고 여혜경은 중앙 정치에서 밀려나 지방관으로 부임하기도 했다. 휘종 때에는 또 채경(蔡京) 등으로부터 배척을 받기도 하였다. 정화(政和) 원년(1111년) 관문전학사(觀文殿學士)・광록대부(光祿大夫)로서 벼슬을 사직하고 고향으로 물러났다가 얼마 되지 않아 죽었다.
그는 그렇게 거친 격랑을 거치면서 신법을 추진하는 한편으로 『삼경신의(三經新義)』(왕안석의 아들 王雱과 공저)를 펴낼 정도로 학문에도 왕성한 정력을 보였다. 그의 저술은 매우 풍부하다. 그의 『문집』외에도, 『효경전(孝經傳)』, 『도덕경주(道德經注)』, 『논어의(論語義)』, 『장자해(莊子解)』 등 유가와 도가를 넘나드는 영역에서 작품을 남겼다.

惇)[339] · 채경(蔡京)[340] 등이 다시 경쟁적으로 여혜경이 하던 일[341]을 이어가던 것으로부터 우리는 이를 확인할 수 있다. 반드시 그 뿌리와 그루터기를 영원히 뽑아버려야만 태평한 세상을 이룰 수 있는 것이다. 이는 결코 일조일석(一朝一夕)에 효험을 낼 수 있는 것이 아니다.

---

339) 장돈(1035~1105)은 복건성 포성(浦城) 출신이다. 그는 호걸풍의 용모였고 박학과 뛰어난 문장가로 이름을 날렸다. 희령(熙寧) 초, 왕안석이 정권을 잡고 신법을 시행할 적에 장돈의 능력에 반하여 삼사(三司)의 조례를 편수하는 직책을 맡겼다. 삼사(三司)는 변법을 추진하는 핵심 기구였다. 아울러 집현전 교리(校理), 중서성 검정(檢正) 등의 벼슬을 장돈에게 주었다. 장돈은 무(武)에서도 뛰어난 능력을 보여 호남북찰방사(湖南北察防使)로 있을 적에 발휘한 무공으로 지제고(知制誥)로 발탁되었고, 직학원사판군기감(直學院士判軍器監)의 직책을 수행하였다. 장돈은 신종(神宗)으로부터 능력을 인정받아 희령 7년(1074년) 삼사사(三司使) · 삼사회계사(三司會計司)에 임명되었다. 이 동안에 장돈은 왕안석의 신법 추진을 적극적으로 도운 나머지, 신당의 중견 인물이 되었다. 희령 8년(1075년), 왕안석과 여혜경이 내홍을 벌이고 여혜경이 귀양을 가게 되었을 때, 등관(鄧綰)이 그가 여혜경에게 협조했다고 탄핵을 하게 되자 지방의 수령으로 좌천되기도 하였다. 그는 문무겸전의 인물로 꼽힌다.

340) 채경(蔡京)에 대해서는 주284)를 참고하라.

341) 철저하게 구법의 회복을 꾀하던 선인태후(宣仁太后)의 섭정이 끝나고 정권을 인수하게 된 철종(哲宗)은 선제(先帝)의 위업을 잇는다는 명분에서 신법을 계속 추진하게 된다. 이것을 '소성소술(召聖紹述)'이라 한다. 이때 철종이 다시 등용한 이들이 장돈, 채경, 채변 등이다. 왕부지는 이 신법에 대해 매우 비판적인 견해를 갖고 있다. 이러한 입장은 그의 주저 『송론(宋論)』, 『독통감론(讀通鑑論)』 등에 잘 나타나 있다.

「象」曰: 澤上有地, ‘臨’, 君子以教思无窮, 容保民无疆.

「대상전」: 연못 위에 땅이 있음이 임괘니, 군자는 이를 본받아 무궁하게 백성들을 교화하고 생각해주며 무한하게 백성들을 포용하고 보호한다.

‘澤上有地’, 川澤兩岸爲平陸也. ‘兌’爲言說. 言‘以教’, ‘坤’厚載物, 容其不肖而保其賢也. 教而‘容保’之, 則嘉善矜不能, 而教無窮. 容保於教思之後, 若教者進於善, 不若教者終不棄也, 則保之无疆矣. ‘兌’抑悅也. 臨民者以嘉言立教, 而不務苟取悅於民, 善於用‘兌’者也.

‘연못 위에 땅이 있음’은 강이나 연못의 양 언덕이 평지라는 의미다. 태괘☱는 언설(言說)을 의미하는 괘다. 이는 ‘교화함’을 의미한다. 곤괘☷는 만물을 두텁게 실어주니, 이는 불초한 이들을 포용하고 현자들을 보호함을 의미한다. 교화하고 ‘포용하며 보호’하면, 선한 이를 아름답게 여겨서 드러내어 칭찬하고 능력을 발휘할 수 없는 이들은 긍휼히 여기니[342], 교화가 무궁하다. 그리고 교화하고 생각해주면서 포용하고 보호하고 난 뒤에는, 교화해서 될 것 같은 이는 선함으로 더 나아가고 교화해서 안 될 것 같은 이라도 끝내 버리지 않는다. 그래서 보호함이 무궁한 것이다. 태괘☱에는 또한 기쁘다는 뜻도 있다. 백성들에게 임하는 이가 아름다운 말로써 교화를 수립하고, 구차하게 백성들에게서 기쁨을 취하려고 힘쓰지 않는 것이 태괘의 원리를 잘 사용하는 사람이다.

---

342) 『논어』, 「자장」 편에 나오는 자장(子張)의 말이다. 여기서 자장은, “군자는 현자를 존경하고 다중을 포용하며, 선한 이를 아름답게 여겨서 드러내어 칭찬하고 능력을 발휘할 수 없는 이들은 긍휼히 여긴다.(君子尊賢而容衆, 嘉善而矜不能.)”라고 하고 있다.

初九, 咸臨, 貞吉.

초구: 감화시킴으로 임함이니 올곧고 길하다.

‘咸’, 感也. ‘咸臨’者, 以感之道臨之也. 臨, 以陽臨陰而消之, 以初九與六四相應, 不以威嚴相迫, 而以德感其心, 使受治焉, 各當位而得正, 吉莫尙矣. 凡言‘貞吉’, 有必貞而後吉者, 有本正而自吉者. 因象而推, 其義自見.

‘咸(함)’은 감화시킴이다. ‘감화시킴으로 임함’이란 감화의 원리로써 임한다는 의미다. 즉 임함이란 양으로서 음에 임하여 그들을 사라지게 함인데, 초구효와 육사효는 서로 응하니 위력으로 서로를 핍박하지 않고 덕으로써 그 마음을 감화시켜 다스림을 받아들이게 한다. 그러면 각기 마땅하게 제자리를 차지하여 올바름을 얻으니 길함이 이보다 더할 수가 없다. 무릇 ‘올곧고 길하다’는 말에는 ‘반드시 올곧은 뒤에라야 길하다’는 의미가 들어 있고, ‘본래 올바르기에 저절로 길하다’는 의미가 들어 있다. 각 괘의 상으로 말미암아 미루어 보면 이 둘 중의 하나로 그 의미가 저절로 드러날 것이다.

「象」曰: ‘咸臨貞吉’, 志行正也.

「상전」: ‘감화시킴으로 임함이니 올곧고 길하다’는 뜻함과 행함이 올바르다는 의미다.

臨者其志, 咸者其行. 陽長消陰, 本君子大正之志而見之行事者, 不以威而以德, 善其行以成其志, 無不正也.

뜻함이 있기에 임하고, 행동으로 감화시킨다. 이 임괘에서는 양이 자라나면서 음을 사라지게 하는데[343], 본래 군자의 뜻함이 크고 올바르기에 행하는 일에서 드러나는 것이다. 그런데 위력으로써 하지 않고 덕으로써 하되 그 행함을 훌륭하게 하여 그 뜻함을 이루니, 올바르지 않음이 없다.

九二, 咸臨, 吉, 无不利.

구이: 감화시킴으로 임함이니, 길하고, 이롭지 않음이 없다.

九二之以感道臨六五, 猶之初九, 而六五虛中以應之, 居之安而行无不利矣.

구이효가 감화시킴의 도로써 육오효에 임함은 초구효가 하는 것과 비슷하다. 그러나 육오효가 자신의 속을 비우고서 그에 응하니, 거처함이 편안하고 행함에 이롭지 않음이 없다.

---

343) 임괘는 초・2효가 양이고, 그 위로 3・4・5・상효는 모두 음이다. 따라서 양이 자라나면서 음들을 사라지게 하는 상을 이루고 있다.

「象」曰: '咸臨吉无不利', 未順命也.

「상전」: '감화시킴으로 임함이니, 길하고, 이롭지 않음이 없다.'는 것은 아직 명(命)에 순종하지 않음이다.

九二以剛居柔, 不當位, 不如初九之正, 而能'吉无不利'者, 以迫近四陰, 陰方凝聚於上, 不順受其臨, 非剛中相感, 使知不縮而速退, 則不可以臨治未消之陰. 故雖過於嚴, 而自足以感, 无不利之憂也.

구이효는 굳셈으로서 부드러움의 자리를 차지하고 있는데, 제자리가 아니다. 이는 초구효가 올바른 자리를 차지하고 있는 것과는 다르다. 그런데도 '길하고, 이롭지 않음이 없다'일 수 있는 까닭은 다음과 같다. 다름 아니라 구이효가 위의 네 음효들에 바짝 접근해 있고 음들은 지금 위에서 한창 응취(凝聚)하고 있으니 구이효의 임함을 순종하며 받아들이지 않는다. 그래서 굳셈의 득중함이 서로를 감화시켜 그들로 하여금 움츠리고 있지 말고 속히 물러날 줄을 알게 하지 않는다면, 그 임함으로써는 아직 사라지지 아니한 음들을 다스릴 수가 없다. 그러므로 비록 지나치게 엄격하다고 할지라도 스스로 만족하며 감화시키니, 이롭지 않을 우려가 없다는 것이다.

六三, 甘臨, 无攸利, 旣憂之, 无咎.

육삼: 달콤하게 임함이니 이로운 바가 없고, 이미 우려하였으니 허물은 없다.

六三與二陽相比, 不知己之已即乎消, 而居非其位, 戀而不舍, 徒以陰柔成乎容悅, 幸陽之我容, 豈能久乎? 故'无攸利'. 其能自知憂懼, 斂而就退, 以聽陽之臨, 可以免咎. 三爲進爻, 終於必往, 而以柔居剛, 與二陽爲內卦之體, 故猶可施以教戒, 望其能憂.

육삼효는 아래 두 양효들과 서로 나란히 있는데, 자기가 이미 곧 사라지게 되어 있다는 것을 알지 못한다. 그리고 제자리가 아닌 데 자리 잡고 있으면서 그들을 연모하기를 그치지 않고, 한갓 음의 부드러움으로써 제 뜻함을 굽히면서까지 그들의 마음에 들고 기쁨을 주고자 한다. 이렇게 하며 두 양효가 자신을 받아들여 줄 것만을 바라고 있으니, 어찌 오래갈 수 있겠는가? 그러므로 "이로운 바가 없다"고 한 것이다. 그러나 육삼효는 능히 스스로 알아서 우려하며 두려워하니, 모든 것을 거두어들이고 곧 물러나서 양의 임함을 받아들인다. 그래서 허물을 면할 수가 있다. 그리고 3효는 나아감의 효니, 끝내는 필연코 간다. 그러나 그가 부드러움으로서 굳셈의 자리를 차지하고 있으면서 두 양효들과 내괘의 몸을 이루고 있기 때문에, 오히려 양(陽)들은 그에게 교화와 경계를 베풀 수 있고, 그가 우려하여 허물을 범하지 않을 수 있기를 바란다.

「象」曰: '甘臨', 位不當也, '旣憂之', 咎不長也.

「상전」: '달콤하게 임함'은 육삼효의 위(位)가 제자리가 아니기 때문이다. '이미 우려하였'으니 허물이 자라나지 않는다.

未免有咎, 而可望其改, 則不終於咎矣. '觀'卦陽居上而欲消, 陰宜依之以相留, 故以近陽爲利, 而遠者不吉. '臨'陽方長, 陰宜速行而遠去, 故以遠陽爲吉, 而近者不利, 亦扶陽抑陰之微權也.

이 육삼효가 아직 허물이 있음을 면하지는 못하지만 고치기를 바랄 수는 있으니, 허물이 있는 채로 끝나지는 않는다. 관괘(觀卦)[344]는 양효들이 위에 자리 잡고 있으면서 곧 사라지려 하니, 음들은 의당 그러함에 의거하여 서로 머무른다. 그러므로 관괘에서는 양에 가까운 것들이 이롭고 먼 것은 불길하다. 이에 비해 임괘에서는 양이 막 자라나고 있으니 음들은 속히 가서 멀리 사라지는 것이 마땅하다. 그러므로 양으로부터 멀리 있는 음효가 길하고 가까운 것은 불리하다. 이 역시 '양은 부추기고 음은 억누름[扶陽抑陰]'의 원리가 적용된 한 예다.

六四, 至臨, 无咎.

육사: 이르러 임함이니, 허물이 없다.

'至'猶來也. 陰, 待治於陽者也, 若自亢以拒陽, 則陽亦不施治焉. 是臣不聽治於君, 婦不聽治於夫, 小人不聽治於君子也. 六四以柔居柔, 陰過, 宜有咎者, 乃當位以與初相應, 則初自來臨. 所謂'四海之內, 輕千里而來告以善'也, 陰无咎矣.

---

344) 관괘䷓는 임괘䷒와 종(綜), 즉 도치(倒置)의 관계에 있다.

'이르러'는 '와서'와 같은 의미다. 음은 양에게 다스림 받기를 기다리는 존재다. 그런데 만약에 음이 스스로 목을 뻣뻣이 내민 채 거만을 떨며 양에게 항거한다면 양도 또한 다스림을 베풀지 않을 것이다. 이는 곧 신하가 임금으로부터 다스림을 받지 않으려 함이고, 지어미가 지아비로부터 다스림을 받지 않으려 함이며, 소인이 군자로부터 다스림을 받지 않으려 함이다. 그런데 이 육사효는 부드러움으로서 부드러움의 자리를 차지하고 있다. 그래서 음이 지나치게 많기 때문에 허물이 있어야 마땅하다. 그러나 육사효는 지금 제자리를 차지한 채 초구효와 서로 응하고 있으니 초구효가 스스로 와서 임한다. 이른바 "온 세상 사람들이 모두 천릿길을 가볍다고 여기며 와서 선한 것을 알려줄 것이다."[345]는 말에 해당한다. 그래서 음으로서 허물이 없는 것이다.

「象」曰: '至臨无咎', 位當也.

「상전」: '이르러 임함이니, 허물이 없다'는 것은 위(位)가 제자리이기 때문이다.

陰陽剛柔皆天地之撰, 本俱無過, 人體以爲性, 無不可因以成能, 特在

---

345) 『맹자』, 「고자 하」 편에 나오는 말로서 맹자가 공손추에게 한 말이다. 악정자(樂正子)라는 인물이 선을 좋아하기 때문에 이러한 사람됨이면 노(魯)라는 하나의 나라뿐만 아니라 온 천하도 다스릴 수 있다는 취지로 한 말이다. 즉 "사람됨이 진실로 선(善)을 좋아하면 온 세상 사람들이 모두 천릿길을 가볍다고 여기며 와서 선한 것을 알려줄 것이다.(夫苟好善, 則四海之內皆將輕千里而來告之以善.)"라는 것이다.

用之者耳. 禹・稷・顏子, 地易而道亦殊, 唯其位而已. 故爻於當位不當位分得失焉. 其有當位而或凶咎, 不當位而或吉利. 則又因卦之大小險易. 若此卦, 剛初長而陰消未久, 則柔居柔而當位爲美, 以陽方臨陰, 陰不宜越位而相亢也. 凡「象傳」無他釋, 但以位分得失言者, 準此通之.

음과 양, 굳셈[剛]과 부드러움[柔]은 모두 하늘과 땅의 작용이니 본래 다 허물이 없는 것들이다. 그리고 사람은 이들을 몸속에 받아들여 본성을 이루고 있고, 이들로 말미암아서 능함을 이루어낼 수 있다. 다만 그렇게 해내느냐 못 해느냐는 그 사람의 용(用)에 달려 있을 따름이다. 우임금・후식(后稷)[346]・안자(顏子)[347] 등은 발 딛고 삼아가는 곳이 바뀌자 좇아서 행한 도(道)도 달랐는데, 이는 오직 그 위(位) 때문에 그렇게 되었을 따름이다. 그러므로 효(爻)는 제자리를 차지하고 있느냐(當位) 그렇지 않느냐(不當位)에 따라 득과 실이 갈린다. 개중에는 제자리를 차지하고 있는데도 어쩌다 흉하거나 허물이 있는 것이 있고, 또 제자리를 차지하고 있지 않은데도 어쩌다 길하거나 이로운 것이 있기는 하다. 이는 또한

346) 후직은 주나라의 조상이다. 강원(姜嫄)이라는 여성이 하느님(天帝)의 발자국을 따라갔다가 곧 잉태하여 낳은 아들이라고 한다. 그래서 생모가 그를 버리고 양육하지 않았기 때문에 '버리다'는 의미에서 이름을 '기(棄)'라고 하였다. 나중에 순임금이 그를 농림부장관에 임명하였는데, 그리하여 그가 농민들에게 농사짓는 방법을 가르쳤다. 그래서 그를 '후직(后稷)'이라 부른다. 『시경』, 「대아(大雅)」 편에 나오는 '생민(生民)'이라는 시는 그의 탄생에 관해 읊은 것이다.(厥初生民, 時維姜嫄. 生民如何, 克禋克祀, 以弗無子. 履帝武敏, 歆攸介攸止, 載震載夙, 載生載育, 時維后稷.)

347) 공자의 수제자 안연(顏淵)을 높여서 부르는 말이다.

크냐(大) 작냐(小), 험난하냐(險) 평이하냐(易)에 따라 그러할 따름이다. 그런데 지금 이 임괘는 굳셈이 초구효에서 자라나고 있어 음이 사라짐도 멀지 않았는데, 이 육사효는 부드러움이 부드러움의 자리를 차지하여 제자리를 차지한 것[當位]이 아름다움을 이루고 있다. 그 까닭은 양이 바야흐로 음에 임할 적에 음이 제 위(位)를 뛰어넘어가 양에게 목을 뻣뻣이 내민 채 교만을 떪이 마땅치 않기 때문이다. 그런데 무릇 「상전」에서 다른 것을 풀이하지 않고 단지 위(位)만 가지고 득·실을 나누어 말한 것들은 모두 이를 준거로 하면 통한다.

六五, 知臨, 大君之宜, 吉.

육오: 군림함을 앎이니, 위대한 임금이 보여주는 마땅함이며 길하다.

以柔居尊, 而下聽九二之臨. 知治我者之善我, 而不恃分位以拒之, 君道得矣. 人之相臨以相治, 其情正而其迹相違. 苟惛不知, 則必傲愎而不受. 唯虛中體順而曲喩其忠愛, 乃能受其臨而不以爲侮. 君道得, 則吉莫尙焉.

육오효는 부드러움으로서 존귀한 자리를 차지하고 있지만 아래로 구이효가 군림함을 받아들이고 있다. 육오효의 입장에서, 나를 다스리는 이가 나를 선하게 하리라는 것을 알기에 그 직분만을 믿고서 거절하지 않는다. 이는 임금의 도를 얻은 것이다. 사람이 서로 군림하며 서로 다스리면, 그 마음씀은 올바르더라도 그 행적은 서로 어긋나게 된다. 이러한 상황에서 진실로 어리석어서 상대방을 알지 못하면 틀림없이 오만함과 강퍅함을 부리며 받아들이지 않는다. 오로지 자기 마음속을 비우고 순종함을 체득하여 그의 충성스러움과 자신에 대한 사랑을 곡진하게 알아차려야 그가 군림함을 받아들일 수 있고 모욕으로 여기지 않을 수 있다. 이렇게 하여 임금의 도를 얻으면 길함이 이보다 더한 것이다.

「象」曰: 大君之宜, 行中之謂也.

「상전」: 위대한 임금이 보여주는 마땅함이란 중용을 행한다는 말이다.

君建中以立極, 而所謂中者, 得剛柔之宜也. 知受治於剛, 以輔己之柔, 則所行無不中矣.

임금이 중용을 표방하며 표준으로 수립함이니, 이른바 '중(中)'이란 굳셈이든 부드러움이든 모두 마땅하게 드러냄이다. 굳셈으로부터 다스림을 받아들여 자신의 부드러움을 보완할 줄 아니, 행함이 중용에 맞지 않음이 없다.

上六, 敦臨, 吉, 无咎.

상육: 임함에 대해 돈후함이니, 길하고, 허물이 없다.

上六'坤'順之至, 而處卦上, 陰將逝矣. 時已過, 權已謝, 委順以受陽之臨, 已無所悋留, 柔道之敦厚者也. 不與陽亢, 終履安吉, 而於義亦正, 非徒歛躬避難, 消沮退藏也.

상육효는 임괘의 외괘인 곤괘☷의 맨 위에 자리 잡고 있는 효다. 그래서 순종함이 지극하며 이 음은 곧 사라지게 되어 있다. 때가 벌써 지났고, 권력으로부터도 이미 물러났다. 그래서 다른 이들에게 맡기고 순종하며 양의 군림함을 받아들이고 있다. 자기 스스로는 더 이상 아쉬워하며 머무르고자 함도 없다. 그래서 부드러움의 도를 돈후하게 실현하고 있는 이다. 고개를 빳빳하게 내민 채 오만을 떨며 양(陽)과 맞서지 않아 마침내 편안하고 길하게 되니 의로움에서도 올바르다. 이는 한갓 몸을 거두어 피난한 채 꼼짝 못하고 은둔하고 있는 것이 아니다.

「象」曰: '敦臨之吉', 志在內也.

「상전」: '임함에 대해 돈후함이니, 길하다'라는 것은 뜻함이 안에 있다는 것이다.

極, 故無相亢之異志.

상육효는 극에 처해 있기 때문에 서로 목을 빳빳이 세운 채 맞서고자 하는 다른 뜻이 없다.

●●●

觀卦坤下巽上348)

관괘䷓

觀, 盥而不薦, 有孚顒若.

관괘: 세숫대야에 물을 받아 손을 씻었으나 음식을 올리지는 않음이다. 믿음이 있으며 공경스럽고 온화하여 남들이 우러러본다.

可觀之謂'觀', 以儀象示人, 而爲人所觀也. 闕門懸法之樓曰觀, 此卦有其象焉. 可瞻而不可玩, 飭於己而不瀆於人之謂也. 此卦四陰浸長, 二陽將消, 而九五不失其尊以臨乎下. 於斯時也, 抑之而不能, 避之而不可, 唯居高以不自媟, 正位以俯待之, 則群陰膽望尊嚴而不敢逼. '盥'者, 將獻而先濯手, 獻之始也. '薦'者, 已存爵而後薦俎, 獻之餘也. 以陽接陰, 以明臨幽, 以人事鬼之道, 故取象於祭焉. 既獻而薦, 人之事鬼, 禮交而情狎, 過此以往, 酢醻交作, 則愈狎矣. 唯未獻之先, 主人自盡其

---

348) 저자 주: 음은 灌(관)이다. '관괘는 세숫대야에 물을 받아 씻고라는 의미의 관관(觀盥)', '사람들이 모두 우러러 봄을 의미하는 대관(大觀)', '~하여 바라보다는 의미하는 이관(以觀)', '위로 올려다 보다는 의미의 상관(上觀)', '백성을 보살피다는 의미의 관민야(觀民也)' 등의 觀(관) 자와 모두 같다.(觀音灌, '觀盥', '大觀', '以觀', '觀天', '上觀', '觀民也'之觀, 竝同.) 역자 주: 이들은 모두 이하에서 이 관괘(觀卦)의 괘・효사에 나오는 말들이다.

誠敬而不與鬼相瀆, 則其孚於神者威儀盛大而有不可干之象. 以此格幽, 自能感之, 而不在爵俎之紛拏也.

볼만한 것을 '觀(관)'이라 한다. 위의(威儀) 엄숙한 차림새나 형상으로써 사람들에게 보여주어 사람들이 모두 바라본다는 의미다. 대궐 문에 법전을 걸어두는 누대를 '觀(관)'이라 하는데, 이 관괘에는 그러한 상이 있다.[349] 이는 올려다 볼 수는 있으나 가지고 놀 수는 없으니, 자신에게는 일깨워주는 경계함으로 삼을 수 있지만 남에게까지 적용하여 모독해서는 안 됨을 의미한다.

이 관괘는 4개의 음효가 점점 자라나고 있고 2개의 양효는 곧 사라지게 되어 있지만, 구오효가 전혀 그 존엄함을 잃지 않은 채 아래로 임하고 있다. 바로 이 관괘의 때에는 위의 양이 아래 음들을 억누르려 해도 그것이 불가능하고 피하려고 해도 그것이 불가능하다. 오직 고고한 자세로 스스로를 업신여기지 않고 제 지위를 똑바로 하여 그들을 내려다보며 기다리면 뭇 음들이 그 존엄함을 올려다볼 뿐 감히 핍박하지 않는다. '盥(관)'이란 장차 신주에게 술을 올리기 위해 먼저 손을 씻음이니, 이는 봉헌의 시작에 해당한다. 그리고 '薦(천)'이란 이미 술잔의 자리를 정해 놓은 상태에서 적대(炙臺)를 올림이니, 봉헌의 뒤 끝에 해당한다. 이들 절차는 양으로서 음을 교접함이고, 밝은 세상에 있는 존재로서 어둔 세상에 있는 존재에게 임함이며, 사람으로서 귀신을 섬기는 방식이다.

---

349) 관괘䷓는 음효 4개가 밑으로 있고 그 위에 양효 2개가 있다. 그래서 음효 넷은 마치 두 개의 기둥이 나란히 세워 놓은 듯한 모양이고, 양효 둘은 현판을 붙이게끔 그 두 기둥 위에 가로로 설치해 놓은 듯한 모양을 이루고 있다. 왕부지가 여기서 말하는 것은 바로 이러한 의미다.

그러므로 관괘는 제사에서 상(象)을 취한 것이다. 술을 올리고 난 뒤 음식을 올림은 사람이 귀신을 섬김에서 예로써 교접하고 마음으로써 친근해짐이다. 이 절차 이후로 교대해가며 잔을 돌리면 더욱 친근해진다. 오로지 이직 술을 올리기에 앞서 주인 스스로가 그 정성과 공경을 다하고 귀신과 서로 모독하지 않아야만 한다. 그러면 신에게 그 믿음을 심어주는 위의(威儀)가 성대하여 남들로서는 감히 간여할 수 없게 하는 상이 있다. 이러한 마음가짐과 태도로써 어둠의 세계에 다가가 스스로 느낄 수 있다. 결코 신주에게 번잡하고 분주하게 술잔과 제기를 돌려가며 올린다고 해서 느낄 수 있는 것이 아니다.

陽之僅存於位, 而以俯臨乎陰, 人君於民情紛起之際, 君子於小人群起之日, 中國當夷狄方張之時, 皆唯自立矩範, 不期感化, 而自不敢異志. 若其不然, 競與相争, 褻與相暱, 自失其可觀之德威, 未有不反爲其所淩者也. 然豈徒位之足據哉! 言必忠信, 行必篤敬, 動必莊涖, 確然端己而有威可畏, 有儀可象, 有禮可敬, 有義可服, 顒若其大正, 而後可使方長之陰潛消其侵陵而樂觀其令儀. 裴度所謂韓弘輿疾討賊, 承宗斂手削地, 非有以制其死命而自服, 亦此意也. 君子之處亂世, 陰邪方長, 未嘗不欲相忮害, 而静正剛嚴, 彼且無從施其干犯而瞻仰之, 乃以愛身而愛道, 蓋亦若此. 德威在己而不在物, 存仁存禮, 而不憂横逆之至, 率其素履, 非以避禍而邀福, 而遠恥遠辱之道存焉矣.

이 관괘는 양이 겨우 직위에서나마 존속하는 채 음들을 내려다보며 임함이니, 인류 공동체의 우두머리인 임금으로서는 백성들의 살아가는 형편 여기저기에서 심각한 문제 상황들이 발생하는 즈음에 처한 것이고,

군자로서는 소인들이 무리 지어 분기하는 시대에 처한 것이다. 그리고 중국으로서는 변방의 이민족(異民族)들이 막 팽창하는 시기에 해당한다. 이러한 상황들 모두에서는 오직 스스로 원칙과 규범을 세우고 살아가되, 그들이 감화되리라는 기대를 갖지도 말고 스스로도 감히 다른 뜻을 품어서는 안 된다. 만약에 그렇지 않고 그들과 경쟁하며 서로 다투거나 더럽게 서로 친해진다면, 스스로 남들이 보아줄 만한 그 덕성과 위엄을 잃어버려 도리어 그들에게 능멸당하게 된다. 이렇게 되었을 경우라면 어찌 한갓 자신의 지위가 족히 의거할 만한 것이리오!

그렇지 않고 말은 반드시 마음속에서 나오는 진실함과 믿음을 지녀야 하고, 행동은 반드시 돈독하고 공경스럽게 해야 하며, 움직여 남 앞에 나설 적에는 반드시 장엄하게 임해야 한다. 확고한 태도로 자신을 단정히 하여 남들이 두려워할 만한 위엄을 갖추고, 남들에게 분명하게 드러낼 수 있는 모범된 거동을 보여주어야 하며, 누구나 승복할 수 있는 의로움을 지녀야 한다. 그래서 그 위대함과 올바름을 남들이 우러러보게끔 갖춘 뒤에라야 지금 막 자라나고 있는 음들로 하여금 그 침범함과 능멸함을 잠복하게 하거나 사라지게 하고 자신의 그 잘 가다듬어진 의용을 즐겁게 바라보도록 할 수 있다. 배도(裵度)[350]가 말하듯이, 한홍(韓弘)[351]이

---

350) 배도(765~839)는 당나라 때의 문장가요 정치가다. 하동(河東)의 문희(聞喜; 지금의 山西省 聞喜) 출신이다. 정원(貞元) 5년(789년) 진사에 급제하였다. 헌종(憲宗) 원화(元和) 연간에 회서(淮西)에서 둥지를 틀고 당나라를 괴롭히던 오원제(吳元濟)를 토벌하여 그 공으로 진국공(晉國公)에 봉해졌다. 나중에는 문종(文宗)을 옹립하는 데도 공을 세워 중서령(中書令)으로 승진하였고 죽은 뒤에는 태부(太傅)로 추증되었다. 이처럼 배도는 공을 많이 세워 유명해졌지만 문학에서도 성취를 냈다. 만년에는 동도(東都)에 머무르며 녹야당(綠野堂)을

질풍처럼 말을 몰아 역적을 토벌한 것이나 승종이 그동안의 적대 관계를 거두고 땅을 떼어 바친 것은[352], 당나라 조정이 죽음과 삶을 좌우할

짓고, 백거이(白居易), 유우석(劉禹錫) 등 명사들과 절친하게 교유하였다. 그가 당시의 문사들에 대해 많이 부추겨주었는데 당시 사람들은 이를 존경하며 무겁게 받아들이지 않는 사람이 없었다고 한다.

351) 한홍(?~822)은 영천(潁川;지금의 河南省 許昌) 출신으로서 당나라 때의 맹장이다. 어려서 고아가 되어 어머니 쪽 사람들에 의해 길러졌다. 성장하여서는 외삼촌 유현좌의 막료가 되어 여러 차례 대리(大理)를 평정해야 한다고 진언하였다. 정원(貞元) 15년(799년)에 유현좌가 죽고 그의 아들인 유사녕이 쫓겨나자 변군(汴軍) 사람들이 모두 함께 그를 그 후계자로 추대하였다. 그래서 그는 변주자사 겸 선무군 절도사(汴州刺史兼宣武軍節度)가 되어 반란 괴수 유악(劉鍔) 등 300여 명을 죽이고 경내를 평정하였다. 원화10년(815년), 회서제군행영도통(淮西諸軍行營都統)에 임명된 한홍은 회서군 10만 명을 이끌고 오원제의 반란을 토벌하는 데서 혁혁한 공을 세웠다. 한유(韓愈)가 이에 대해 『회서 평정을 기념한 비[平淮西碑]』를 제작하여 그의 전공을 표창하였다. 원화 13년(818년)에는 이사도(李師道)의 반란을 평정하였는데, 이듬해 이사도가 피살되자 한홍은 조정으로 돌아왔다. 820년에는 하중절도사(河中節度使)에 임명되었고, 허국공(許國公)에 봉해졌다. 그리고 그 2년 뒤에 죽었다.

352) 왕승종(?~820)은 거란인으로서 승덕(承德; 河北中部) 절도사 왕사진(王士真)의 아들이다. 원화(元和) 4년(809년), 왕사진이 죽자 왕승종은 자신이 그 후계자임을 스스로 내세우며 덕주(德州; 山東省 陵縣)와 체주(棣州; 山東省 惠民) 두 주(州)를 헌납하였다. 그런데 얼마 안 되어 위박 절도사(魏博節度使) 전안정(田季安)이 도발해오자 그는 후회하며 덕주자사 설창조(薛昌朝)를 감금해버렸다. 당나라 헌종이 그에게 설창조를 풀어주라고 조서를 내렸으나 그는 듣지 않았다. 이에 헌종은 승종의 작위를 삭탈해버렸다. 이듬해인 원화 5년(810년), 헌종은 군대를 파견하여 토벌에 나섰으나 별무소득(別無所得)이었다. 그 5년 뒤인 원화 10년(815년), 이사도(李師道)가 암암리에 자객을 파견하여 출근 중인 재상 무원형(武元衡)을 길에서 살해한 사건이 일어났다. 이때 어사중승(禦史中丞) 배도(裴度)도 중상을 입었다. 이 일을 두고 조야에서는 모두 왕승종

명(命)을 제정할 정도로 힘이 막강해서가 아니라 다만 조정이 일을 처리함이 마땅하여 그들 스스로 마음으로 승복하였기 때문이라고 하니, 이 또한 이러한 의미다.[353] 군자가 혼란한 세상을 살아갈 적에는 음(陰)의 세력과 사악함이 막 자라나서 서로 해를 끼치려 하니, 고요하게 있으면서 자신을 올바르게 하고 굳셈의 덕을 발휘하여 위엄을 갖추어야 한다. 그러면 저들은 또한 간여하거나 범하지 못하고 오히려 우러러 보고 존경하게 된다. 내 몸을 사랑함으로써 나의 도를 사랑한다는 것도 아마

이 한 짓이라 여겼다. 이듬해인 원화 11년(816년), 왕승종이 오원제(吳元濟)와 결탁하자 더 이상 묵과할 수 없게 된 헌종은 6도의 병사를 징발하여 10만의 병력으로 토벌에 나섰다. 그러나 2년 동안이나 소득이 없었다. 다른 요인으로 급박해진 헌종은 군대를 돌려 돌아왔고, 전홍정(田弘正)과 하진도(何進滔)가 불과 정예 기병 수천 명으로 계속 토벌에 나섰다. 그리고 차례로 대승을 거두었다. 그 이듬해(817) 전홍정이 또 왕승종 군대를 대파하자 세력이 급격하게 약해진 왕승종은 투항하겠다고 하며 두 아들을 인질로 장안(長安)에 보냈다. 당나라 조정도 오랜 전투에 지칠 대로 지쳐 왕승종을 성덕군 절도사(成德軍節度使)로 임명하였다. 바로 그 이듬해(818)에 회서 지역이 평정되자 형세가 절박함을 느낀 왕승종은 당나라에 땅을 바치고 사죄하였다. 왕부지가 여기서 지적하는 것이 바로 이 일이다. 그리고 반란을 일으켜 그동안 당나라 조정을 괴롭히던 치청 절도사(淄青節度使) 이사도(李師道)도 이해에 전사하였다. 그 2년 뒤(820) 왕승종이 죽자 그의 동생 왕승원(王承元)은 당나라에 귀순하였다.

353) 이 부분은 왕부지가 『맹자찬소(孟子纂疏)』에서 인용한 것으로 보이는데 거기는 이곳과 몇 글자가 다르다.(趙順孫, 『孟子纂疏』 권7, 「離婁章句上」: 裴度所謂, 韓弘輿疾討賊, 承宗斂手削地, 非朝廷之力能制其死命, 特以處置得宜, 能服其心故爾.) 그리고 관련된 내용이 『구당서(舊唐書)』·『신당서(新唐書)』에 다 실려 있다.(『舊唐書』 권135, 「列傳」 제85, 「皇甫鎛」: 淮西盪定, 河北底寧承, 宗斂手削地, 程權束身赴闕, 韓弘輿疾討賊, 此豈京師氣力能制其命, 秖是朝廷處置能服其心.)

이와 같을 것이다. 덕성과 위엄은 나에게 있지 타자(他者)에게 있는 것이 아니다. 인(仁)과 예(禮)를 보존하고 상규(常規)에 어긋나는 일이 이르더라도 우려하지 말며 평소에 하던 대로 해야 한다. 그리고 결코 화를 피하고 복을 받으려 해서는 안 된다. 바로 이러함 속에 치욕으로부터 멀어지게 하는 방법과 원리가 존재한다.

「彖」曰: 大觀在上, 順而巽, 中正以觀天下.

「단전」: 사람들이 모두 우러러볼 만함이 위에 있으니, 순종하고 공손히 받든다. 중용을 행함과 올바름으로써 천하 사람들에게 우러러보인다.

'大'謂陽也. 陽居五・上, 以不媟於下, 則陰且順而巽之, 以觀其光. 所以能然者, 唯其履中而剛正, 不失其可爲儀象(著)[者]於天下也.

'大(대)'는 양을 말한다. 이 관괘䷓에서는 양이 5・상효에 자리 잡고서 아랫것들에게 깔봄을 당하지 않으니, 음들은 또한 그에게 순종하고 공손히 받들며 그 빛남을 우러러본다. 그가 이렇게 할 수 있는 까닭은, 오직 중용을 행하고 그 굳셈이 올바르며 천하 사람들에게 분명하게 드러나는 본보기가 될 수 있음을 잃어버리지 않기 때문이다.

"觀盥而不薦, 有孚顒若", 下觀而化也.

"세숫대야에 물을 받아 손을 씻었으나 음식을 올리지는 않음이다. 믿음이 있으며 공경스럽고 온화하여 남들이 우러러본다."는 것은 아래로 보여주어 감화시킴이다.

'下觀', 有其觀則人觀之也. '不薦'則不瀆, '顒若'則德威盛於躬. 以此道臨天下, 陰邪自斂而順化, 故四陰皆仰觀之.

'아래로 보여줌'이란 보여줄 만한 것이 있으니 남들이 그를 우러러봄이다. '음식을 올리지는 않으'면 더럽혀지지 않고, '공경스럽고 온화하여 남들이 우러러보'면, 덕성과 위엄이 내 몸에 왕성하다. 이러한 원리와 방법으로써 천하에 임하면 음들의 사악함이 스스로 거두고 순종하며 감화한다. 그러므로 4개의 음들이 모두 그를 우러러보며 존경한다.

觀, 天之神道, 而四時不忒, 聖人以神道設教, 而天下服矣.

'관(觀)'은 하늘의 신묘한 도(道)니 사계절이 어긋나지 않고, 성인은 이 신묘한 도에 의거하여 교화를 펼치니 온 세상이 다 감복한다.

'觀'者, 天之神道也, 不言不動而自妙其化者也. 二陽在天位, 自天以下皆陰也. 天以剛健爲道, 垂法象於上, 而神存乎其中; 四時之運行, 寒暑風雷霜雪, 皆陰氣所感之化, 自順行而不忒. 聖人法此, 以身設教, 愚賤頑冥之嗜欲風氣雜然繁興, 而'顒若'之誠, 但盥而不輕薦, 自令巧者無所施其辯, 悍者無所施其争, 而天下服矣.

'관(觀)'이란 하늘의 신묘한 도니, 말하지도 않고 움직이지도 않으면서 저절로 그 지어냄[造化]을 신묘하게 행함이다. 이 관괘는 두 양효가 하늘의 위(位)에 있고, 그 이하로는 모두가 음효다. 그래서 하늘이 굳셈과 씩씩함을 원리로 하여 위에서 법상을 드리우고 있는데, 신묘함은 그 속에 존재하고 있다. 그리고 사계절의 운행이라든지 추위와 더위, 바람·우레·서리·눈 등은 모두 음기가 감응하여 일어난 자연의 변화로서 저절로 순종하며 운행하고 어긋남이 없다. 성인은 이를 본받아 몸소 교화를 펼친다. 그래서 어리석음·천함·완고함·어두움에서 오는 기욕(嗜慾)과 풍기(風氣) 등이 뒤섞인 채 번잡하게 일어나지만, '공경스럽고 온화하여 남들이 우러러봄'의 성실함을 보인다. 그래서 단지 세숫대야에 물을 받아 손만 씻은 채 아직 가벼이 음식을 올리지는 않음과 같은데도, 말 잘하는 재주를 가진 이로 하여금 스스로 그 재변(才辯)을 펼치지 않게 하고, 제 힘만 믿고 날뛰는 이로 하여금 스스로 그 싸움을 벌이지 않게 한다. 그래서 온 천하가 다 감복한다.

「象」曰: 風行地上, '觀', 先王以省方觀民設敎.

「대상전」: 바람이 땅 위로 불어감이 관괘다. 선왕들께서는 이를 본받아 각 지방을 돌아보고 백성들의 형편을 살피며 교화를 펼쳤다.

居上察下曰 '省'. '坤'爲地. '方'者, 地之方所. 陽君, 陰民. '觀民設敎'者, 觀五方之風氣而調治之, 使率彝倫之敎也. '風行天上', 君以建中和之極, 而開風化之原; '風行地上', 君以因風俗之偏, 而設在寬之敎. 體用交得, 而風敎達於上下矣. 此言'先王'者, 先王制之, 後王承之以行, 皆先王之所設, 非但先王爲然也.

윗자리에 있는 사람이나 기관이 아랫자리에 있는 사람이나 기관들을 살핌이 '省(성)'이다. 이 관괘의 하괘[貞卦]인 곤괘☷는 땅을 상징한다. 그래서 '方(방)'이란 땅의 방위와 처소(方所)를 의미한다. 양은 임금이요, 음은 백성이다. '백성들의 형편을 살피며 교화를 펼쳤다'는 것은 5방[354]의 풍속과 형편을 돌아보고 잘 조절하여 이륜(彝倫)의 교화를 따르도록 함이다. '바람이 하늘 위로 붊'[355]은 임금이 중화(中和)의 표준을 세워서 교화의 근원을 엶이요, '바람이 땅 위로 붊'은 임금이 각 고을의 치우친 풍속들을 보고서 관대함의 교화를 펼침이다. 이렇게 하여 체(體)와 용(用)이 교섭하게 되니[356], 교화가 위·아래로 잘 스며들어 간다. 여기서 말하고 있는 '선왕들'이란 이전의 왕들이 제정하였고 후왕들은 그것을 계승하였으니, 모두 다 선왕들께서 펼쳤다는 의미지, 단지 선왕들이 그렇게 하였다는 말만은 아니다.

初六, 童觀, 小人无咎, 君子吝.

초육: 아동이 바라봄이니 소인은 허물이 없고 군자는 아쉬워한다.

---

354) 5방은 동·서·남·북·중앙을 말한다.

355) 소축괘(小畜卦)䷈의 「대상전」에 나오는 말이다. 소축괘는 상괘[悔卦]가 손괘☴로서 바람을 상징하고, 하괘[貞卦]가 건괘☰로서 하늘을 상징한다. 그래서 이렇게 말하는 것이다.

356) '바람이 하늘 위로 붊'이 교화의 근원으로서 체(體)요, '바람이 땅 위로 붊'이 실제 땅 위에서 그 교화가 펼쳐짐으로서 용(用)이다.

仰而視之曰觀. '觀'之爲卦, 與'大壯'相錯, 蓋陰長消陽之卦. 『易』於'遯'·'否', 已爲陽憂之. 至於'觀'而謂四陰之仰觀者, 以天位未去, 幸群陰之猶有所推戴, 而獎之以瞻仰乎陽, 聖人之情也. 以仰觀推戴爲義, 故近陽者得, 遠陽者失, 許其相親, 而不惡其相迫. '童觀'者, 所謂童子之見也. 初六柔弱, 安於卑疏, 大觀在上, 而不能近之以自擴其見聞. 小人怙其便安之習, 守其鄙瑣之識, 據爲己有, 深喩而以爲道在是焉, 方且自謂'无咎', 以不信有君子遠大之規, 君子之道所以不明不行而成乎'吝'也. 夫小人終身於咎過之塗, 可吉可利, 而無所往而非咎, 故言无咎者, 其自謂然也. 『易』不爲小人謀.

우러러봄을 '觀(관)'이라 한다. 이 관괘䷓는 대장괘(大壯卦)䷡와 서로 착(錯)의 관계를 이루는데, 음이 자라나면서 양을 사라지게 하는 괘다. 『주역』에서는 이미 둔괘(遯卦)䷠·비괘(否卦)䷋에서부터 양에게 우려함을 안겨 주었다.[357] 그런데도 이 관괘에 이르러서는 "4개의 음효가 우러러보고 있다."라고 말하는 까닭은, 하늘의 위(位)에 있는 양효들이 아직 가버리지 않았는데 다행히도 뭇 음들이 오히려 그들을 추대하고 있기 때문이다. 그리고 그들에게 권장하여 양을 우러러보도록 함이

357) 둔괘䷠는 위 4개의 효는 양효, 밑으로 2개의 효는 음효다. 그리고 비괘䷋는 위 3개의 효는 양효, 밑으로 3개의 효는 음효다. 그런데 『주역』의 괘들은 밑에서부터 생겨 나온다는 원리를 갖고 있다. 따라서 음효가 밑에 있는 괘들은 밑으로부터 음효가 생겨서 자라난다는 의미를 갖고 있다. 그리고 그것이 양에게는 우려를 던져준다는 것이다. 둔괘는 그 밑의 음효가 2개, 비괘는 3개이니, 이들 괘에서부터 벌써 양의 우려는 시작되어 진행되었고, 지금 이 관괘는 4개가 되어 있어서 양의 우려가 그만큼 커졌다는 것이다.

성인의 마음씀이기 때문이다. 이렇듯 관괘에서는 우러러보고 추대함을 의의로 하기 때문에 양효에 가까운 음효들은 얻음이 되어 있고 먼 음효들은 잃음이 되어 있다. 그리고 음효와 양효가 서로 친함을 괜찮다고 보며, 그들이 서로 바짝 붙어 있음을 나쁘게 보지 않는다.

'童觀(동관)'은 아동들이 바라본다는 말이다. 초육효는 부드럽고 약하며 낮고 거친 데 처해 있음을 편안히 여기니, 사람들이 모두 우러러볼 만한 대관(大觀)이 위에 있어도 가까이 가서 스스로 그 견문을 넓힐 줄을 모른다. 또 소인배들은 그 편안해진 습관 때문에 미천하고 자질구레한 앎을 꼭 붙들고서 그것이 자기 것이라 여기며, 도(道)가 바로 여기에 있다고 깊이 인식하고 있다. 바야흐로 또한 스스로 '허물이 없다'고까지 말한다. 이러하기 때문에 그들은 군자의 원대한 규모가 있다는 것을 믿으려 들지 않으니, 군자의 도는 밝혀지지도 않고 행해지지도 않아서 '아쉬워함'을 이루게 된다. 대저 소인배들이 종신토록 허물과 과오의 길에서 종종대면서 길할 수도 있고 이로움을 얻을 수도 있지만, 어디를 가더라도 허물이 되지 않는 것이 없다. 그러므로 '허물이 없다'고 말하는 것은 제 스스로가 그렇다는 것이다. 『주역』은 결코 소인의 도모함을 위한 것이 아니다.

「象」曰: '初六童觀', 小人道也.

「상전」: '초육효의 아동이 바라봄'은 소인의 도라는 의미다.

夫小人之道, 豈有不可測之意計哉! 生於閨庭之中, 長於婦人之手, 欲而思遂, 利而思得, 見可喜而疾喜, 見可怒而暴怒, 拘於微明之察, 聞道而以爲迂遠, 雖至於無所不至, 而不出其嚅呪霑滯之習. 而曹操之姦, 而分香賣履, 垂死不忘, 童年之識留於中而不舍也. 故古之戒冠者曰, '棄爾幼志' 欲爲君子, 莫如棄幼志之爲切也. 而天下之能棄[幼]志以從遠大之觀者, 鮮矣. 抑孟子曰, "大人者不失其赤子之心", 與此異者何也? 『孟子』所謂赤子之心, 知愛知敬之心也, 然必曰, "苟不充之, 不足以保妻子". 不失者其體也, 充者其用也. 無用之體, 則痿痹不仁之體而已. 學以聚之, 問以辨之, 寬以居之, 仁以行之, 知天命而必畏, 知大人·聖言而必畏, 唯棄幼志以從大觀也. 四海之大, 千載之遥, 天道運於上, 聖人建其極, 苟其不務仰觀, 則且非之笑之, 以爲安用彼爲, 君父可以不恤, 穿窬可以不恥, 而小人無其忌憚之道充塞於天下, 愚父兄且以敎其子弟, 君子安能弗吝也? 可畏矣哉!

대저 소인의 원리와 방법에 어찌 가늠할 수 없는 의도와 계산이 있으리오! 집안에서 태어나고 부인들의 손에서 자라난 아동들처럼, 소인들은 원하는 것은 다 이루려 하고 이로운 것이면 다 얻으려 하며, 기뻐할 만한 것을 보면 재빨리 기뻐하고 성낼 만한 일을 보면 포악스럽게 성을 낸다. 소인배들은 미묘한 이치를 알아 현저한 효과를 냄[358]에 틀어박혀 도(道)

358) 『노자』 제36장에 나오는 말의 일부다. 『노자』에서는 "장차 오그라들게 하고 싶거든 반드시 진실로 확장시켜 주고, 장차 약하게 하고 싶거든 반드시 진실로 강하게 해주며, 장차 폐하고 싶거든 반드시 진실로 흥하게 하고, 장차 빼앗고 싶으면 반드시 진실로 주어라. 이를 '미명(微明)'이라 한다. 부드럽고 약한 것이 굳세고 강한 것을 이긴다.(將欲翕之, 必固張之; 將欲弱之, 必固强之; 將欲廢之, 必固興之; 將欲奪之, 必固與之. 是謂微明. 柔弱勝剛强.)"라고 하여 오묘한 역설(逆說)을 펼치고 있다. 하상공(河上公)은 이 '미명(微明)'에 대해 "이 네 가지는 그 도는 은미하지만 그 효과로 드러남은 분명하다.(河上公章句,

에 관해서 들으면 자기와는 직접 관계가 없고 멀리 있는 것이라 여긴다. 비록 그들도 안 가는 곳 없이 어디든 다 가지만, 그 선웃음 지어 가며 응석을 부리고 습관에 젖어들어 거기에 딱 굳어버림으로부터 벗어나지 못한다. 조조(曹操)와 같은 간웅도 "부인들에게 향을 나누어 주고 자식들은 신발 삼는 법을 배워 신발을 팔아먹고 살아라!"[359] 라고 유언하였듯이, 죽음이 임박하여서도 잊어버리지 못할 정도로 어린 시절의 인식은 마음속에 남아 있어서 놓아버리지 못한다. 그러므로 옛날에는 관례를 치르던 사람에게 "너의 어릴 적 지향하던 것들은 버려라!"라고 경계하였던 것이다. 군자가 되려면 어릴 적 지향하던 것들을 버리는 것보다 더 절실한 것이 없다. 그러나 어릴 적 지향하던 것을 버리고 원대한 관(觀)을 좇는 사람들은 천하에 그리 많지 않다.

그렇다면 『맹자』에서는 "대인이란 그 적자지심(赤子之心)[360]을 잃어버리지 않는다."[361]라고 하여 이와 다른데, 그 까닭을 무엇으로 보아야 할까. 『맹자』에서 말하는 적자지심은 사랑을 알고 공경을 아는 마음이다.

『老子道經』卷上, 「微明」 제36: 此四事, 其道微其效明也.)"라고 풀이하였다. 이를 보면 알 수 있듯이, 왕부지는 노자를 소인으로 보고 있으며 철저하게 비판한다.

359) "부인들에게 향을 나누어 주고 자식들에게는 신발 삼는 법을 배워 신발을 팔아먹고 살아라!"라는 '分香賣履(분향매리)'는 사람이 죽을 때 부인과 자식을 못 잊어함을 의미하는 4자성어다. 이는 조조가 남긴 유언에 있는 말이다.(曹操, 『遺令』: 餘香可分與諸夫人, 不命祭. 諸舍中無所為, 可學作組履賣也)

360) 적자지심은 적자(赤子)일 적의 마음을 말한다. 적자는 아직 붉은색 핏기가 도는 갓 태어난 아이를 말한다. 맹자가 사람 가운데 아직 전혀 몸뚱이의 욕구가 발달하지 않은 존재로 거론하는 예다. 그래서 적자지심은 하늘로부터 받은 순수한 마음 그 자체로서 순선무악(純善無惡)한 것으로 본다.

361) 『맹자』, 「이루(離婁) 하」 편에 나오는 말이다.

그러나 『맹자』에서는 반드시 "진실로 확충하지 않으면 처자식조차 보호하지 못한다."[362]라 하고 있다. 잃어버리지 말아야 할 것은 체(體)요, 그것을 확충함은 용(用)이다. 용이 없는 체는 마비되어서 생동하지 않는 체일 따름이다. 배움을 통해 받아들이고, 따져 물음을 통해 분별하며, 관용으로써 살아가고, 어짊으로써 행한다.[363] 천명을 알고서 반드시 두려워하며, 대인·성인의 말을 알고서 반드시 두려워한다.[364] 오직 어릴 적 지향하던 것들을 버리고 사람들이 모두 우러러보는 대관(大觀)을 좇아야 한다. 나라 전체가 아무리 크다 한들, 천년이 아무리 요원하다 한들, 하늘의 도는 위에서 운행하고 있고 성인은 그 표준을 세워 놓았다. 그런데도 진실로 우러러봄에 힘쓰지 아니한다면, 또한 그것을 비난하고 조소하면서 "무엇 때문에 저렇게 행해야 해?"라고 여길 테니, 그래서는 임금이나 부모조차 마음에 두지 않을 것이고 남의 집 담장에 구멍을 뚫거나 타고 넘어 들어가 도둑질하는 것도 전혀 부끄럽게 여기지 않을 것이다. 그리하여 소인배들이 전혀 거리낌이 없이 행하는 원리와 방법들이 온 세상에 가득 찰 것이다. 어리석은 부모나 형조차도 또한 그 자식이나 동생을 가르치는 것이거늘, 군자가 어찌 아쉬워하지 않을 수 있겠는가. 두려워할 만하도다!

---

362) 『맹자』, 「공손추 상」 편에 나오는 말이다. 그러나 "진실로 그것을 확충할 수 있을진대 족히 온 나라를 보호하고, 확충하지 못하면 부모조차 섬기지 못한다.(苟能充之, 足以保四海; 苟不充之, 不足以事父母.)"라고 하여 몇 글자가 다르다.

363) 앞, 『문언전』, 건괘(乾卦)에 나왔던 말이다.

364) 둘 다 『논어』에 나오는 공자의 말이다.(『論語』, 「爲政」: 五十而知天命./『論語』, 「季氏」: 孔子曰, "君子有三畏, 畏天命, 畏大人, 畏聖人之言.)

六二, 闚觀, 利女貞.

육이: 문틈으로 엿봄이니, 여자가 올곧음에 이롭다.

六二中而當位, 亦可謂之貞, 而爲主於內卦, 以成陰之盛滿, 知有大觀在上, 且信且疑, 而從門內竊視之, 弗敢決於應也, 女子之貞而已, 其所利者在是也.

육이효는 득중하였고 자리도 제자리를 차지하고 있다. 그래서 또한 '올곧음'이라 할 수 있다. 그러나 내괘[貞卦]의 주체가 되어서 음이 융성하여 가득 참을 이루고 있는데, 사람들이 모두 우러러보는 대관(大觀)이 있는 줄을 알면서도 반신반의하며 문 안에서 남모르게 살짝 엿보기나 할 뿐 감히 응하는 쪽으로 결정을 내리지 못하고 있다. 그래서 이는 여자의 올곧음일 따름이다. 이롭다는 것도 이에 그칠 따름이다.

「象」曰: '闚觀女貞', 亦可醜也.

「상전」: '문틈으로 엿봄이니, 여자가 올곧음이다'는 또한 부끄러울 수가 있다.

大觀在上, 不能相近以挽欲消之陽, 而中立於群陰之間, 以祈免咎, 弗能爲有無, 是以可醜.

사람들이 모두 우러러보는 대관(大觀)이 위에 있지만 그에게 가까이 다가가 사라지려 하는 양(陽)들을 끌어당길 수가 없고, 뭇 음효들의 중간에 서서 허물을 면하기나 기구할 뿐 그것을 없앨 수가 없다. 그래서 부끄러울 수가 있다.

六三, 觀我生, 進退.

육삼: 나의 살아감을 돌아봄이니 나아가도 되고 물러나도 된다.

此則吉凶得失之未審, 而存乎占者之自審也. 六三柔而與'坤'爲體, 則退而就陰, 其時然也. 三爲進爻, 而較近於五, 則進而就陽, 其志然也. 退不失時, 進以遂志, 兩者皆無過焉. 道在觀我所行而不在物. 自修其身, 內省不疚, 斯以退不狎於不順, 進不迫於違時, 其庶幾矣.

이 효는 점을 통해 길·흉과 득·실을 살피지 않더라도, 점치는 이 스스로 자신을 살피느냐 그렇지 않느냐에 따라 이것들이 갈린다. 육삼효는 부드러움의 효이고 이 괘의 정괘(貞卦)인 곤괘☷와 한 몸을 이루고 있으니, 물러나 음으로 나아감은 그 때[時]가 그러하기 때문이다. 그리고 3효는 나아감의 효로서 5효와 비교적 가까우니 이 육삼효가 양으로 나아감은 그의 뜻이 그러하기 때문이다. 그래서 육삼효는 물러나서는 때를 잃어버리지 않고 나아가서는 뜻함을 이루니, 둘 다 모두 지나침이 없다. 따라야 원리·원칙은 내가 한 행위를 돌아봄에 있지 내 밖의 타자(他者)에 있지 않다. 스스로 그 몸을 닦고 안으로 살펴 고질이 되지 않게 해야 한다. 이렇게 함으로써 물러나더라도 순종하지 않는 것들과 친압하지 않고, 나아가더라도 때를 어기면서까지 절박하게 하지 않는다. 이러면 된다.

「象」曰: '觀我生進退', 未失道也.

「상전」: '나의 생을 돌아봄이니 나아가도 되고 물러나도 된다'는 아직 도를 잃어버리지 않았기 때문이다.

道不失, 則進退皆可.

도를 잃어버리지 않았으니, 나아가 현실에 참여함이나 물러날 홀로 살아갈 모두 다 가하다.

六四, 觀國之光, 利用賓于王.

육사: 나라의 광채를 봄이니, 왕에게 빈객이 됨에 이롭다.

三修身以俟時, 四則可決於進矣. 近陽之光, 陽所求也. 古者鄕大夫進士於天子, 賓於飮射以興之. 四承五而彌近, 故利在受賓興之禮以進.

육삼효가 수신을 하며 때를 기다리고 있다면, 육사효는 나아감으로 결정할 수 있다. 육사효는 양효인 구오효의 광채에 가까우니 양이 구하는 존재다. 옛날에 시골의 대부나 진사는 천자에게 음주와 활쏘기의 손님이 됨으로써 발탁되었다.[365] 육사효는 구오효를 받들며 더욱 가까이 있다.

365) 주나라 때 현명한 이를 발탁하는 방법을 보면, 시골의 대부나 사(士)들이 각 고을에서 소학 과정을 마쳤을 때 현명한 이와 능력 있는 이를 천거하여

그래서 그의 빈객이 돼 천거되는 예를 받아들여 나아감이 이롭다.

「象」曰: '觀國之光', 尙賓也.

「상전」: '나라의 광채를 봄'이란 빈객을 숭상함이다.

'尙'謂道所貴也. 君子之學修, 雖耕釣而有天下之志, 然必上賓於廷, 乃見宗廟之美·百官之富, 以先王經世之大法, 廣其見聞之不逮, 故雖衰世之朝廷, 猶賢於平世之艸野, 非闚觀者所能測也.

'숭상함'이란 빈객이 지닌 도(道)를 귀하게 여긴다는 말이다. 군자가 배움을 통해 수양이 이루어지고 나서는 비록 농사를 짓거나 낚시를 하고 있다 하더라도 천하를 바루겠다는 뜻함을 갖는다.[366] 그러나 반드시 위로 조정의 빈객이 되어서 종묘의 아름다움과 백관들 집무소의 윤택함을 보고[367], 선왕들께서 세상을 경영하던 위대한 법으로써 자신의 견문이

빈례(賓禮)를 치르고 올라가 국학에 입학하는 방식이었다. 따라서 천자에게 손님이 되어 빈례를 치른다는 것은 이 인재 발탁 과정에 참여한다는 것이다. 음주(飮酒)와 활쏘기는 그 빈례의 과정이다.

366) 농사를 지은 사람은 순임금, 낚시를 한 사람은 태공망(太公望; 呂尙)이라 할 수 있다.

367) 『논어』, 「자장」 편에 나오는 말이다. 숙손무숙이라는 사람이 조회 석상에서 대부들에게 "자공이 중니(공자)보다 더 현명하다."라고 말했다. 자복경백(당시 魯나라의 대부)이 이 말을 자공에게 알렸다. 그러자 자공은, "담장에 비유하여 말하겠다. 우리 집 담장은 우리들 어깨만큼밖에 안 된다. 그래서 담장 밖에

미치지 못하던 것을 넓혀야 한다. 그러므로 비록 쇠미해져가는 시대의 조정에 종사하는 사람이라 할지라도 오히려 평범한 시대의 초야에 묻힌 사람들보다는 현명하니, 문틈으로 살짝 엿보는 정도로는 가늠할 수 있는 것이 아니다.

九五, 觀我生, 君子无咎.

구오: 나에게서 생긴 것들을 돌아봄이니, 군자는 허물이 없다.

言行皆身所生起之事, 故曰'生'. 自四以下, 皆獎陰以觀陽, 而責其不逮. 以陰盛, 陽且往, 故必正名定分, 以扶陽而尊之. 至于九五, 當群陰方興且迫之勢, 固不可恃位之尊, 而謂人之必己觀也. 能爲人觀者, 必先自觀. 語默動靜, 有一不協於君子之道, 則時去勢孤, 位且不保. 不可

서서 보더라도 집과 방이 얼마나 좋은지를 충분히 볼 수가 있다. 그러나 선생님 댁의 담장은 사람 키의 몇 배가 되니, 그 대문으로 들어가지 않으면 그 댁의 종묘가 얼마나 아름답고 백관들의 집무실이 얼마나 윤택한지를 알 수가 없다. 그런데 그 문으로 들어간 사람이 몇 안 된다. 그러니 그 사람이 그렇게 말하는 것은 당연하지 않겠는가!"라고 말했다. 즉 자기와 같은 사람은 경지가 별로 높지 않아 숙손무숙이라는 것을 잘 알 수 있지만 스승 공자와 같은 사람은 경지가 너무 높아 그와 같은 사람으로서는 잘 알 수가 없어 그렇게 말했을 것이니, 이는 당연한 귀결이라는 것이다.(叔孫武叔語大夫於朝曰, "子貢賢於仲尼." 子服景伯, 以告子貢. 子貢曰, "譬之宮牆. 賜之牆也及肩, 窺見室家之好; 夫子之牆, 數仞, 不得其門而入, 不見宗廟之美, 百官之富. 得其門者, 或寡矣. 夫子之云, 不亦宜乎!")

徒咎在下者之侵陵, 而咎實在己. 故當此位者, 必'觀我生'. 果其爲君子, 而後无咎, 以其剛健中正之道未亡, 責之備也.

말과 행동은 모두 우리들 몸에서 생긴 일들이다. 그러므로 '생(生)'이라 한다. 이 관괘의 육사효 이하에서는 모두 음들에게 양을 우러러보라고 권장하며 그들이 미치지 못함을 책망하고 있다. 즉 음들이 왕성해짐에 반비례하여 양들은 또한 사라져가고 있기 때문에, 반드시 음과 양의 명분을 올바르게 정하고 양을 부추김으로써 높이는 것이다. 그러나 이 구오효에 이르러서는 뭇 음들이 한창 흥기하고 또한 핍박하는 추세를 맞이하고 있다. 그래서 구오효의 입장에서는 진실로 자신의 위(位)가 지닌 존귀함만을 턱 믿은 채 남들이 반드시 우러러보아 줄 것이라고 말할 수가 없다. 남들에게 우러러봄의 대상이 될 수 있으려면 반드시 먼저 스스로를 돌아보아야 한다. 그래서 말할 적에나 침묵하고 있을 적에나, 또 행동을 할 적에나 고요히 있을 적에나, 어느 하나라도 군자의 도에서 벗어난다면, 때는 이미 지나가고 세는 고립되어 있으니, 자신의 지위로도 자신을 보호하지 못한다. 이럴 때 한갓 허물은 저 아랫것들이 침범하고 능멸한 데 있다고 할 수 없다. 실제로는 자기에게 허물이 있는 것이다. 그러므로 지금 이 구오효의 위(位)를 차지하고 있는 이는 반드시 '나에게서 생긴 것을 돌아보아야' 한다. 그래서 과연 그것이 군자임에 합당한 뒤에라야 허물이 없다. 그 굳세고 씩씩하며 중정(中正)함의 도를 잃어버리지 않음으로써 책임이 갖추어지는 것이다.

「象」曰: '觀我生', 觀民也.

「상전」: '나의 생을 돌아봄'은 백성들의 형편을 돌아봄이다.

'我生'云者, 畢其一生所有事之辭. '觀民', 言爲大觀以示民也. 欲爲大觀於上, 令瞻仰之者無不奉爲儀則而不敢忽, 豈一言一行之足稱其望哉! 內省而不媿於屋漏, 外察而不愆於度數, 無所不致其反觀, 以遠咎過, 然後愚賤之志欲紛紜競起思乘隙而摘之者, 無所施其窺伺, 則可危可亡, 而小人終莫之敢侮. 君子之爲觀於民, 自觀之盡也.

'나의 생'이라 한 것은 한 인생을 끝마칠 때까지 행한 일을 가리키는 말이다. '백성을 돌아봄'은 사람들이 모두 우러러보는 대관(大觀)이 되어 백성들에게 내보임이다. 위에서 대관(大觀)이 되고 싶으면 우러러보는 이들로 하여금 누구 하나 받들지 않는 이가 없는 본보기가 되어 감히 홀시하지 않게 해야 하니, 이 어찌 한 마디 말과 한 가지 행동으로 족히 그 바람에 부합하리오! 안으로 자신을 성찰하여 옥루에 한 점도 부끄러움이 없고[368], 밖으로 드러난 자신의 행동을 살피더라도 전혀 규범에 어긋나지 않아서, '자신을 되돌아봄[反觀]'을 철저하게 이룸으로써 허물과 과오를 멀리해야 한다. 그러한 뒤에라야 어리석고 천박함에서

368) 『시경』, 「대아(大雅)・탕지십(蕩之什)」 편의 '억(抑)'이라는 시에 나오는 말이다. 전문은 "서로 함께 너의 방에 있더라도 오히려 옥루에 부끄러움이 없네(相在爾室, 尙不愧于屋漏.)"로 되어 있다. 옥루(屋漏)는 옛날에 실내의 서북쪽에 작은 휘장을 치고 신주를 안치해 두던 곳이다. 다른 사람들이 보지 못하게 집 안에서 가장 어둡고 구석진 곳에 설치하였다. 따라서 이곳에 부끄러움이 없다는 것은 사람들에게는 물론, 모시는 신주에게도 부끄러움이 없다는 말로서, 진실로 부끄러움이 없다는 의미가 된다. 『예기』에서는 이 시를 인용하며, 군자의 자기반성(自己反省)의 가장 큰 진실성과 순수성을 보증하는 것으로 이 '옥루(屋漏)'를 거론하고 있다.(『禮記』, 「儒行」: 故君子內省不疚, 無惡於志. 君子所不可及者, 其唯人之所不見乎. 『詩』云, "相在爾室, 尙不愧于屋漏.")

비롯된 의지와 욕구가 어지러이 다투며 일어나서 틈을 타고 들어와 똑 따가려 하는 분에 넘친 바람을 펼칠 수조차 없다. 이렇게 하면 위태로울 수는 있고 망할 수는 있으나, 소인배들은 끝내래도 감히 모욕하지 못한다. 그래서 군자가 백성들에게 우러러봄의 대상이 된다 함은 곧 제 스스로를 돌아봄을 다한다는 의미다.

上九, 觀其生, 君子无咎.

상구: 그것이 생겨남을 돌아봄이니, 군자는 허물이 없다.

'其'者, 在外之辭, 謂物情嚮背之幾也. 上九無九五之位, 而陽將往矣, 欲不失其大觀也, 尤難. 內度之己, 抑必外度之物; 果其所以發邇而見遠者, 無不中乎物理, 可以招攜懷遠, 而允爲君子, 然後无咎.

'그것'이란 밖에 있다는 말로서, 내 밖에 있는 존재들의 마음이 나에게로 오느냐 아니면 돌아서느냐로 갈리는 은미한 기미[幾]를 의미한다. 상구효에게는 구오효와 같은 존귀한 위(位)가 없다. 그리고 그 양(陽)도 곧 사라져 가게 되어 있다. 그래서 사람들이 모두 우러러보는 그 대관(大觀)을 잃어버리지 않으려 해도 더욱 어렵다. 상구효는 안으로 표준이 되는 자기를 이루어서, 꼭 밖에 표준을 두어야만 하는 외물(外物)을 억눌러야 한다. 그래서 과연 그 가까이서 발현하여 멀리에까지 보이는 것이 물(物)들의 이치에 딱 들어맞지 않는 것이 없어야 한다. 그래야 아직 자신에게로 돌아오지 않는 마음을 끌어당길 수 있고 멀리 있는 사람들을 품에 안을 수 있어서[369] 진실로 군자가 된다. 그러한 뒤에라야 허물이 없다.

「象」曰: '觀其生', 志未平也.

「상전」: '그것이 생겨남을 돌아봄'이란 뜻함이 아직 평정되지 않았음을 의미한다.

無位而將往, 物且輕之, 而志不能平. 然不可挾不平之志, 必盡道以求物理之安.

상구효는 존귀한 지위도 없는 채 곧 사라져가게 되어 있다. 그래서 물(物)들도 그를 경시하니, 그들의 뜻함을 평정할 수가 없다. 그러나 이렇게 평정되지 아니한 뜻함들을 끼고 갈 수 없으므로, 반드시 다 원리에 맞게 하여 물(物)들의 이치대로 평안하게 해야 한다.

---

369) 회맹(會盟)을 하던 자리에서 관자가 제후들에게 한 말이다. 그는 아직 자신에게로 돌아오지 않은 이들의 마음을 예로써 끌어당기고 멀리 있는 사람들은 덕으로써 품어야 한다고 하며, 덕과 예를 바꾸지 말고 제대로 베풀면 누구든 다 품에 안을 수 있다고 하였다.(『左傳』, 僖公 7年 條: 管仲言於齊侯曰, "臣聞之, 招攜以禮, 懷遠以德. 德禮不易, 無人不懷.")

噬嗑卦震下離上

서합괘䷔

噬嗑, 亨, 利用獄.

서합: 형통하다. 옥(獄)을 써서 죄를 다스림에 이롭다.

'噬嗑'之義, 「彖傳」備矣. 爲卦, 一陽入於三陰之中, 而失其位, 不與陰相合也; 三陰欲連類, 而爲一陽所間, 不能合也. '頤'之爲道, 虛以受養, 而失位之陽, 以實碍之, 不能合也. 自'否'而變, 以交陰陽而合之, 而陽下陰上, 皆不當位, 其交不固, 不能合也. 積不合之勢, 初·上二陽, 以其剛制之才, 强函雜亂之陰陽於中, 而使之合, 是齧合也. '亨'者, 物不合則志氣不通, 雖曰齧合, 而亦合矣, 是'噬嗑'之亨也. 然柔得中, 而爲'離'明之主, 具知齧合者之矯亂而不固, 則且施刑以懲其妄, 而不至如'六國'之君, 昏暗傲狠, 聽說士之誣, 以連異志之諸侯, 斯亦可遠於害. 故唯 '用獄'而其邪妄可息也.

'서합(噬嗑)'이라는 말의 뜻은 이 괘의 「단전」에 잘 드러나 있다. 이 서합괘를 보면, 하나의 양효가 세 음효 속으로 들어가 있는데, 이것이 제 위(位)를 잃어버린 것이어서 음효들과 서로 화합하지 않는다. 그리고 세 음효는 자기네들끼리 연대하려 하지만 이 하나의 양효가 그 사이에 끼어 있어서 합할 수가 없다. 사람 턱의 원리는 자신을 비워서 양육할 음식물을 받아들이는 것인데, 지금 이 경우는 제자리를 잃어버린 양이 실(實)로써 장애가 되어 있으니 다물 수가 없다. 또 이 서합괘는 비괘(否卦)䷋로부터 변한 것으로서 음과 양을 교접하여 합한 것인데, 비괘에서의 양효(구오효)는 아래로 내려가고 음효(초육효)는 위로 올라가서 이 서합괘에서는 모두가 제자리가 아닌 자리를 차지하고 있다. 그래서 그 교접함이 견고하지 않으며 합할 수가 없다. 그래서 합하지 않는 세를 누적하고 있고, 초구·상구효의 두 양효는 그 굳세게 제지하는 재질로써 잡스럽고 어지러운 음·양효들을 억지로 안에다 휩싸서 합하게 하니, 이는 윗니와 아랫니를 다물어 합함이다.

'형통하다'는 것은, 물(物)들이 합하지 않으면 뜻함과 기(氣)가 서로 통하지 않는데, 이 괘에서는 비록 윗니와 아랫니를 다물어 합함이라 할지라도 또한 합하였으니, 이것이 서합괘의 형통함이라는 것이다. 그러나 부드러움이 득중하여 이 괘의 상괘인 이괘(離卦)☲의 밝음의 주체가 되어 있어서 윗니와 아랫니의 합함 속에 있는 어지러움을 바로잡아야 할 줄을 알고는 있지만 그것이 견고하지가 않다. 그래서 또한 형벌을 시행하여 그들의 망령된 작태를 징치함으로써, 전국시대(戰國時代) 여섯 나라의 군주들처럼 하지 않게 해야 한다. 그들은 사리에 어두우면서도 오만하고 사납기까지 한 채 세객들의 그럴 듯한 말에 넘어가 각기 다른 뜻을 품고 있는 제후들끼리 연대하였던 것이다. 그러니 형벌을 시행해야 역시 이러한 해로움을 멀리할 수 있다. 그러므로 오직 '오직 옥을 써서 죄를 다스려야'만 그 사악하고 망령된 짓거리들을 종식시킬 수 있다.

「彖」曰: 頤中有物, 曰噬嗑.

「단전」: 턱 속에 이물질이 있는 것을 '서합(噬嗑)'이라 한다.

'物'者, 非所固有之物, 謂失位之九四. 頤中豈可有物哉! 又從而噬以嗑之, 增其妄也.

'이물질'이라고 한 것은 고유한 것이 아니라는 의미로서, 이 서합괘에서는 제자리를 잃고 있는 구사효를 말한다. 턱 속에 어찌 이물질이 있을 수가 있겠는가! 그런데도 그것을 씹어대면 그 망령됨을 더욱 더하게 된다.

噬嗑而亨.

씹어서 형통하다.

强噬之而合, 足爲亨矣, 明者所不以爲亨而惡之者也.

억지로 씹어서 합치니 충분히 형통할 수는 있지만, 현명한 이들은 이러함을 형통하다고 여기지 않고 혐오한다.

剛柔分, 動而明, 雷電合而章.

굳셈과 부드러움이 나뉘어 움직이면서 밝으니[370] 우레와 번개가 합하여[371]

---

370) 취의설로 이 서합괘의 상·하괘를 나누어서 설명한 것이다. 서합괘의 상괘는 이괘(離卦)☲니 '밝음'을 상징하고, 하괘는 진괘(震卦)☳니 '움직임'을 상징한

환히 빛난다.

自'否'之變而言之, '否'之陰陽聚, 而此卦分之. 分而下者, 不無躁動; 分而上者, 則爲'離'明之主. 雷起於不測, 而電章之, 則明足以燭動而止其妄矣.

이는 서합괘가 비괘䷋로부터 변하였다는 관점에서 말하는 것이다. 비괘는 음·양효들이 저희들끼리 모여 있지만, 이 서합괘에서는 나뉘어 있다. 그래서 나뉘어 아래로 내려가서는 진괘☳를 이루니 바스대면서 움직이지 않음이 없고, 나뉘어 위로 올라간 것(육오효)은 이괘☲의 밝음의 주체가 되어 있다. 우레는 예측할 수 없는 곳에서 일어나지만 번갯불은 환하다. 그래서 그 밝음으로 움직임을 충분히 비추어서 그 망동함을 그치게 한다.

柔得中而上行, 雖不當位, 利用獄也.

부드러움이 득중한 채 위에서 행하고 있는데, 비록 그것이 제자리를 차지하고 있는 것은 아니라 하더라도 옥(獄)을 써서 죄를 다스림에 이롭다.

다. 다만 『주역』의 괘들은 밑에서 위로 간다. 그래서 '움직이면서 밝다'고 한 것이다.

371) 이는 취상설에 의한 풀이다. 서합괘의 하괘인 진괘(震卦)☳는 우레를 상징하고, 상괘인 이괘(離卦)☲는 번개를 상징하기 때문이다.

'不當位', 謂六五也. 變否塞之道, 柔自初而上行以得中, 炤其妄而治以刑, 合於義矣, 故'利'. 兩造曰'訟', 上察下惡而治之曰'獄'.

'그것이 제자리를 차지하고 있는 것은 아니라 하더라도'라고 한 것은 육오효에 대해 한 말이다. 이는 비괘(否卦)䷋의 꽉 틀어 막혀 통하지 않음의 상황을 변화시킨 것이다. 그래서 부드러움이 초효로부터 위로 올라가 득중한 채 그 망동함을 비추어서 형벌로써 다스리니, 의로움에 부합한다. 그러므로 '이롭다'고 한 것이다. 양쪽이 함께 벌이는 것을 '송(訟)'이라 하고, 윗사람이 아랫사람의 악을 살펴 다스림을 '옥(獄)'이라 한다.

「象」曰: 雷電, '噬嗑', 先王以明罰勅法.

「상전」: 우레와 번개가 서합괘니, 선왕들께서는 형벌을 밝게 하고 법을 정비하였다.

'雷電', 『本義』云, "當作電雷." 中溪李氏曰, "蔡邕石經本作電雷." '離明以明罰, 雷動以勅法, 所以制疑叛之人心而合之也, 故爲'噬嗑'. 禁令懸於上, 不率者則謹持而決之. 此定法律於未犯之先, 故既明則必斷, 與'豐'殊用. '豐'者折獄於已犯之後, 法雖定而必詳察以下求其情, 故既斷而必明. '噬嗑'先王之道. '豐'司寇之道. 法定於一王, 獄成於良有司也.

'우레와 번개'를 주희의 『주역본의』에서는 "마땅히 번개와 우레로 써야 한다."라고 하고 있다. 중계이씨[372]는, "채옹(蔡邕)[373]의 석경본(石經本)[374]에 '우레와 번개'로 되어 있다."고 한다. 서합괘의 상괘인 이괘☲는 밝음을 상징하니 그 밝음으로써 벌을 내리고, 하괘인 진괘☳는 우레를 상징하니 그 움직임으로써 법을 정비한다. 그래서 의심을 품고 이반해가는 민심을 제지하고 자신에게 합하게 한다. 그러므로 '서합(噬嗑)'이 된다. 금령(禁令)을 누구나 볼 수 있게 위에 높이 걸어놓고 따르지 않는

---

372) 역자가 저본(底本)으로 삼은 악록서사본(嶽麓書社本)에는 이곳이 '中溪李氏'로 되어 있으나, 『주역전의대전(周易傳義大全)』에는 '중계장씨(中溪張氏)'로 되어 있고(胡廣 等, 『周易傳義大全』권8: 中溪張氏曰, "蔡邕石經本作電雷."), 『주역절중(周易折中)』에는 '장씨청자(張氏淸子)'로 되어 있다.(『御纂周易折中』권11: 張氏淸子曰, "蔡邕石經本作電雷.") 그래서 역자는 '이씨(李氏)'가 아닌 '장씨(張氏)'가 옳다고 본다. 이 중계장씨, 장씨청자, 장청자는 동일인이다. 장청자는 원나라 때의 유명한 『주역』 학자다. 사고전서(四庫全書)의 『주역』류를 보면 굉장히 많은 『주역』 관련 주석서들에서 이 '중계장씨(中溪張氏)', 또는 '장씨청자(張氏淸子)'의 설을 인용하고 있는 것을 보면 이를 알 수 있다.

373) 채옹(133-192)은 진류어(陳留圉; 지금의 河南省 杞縣)출신이다. 동한의 문학가, 서예가였다. 박학다재(博學多才)하여 육경(六經)과 역사에 밝았고, 천문, 음률, 사부(辭賦) 등에도 대단히 능했다. 영제(靈帝) 때 낭중(郎中)에 임명되었고, 나중에는 의랑(議郞)이 되었다. 희평(熹平) 4년(175년)에는 육경의 문자를 바로잡고 확정할 것을 영제에게 주청(奏請)하여 허락을 받고 동관(東觀)에서 교감 작업을 벌였다. 동관은 반고(班固)가 『한기(漢記)』를 저술하던 곳이다. 낙양의 궁궐 안에 있었다. 채옹은 당시 발호하던 환관들을 탄핵했다가 역풍을 맞아 유배를 당하기도 했다. 헌제(獻帝) 때에는 동탁의 강박(强迫)을 받아 시어사(侍禦史)가 되었고, 좌중랑장(左中郎將)이 되었다. 그리고는 동탁이 피살된 뒤에 왕윤(王允)에게 체포되어 옥중에서 죽었다. 그의 작품으로는 시(詩), 부(賦), 비(碑), 뢰(誄), 명(銘) 등에 걸쳐 모두 104편이 전한다.

374) 희평석경(熹平石經)을 말한다. 채옹이 동관(東觀)에서 교감 작업을 하고 있을 당시, 영제 희평 4년(175년)에 자신이 손수 주사(丹砂)를 이용하여 경문(經文)을 석비(石碑)에 쓰고 다시 석수장이들에게 새기게 하여 태학의 문밖에 세웠다. 이것이 희평석경(熹平石經)이다.

사람들은 삼가 이를 가지고 재결(裁決)한다. 이는 백성들이 아직 범하기 전에 법률을 정함이다. 그러므로 이미 죄를 범함이 명백하면 반드시 처단하지만, 풍괘(豐卦)와는 쓰임새를 달리한다. 풍괘는 이미 죄를 범한 뒤에 그 범죄를 조사하고 처단하는 것이다.375) 그러나 비록 법이 정해져 있다고는 하여도 반드시 상세하게 살핌으로써 아래로 그 실정이 어떠했는지를 찾아내야 한다. 그러므로 이미 처단하여서는 틀림없이 명백하다. 이렇게 보면, 서합괘는 선왕들의 도를 반영하고 있고, 풍괘는 사구(司寇)의 도를 담고 있음을 알 수 있다. 법은 한 왕에 의해 정해지고, 범법자를 조사하고 처단함은 훌륭한 집행자에 의해 이루어진다.

初九, 屨校滅趾, 无咎.

초구: 발에 차꼬를 씌워 발가락을 가려버림이다. 허물이 없다.

'屨校'施械於足也. '滅'掩也, 沒也. 械其足, 見械而不見足也. 初與上爲頤體, 齧合陰陽之雜而不恤其安, 其罪也, 故用獄者施以刑焉. 然初九雖剛以動, 而處於卑下, 無堅於妄動之力. '否'五之陽, 自上而下, 屈己以合物, 未有利焉. 二又以柔乘己, 有可噬之道, 議刑者所不加以重戒,

---

375) 풍괘는 서합괘와 상·하괘가 뒤바뀌어 있다. 즉 서합괘는 상·하괘가 이괘☲·진괘☳로 되어 있음에 비해 풍괘는 진괘☳·이괘☲로 되어 있다. 그리고 풍괘의 「대상전」은 "우레와 번개가 함께 이름이 풍괘니, 군자는 이를 본받아 송사를 판결하고 중범죄인을 형벌로써 다스린다.(雷電皆至, '豐', 君子以折獄致刑.)"로 되어 있다.

械其足而已. 薄懲之則惡且止矣. 故可无咎. 戒用獄者知其惡之可改, 早爲懲創, 斯得免民於咎之道也.

효사의 '屨校(구교)'는 형틀인 차꼬를 발에 씌움을 의미한다. '滅(멸)'은 엄폐함이고, 보이지 않게 함이다. 그 발에 형틀을 씌우면 형틀은 보이지만 발은 보이지 않는다. 초구효와 상구효는 턱의 몸체를 이루는데, 음・양이 뒤섞여 있는 것을 윗니 아랫니로 꽉 깨물고 속에 있는 것들이 어떻게 될지는 전혀 개의치 않는다. 이것이 바로 그의 죄다. 그러므로 죄를 다스리는 이가 형벌을 준 것이다. 그러나 초구효는 비록 굳셈으로써 움직이기는 하지만 몸을 낮추어 낮은 데 처해 있고 견결(堅決)하게 망동할 힘도 없다. 이 효는 비괘(否卦)䷋의 구오효가 위에서 아래로 내려와 자신을 굽히고 타자들과 화합하고 있는 것이며, 아직 이로움은 없다. 그리고 육이효가 또한 부드러움[柔]으로서 자신을 올라타고 있기 때문에 이빨로 물어버려도 되는 이치는 있다. 그러나 형벌을 다루는 이가 중한 벌은 내리지 않고 그저 발에 차꼬만 씌웠을 따름이다. 이렇게 가볍게 징벌을 하여도 악은 멈춘다. 그러므로 허물이 없게 할 수 있다. 그의 죄를 조사하여 처벌하는 이가 그의 악을 고칠 수 있다는 것을 알고 일찌감치 징벌을 내린 것이니, 이에 백성들이 허물에 빠지지 않게 하는 도를 얻게 된다.

「象」曰: '屨校滅趾', 不行也.

「상전」: '발에 차꼬를 씌워 발가락이 보이지 않게 함'이니 다니지를 못한다.

戒其妄行, 則不行矣.

그 망령된 행위에 징벌을 줌이니 행하지 않는 것이다.

六二, 噬膚, 滅鼻, 无咎.

육이: 큰 살코기를 씹는데, 코를 덮어버림이다. 허물이 없다.

初・上, 噬者也; 中四爻, 受噬者也. 大臠無骨曰'膚'. '滅鼻'者, 捧大臠而噬, 上掩其鼻而不見, 噬之剛躁者也. 噬而合之, 剛以制物, 挾威以强物, 而有難易之分焉. 二以柔居柔, 而近初易噬. 若膚者, 初之上噬, 先噬乎二, 故迫而有滅鼻之象. 然初方動而二遽掩之, 有取噬之道焉, 則噬之者亦可无咎. 此初之罪所以輕, 而可薄罰以止之者也.

초구・상구효는 꽉 깨무는 것들이다. 그리고 가운데 네 효는 그들에 의해 씹히는 것들이다. 뼈를 발라낸 큰 살코기를 '膚(부)'라 한다. '코를 덮어버린다'는 것은 큰 살코기를 들고서 씹는데 위 부분이 그 코를 가려버려 보이지 않는 것이다. 너무나 다급하게 허겁지겁 씹어대는 모습이다. 씹으면서 다물어 합하고, 굳셈으로 물(物)들을 제압하며, 위엄을 띤 채 물(物)들을 강박하는 것인데, 이들도 어려움과 쉬움으로 나뉜다. 육이효는 부드러움으로서 부드러움의 위(位)를 차지하고 있고 초구효에 가까워서 쉽게 씹힌다. 그런데 큰 살코기를 초구효가 위로 씹어가는 데서 먼저 육이효를 씹으니, 육이효로서는 너무나 급박하여 코를 덮어버리는 상이 있는 것이다. 그러나 초구효가 막 움직이기 시작하자마자 육이효가 바로 덮어버린 것이니, 여기에는 씹음의 원리에서 취함이 있는 것이다. 그래서 씹는 것[초구효]도 허물이 없을 수 있다. 바로 이러하기 때문에 초구효의 죄가 가벼운 것이며, 가볍게 처벌하는 것만으로도 그를 그치게 할 수 있다.

「象」曰: '噬膚滅鼻', 乘剛也.

「상전」: '큰 살코기를 씹음이니, 코를 덮어버린다.'는 것은 굳셈을 올라타고 있기 때문이다.

以其乘剛, 故可恣意噬之.

그것이 굳셈을 올라타고 있기 때문에 제 맘대로 방자하게 씹어대는 것이다.

六三, 噬腊肉, 遇毒, 小吝, 无咎.

육삼: 바짝 말린 고기를 씹다가 독을 만남이니, 작게는 아쉬워함이 있지만 허물은 없다.

乾兎曰 '腊'. 三以柔居剛, 體雖小而堅, 不易噬者也. 强欲噬之, 則不聽命而必相害. 彼噬而此拒之, 三亦吝矣. '小'謂陰也. 然'噬嗑'之義, 以不受噬爲正, 則相持而不從, 固无咎也.

토끼고기 말린 것을 '腊(석)'이라 한다. 육삼효는 부드러움으로서 굳셈의 자리를 차지하고 있는데, 몸은 비록 작지만 질겨서 쉽게 씹히지 않는다. 그런데도 그것을 억지로 씹으려 하면 고분고분 말을 듣지 않아 제 뜻대로 되지 않으며 틀림없이 서로 해를 입는다. 저것은 씹고 이것은 그에 항거함이니, 육삼효도 이러한 상황이 된 것에 대해 아쉬워하는 것이다. '작게는'이라 한 것은 육삼효의 음을 의미하는 말이다. 그러나 서합괘의 의미는 씹힘을 받아들이지 않음을 올바름으로 여긴다. 그래서 서로 버티며 따르지 않음에는 본디 허물이 없는 것이다.

「象」曰: '遇毒', 位不當也.

「상전」: '독을 만남'은 위(位)가 제자리가 아니기 때문이다.

以柔居剛, 而不受噬, 故噬之者遇毒. 若二之柔, 則噬之易矣.

육삼효가 부드러움으로서 굳셈의 자리를 차지한 채 씹힘을 받아들이지 않기 때문에 씹는 이가 독을 만나는 것이다. 이에 비해 육이효의 부드러움이라면 씹기가 쉬울 것이다.

九四, 噬乾胏, 得金矢, 利艱貞, 吉.

구사: 뼈 붙은 마른고기를 씹음이니, 쇠 화살 쏘아댐을 당한다. 간난신고함 속에서 올곧음에 이롭다. 길하다.

肉帶骨曰‘胏’. 骨橫亘於頤中, 所謂‘頤中有物’也, 噬之最難者. ‘金矢’, 金鏃之矢, 傷人者也. 初・上不審勢度德, 强欲折服之, 四必亢而與之爭, 操矢相加, 所必然矣. 不受噬者, 正也. 孤立於中, 上下交噬, 非‘艱’而無以保其‘貞’. 四不恤其艱而貞不聽命, 故吉.

고기에 뼈가 붙어 있는 것을 ‘胏(자)’라고 한다. 뼈가 위・아래 턱 사이에 가로로 놓여 있음이니, 괘사에서 ‘턱 속에 이물질이 있는 것’이라 한 말은 바로 이를 두고 한 말이다. 이는 씹기에 가장 어려운 것이다. ‘쇠화살’이란 촉이 쇠로 된 화살로서, 사람을 상하게 하기에 십상이다. 이 서합괘에서는 초구・상구효가 세를 살피지도 않고 씹히는 이들의 덕을 헤아려보지도 않은 채 억지로 꺾고 굴복시키려 한다. 그런데 구사효는 꼭 이에 저항하며 싸움을 벌인다. 그래서 필연적으로 서로 조급하게 화살을 쏘아대게 되어 있다. 이러한 상황에서는 씹힘을 받아들이지 않음이 올바른 것이다. 그런데 속에서 고립된 상태에서 위・아래 턱들이 교접하며 씹어대니 ‘간난신고하게’ 대하지 않고서는 그 ‘올곧음’을 보전하지 못한다. 그런데 지금 구사효는 그 간난 따위는 전혀 마음에 두지 않은 채 올곧으면서 말을 듣지 않으니, 그래서 길하다.

「象」曰: ‘利艱貞吉’, 未光也.

「상전」: ‘간난신고함 속에서 올곧음에 이롭다. 길하다.’는 아직 빛을 보지 못함이다.

四以一陽介於羣陰之中而失位, 則似有求合於陰之情, 故初・上乘而噬之. 其不欲合之意, 未得昭著, 非艱以保貞, 無由致吉.

구사효는 하나의 양효로서 뭇 음효들 속에 끼어 있는 채 제자리도 잃어버리고 있으니 마치 음들에게 합함을 구하는 정(情)이 있는 것처럼 보인다. 그러므로 질투심이 동한 초구·상구효가 그를 올라타서 씹어버리는 것이다. 그런데 그의 합하려고 하지 않는 뜻은 아직 밝게 드러나지 못하고 있으니, 간난신고하게 하여 올곧음을 보전하지 않고서는 길함을 이룰 방도가 없다.

六五, 噬乾肉, 得黃金, 貞厲, 无咎.

육오: 마른고기를 씹음이요, 황금을 얻는다. 올곧음이니 매섭기는 하지만 허물은 없다.

黃金, 金之貴者. 五爲'離'主, 而得尊貴之位, 故爲'黃金'. '離'之六二爲'黃離', 其義也. 乾肉雖較胏無骨, 然亦堅韌而不易噬. 六五居中, 爲'離'明之主, 乃上六以與近而欲噬之, 見其位尊而柔, 覬得邀寵而分其利. 而五以大明中正之德, 灼見其情, 守貞不惑, 嚴厲以行法, 則上且蒙罪而不敢犯, 雖立威已過, 而非咎也.

황금은 쇠붙이 가운데 귀한 것이다. 육오효는 서합괘의 상괘인 이괘☲의 주체이고 존귀한 위(位)를 얻었기 때문에 '황금'이 된다. 이괘(離卦)의 육이효를 '황리(黃離)'라고 하는 것도 바로 이러한 의미에서다. 이 육오효의 마른고기는 비록 구사효의 뼈 붙은 마른고기에 비해 뼈가 없기는 하지만, 질겨서 쉽게 씹히지는 않는다. 육오효는 지금 중위(中位)를 차지하고 있으면서 밝음을 상징하는 이괘의 주체가 되어 있기는 하다.

그런데 상육효가 가까이 있다고 하여 씹어 먹고자 한다. 그리고 그 위(位)가 존귀한데도 부드러움이 와 있는 것을 보고서는 어떻게 하면 그 총애를 얻어 그 이익을 나누어 가질 수 없을까 하고 엿보고 있다. 그러나 육오효는 크고 밝으며 중정한 덕으로써 그 마음을 훤히 꿰뚫어보고 올곧으며 미혹되지 않는다. 그리고 엄격하면서도 매섭게 법을 집행하고 있다. 그래서 상구효도 감히 죄를 무릅쓰고 범하지는 않으니, 비록 위엄을 세움이 지나친 감이 없잖아 있지만 허물이 되지는 않는다.

「象」曰: '貞厲无咎', 得當也.

「상전」: '올곧음이니 매섭기는 하지만 허물은 없다.'는 마땅함을 얻었기 때문이다.

明以察之, 柔而能斷, 持法得其當矣.

밝게 살펴서 부드러우면서도 능히 엄단하니, 법 집행이 그 마땅함을 얻은 것이다.

上九, 何校滅耳, 凶.[376)]

상구: 형틀을 목에 뒤집어씌워 귀를 보이지 않게 함이니 흉하다.

---

376) 저자 주: 이 '何(하)' 자는 '負何(부하)'의 何(하)와 같은 뜻으로서 본래 음은 '河(하)'와 같다. 사람들은 이들을 상성과 거성으로 읽는데 옳지 않다.('負何'之何本音河, 俗讀上・去聲者非是.)

‘何校滅耳’, 械其項而掩其耳也. 六五貞厲, 施刑於上九, 已何校矣, 猶滅耳不聽, 而强欲噬之以求合. 噬之不仁, 合之不義, 不自罹於死亡不止也. 初與上皆噬者也. 而凡噬物者, 下頷雖任動, 而猶知堅脆, 而有所避就. 上頷堅立於上, 物至則折, 而無所擇, 其爲貪狠倍甚. 且二乘剛, 有可噬之道, 五虛中明炤, 非可噬者, 懲之而不知戒, 恃剛强制, 故罪烈於初, 而允爲凶人, 用刑者所宜加以怙終之賊刑也.

‘何校滅耳(하교멸이)’는 목에 형틀을 뒤집어씌워 귀를 가려 버리는 것이다. 육오효가 올곧으며 상구효에게 매섭게 형벌을 가하여 벌써 형틀을 씌워버린 것인데, 오히려 귀까지 가려서 들리지가 않으니 억지로 씹어서 합하려 하고 있다. 그러나 이러한 상황에서는 씹는 것도 인(仁)이 아니고 합하는 것도 의(義)가 아니다. 그래서 스스로 사망하는 재앙에 걸리지 않고서는 그만두지를 못한다. 초구효와 상구효는 모두 씹는 이들이다. 그런데 무릇 무엇을 씹을 적에는 비록 아래턱이 위아래로 움직여서 그 임무를 수행하지만, 그 아래턱은 오히려 씹히는 것이 질긴지 무른지를 알아서 피해감이 있다. 이에 비해 위턱은 위에 견실하게 버티고 서 있기는 하지만 물(物)이 이르면 부러지며 가릴 줄을 모른다. 그래서 그 탐욕과 사나움이 초구효보다 배는 더 심하다. 또 초구효에 바로 인접한 육이효는 굳셈을 올라타고 있기 때문에 씹어도 되는 이치가 있지만, 상구효에 바로 접한 육오효는 자기 속마음을 비운 채 훤히 비추며 꿰뚫고 있으니 씹을 수 있는 대상이 아니다. 그런데 그 육오효가 징치하는데도 경계할 줄을 모르고 자신의 굳셈만을 믿고서 억지로 제압하려 드니, 상구효는 죄가 초구효보다 훨씬 더 극렬하여 진실로 흉한 사람이다. 그러므로 형벌을 집행하는 이가, 자신만을 믿고 끝까지 뉘우침이 없는 도적에게 주는 형벌로 상구효를 다스림이 마땅하다.

「象」曰: '何校滅耳', 聰不明也.

「상전」: '형틀을 목에 뒤집어씌워 귀를 보이지 않게 함'이란 귀가 잘 들리지 않는다는 의미다.

'聰', 耳官之司聽者. 何校而猶不聽命, 必欲齧合, 故其惡甚.

'聰(총)'은 귀라는 감각기관이 맡고 있는 듣기를 의미한다. 그런데 지금 형틀을 씌워놓으니 오히려 더 명(命)을 따르려 하지 않고 반드시 씹어서 합하고야 말겠다고 한다. 그러므로 그 악이 더 심한 것이다.

●●●

賁卦離下艮上

비괘䷕

賁, 亨, 小利有攸往.

비괘는 형통하다. 작은 것이 가는 데 이롭다.

天地之大文, 易知簡能, 而天下之理得. 故純'乾'純'坤'竝建而立『易』體, 而陰陽剛柔各成其能, 上淸下寧, 晝日夕月, 水融山結, 動行植止, 不待配合而大美自昭著於兩間. 聖人體天之不貳以爲德之純, 極變著之用而皆貞夫一, 而盛德之光輝自足以經緯乎萬物. 若其疑此之有餘, 憂彼之不足, 一剛而即間以一柔, 組五色以成章, 調五味以致和, 美不足而務飾之, 飾有餘則誠愈不足矣. 詞賦, 小技耳, 司馬相如非知道者, 且以一經一緯, 一宮一商爲非賦心之所存, 況君子以建中和之極者乎!

하늘과 땅이라는 거대한 문채(文)는 쉽게 알고 간단히 능하며 천하의 이치대로 한다.[377] 그러므로 순전한 건괘(乾卦) · 순전한 곤괘(坤卦)를 나란히 세워『주역』의 체(體)를 세운 것이다. 음 · 양과 굳셈 · 부드러움은 각기 그 기능을 이루니, 위는 맑고 아래는 편안하며, 낮에는 해가 뜨고 저녁에는 달이 뜬다. 또 물은 흘러 내려가고 산은 뭉쳐 있으며, 동물은 다니고 식물은 멈춰 있다. 그래서 굳이 배합하지 않는다 하더라도 거대한 아름다움이 하늘과 땅 사이에서 저절로 드러난다.

성인은 하늘의 한결같음[不貳]을 체득하여 순전한 덕을 이루고서 극히 다양하게 변화하는 쓰임새에서 모두 한결같음을 유지한다. 그래서 그

---

377)「계사상전」제1장에 나오는 "건(乾)은 위대한 시작을 맡고 곤(坤)은 만물을 완성한다. '건'은 쉽게 맡아서 하고 '곤'은 간단히 할 수 있다. 쉬우면 쉽게 맡아서 하고 간단하면 쉽게 좇는다. 쉽게 맡아서 하면 친함이 있고, 쉽게 좇으면 공(功)을 이룬다. 친함이 있으면 오래갈 수 있고 공을 이루면 거대해질 수 있다. 오래가게 할 수 있음은 현인의 덕이고 거대하게 할 수 있음은 현인의 위업이다. 쉽고 간단하게 천하의 이치대로 하며, 천하의 이치대로 하는 그 속에서 제자리를 이룬다.('乾'知大始, '坤'作成物. '乾'以易知, '坤'以簡能, 易則易知, 簡則易從, 易知則有親, 易從則有功, 有親則可久, 有功則可大, 可久則賢人之德, 可大則賢人之業. 易簡而天下之理得矣, 天下之理得, 而成位乎其中矣.)" 라는 말을 바탕으로 하는 말이다.

융성한 덕의 광휘(光輝)로움이 만물에서 저절로 충분하게 짜임새를 이룬다. 만약에 여기서는 남는다고 의심하고 저기에서는 부족하다고 근심하며 하나의 굳셈[剛]에 대해 곧바로 하나의 부드러움[柔]을 끼워 넣는 방식으로 오색(五色)으로 짜서 무늬를 이루거나 오미(五味)를 고르게 하여 조화를 이룬다면, 아름다움이 부족하다고 하여 꾸며줌에만 힘쓰는 격이니, 이렇게 하여 꾸며줌이 넘치게 되면 정성스러움은 오히려 부족하게 될 것이다. 사(詞)나 부(賦)는 작은 재주일 따름이요 사마상여(司馬相如)[378]는 도(道)를 아는 사람이 아니지만, 그조차 한 번은 경(經)으로 한 번은 위(緯)로 함이나 한 번은 궁(宮)으로 한 번은 상(商)[379]으로

---

378) 사마상여(司馬相如; B.C.179~B.C.117)는 중국 서한(西漢) 시기의 유명한 문장가다. 사천성(四川省) 성도(成都) 출신으로서 자(字)는 장경(長卿)이었다. 양나라 효왕의 세객으로 지내는 동안 『자허부(子虛賦)』를 지었는데, 뒷날 이것이 무제(武帝)의 상찬(賞讚)을 받은 나머지 이를 계기로 시종관으로서 무제를 섬기게 되었다. 그 뒤 무제에게 『상림부(上林賦)』를 지어 바쳐, 동방삭(東方朔), 매고(枚皐), 엄조(嚴助) 등과 함께 무제의 아낌을 받았다. 이 『상림부』는 『자허부』와 함께 한대(漢代) 최고의 부(賦)로 꼽힌다. 『한서(漢書)』, 「예문지(藝文志)」편에서는 그가 모두 29편의 부(賦)를 지었다고 기재하고 있지만, 지금 전해지는 것은 『자허부』를 비롯한 3편의 부(賦)와 『유파촉격(喩巴蜀檄)』이 있을 뿐이다. 그의 문장은 특히 부(賦)에서 발군이었다. 그래서 『초사(楚辭)』를 조술(祖述)한 송옥(宋玉), 가의(賈誼), 매승(枚乘) 등에 이어 '이소재변(離騷再變)의 부(賦)'라고도 일컬어진다. 『이소(離騷)』는 초나라 회왕(懷王)의 충신 굴원(B.C.3세기경)의 작품이다. 사마상여의 작품 경향은 사물을 그대로 모사하기보다는 자유분방한 상상력을 발휘하고 세련된 어휘를 통해 다변(多辯)을 늘어놓는 특징이 있다. 그러나 구절의 배열은 균제(均齊)를 이루고 화려하다는 평가를 받는다. 그의 수사존중(修辭尊重)의 풍(風)이 육조문학(六朝文學)에 끼친 영향은 매우 크다고 한다. 왕부지도 이 점을 지적하고 있지만, 왕부지는 여기서 이를 작은 재주로 치부하며 평가절하하고 있다.

함 속에 부(賦)를 짓는 마음이 존재한다고 여기지 않았거늘, 하물며 군자가 중화(中和)의 극을 세우는 것에서야![380]

'賁'之爲卦, 一陽甫立, 即間以一陰, 至於五而又改其常度, 一陰而間以一陽, 萋斐以成貝錦, 人爲之巧畢盡, 陰陽之變至此極矣, 是不足與於天地之大文, 而徒爲賁飾也. 陽爲性・爲德, 陰爲情・爲養. 以陰文陽, 則合乎人情而可亨. 以陽文陰, 則雖順人情以往, 而緣飾之以不詭於道, 則'小利有攸往'. '小'謂陰也. 雖亨雖利, 非大始自然之美利, 而不足於貞. 象於四德, 有亨利而無元貞. 夫子噬得'賁'而懼, 以此也夫!

그런데 지금 이 비괘(賁卦)䷕를 분석해보면, 하나의 양이 막 서자마자 곧 사이를 두고 하나의 음이 오는 모양을 이루고 있는데, 5효에서 이르러서는 또 이 일정한 법칙을 바꾸어 하나의 음에 하나의 양이 사이를 두고 와 있다. 그리하여 조개 결 무늬의 아름다운 비단을 이룬 듯한데[381], 사람의 솜씨로 할 수 있는 교묘함이 여기에 다 드러나 있고 음・양의 변화가 여기서 최고조에 이르러 있다. 그러나 이러한 정도로는 하늘과 땅의 거대한 문채에 비교하기에 어림없다. 한갓 아름답게 꾸민 것일

---

379) 궁(宮)과 상(商)은 각각 오음(五音) 가운데 하나이다.

380) 하늘과 땅 및 성인은 결코 대대를 이루는 것들을 기계적이고 도식적으로 1:1 배합을 하지 않는다는 의미다.

381) 『시(詩)』, 「소아(小雅)」의 '항백(巷伯)' 이라는 시에 "아름답게 꾸몄네, 이렇게 저렇게 꾸몄네, 조개 결 무늬의 아름다운 비단을 이루었도다(萋兮斐兮, 成是貝錦.)"라는 구절을 끌어와 표현한 것이다.

따름이다.

양(陽)은 성(性)이 되고 덕(德)이 되며, 음(陰)은 정(情)이 되고 양육함이 된다. 음으로써 양을 꾸며주면 사람들의 실정에 부합하여 형통할 수 있다. 이에 비해 양으로써 음을 꾸며주면 비록 사람들의 실정을 좇아서 간 것이라 하더라도 꾸며줌이 도(道)에 위배되지 않는다. 그래서 '작은 것이 가는 데 이로움'이 된다. '작은 것'이란 음(陰)을 말한 것이다. 그리하여 비록 형통하고 또 이롭기는 하지만, 이는 위대한 시작을 맡는 저절로 그러함의 아름다움과 이로움이 아니다. 그래서 올곧음을 유지하기에는 부족하다. 이 비괘(賁卦)의 괘사에는 4덕 가운데 형(亨)・이(利)는 있지만 원(元)・정(貞)은 없다. 공자님께서 비괘를 얻고서도 두려하신 것은 바로 이러한 까닭에서로다!

「彖」曰: 賁, 亨, 柔來而文剛, 故亨. 分剛上而文柔, 故小利有攸往.

「彖傳」: 비괘가 형통함은 부드러움[柔]이 와서 굳셈[剛]을 빛나게 하기 때문에 형통한 것이다. 나뉜 굳셈이 올라가서 부드러움을 빛나게 하니, 그래서 작은 것이 가는 데 이롭다.

"'賁'亨", 言'賁'之所以亨者, 陽之亨. '小利有攸往' 陰之利, 非陽之利也. 自上接下曰'來'. 一陽之上, 一陰即至, 以相錯而文之. 陽道本質實而剛正, 陽甫動而陰即來, 虛柔以適於人情, 剛不戾物, 而貴賤靈蠢皆樂觀而就之, 陽道亨矣. '分'謂'泰'之變, 從三陽之中, 分而往上也. 柔在上而易流, 或至泥於情欲而違於理. 剛舍中位, 離其類而上, 以止陰之過, 則聲色臭味皆有節而不拂於理, 陰之往乃以利焉. '文剛'以宣陽於有餘, '文柔'以節陰之不足, 斯亦天理之節文, 而止於亨利者. 君子之道, 時行時止, 即質即文, 而斤斤然周密調停, 以求合於人情事理, 則抑末而非本也.

"비괘는 형통하다"는 것은 양이 형통하기 때문에 비괘가 형통하다는 의미다. 그리고 "작은 것이 가는 데 이롭다"는 것은 음의 이로움이지 양의 이로움이 아니다. 위에서 와서 아래와 교접함을 '옴[來]'이라고 한다. 이 비괘는 하나의 양효 위에 하나의 음효가 곧바로 이르러 서로 뒤섞이며 문채를 내고 있다.[382] 양의 도(道)는, 본래 바탕이 실하고 굳세고 올바르다. 그런데 이 비괘䷕에서는 양이 움직이자마자 음이 곧바로 와서 텅 빈 부드러움이 사람들의 실정에 들어맞고 굳셈[剛]이 물(物)들과 어그러지지 않는다. 그래서 귀한 것들이나 천한 것들, 영명한 것들이나 아둔한 것들이 모두 즐겁게 보고 나아가니, 양의 도가 형통한 것이다.

'나뉜(分)'이란, 이 비괘가 태괘(泰卦)䷊의 변괘로서, 태괘의 세 양 가운데 하나가 나뉘어 위로 갔음을 일컫는다. 부드러움[柔]이 위에 있으면 쉽게 흘러 남을 따라가 버리니, 경우에 따라서는 정서와 욕구에 함몰한 나머지 이치에 위배되기도 한다. 그런데 이 비괘에서는 굳셈[剛]이 (태괘에서의) 중위(中位)를 버리고서 자신의 무리를 떠나 위로 올라가서[383] 음의 지나침을 억지하고 있다. 그래서 소리, 색깔, 냄새, 맛 등이 모두 절도에

382) 초효부터 4효까지는 '양・음・양・음'의 방식으로 엇갈리며 뒤섞이고, 5효와 상효는 '음・양'의 방식으로 엇갈리며 서로를 꾸며주고 있다.

383) 비괘(賁卦)䷕는 태괘(泰卦)䷊가 변한 괘로서 그 상육효는 태괘의 구이효가 위로 간 것이라는 의미다.

들어맞으며 이치에 어긋나지 않게 되니, 음(陰)이 가는 것도 곧 이롭게 된다. 이처럼 이 비괘에서는 '굳셈을 꾸며 줌[文剛]'으로써 여유 있는 데서 양을 선양(宣揚)하고, '부드러움을 꾸며줌[文柔]'으로써 음의 부족함을 딱 들어맞게 해주니, 이 또한 천리의 절문(節文)이다. 그러나 이 비괘의 경우는 사덕(四德) 가운데 형통함과 이로움에 그치고 있다. 군자의 도는 때에 맞게 행하고 때에 맞게 그침이며, 바로 질(質)이기도 하고 문(文)이기도 하다. 그런데 지나칠 정도로 시시콜콜한 것까지 주도면밀하게 조정하여 사람들의 실정과 사리(事理)에 합치하기를 추구한다면, 이는 자질구레한 지엽말단의 일에나 합당할 뿐 근본에 해당하는 것이 아니다.[384]

天文也, 文明以止, 人文也.

하늘의 문채(天文)다. 각기 자신의 분수 속에 그치게 함으로써 문채가 빛나게 하는 것은 사람의 문채(人文)다.

---

384) 『논어』에 나오는 말로서 자유(子游)가 자하(子夏)의 제자들을 비판하면서 한 말이다. 자유는 자하의 제자들이 기껏 청소하는 것, 손님맞이하는 것 등 자질구레한 지엽말단의 일들이나 할 줄 알 뿐, 사람 세상의 근본에 해당하는 일은 할 줄 모른다고 비판하였다. 이에 대해 자하는, 군자의 도는 선후를 따질 것이 없이 어느 것이나 다 중요하다고 하면서 성인만이 먼저 해야 할 것과 나중에 해야 할 것을 정확하게 구별할 수 있다고 하였다.(『論語』, 「子張」: 子游曰, "子夏之門人小子, 當洒埽應對進退, 則可矣, 抑末也. 本之則無如之何?" 子夏聞之, 曰, "噫! 言游過矣! 君子之道, 孰先傳焉? 孰後倦焉? 譬諸草木, 區以別矣. 君子之道, 焉可誣也? 有始有卒者, 其唯聖人乎!")

『本義』云. “先儒說‘天文’上當有‘剛柔交錯’四字.” 愚按. 其爲闕文無疑, 但未定其爲‘剛柔交錯’否耳. 此言天道人情, 固有‘賁’之理勢也. ‘文明’者, ‘離’一陰內函, 二陽外見, 有文而必著於外. ‘止’者, ‘艮’陰長而陽限其上, 有所限而不能踰也. 人之有情必宣, 有志欲見, 而風氣各殊, 止於其所, 習而不遷, 此古今之異趣, 五方之別俗, 智愚之殊致, 各有其美, 犁然別白, 而自止其所安, 均爲人文而相雜以成章者也. ‘賁’之文飾, 非天地自然易簡之大美, 然天人亦固有之, 所以陰陽之變必有‘賁’也.

주자의 『주역본의』에서는 “선유들께서 이곳 ‘천문(天文)’ 앞에 마땅히 굳셈[剛]과 부드러움이 교착한다는 의미의 ‘剛柔交錯(강유교착)’이라는 네 글자가 있어야 한다고 말했다.”라고 하고 있다. 내가 보기에 이 부분에 빠뜨린 글자가 있음은 의심할 여지가 없다. 그러나 그것이 꼭 이 ‘강유교착’인지 아닌지를 확정할 수 없을 따름이다. 여기서 하는 말은 천도(天道)와 사람들의 실정에 본디 이 비괘의 이치와 추세가 있다는 것이다. ‘문채가 밝음[文明]’이란 비괘의 하괘[貞卦]인 이괘(離卦)☲를 두고 한 말인데, 이 이괘는 한 음(陰)이 속에 함유되어 있고 두 양(陽)이 밖에 드러나 있으니 문채를 이루어 반드시 밖으로 환히 드러난다. ‘그침(止)’이란 비괘의 상괘[悔卦]인 간괘(艮卦)☶를 두고 한 말인데, 간괘는 음이 자라남에 대해 양이 그들 위에서 틀어막고 있으니 음들로서는 막혀서 뛰어넘을 수 없음을 의미한다. 사람에게 마음씀[情]이 있으면 반드시 펼치게 마련이고 뜻함이 있으면 드러내 보이고자 한다. 그런데 풍조가 각기 다르니, 제자리에 머물며 익숙하여져서 옮기지 않는 것이다. 바로 이러하기 때문에 옛날과 지금의 취향이 다르고, 동・서・남・북・중앙의 다섯 지방에 따라 각기 풍속이 다르게 형성되며, 지혜로운 이와 어리석은 이가 이루는 것이 각기 다른 것이다. 그러나 각각에 고유한 아름다움이 있어서 검은 것은 저절로 흰 것과 구별되니 각기 자신의 고유함에 편안해 하며 머무르게 되면, 고루 사람의 문채(人文)를 이루고 서로 뒤섞여서는 빛나는 하나의 완정한 장(章)을 이루게 된다. 비괘의 문채와 꾸며줌은 하늘과 땅이 저절로 그러하며 쉽고 간단하게 이루어내는 거대한 아름다움이 아니기는 하다. 그러나 하늘이든 사람이든, 본디 문채를 가지고 있기 때문에 음・양의 변함에는 반드시 비괘와 같은 문채가 있기 마련이다.

觀乎天文, 以察時變; 觀乎人文, 以化成天下.

하늘의 문채를 관찰하여 때의 변화를 보며, 사람 세상의 문채를 관찰하여 천하를 교화하고 이룬다.

此言聖人用'賁'之道也. 剛柔雜糅, 交錯以致飾, 既爲天道人情之所固有, 聖人觀而知其必然, 而所以用之者, 則不因天之變而易其純一之道, 不隨人之變而傷其道一風同之至治. 故天人雖'賁', 而聖人之治敎自純. 天合四時而一致, 而當寒暑相授之際, 則一雨一霽, 一溫一涼, 與夫日月五緯之交錯於黃道內外, 聖人觀而察之, 以審時之變, 節宣以行政令, 乃以當變而不失其常. 人之風氣習尙, 粲然殊致, 而各據其所安, 聖人觀風施化, 因其所長, 濟其所短, 不違其剛柔之則, 而反之於淳. 自非聖人, 因'賁'而與之俱'賁', 則隨化以流, 而與人爭美利於小節, '賁'之所以可懼也. 夫子既釋彖義, 而引伸以言. '賁'雖非大美之道, 而聖人善用之, 則治敎資焉, 特非大賢以下所可庶幾耳.

이 구절은 성인들께서 비괘의 도(道)를 사용함에 대해 말한 것이다. 굳셈[剛]과 부드러움[柔]이 뒤섞이고 서로 어울려서 아름다운 문채를 자아내는 것은 벌써 하늘의 도[天道]와 사람들의 실정[人情] 속에 고유한 것이다. 성인들께서는 이를 보고서 필연성을 안다. 따라서 성인들께서 사용하는 것을 보면, 하늘의 변함으로 말미암아 순일(純一)한 도를 바꾸지도 않고, 사람의 변함에 따라서 도(道)가 한결같고 풍조가 동일한 최고의 통치를 상하게 하지도 않는다. 그러므로 비록 하늘과 사람이 비괘처럼 문채가 나기는 하지만, 성인들의 통치와 교화는 저절로 순일(純一)하다.

하늘은 사계절을 합하여 하나를 이루는데, 추위와 더위가 바뀌는 즈음에 비가 내렸다 갰다 하고 따뜻해졌다 서늘해졌다 하며, 황도(黃道)[385]이 안팎에서 해와 달, 수・금・화・목・토성과 교차한다. 성인들께서는 이를 관찰하여 시간의 변화를 살펴 그때그때에 알맞게 정령(政令)을 행하는데, 이렇게 함으로써 변이를 마주하여서도 그 항상됨을 잃지 않는다.

사람 세상의 풍조와 습속은 뚜렷하게 서로 다른 양상을 드러내지만, 각기 그 편안한 바에 의거한다. 성인들께서는 이러함을 잘 살펴서 교화를 베풀되, 그 장점은 살리고 단점은 보완할 뿐, 결코 굳셈[剛]・부드러움[柔]이 따르는 법칙을 어기지 않고 순박(淳朴)으로 돌아간다. 그러나 성인이 아닌 이들은 문채난다는 그것만을 이유로 문채남에 함께하게 될 것이니,

385) 황도(黃道)는 하늘에서 해가 한 해 동안 지나는 길로, 지구의 공전에 의해 생긴다. 황도는 태양 주위를 공전하는 지구의 궤도면과 천구가 만나는 커다란 원이며, 하늘의 적도와 약 23.5°기울어져 있다.(『위키백과』)

시대의 변화를 따라 흘러가며 남들과 사소한 예절 따위에서 아름다움과 이로움을 다툰다. 이렇게 보면 문채남이라는 것이 얼마나 두려워해야 할 것인지를 알 수 있을 것이다. 공자께서는 벌써 괘사의 의미를 풀이하였으면서도 여기서 거듭 이를 풀이하여 말하고 있다. 그러나 비괘에 드러난 문채남은 비록 거대한 아름다움을 이루는 길은 아니지만 성인들께서 잘 이용하신다면 충분히 그 통치와 교화의 자료가 될 수 있다. 다만 이것이 대현(大賢) 이하의 수준에 있는 사람들로서는 바랄 수 있는 것이 아닐 따름이다.

「象」曰: 山下有火, '賁', 君子以明庶政, 无敢折獄.

「대상전」: 산 밑에 불이 있음이 비괘다. 군자는 이를 본받아 잡다한 정무를 밝혔고, 감히 송사를 판결하지 않는다.

'山下有火', 明有所止, 不及高遠而炤近, 則纖悉皆見. '庶政', 事物之小者, 如「周官」翨・庶・赤犮・服不之類, 明察其理, 而制爲法以授有司, 使詳盡而不敢欺. '无敢折獄'者, 赦小過, 而得情勿喜, 以矜全民命也. 使飾法以文致之, 則人無以自容矣. 「大象」皆取法卦德之美, 獨於'賁'・'夬'二卦有戒辭焉. 智・仁・勇皆天德, 而非仁以爲之本, 則智傷於察, 勇傷於傲, 自恃爲德而以損天下, 故君子慎德, 尤於此致警焉.

'산 밑에 불이 있음'이란 밝음이 제지되고 있어서 높고 먼 데까지는 이르지 못하지만 가까운 데는 비추어서 자잘한 것들까지 모두 보이게 함을 의미한다. '서정(庶政)'은 사(事)와 물(物)의 작은 것을 의미한다.

예컨대『주례(周禮)』,「주관(周官)」편에서 말하는 시씨(翨氏)[386], 서씨(庶氏)[387], 적발씨(赤友氏)[388], 복불씨[389]같은 부류들이 이에 해당하는데, 그 이치를 분명하게 살펴 법으로 만들어서 전문 관리인을 둠으로써 상세한 것까지 시시콜콜 다 맡아서 하게 하되 감히 속이지 못하도록 한다. '감히 송사를 판결하지 않는다'는 것은, 작은 잘못들은 용서해주고, 이들의 실정을 제대로 파악하여 이들에 대해 마음 아파하고 위로를 해주어야지 기뻐해서는 절대로 안 되며, 이렇게 함으로써 백성들의 목숨을 긍휼히 여기고 보전해주어야 한다는[390] 것이다. 법을 올바르게

---

386) 시씨는 도구를 사용하여 맹금을 잡는 직책을 맡은 사람들을 가리킨다. 그들은 그렇게 해서 잡은 맹금의 날개와 깃털을 헌상하였다.(『周禮』,「周官, 秋官」: 翨氏, 掌攻猛鳥各以其物爲媒而掎之. 以時獻其羽翮.)

387) 서씨는 독충 제거의 직책을 맡은 사람들을 일컫는다.(『周禮』,「周官, 秋官」: 庶氏, 掌除毒蠱以攻說禬之嘉草攻之. 凡敺蠱則令之比之.)

388) 적발씨는 담장이나 지붕의 구멍에 뱀, 벌레 등이 살지 못하도록 하는 직책을 맡은 사람을 가리킨다. 이들은 그 구멍을 메우고 숯이나 술 등을 이용해 이들의 침입을 막은 것으로 보인다.(『周禮』,「周官, 秋官」: 赤友氏, 掌除牆屋以蜃炭攻之以灰洒毒之. 凡隙屋除其貍蟲.)

389) 복불씨는 맹수를 길들이는 일을 맡은 사람들을 가리킨다. 이렇게 맹수를 길러 제사 때 희생으로 쓰기고 하고, 귀한 손님들에게 그 가죽을 바치기도 하였으며, 활쏘기에도 사용한 것으로 보인다.(『周禮』,「周官, 夏官」: 服不氏, 掌養猛獸而敎擾之. 凡祭祀共猛獸. 賓客之事則抗皮. 射則贊張侯以旌居乏而待獲.)

390)『논어』에 출전이 있는 말로서 증자(曾子)의 말이다. 맹손씨가 양부(陽膚)를 사사(士師; 감옥 관리인)로 임명하자, 양부는 증자에게 직무와 관련된 가르침을 청했다. 이에 증자는 "윗사람들이 올바른 도리대로 정치를 하지 않아 백성들이 마음 둘 곳을 잃어버린 지가 오래되었다. 그대가 만약에 이들의 실정을 제대로 파악한다면 이들에 대해 마음 아파하고 위로를 해주어야지 기뻐해서는 절대로

갖추어서 인류공동체의 경영원리[禮] 대로 해 나아가며 문채 나는 세상을 이루면, 사람들이 자신들의 잘못에 대해 스스로 용서하지 않게 된다. 「대상전」에서는 모두 괘의 덕이 지닌 아름다움을 본보기로 삼으라 하는데, 오직 이 비괘(賁卦)䷕와 쾌괘(夬卦)䷪, 두 괘에서만은 경계하는 말을 두고 있다. 왜냐하면, 지(智)・인(仁)・용(勇)이 모두 하늘의 덕이기는 하지만, 인(仁)을 근본으로 삼지 않으면 지(智)가 살핌으로 인해 오히려 잘못되고 용(勇)은 오만함으로 인해 잘못됨에도 불구하고 제 스스로는 자신만만하며 이들을 덕으로 여기고 세상을 해치기 때문이다. 그러므로 군자는 덕을 신중히 하며 특히 이들에서는 더욱 경계하고 경계하는 것이다.

初九, 賁其趾, 舍車而徒.

초구: 그 발가락을 광채 나게 함이니, 탈것을 버리고 걷는다.

初九以剛居下, 介然獨立, 二來飾己, 而己無所施飾於人, 則修其踐履, 淡泊明志, 雖錫以車, 不受而安於徒步. 『禮』, "大夫不徒行".

초구효는 굳셈으로서 아랫자리를 차지하여 굳게 홀로 서 있다. 그래서 비록 육이효가 와서 자기를 꾸며주고 있지만 자기는 남들에게 꾸밈을

안 된다."라고 답하였다고 한다.(『論語』, 「子張」: 孟氏使陽膚爲士師, 問於曾子. 曾子曰, "上失其道, 民散久矣. 如得其情, 則哀矜而勿喜!")

베풀어줌이 없이, 그 실천해야 할 것들을 닦으며 편안하고 초연한 마음으로 자신의 뜻함을 밝힌다. 그래서 비록 탈것을 내준다 할지라도 받지 않고 걷는 것에 편안해 한다. 그런데 『예기』에서는 "대부는 도보로 다니지 않는다."고 하였다.[391]

「象」曰: '舍車而徒', 義弗乘也.

「상전」: "탈것을 버리고 걷는다."는 것은 의로움의 차원에서 타지 않음을 의미한다.

非無飾己者, 以方在潛處, 義不得微賁以爲榮.

자기를 꾸며주는 이가 없는 것이 아니지만, 초구효는 지금 한참 은거하고 있는 처지에 있으니, 의로움의 차원에서 볼 적에 꾸며서 영화롭게 드러나는 것을 바랄 수가 없는 것이다.

六二, 賁其須.

육이: 그 수염을 광채 나게 함이다.

---

391) 이와 비슷한 말이 『예기(禮記)』, 「왕제(王制)」 편에 나온다. 그러나 이와는 좀 달라서 "군자와 노인들은 도보로 다니지 않는다.(君子耆老不徒行)"라 하고 있다.

'賁'有頤之象. '須', 繞頤而生者也. 二以陰飾初・三之陽, 三亦以陽飾二, 上下交受飾焉. 飾於物而徒爲美觀, 其爲文也抑末矣.

이 비괘䷕에는 턱의 상(象)이 있다. '수염'은 턱을 둘러싸고 나는 것이다. 육이효는 음으로서 초구효와 구삼효의 두 양을 꾸며주고 있고, 구삼효도 양으로서 육이효를 꾸며주고 있으니 지금 위・아래가 사귀며 꾸며주고 있는 모양이다. 다른 것에 의해 꾸며져 한갓 아름답게 보이기만 하는 것은 그 문채남도 하찮기만 한 것일 따름이다.

「象」曰: '賁其須', 與上興也.

「상전」: '그 수염을 광채 나게 함이다'라는 것은 윗사람과 더불어 흥함이다.

'上'謂九三. '興', 動也. 二與初猶爲交飾, 於三則受飾而已. 柔不能自明, 因陽而顯, 則亦隨物而動爾.

'윗사람'은 구삼효를 가리킨다. '흥함'은 움직임을 의미한다. 육이효는 초구효와는 함께 사귀며 꾸며주고 있는데, 구삼효에게서는 꾸밈을 받기만 할 따름이다. 부드러움[柔]은 스스로 밝아질 수 없고 이처럼 양(陽)으로 말미암아 드러나니, 이는 역시 다른 것을 따라서 움직이는 것일 뿐이다.

九三, 賁如, 濡如, 永貞吉.

구삼: 광채가 나기도 하고 젖기도 함이지만, 올곧음을 영원토록 하여 길하다.

三下飾二而上飾四, 二・四抑交飾乎三, 陰有潤物之能而未免於相染, 故有'濡如'之象, 必'永貞'而後吉. 所以可有'永貞'之吉者, 以陽剛得位, 即受其潤, 而可不受其染. 若六二雖當位, 而柔之文剛, 徇情貶道, 以取悅於人爲美, 不如剛之文柔, 以道飾情爲有節也.

구삼효가 아래로는 육이효를 꾸며주고 위로는 육사효를 꾸며주니, 육이・육사효도 또한 구삼효와 사귀며 꾸며주는데, 이러다 보니 음에는 물(物)들을 적시는 능력이 있어 서로 물듦을 면하지 못한다. 그러므로 '젖기도 함'의 상이 있으니, 반드시 '올곧음을 영원토록 한' 뒤에라야 길하다. 이렇게 이 구삼효에 '올곧음을 영원토록 하여' 길함이 있을 수 있는 까닭은, 양의 굳셈으로서 제 위(位)를 차지하고 있어, 그 적심을 받고는 있지만 그 물듦을 당하지 않을 수 있기 때문이다. 이에 비해 육이효의 경우는 비록 자신에게 마땅한 위(位)를 차지하고는 있어도 부드러움이 굳셈을 빛나게 하고 있다. 그래서 사사로운 정(情)에 푹 빠진 채 도(道)는 내팽개치고 사람에게 기쁨을 준다는 것만으로써 아름답다고 여긴다. 그러나 구삼효는 굳셈으로서 부드러움을 빛나게 하는데, 도(道)로써 정(情)을 돋보이게 하여 절도가 있게 하니, 육이효보다 훨씬 낫다.

「象」曰: '永貞之吉', 終莫之陵也.

「상전」: '올곧음을 영원토록 하여 길함'이니, 끝내 업신여기지 못한다.

柔而資飾於人, 則物必陵之. 剛雖與柔交飾, 自可不失其正, 陰其能陵之哉!

부드러우면서 남에게 꾸밈을 주는 바탕이 되면 물(物)들은 반드시 그를 업신여긴다. 그런데 지금 이 구삼효는 굳셈으로서 비록 부드러움과 사귀며 그를 꾸며주고 있지만, 스스로는 그 올바름을 잃지 않고 있다. 그러니 음이 그를 업신여길 수 있겠는가!

六四, 賁如, 皤如, 白馬翰如, 匪寇, 婚媾.

육사: 광채가 나며 새하야며 백마가 날듯이 질주함이지만, 도적이 아니니 혼인을 한다.

'皤', 老人髮白貌, 無文者也. '翰如', 疾走如飛也. '賁'卦俱陰陽交錯, 而四承六五, 純而不雜, 雖下飾三而'賁如', 上固無飾於五而'皤如'也. 言'白馬'者, 五無所施飾於四, 以素相接也. '翰如', 五疾走以合於四也. 於陰陽雜糅之世, 初得此相承之交, 故相就速也. 五受飾於上而不我飾, 故疑於爲寇, 而同類相求, 保其貞素, 則固與相和合矣. 非陰陽交而言'婚媾'者, 相錯之世, 則以合德爲相好也.

'皤(파)'는 노인의 백발과 같은 모양으로서 새하얄 뿐 무늬가 없다는 의미다. '翰如(한여)'는 날듯이 질주함이다. 비괘(賁卦)䷕는 음・양을 고르게 갖추고 있고 그것들이 교차하고 있다. 그런데 이 육사효는 육오효를 받들면서 그것과 순일하고 잡됨이 없음의 관계를 이루고 있다. 그래서 비록 아래로 구삼효를 꾸며주며 '광채가 남'의 측면을 보이고는 있지만, 위의 육오효로부터는 본래 꾸밈을 받음이 없기 때문에 '새하야며'라 한 것이다. 그리고 '백말'이라고 한 까닭은, 육오효가 육사효에게 전혀 꾸밈을 베풀어줌이 없는 채 다만 본디의 바탕으로만 서로 인접해 있기 때문이다.

'날듯이 질주함'이란 육오효가 질주하여 육사효에게 합함을 의미한다. 비괘 전체로 음·양이 뒤섞임을 이루고 있는 세상에서 처음으로 이렇듯 서로가 서로를 받드는 사귐을 얻게 되었으니 서로에게 나아감이 신속한 것이다. 그런데 육오효는 위의 상구효로부터 꾸밈을 받고만 있을 뿐 결코 나(육사효)를 꾸며주지는 않으니 도적이 아닐까 의심을 자아낸다. 그러나 같은 부류로서 서로 구하고 그 올곧음의 본바탕을 보존하고 있으니 진실로 더불어 서로 화합하게 된다. 그런데 이렇게 음·양이 교접하는 것이 아닌데도 '혼인을 한다'고 말하는 까닭은, 비괘 전체로 음·양이 서로 뒤섞이며 교차하는 세상을 이루고 있는 속에서 이들이 합치하는 덕으로써 서로 사이가 좋기 때문이다.

「象」曰: 六四當位, 疑也, '匪寇婚媾', 終无尤也.

「상전」: 육사효는 마땅한 위(位)를 차지한 것이기 때문에 의심을 산다. '도적이 아니니 혼인을 한다'는 것은 마침내 허물이 없다는 의미다.

自四以下, 陰陽各得其位以相飾. 至於四, 而所望於五者, 陽之來飾. 乃五與上交飾, 而於四則兩陰相若, 無所於賁, 四之所以疑爲寇也. 既相比合, 以留未散之樸, 又何尤焉!

육사효 이하에서는 음·양이 각기 제 위(位)를 차지한 채 서로 꾸며주고 있다. 그래서 이 육사효의 경우에도 오효에게 바라는 것은 양이 와서 꾸며줌이다. 그런데 지금 육오효는 상구효와 사귀며 그를 꾸며줄 뿐, 육사효와는 두 음으로서 서로 같기 때문에 꾸며주는 바가 없다. 그래서 육사효로서는 그가 도적이 아닐까 하고 의심을 낸 것이다. 그런데 이들은 벌써 서로 함께 어울리면서 합한 채 흩어지지 않는 질박함 그대로를 유지하고 있으니 또 무슨 허물이 있겠는가!

六五, 賁于丘園, 束帛戔戔, 吝, 終吉.

육오: 초목만이 자라나는 은둔지에서 광채 남이요, 예물로 바칠 한 묶음의 비단이 보잘것없는 격이라. 아쉬움이 있다가 마침내는 길하다.

'戔戔'帛幅狹小貌. '邱園' 抱道隱居之地. 六五居中靜正, 有其德而上賁之, 欲其抒所藏以光濟於下, 而五柔退無外飾之情, 儉以待物, 故吝. 然時方競於交飾之文, 文有餘則誠不足, 固不如敦尙儉德者之安吉也.

'戔戔(전전)'은 비단의 폭이 협소한 모양이다. '丘園(구원)'은 도(道)를 가슴에 품고서 은거하고 있는 곳이다. 육오효는 이 비괘䷕ 상괘[悔卦]의 중앙을 차지한 채 마음 편히 올바름을 유지하고 있다. 그래서 그 덕이 있고 위에서 광채가 나고 있으니, 육오효는 그가 가슴 속에 품고 있는 것을 털어놓아 아래로 세상을 널리 구제하고 싶어 한다. 그러나 지금 이 육오효는 부드러움[柔]의 효로서 산림으로 물러나 있으면서 밖으로 자신을 돋보이게 하고자 하는 마음이 없고 검소하게 지내면서 사람들이나 외물을 대하고 있다. 그러므로 아쉬움이 있는 것이다. 그러나 한편으로는 때가 한창 사귀며 꾸며주는 문채를 다투고 있는 속에서 육오효까지 문채를 드러낸다고 하면, 문채는 넘쳐나지만 정성스러움은 부족하게 된다. 그래서 이렇게 하기보다는 차라리 검소한 덕을 돈독히 하고 숭상하며 편안하고 길함을 유지하는 편이 낫다.[392]

「象」曰: 六五之吉, 有喜也.

「상전」 육오효의 길함에는 기쁨이 있다.

樂其道, 則物自宜之.

그 자신이 도(道)를 즐기니 타자(他者)들도 저절로 그를 마땅하게 대하는 것이다.

上九, 白賁, 无咎.

상구: 본바탕 그대로 광채를 냄이니 허물이 없다.

上分剛以文柔, 而不受物之賁, 蓋率其誠素, 以節柔之太過, 而無求榮之心者也. 雖不得位, 固无咎.

---

392) 비괘의 육사효 이하의 효들은 '양(초구효)・음(육이효)・양(구삼효)・음(육사효)'의 방식으로 음・양이 하나씩 하나씩 엇갈리게 교접하며 서로 꾸며주고 있다. 여기에 육오효까지 꾸며줌에 가세할 수가 없다는 것이다.

이 상구효는 위에서 굳셈[剛]을 나누어 갖고서[393] 아래 부드러움[柔]의 효들을 문채가 나는 세상으로 이끌 뿐 정작 타자(他者)들이 자신을 광채 나게 함을 용납하지 않는다. 그래서 이 상구효는 그 정성스러운 본바탕 그대로를 가지고서 부드러움[柔]들이 너무 많은 상황을 다잡지만, 그렇게 함으로써 무슨 영예를 구하고자 하는 마음 따위는 추호도 없다. 그러므로 비록 지금 그가 자신의 위(位)가 아닌 부드러움들의 위(位)를 차지하고 있다 하더라도 본디 허물이 없는 것이다.

「象」曰: '白賁无咎', 上得志也.

「상전」: '본바탕 그대로 광채를 냄이니 허물이 없다'는 것은 위에서 제 뜻함을 이루고 있기 때문이다.

居上則身處事外, 得行其志, 不藉外物之相飾.

이 상구효는 위에 자리잡고 있으면서 세상사 밖에서 초연하게 살아가고 있다. 그리하여 행동하는 데서 자신의 뜻함을 얻으니, 구태여 타자(他者)들이 자신을 꾸며 줌에 힘입지 않는다.

---

393) 왕부지는 이 비괘(賁卦)☶☲가 태괘(泰卦)☷☰로부터 온 것으로 여긴다. 그래서 이 상구효의 굳셈[剛]은 태괘☷☰의 구이효가 온 것이라고 보기 때문에 이렇게 '굳셈[剛]을 나누어 갖고서'라 한 것이다.

剝卦坤下艮上
박괘䷖

剝, 不利有攸往.

박괘: 어딘가를 감에는 불리하다.

自外割削殘毁, 以及於內, 曰'剝'. 此卦陰自下生, 以迫孤陽之去. 害自內生, 而謂之剝者, 主陽而客陰, 君子辭也. '不利有攸往'者, 陽也. 陰柔之凶德, 於時方利, 卽惡極必傾, 而『易』不爲之謀, 唯戒陽之往而已. 有所行, 皆謂之'往'. '艮'以止爲德, 處陰盛已極之世, 止而不行, 猶免於害; 害卽不免, 猶不自失; 若更有攸往, 不但凶危, 尤義之所不許也. 義之所不許者, 不足以利物矣.

밖으로부터 각박한 해로움이 안으로 미쳐 옴을 '剝(박)'이라 한다. 그런데 이 괘는 음들이 아래로부터 생겨나 외로운 양이 가도록 핍박하고 있으니 해로움이 안에서 생긴 것이다. 그럼에도 '剝(박)'이라 하는 까닭은 양을 주인으로 보고 음을 손님으로 보기 때문이다. 즉 군자를 두고 하는 말이다.

'어딘가를 감에는 불리하다'는 것은 이 괘에서 하나밖에 없는 상구효의 양에 해당한다. 지금 이 괘에서는 음의 부드러움[柔]들이 자아내는 흉함이 특성을 이루어 시기적으로 한참 이로움을 누리고 있지만 곧 악이 극에 이르러 반드시 기울게 된다. 그런데 『주역』에서는 이를 도모하지 않고 오직 양에게만 가는 것에 대해 경계를 하고 있을 따름이다. 행하고 있음을 모두 '가다(往)'라고 일컫는다. 이 박괘의 상괘[悔卦]인 간괘☶는 '멈춤·그침'을 덕으로 하고 있다. 그래서 지금 음들이 왕성한 세상에 처하여 멈추고 행하지 않음으로써 오히려 해를 면하고 있다. 그리고 설사 해로움을 면하지 못한다고 하더라도 오히려 스스로를 잃어버리지는 않는다. 그러나 만약에 다시 어딘가를 간다면 이는 흉하고 위태로울 뿐만 아니라 더욱이 의롭다고도 할 수가 없다. 그리고 의롭다고 할 수 없는 것으로서는 다른 것들에 이로움을 줄 수가 없다.

「彖」曰: 剝, 剝也, 柔變剛也.

「단전」: 이 괘의 각박함은 박탈하였기 때문이다. 부드러움[柔]이 굳셈[剛]으로 변한 것이다.

重言'剝也'者, 言陽之剝喪, 陰剝之也. 變者, 陽退而之幽, 陰進而之明, 變易其幽明之常. 初·三·五皆剛爻, 而柔居之, 甚言陰之乘權也.

이 「단전」에서 거듭 '剝也(박야)'라고 말한 것은, 박괘䷖에서 양이 박탈당한 것은 곧 음이 박탈한 것이라는 의미다. '변함'이란 양이 물러나 어둠의 세계로 가고 음이 나아가서 밝음의 세계로 가서, 어둠과 밝음의 항상됨이 뒤바뀌었음을 의미한다. 즉 원래 초·3·5위(位)는 굳세 효들의 자리인데 지금 이 박괘에서는 부드러움의 효들이 자리 잡고 있으니,[394] 음들이 권세를 잡고 있음이라고 심하게 말할 수 있다.

'不利有攸往', 小人長也.

'어딘가를 감에는 불리하다'는 것은 소인들이 자라나고 있기 때문이다.

小人長, 利在小人矣. 利在小人, 則害在君子, 道宜止而不宜行.

소인이 자라난다는 것은 그들에게 이로움이 있다는 것이다. 이로움이 그들에게 있으니 해로움은 군자에게 있음이 당연하다. 그래서 도(道)에 비추어 볼 적에, 멈추어 있는 것이 마땅하고 가는 것은 옳지 않다.

---

394) 건곤병건설('乾''坤'竝建說)과 착종설(錯綜說)에 의한 괘 풀이다. 왕부지는 드러나 있는 64괘의 이면에 정반대되는 괘들이 어둠에 싸여 있다고 본다. 즉 드러나 있는 양효(—)의 이면에는 음효(--)가, 드러나 있는 음효의 이면에는 양효가 각각 어둠 속에 있다고 본다. 이들이 이루는 관계, 즉 밝음[明]의 세계에 있는 효들과 어둠[幽]의 세계에 있는 효들 사이에 이루는 상반상성의 관계를 '착(錯)'이라 한다. 64괘의 낱낱 효들을 이 '착'의 관계로써 종합적으로 고려해 보면, 64괘가 결국 건괘・곤괘의 변형이 된다. 즉 건괘・곤괘 두 괘가 나머지 62괘로 변형될 수 있는 것이다. 밝음과 어둠을 합해 볼 적에 모든 괘들이 건괘・곤괘로 되어 있기 때문이다. 왕부지는 이러한 논거에서 건괘・곤괘 두 괘가 체(體)요, 나머지 괘들은 그 용(用)이라 하였다. 그리고 이는 인(絪)・온(縕) 작용을 하며 '거대한 조화를 이루고 있는 본체 기[太和絪縕之氣]'의 현현이 곧 이 세상임을 표상한 것이라 하였다. 64괘에서 드러나 있는 세계를 왕부지는 '밝음[明]'・'앞(嚮)'의 세계라 하고, 그 이면의 세계를 '어둠[幽]'・'뒤(背)'의 세계라 한다. 그리고 64괘로 드러나고 있는 '밝음의 세계(明)'에서는 초・3・5위(位)에 군셈[剛]의 효인 양효가 오고 2・4・상효의 위(位)에 부드러움[柔]의 효인 음효가 오는 것이 항상됨(常)인데, 이 박괘에서는 부드러움의 효들이 군셈의 효들의 자리를 박탈하여 차지하고 있으면서 그들을 어둠의 세계로 내몰고 있다고 보고 있다.

順而止之, 觀象也, 君子尙消息盈虛, 天行也.

순종하며 멈춤은 상(象)을 보았기 때문이다. 군자는 생겨났다 사라졌다 하고 찼다 비웠다 함을 숭상하는데, 이는 하늘의 운행이다.

卦象極於凶矣, 而君子當其世以圖自處, 抑自有剝而不剝之道焉. 陰長之卦, 自'姤'而'遯'而'否', 早爲君子道消, 至於'觀'而益迫矣, 顧不以爲君子危, 而獎衆陰以觀在上之陽. 又極於'剝', 陽已失其尊位, 爲君子謀者, 視陰之極盛, 勿以其不利爲慮, 而取'坤'之順德, 順而受之, 止於上而不妄動, 亦有'盥而不薦, 有孚顒若'之象焉. 故視五爲'貫魚'之'寵', 猶'觀'之'賓王'也. 上自以爲'輿', 猶'觀'之'觀民'也. 世自亂而己自治, 橫逆自加而仁禮自存. 蓋時未可與論得失順逆之常理, 而因其消而息之, 方虛而盈者不失, 修身以立命, 則晝夜屈伸·運行不息之道在己矣. 雖不利于攸往, 而非無可合之義, 特非達天者不能也.

이 박괘의 괘상은 흉함이 극에 이르렀음을 드러내고 있다. 그런데 군자는 이러한 시대를 맞이하여서도 스스로 살아갈 것을 꾀하니, 상황이 비록 각박하지만 꼭 각박하게 여기지 않는 도(道)가 이렇게 하는 데서 저절로 존재한다. 음이 자라나는 괘들을 보면, 구괘(姤卦)䷫에서 시작하여 둔괘(遯卦)䷠로 되고 또 비괘(否卦)䷋로 되는데, 여기서 군자의 도는 일찌감치 사라지기 시작하여 관괘䷓에 이르면 더욱 절박해진다. 그러나 군자는 이를 군자의 위태로움이라 여기지 않고 뭇 음(陰)들을 장려하여 위에 있는 양[上九爻]을 올려다 보게 한다. 그리고 또 박괘䷖에서 이르러서는 음의 자라남이 극에 이르렀으니 양은 벌써 그 존귀한 지위를 잃어버렸다. 그러나 『주역』은 군자의 도모함을 위한 것이기 때문에 군자는 이렇게 음들이 극성한 것을 보고서도 그 불리함을 전혀 염두에 두지 않는다. 그래서 하괘[貞卦]인 곤괘☷의 순종함의 덕을 취하여 순종하면서 이러한 상황을 받아들이고, 위에 멈추어 있으면서 경거망동하지 않는다. 그러니 또한 여기에는 "세숫대야에 물을 받아 손을 씻었으나 음식을 올리지는 않음이다. 믿음이 있으며 공경스럽고 온화하여 남들이 우러러본다."[395] 고 함의 상이 있는 것이다. 그러므로 이 박괘에서는 육오효를 '물고기를 꿰맨' 것의 '총애'로 보니[396], 이는 관괘(觀卦)에서의 '왕에게 빈객이 됨'과 같다.[397] 그리고 상구효는 스스로를 '탈것'으로 여기는데, 이는 관괘에서 말하는 '백성들의 형편을 돌아봄'[398]과 같다. 이처럼 군자는 세상이 저절로 혼란해져도 자기 스스로의 처신을 다잡고, 포악한 상황이 절로 닥친다 하더라도 스스로는 인(仁)과 예(禮)를 보존한다. 비록 아직은 때가 항상된 이치에 비추어 득과 실, 순(順)과 역(逆)을 논할 수 없는 것이라 할지라도, 군자는 사라짐으로 말미암아 다시 소생하고 막 비웠다가 채우는 자연의 순환을 잃어버리지 않은 채 수신을 하며 자신의 명(命)을 세운다. 그래서 밤낮으로 굽혔다 폈다 하며 쉼 없이 운행하는 도(道)가

395) 이는 관괘(觀卦) 괘사에 나오는 말이다.

396) 이는 이 박괘의 육오효사인 "물고기를 꿤이니, 궁중의 여인들의 총애를 통솔함이며, 이롭지 않음이 없다.(貫魚, 以宮人寵, 无不利.)"를 끌어들이는 말이다.

397) 관괘의 육사효사인 "나라의 광채를 봄이니, 왕에게 빈객이 됨에 이롭다.(觀國之光, 利用賓于王)"를 일컫는 말이다.

398) '觀民(관민)'을 이렇게 번역하였다. 관괘(觀卦)에서는 이 말이 두 번 나온다. 즉 「대상전」에서 "바람이 땅 위로 불어감이 관괘다. 선왕들께서는 이를 본받아 각 지방을 돌아보고 백성들의 형편을 살피며 교화를 펼쳤다.(風行地上, 觀, 先王以省方觀民設敎.)"라고 함과 구오효의 「상전」에서 "'나의 살아감을 돌아봄'은 백성들의 형편을 돌아봄이다.('觀我生', 觀民也.)"라고 함이 그것이다.

그에게 존재한다. 이처럼 이 괘사에서는 비록 어디를 감에는 이롭지 않다고 하고 있지만, 박괘의 원리에는 합치할 수 있는 의로움이 없지 않다. 다만 이는 지금 마주치는 이대로의 세상을 즐겁게 살아가며 자신에게 주어진 천명을 알아서 행하는 [樂天知命] 정도의 수준에 이른 이가 아니라면 불가능할 따름이다.

「象」曰: 山附于地, '剝', 上以厚下安宅.

「대상전」: 산이 땅에 딱 붙어있음이 박괘니, 윗사람은 이를 본받아 아랫사람들을 두텁게 보살펴주고 현재의 살아가는 것에 편안해 한다.

此全取山・地之象, 而不依卦名立義者也. 言'上'者, 非先王盛世之事, 抑非君子尙志不枉之義. 一陽孤立, 僅有高位, 保固圖存, 則用此象爲得也. '厚下', 取'坤'之載物, 養欲給求以固結人心. '安宅', 取'艮'之安止, 自奠其位也. 民依於君, 君亦依於民, 則雖危而存矣.

이 박괘 「대상전」은 전적으로 이 괘를 이루고 있는 산과 땅의 상을 취한 것이지, '박(剝)'이라는 괘 이름에 의거하여 의미를 부여한 것이 아니다. 여기서 말하는 '윗사람'이란 융성하게 세상을 다스리던 선왕도 아니고 자신의 뜻함을 높이 받들며 굽히지 않는 의로움을 지닌 군자도 아니다. 상육효 하나의 양(陽)만이 외로이 서서 겨우 높은 지위만 차지한 채 굳건함을 지키며 존재함을 도모하고 있으니, 이러한 상을 얻게 되는 것이다.

'아랫사람들을 두텁게 보살펴주고'라는 것은 이 괘의 정괘(貞卦)인 곤괘☷

가 만물을 실어줌의 의미를 취한 것이다. 그래서 아랫사람들이 하고자 하는 것이나 구하는 것들을 충당해줌으로써 사람들의 마음을 자신에게 굳게 붙들어 매는 것이다.

'거처하는 것에 편안해 한다'는 것은 이 박괘의 회괘(悔卦)인 간괘☶의 '편안히 멈추고 있음'의 의미를 취한 것인데, 스스로 그 위치를 정한다는 의미다. 이렇게 함으로써 백성들이 임금에게 의존하고 임금도 그 백성들에게 의존하게 된다면, 비록 지금의 상황이 위태롭기는 하지만 존속할 수가 있는 것이다.

初六, 剝牀以足, 蔑貞凶.

초육: 평상을 박탈함이 다리에까지 미쳤으니, 올곧은 이를 업신여기고 소홀히 하여 흉하다.

'牀', 所安處者. '以'猶及也. 所見不明, 不知有而藐忽之曰'蔑'. 陰以載陽, 使安居於上, 陰之正也. 初六卑下柔暗, 沈溺於積陰之下而不能自振, 雖力不足以剝陽, 實陷於邪, 以傾陽者深矣. 迷於貴貴尊賢之義, 藐大人而不知畏敬, 自爲凶人, 天下亦受其凶危矣.

'평상'은 편안히 쉴 수 있는 곳이다. '以(이)'는 미침(及)과 의미가 같다. 무엇을 알아보는 데 밝지 않아서 있는 줄도 모른 채 업신여기고 소홀히 함을 '蔑(멸)'이라 한다. 음이 양을 실어주어서 그로 하여금 위에서 편안히 거처하도록 함이 음의 올바름이다. 그런데 지금 이 초육은 부드러움[柔]의 효들이 자아내는 어둠의 밑에 낮게 자리 잡고 있으면서 여러 켜를 이루어

쌓인 음들 아래에 빠진 채 잠겨 있는데 제 힘으로는 떨쳐 나올 수가 없다. 그래서 이것이 비록 상구효의 양을 박탈하기에는 힘이 부친다 할지라도 실제로는 사악함에 빠져서 양을 기울게 함이 깊다. 그리고 이 초육효는 귀한 이를 귀하게 여기고 현인을 받드는 도리에 어둡다. 그래서 대인을 가볍게 여길 뿐 두려워할 줄도 공경할 줄도 모른다. 그리하여 제 스스로 흉악한 사람이 되는데, 세상도 그의 흉악함을 받아서 위태로워진다.

「象」曰: '剝牀以足', 以滅下也.

「상전」: '평상을 박탈함이 다리에까지 미쳤으니'라 한 것은 아래에 침몰하여 있기 때문이다.

'滅', 沈沒也. 暗爲陽害於下, 以其沈沒於幽暗之中, 而不知奉陽之爲正也.

'滅(멸)'은 침몰하다는 의미다. 어둠이 아래에서 양(陽)에게 해를 입히는 까닭은, 그윽하고 어두운 속에 침몰해 있으면서 양을 받듦이 올바름이라는 것을 모르기 때문이다.

六二, 剝牀以辨, 蔑貞凶.

육이: 평상을 박탈함이 평상을 지탱하는 근간[399]에까지 미쳤음이니, 올곧은 이를 업신여기고 소홀히 하여 흉하다.

'辨', 牀幹也. 較足而近矣, 其不知有正猶初也, 故凶亦如之.

'辨(변)'은 평상을 지탱하는 근간을 의미한다. 이것은 평상의 다리보다 상구효에 더욱 가까운데, 올바름이 있다는 것을 알지 못함은 초육효와 같다. 그러므로 흉함도 마찬가지다.

「象」曰: '剝牀以辨', 未有與也.

「상전」: '평상을 박탈함이 평상을 지탱하는 근간에까지 미쳤음'은 아직 더불지 않음이다.

自恃其居中得位, 爲群陰之主, 而與陽若不相與, 然則剝之而無忌. '夜郞'王豈知漢之大哉!

육이효 스스로 제자리인 중위(中位)를 차지하여 뭇 음들의 우두머리가 되었다는 사실에 으스대면서 상구효의 양(陽)과는 서로 더불지 않는 듯하다. 그리하여 박탈함이 거리낌이 없다. 그러나 야랑(夜郞)이란 나라의 왕이 어찌 한(漢)나라가 크다는 것을 알리요![400]

---

399) 참고로 보면, 왕필은 이에 대해 "평상 다리의 윗부분이다.(足之上也.)"라고 하였고(『周易注』), 공영달은 좀더 구체적으로 "평상 몸체의 밑, 평상 다리의 윗 부분으로서 평상의 다리와 몸체가 나뉘는 곳이다.(辨, 謂牀身之下, 牀足之上, 足與牀身分辨之處也.)"라고 하였다.(『周易正義』).

400) 야랑국은 전국시대에 흥기하여 한나라 성제(成帝)·평제(平帝) 연간까지 약 300년 동안 중국의 서남부 지역에 웅거하였던 고대 왕국이다. 오늘날의 운남성

六三, 剝之无咎.

육삼: 박탈함이 허물이 없다.

謂於'剝'之世, 獨能无咎也. 與群陰居, 不能拔出自奮, 以拯陽而定其傾, 而心不忘於貞順, 與上相應, 如狄梁公之事女主, 關羽之爲曹操用者, 君子曲諒其志.

이 박괘䷖에서 드러내고 있는 박탈의 시대에 오직 육삼효만 허물이 없을 수 있음에 대해 말한 것이다. 육삼효도 다른 음들과 함께 거처하고 있기 때문에 자기만 떨쳐 일어나 양을 구하여 그것이 기우는 것을 안정시킬 수는 없다. 그러나 마음속에서는 올곧음과 순종함에 대해 망각하지 않고 상구효와 응한다. 예컨대 적량공(狄梁公)이 당시의 여성 군주 측천

(雲南省)과 귀주성(貴州省)의 고원 지대 및 사천성(四川省)의 서쪽 지역이 여기에 해당한다. 최근 수차례에 걸쳐 발굴한 출토 문물에 비추어 보면 상당히 우수한 문화를 구가하였던 것으로 보이는데, 어쩐 일인지 어느 날인가 홀연히 역사의 무대에서 사라지고 말았다. 당시 이 지역에는 야랑국 말고도 십여 개의 고대 왕국이 함께 할거하였는데, 그 가운데 야랑국이 가장 컸다고 한다. 그런데 길이 없어서 한나라와는 서로 왕래가 불가능하였기 때문에 이들 나라는 한나라의 정보에 어두웠다. 그래서 한나라도 각각의 주(州)가 각기 독립되어 있다고 여겨 한나라의 사신을 맞이하는 자리에서 "한(漢)나라의 어느 나라가 우리나라보다 큰가?"라고 물었다고 한다. 한나라의 입장에서는 이것이 조롱거리가 되었고 나중에는 야랑국이 망령되이 자기나라만 큰 줄 안다는 의미에서 '야랑자대(夜郎自大)'라는 말로 사람들 입에 오르내리게 되었다.(『史記』, 「西南夷列傳」: 西南夷君長以什數, 夜郎最大. …… 滇王與漢使者言曰, "漢孰與我大?" 及夜郎侯亦然. 以道不通, 故各以爲一州主, 不知漢廣大.)

무후를 섬기던 일[401]이나 관우가 조조를 위해 봉사하던 일[402] 등이

401) 적량공은 적인걸(狄仁傑; 630~700)을 가리킨다. 그는 당나라 측천무후(則天武后) 조정에서 재상을 지낸 사람인데 그의 뛰어난 업적을 기려 측천무후가 공(公)에 봉하였다. 그는 정관(貞觀) 4년에 태어나서 측천무후의 구시(久視) 원년(700년)에 죽었다. 당나라 병주(竝州) 태원(太原; 지금의 山西省 太原) 출신이다. 자는 회영(懷英)이었다. 관직에 있는 동안 그는 백성들의 마음을 자신의 마음으로 여기며, 무고한 백성들을 구제하는 데 온 힘을 다했다. 그리고 철혈 여제인 측천무후의 뜻을 거스르는 것조차 주저하지 않을 정도였다. 그래서 후인들은 그를 '당나라 조정의 지주'(지주砥柱는 지주산砥柱山을 가리킨다. 이 지주산은 황하의 급류 속에 우뚝 솟아서 온 몸으로 그 흐름을 막아내고 있는 것처럼 보이는데, 이를 취하여 중임을 맡아 위태로운 국면을 떠맡을 수 있는 역량을 지닌 인재를 가리키는 말이 되었다. 다 갖추어서 '지주중류砥柱中流'라고도 한다.)라 불렀다. 그리고 사람을 보는 눈이 뛰어나 그가 추천한 인물들은 하나같이 당시 당나라 조정의 면모를 일신하는 역할을 해낸 것으로도 유명하다. 그는 법을 집행하는 데서 굳세고 올바르며, 밝고 칼날 같았다. 그리고 조금도 법을 왜곡하여 적용하지 않았다. 심지어는 측천무후의 면전에서 직간을 하는 경우도 잦았다. 그러다 보니 그를 둘러싸고는 숱하게 기이한 이야기들이 만들어져서 오늘날에도 전한다. 그런데 이렇게 직언을 마다 않는 적인걸을 측천무후는 매우 중용하였다. 왕부지는 이 박괘䷖의 육삼효사를 풀이하는 데서 바로 이러한 두 사람의 관계를 인용하고 있다.

402) 한나라 건안(建安) 4년(199년), 유비는 조조의 서주자사(徐州刺史) 차주(車冑)를 죽인 뒤 서주를 점령하였다. 그리고 관우에게 태수의 임무를 맡기며 하비(下邳; 지금의 江蘇省 邳縣 동쪽)를 지키게 하였다. 이듬해(200) 조조는 다시 유비를 공격하여 격파한 뒤 유비의 처자와 관우를 사로잡아서 돌아갔다. 자신의 본거지로 돌아온 조조는 관우의 됨됨이에 너무나 끌린 나머지 그를 자기 사람으로 만들기 위해 편장군(偏將軍)의 지위를 부여하며 매우 두터운 예로 그를 대하였다. 그러나 관우는 조조의 사람이 되어 오래 조조의 진영에 오래 머물고 싶은 생각이 조금도 없었다. 그저 조조에게 지금 입은 은혜를 갚고 떠나고자 하는 생각뿐이었다. 그래서 조조가 자신의 심경을 떠보려고

그것이다. 이에 대해 군자들은 이들의 뜻함을 충분히 이해하고도 남는다.

「象」曰: '剝之无咎', 失上下也.

「상전」: '박탈함이 허물이 없다'는 것은 육삼효의 입장에서 위 · 아래의 음효들을 잃어버렸기 때문이다.

上下各二陰, 三不與之相得, 志在上九.

육삼효의 위 · 아래로는 각기 두 음이 있는데, 육삼효는 이들과 함께하지

보낸 장료(張遼)에게, "나는 조공(曹公)께서 나를 얼마나 잘 대해 주었는지 알고 있다. 그러나 나는 이미 유비 장군으로부터 두터운 은혜를 입었으며, 한날한시에 함께 죽자고 그와 맹세까지 한 사람이다. 나는 그것을 배신할 수가 없으니, 결코 끝까지 이곳에 머물 수가 없다. 그저 조공(曹公)을 위해 공(功)을 세워 은혜를 갚은 뒤 곧 떠나려고 한다."라고 하였다. 이때 원소(袁紹)가 안량(顔良)과 순우경(淳于瓊), 곽도(郭圖) 등을 파견하여 백마(白馬)를 공격해 오자 조조는 친히 군대를 거느리고 구원에 나섰다. 그리고 장료와 관우를 그 선봉에 내세웠다. 이에 관우는 단기필마로 안량의 진영에 진격하여 안량을 죽이고 그 목을 베어버렸다. 관우의 용맹에 놀란 나머지 원소의 군대에서는 감히 그에 대적하지 못하고 백마의 포위를 풀었다. 관우가 이러한 전공(戰功)을 거두자 조조는 다시 관우를 한수정후(漢壽亭侯)에 봉하였다. 이 박괘 육삼효사에 대해 왕부지가 예로 들고 있는 것은 바로 이때의 일이다. 그러나 관우는 이를 받아들이지 않고 조조의 진영을 떠나는데, 조조는 추격하여 죽여야 한다는 수하들의 진언을 물리치고 관우로 하여금 무사히 떠나게 하였다. 서로 인물을 알아보고 존경하였던 영웅들의 이야기다.

않고 상구효와 함께하는 데 뜻을 두고 있다.

六四, 剝牀以膚, 凶.

육사: 평상을 박탈함이 피부에까지 미쳤음이니, 흉하다.

四近陽而與'艮'爲體, 非不知有貞, 而茫昧以自沈溺者, 爻値退位, 下而與群陰相比, 以迫陽而剝之, 此華歆・崔胤外交賊臣以喪國者, 其志慘, 其禍深矣. '凶', 謂上九受剝而凶也.

육사효는 양(上九爻)과 가까우면서 상괘인 간괘☶의 몸을 이루고 있다. 그래서 올곧음이 있다는 것을 모르는 것은 아니지만 어리석어서 스스로 어둠 속에 잠겨 있다. 그리고 지금 물러남의 위(位)를 차지한 채 아래로 뭇 음들과 서로 친하게 어울리면서 양을 핍박하며 박탈하고 있다. 이는 화흠(華歆)[403]과 최윤(崔胤)[404]이 밖으로 난신(亂臣)들과 교접하며 나라

403) 화흠(157~232)은 자가 자어(子魚)로서 평원(平原) 고당(高唐; 지금의 산동성 우성시禹城市) 출신이다. 동한에서 상국(相國)의 벼슬에 있던 화흠은, 동한의 헌제(獻帝)로 하여금 조비(曹丕)에게 제위(帝位)를 선양하도록 핍박하는 데 앞장섰다. 이 공으로 그는 조위(曹魏) 조정에서도 사도(司徒)・태위(太尉) 등의 벼슬을 지냈다.

404) 최윤(854~904)은 당나라 말기의 대신이다. 소종(昭宗)의 건녕(乾寧) 연간에 진사가 되었고, 대순(大順) 연간에는 병부시랑과 이부시랑을 역임하였다. 평장사(平章事)로 있으면서 처음에는 재상 최소위(崔昭韋)에게 붙었다가 나중에는 주전충(朱全忠)의 도움으로 재상이 되어 조정을 장악하였다. 그리고

를 멸망에 이르게 함이니, 그 뜻함이 참담하고 그 앙화가 심하다. '흉하다'고 함은 상구효가 박탈함을 받아 흉하다는 것이다.

「象」曰: '剝牀以膚', 切近災也.

「상전」: '평상을 박탈함이 피부에까지 미쳤음'이란 재앙에 바짝 다가섰다는 의미다.

爲上九危之.

상구효에게 위험을 준다는 것이다.

六五, 貫魚, 以宮人寵, 无不利.

육오: 물고기를 꿺이니, 궁중의 여인들의 총애를 통솔함이며, 이롭지 않음이 없다.

환관들의 비정(秕政)을 제거하며 소종을 보위하였다. 그는 여러 차례 실각하였다가 주전충과 소종의 지지를 얻어 재기하고는 하였다. 그래서 네 번이나 재상에 임명됨으로써 당시 사람들은 그를 '최사인(崔四人)'이라고도 불렀다. 나중에는 주전충을 부추겨 관중으로 진격하게 한 뒤 소종을 주전충의 꼭두각시로 만들어버렸다. 그리고는 또 자기 스스로도 병력을 모집하여 자기 세력의 확충을 꾀하다가 마침내 주전충에 의해 피살되었다.

天子進御之制, 王后當夕於月望, 初自御妻・嬪・夫人而漸進. '貫魚', 自下而上之序也. '以'猶率也. 六五柔, 居中位尊, 以上承乎陽, 陽一而陰衆, 有后率群妾以分君寵之象. 五陰, 盛之極矣. 乃獨以切近剝膚, 歸惡於四, 而五不言剝者, 不許陰之僭大位逼孤陽, 因其得中而密近於上, 節取其善焉, 聖人不得已之深情也. '无不利'者, 所以獎陰之順承, 而歆之以利也.

천자가 궁중의 여인들과 함께 잠자리에 들던 제도를 보면, 황후는 보름날 저녁에 해당하는데, 처음에는 어처(御妻), 그다음에는 빈(嬪), 그다음에는 부인(夫人)의 순서로 점점 나아갔다. '고기를 꿺'에서는 아래로부터 위로 가는 순서로 한다. '以(이)'는 통솔함과 의미가 같다. 이 육오효는 부드러움[柔]으로 중위(中位)의 존귀함을 차지하고 있으면서 위로 양(陽)을 받들고 있다. 그리고 이 괘에는, 양은 하나고 음은 많으니, 황후가 뭇 첩들을 통솔하며 군주의 총애를 나누어주는 상(象)이 있다. 육오효의 음은 왕성함이 극에 이른 것이다. 그런데 유독 이 육오효가 평상을 박탈함이 피부에까지 미쳤음에 바짝 붙어 있는데도, 이 박괘䷖에서는 악을 육사효에게로 돌리고 이 육오효에 대해서는 '각박함'에 대해 말하지 않고 있다. 그 까닭은, 음이 대위(大位)를 빼앗아서 외로운 양을 핍박하는 것을 허용하지 않고 자신이 지금 중위(中位)를 차지하고 있음과 윗사람에게 매우 가까이 있음을 바탕으로 삼아 그 선함을 절도에 맞게 취하기 때문이다. 이는 성인이 어찌할 수 없음에서 느끼는 속 깊은 정(情)이다. '이롭지 않음이 없는' 까닭은, 음의 순종하며 받듦을 장려하여 이로움으로써 부추기기 때문이다.

「象」曰: '以宮人寵', 終无尤也.

「상전」: '궁중의 여인들의 총애를 통솔함'은 끝내 허물이 없음이다.

能率群陰以承事乎陽, 可無尤矣. 陰雖處極盛之勢, 固有救過之道. 後唐明宗焚香祝天, 願中國早生聖人, 庶幾此義焉.

육오효는 뭇 음들을 통솔하여 양을 받드는 일을 해낼 수 있으니, 허물이 없을 수 있다. 이 육오효는 그 자신이 음으로서 비록 음들이 극히 왕성한 흐름 속에 처해 있기는 하지만, 본디 과오를 구제하고자 하는 도(道)를 지니고 있다. 후당(後唐)의 명종(明宗)이 매일 밤 분향하고 하늘에 "원컨대 중국에 일찍이 성인을 나게 하십시오!"[405]라고 빌던 것에도 아마

405) 후당(後唐)의 명종(明宗)은 본명이 이사원(李嗣源)이다. 그는 867년에 태어나 933년에 죽었는데 5대10국의 하나인 후당의 제2대 황제였다. 재위 기간은 8년(926~933)이다. 서돌궐 지역 유목민족의 후예로서 그는 말타기와 활쏘기를 잘하였다. 그는 후당의 제1대 황제인 장종(莊宗)의 부름으로 난을 토벌하러 나섰다가 사위(石敬瑭)의 부추김으로 모반을 결심하고 개봉(開封)으로 남하여 서쪽으로 낙양(洛陽)을 공격해 들어갔다. 그러다가 장종이 화살을 맞아 비운의 죽음을 맞이하는 바람에 황제로 추대되었다. 즉위하고 나서 그는 선대의 폐정을 혁파하고 수리사업을 일으켰으며, 환관들을 모두 죽이고는 일체의 환관을 두지 않았다. 또 유명무실한 기관들을 폐지하였고 백성들의 고통 해결에 온 관심을 기울이며 정성을 다해 나라를 경영함으로써 마침내 비교적 강성한 나라를 이루었다. 그가 재위하는 동안은 해마다 풍년이 들었다고 한다. 그래서 5대10국의 수많은 임금들 가운데 후주(後周)의 태조, 세종(世宗)과 함께 3대 명군으로 꼽힌다.
재위하는 동안 그는 자신의 나이가 이미 환갑을 지나 살날이 얼마 남지 않았다는

이러한 의의가 담겨 있을 것이다.

上九, 碩果不食, 君子得輿, 小人剝廬.

상구: 큰 과일이 먹히지 않음이니, 군자는 탈것을 얻지만 소인은 거처를 박탈당한다.

群陰盛極, 一陽僅存於上, '碩果'也. '不食', 不爲人所食, 言不用於世也. 當'剝'之世, 功無可與立, 道無可與行, 上高蹈遠引, 安止而不降其志, 雖不食, 而俯臨濁世, 其可以駕御之道, 自在 '得輿'矣. 彼小人者, 雖朋邪以逞, 徒自剝其廬而已. '廬'所以蔭已而使寧居者. 陽覆上, 本陰之所藉蔭者; 君子不屑與施治敎, 則廬剝矣. 群邪得志, 君子方超然卓立於其外, 不歆其富貴, 不詘其威武, 雖無撥亂反正之功, 而陰以留正氣於兩間, 則名義不亡於人心. 當時之小人不被其蔭, 而終不能掩其扶持世敎之道, 然則'攸往不利'而亦何不利哉!

점을 헤아려 밤마다 궁중에서 목욕재계하고 분향하며 하늘을 향해 다음과 같이 빌었다고 한다. 즉, "나는 본래 서쪽 변방 출신으로서 세상이 혼란함으로 말미암아 중인들의 추대를 받아 이 황제의 자리에 올랐지만, 스스로 생각해도 부끄러울 만치 덕이 없어서 백성들을 편안케 하기에는 역부족입니다. 원컨대 하늘이시어, 일찌감치 성인을 내려 보내 그로 하여금 백성들의 임금이 되게 하시고, 부족한 저에게는 좀 더 일찍이 이 무거운 짐을 내려놓게 해주십시오. 그러하신다면 온 세상 사람들에게 행복이 될 것입니다!"라고 하였다고 한다.

뭇 음들의 왕성함이 극에 이른 상황에서 하나의 양이 위에 겨우 존속함이니 '큰 과일'이다. '不食(불식)'은 다른 이들이 먹여주는 것을 먹지 않는다는 의미로서, 세상에 쓰이지 않음을 말한다. 지금 이 상구효는 박괘䷖의 세상을 만나 그들과 함께 설 수 있는 공력도 없고 함께 행할 수 있는 도(道)도 없이 위로 멀리 세속을 초연하여 유유자적하며 그렇게 머묾에 편안해 하고 그 뜻함을 굽히지 않는다. 그래서 비록 남들이 먹여주는 것을 먹지는 않지만(남들에게 기용되지는 않지만), 저 아래로 혼탁한 세상을 내려다 보고 있으니, 마차를 부릴 수 있는 도(道)가 저절로 존재하여 '탈 것을 얻는다'고 하고 있다.

이에 비해 저 소인들은 비록 사악한 패당을 이루어 제 세상을 만난 듯 나대고 있지만 한갓 그들 스스로 거처를 박탈하는 결과를 초래할 따름이다. '廬(려)'는 자기 자신을 가려 주어 편안히 거처하도록 하는 것이다. 지금 이 박괘에서는 하나의 양이 위에서 덮어주고 있으니, 이는 본래 음들이 자기들을 비호해주는 가림막으로 삼는 것이다. 그런데 지금 군자가 기꺼운 마음으로 다스리고 가르침을 베풀지 않으니, 이것이 박탈되어버리는 것이다. 지금 이 상구효를 둘러싼 상황을 보면, 뭇 사악한 것들이 제 맘대로 하고 있는데, 군자는 지금 그 밖에서 초연히 우뚝 서 있으면서 그 부귀를 받아먹지도 않고 그 위무(威武)에도 굴하지 않는다.[406] 그래서 이 상구효에게 비록 혼란한 세상을 평정하여 올바른

---

406) 이는 맹자의 '대장부'론을 연상시킨다. 맹자는 부귀하더라도 음란하지 않음과 빈천하더라도 마음을 바꾸지 않음, 위력과 무력으로도 굴복시킬 수 없음을 대장부의 요건으로 보고 있다.(『孟子』, 「滕文公」: 居天下之廣居, 立天下之正位, 行天下之大道, 得志, 與民由之, 不得志, 獨行其道. 富貴不能淫, 貧賤不能移, 威武不能屈, 此之謂大丈夫.)

세상으로 돌리는 공력은 없다 하더라도, 음(陰)들이 그 위세에 눌려 바른 기운을 하늘과 땅 사이에 머물게 한다. 그래서 그 이름과 의로움이 사람들의 마음에서 잊히지 않는다. 이러한 때에는 소인들이 그 덮어줌을 받지는 못하지만, 세상에 대한 가르침을 지탱하는 도(道)를 끝내 가릴 수가 없다. 그러므로 '어딘가를 가는 것이 이롭지 않다.'고[407] 한들 또한 어찌 이롭지 않으리요!

「象」曰: '君子得輿', 民所載也, '小人剝廬', 終不可用也.

「상전」: '군자는 탈것을 얻음'이란 백성들에 의해 실리는 것이요, '소인은 거처를 박탈당함'이란 끝내 쓸 수 없다는 의미다.

無君子則世無與立, 陰雖盛, 不能不載君子. '小人剝廬', 亦何所用乎? 徒自失其依止而已. 鄭憶翁云, "天下皆秋雨, 山中自夕陽."

군자가 없으면 세상은 더불어 존립할 사람이 없으니, 음(陰)들이 비록 왕성하다 하더라도 군자를 싣지 않을 수 없다. '소인은 거처를 박탈당함'인데, 또한 무슨 쓸모가 있으리오. 한갓 스스로 그 의지하며 머물 곳을 잃어버릴 따름이다. 그래서 정억옹은 "온 세상 가득 가을비가 내리는데 스스로 산속에서 석양을 맞이하노라!"[408]라고 읊었다.

---

407) 이 박괘의 괘사를 가리키는 말이다.

408) 정사초(鄭思肖; 1241~1318)의 시 「독조(獨釣)」에 나오는 한 구절이다. 정사초는 송말(宋末)에서 원초(元初)에 걸쳐 활약하였던 시인이며 화가였다. 그의 조상

대대로 연강(連江; 오늘날의 福建省 福州)에 살았는데, 그는 남송 말년에 과거에 급제하여 벼슬도 하였다. 그리고 그는 시시각각 원나라가 송나라를 위협해오자 그 남침에 저항하기 위한 대책을 올렸지만, 이것이 받아들여지지 않은 채 송나라는 결국 망하고 말았다. 그러자 그는 오중(吳中; 오늘날의 江蘇省 蘇州)에 은거하며 남은 생을 살았다. 그의 본래 이름이 무엇인지는 오늘날 확실하지 않다. 다만 송나라가 망한 뒤에 '思肖(사초)'로 개명하였는데, 이는 '趙宋(조송)을 생각한다'는 뜻이다. 송나라는 조광윤(趙匡胤)이 세운 나라로서 그 성씨가 '조(趙)'씨다. 그리고 '肖(초)' 자는 '趙(조)'의 부분으로서 본 글자인 '趙(조)'자를 의미한다. 아울러 그는 평생 동안 고국을 잊지 않는다는 의미에서 자(字)를 '억옹(憶翁)'이라 하였다. 또 그는 앉을 때나 누울 때나 반드시 원나라가 온 북쪽을 등에 지고 남쪽을 향했는데, 이러한 관점에서 스스로 호를 '소남(所南)'으로 불렀다. 그리고 정사초는 자신이 자리 잡고 사는 곳을 '본혈세계(本穴世界)'라 이름 붙였다. 이는 '위대한 송나라의 유민(大宋遺民)'을 의미한다. '本(본)' 자에서 '十(십)' 자를 제거하면 '大(대)' 자가 되고, '穴(혈)' 자 속에 '十(십)' 자를 넣으면 '宋(송)' 자가 되기 때문이다. 정사초는 주로 난초를 그렸다. 그런데 그림 속에서 그는 흙과 뿌리는 전혀 그리지 않고 난초의 꽃과 잎만을 쓸쓸한 분위기 속에 그려 넣음으로써 송나라가 멸망했음을 은연중에 드러냈다. 이것이 그의 난초 그림의 특징을 이룬다. 그가 생략한 흙과 뿌리는 송나라를 상징한다. 오늘날 전하는 정사초의 작품으로는 『국향도권(國香圖圈』이 있는데, 『120도시집(一白二十圖詩集)』·『심사(心史)』 등의 저작을 남겼다. 여기서 왕부지가 인용하고 있는 시 「독조(獨釣)」 역시 정사초의 정한(情恨)과 송조(宋朝) 유민으로서 살아가는 그의 모습을 그대로 드러내고 이다. 전문을 소개하자면 다음과 같다.

흥에 젖어 한 줄기 낚싯대를 드리우니
맑은 바람이 만고에 유장(悠長)하도다
주(周)나라 창건에 협조한 태공망(太公望)이 되기보다는
후한 광무제의 도움 요청을 거절한 엄광(嚴光)이 되고 싶어라.
온 세상 가득 가을비가 내리는데

復卦震下坤上

복괘䷗

復, 亨. 出入无疾, 朋來无咎, 反復其道, 七日來復. 利有攸往.

복괘: 형통하다. 드나듦에 아무런 문제가 없고 벗들이 오는데 허물이 없다. 그 도(道)를 돌이키고 되풀이하여 7일이 지나 돌아온다. 어디를 감에 이로움이 있다.

還歸其故曰'復'. 一陽初生於積陰之下, 而謂之復者, 陰陽之撰各六, 其位亦十有二, 半隱半見. 見者爲明, 而非忽有, 隱者爲幽, 而非竟無. 天道人事, 無不皆然. 體之充實, 所謂誠也. 十二位之陰陽, 隱見各半, 其發用者, 皆其見而明者也. 時所偶値, 情所偶動, 事所偶起, 天運之循環, 事物之往來, 人心之應感, 當其際而發見. 故聖人設筮以察其事會情理之相赴, 而用其固有之理, 行其固然之素位, 所謂幾也. 幾者, 誠之幾也, 非無其誠而可有其幾也. 是則爻見於位者, 皆反其故居, 而非無

스스로 산속에서 석양을 맞이하노니
장구한 세월이 흐른 뒤에는 어린아이조차
끝내 알아주리라, 내가 더러운 세상에 참여하지 않았다는 것을!
(「獨釣」: 高與一絲在, 淸風萬古長. 不爲周呂望, 願似漢嚴光, 天下皆秋雨, 山中自夕陽, 後來有孺子, 終久辨滄浪.)

端之忽至矣.

그 본래로 돌아감을 '복(復)'이라 한다. 『주역』에서는 여러 켜를 이루어 음들이 쌓인 아래에서 하나의 양이 처음 생겨남을 일컬어 '복'이라 한다. 『주역』에서 드러내고 있는 음·양의 작용(撰)은 각기 여섯이며, 그 위(位)도 12개다. 이 가운데 반은 숨고 반은 드러난다. 드러난 것은 '명(明)'이 되는데, 이것이 홀연히 있게 되는 것이 아니다. 또 숨는 것은 '유(幽)'가 되는데, 이것이 끝내 없어져버리는 것이 아니다. 하늘의 도(道)와 사람의 일이 모두 그러하다. 이 세상의 '체'의 충실함이 이른바 '성실함[誠]'이다. 이를 『주역』에서는 12위의 음·양으로 드러내는데, 숨는 것과 드러나는 것이 각각 반씩이다. 그중에서 '용(用)'으로 발현하는 것은 모두 드러나며 '명(明)'이 된다. 시간이 맞아떨어지고 상황[情]이 움직일 만하며 일이 일어날 만하면, 하늘 운행의 순환·사물의 왕래·사람 마음의 감응 등이 딱 그즈음에 맞아떨어져서 발현한다. 그러므로 성인들께서는 시초점을 통해 그러한 시기(時機) 및 상황의 이치(情理)가 서로 도래하여 호응함을 살피고는, 거기에 본디 자리 잡고 있는 이치대로 하고, 자신에게 본디 있는 지위대로 행한다.[409] 이러한 의미가 담겨 있는 것이 바로

---

409) 이는 『중용』에서 "군자는 지금의 지위대로 행하지 결코 그 밖의 것을 원치 않는다. 현재 부귀하면 그 부귀함대로 행하고 현재 빈천하면 그 빈천함대로 행하며, 문화 수준이 낮은 이적(夷狄)의 땅에 살면 그러한 곳에 사는 것에 맞추어 살고, 환난 상황에 처해 있으면 환난 그대로 행한다. 이렇듯 군자는 어디에 가서든 자득하며 마음 편히 살아간다.(君子素其位而行, 不願乎其外. 素富貴行乎富貴. 素貧賤行乎貧賤. 素夷狄行乎夷狄. 素患難行乎患難. 君子無入而不自得焉.)"라고 한 말에서 끌어 온 것이다.

이 '기미[幾]'다. 그리고 이 복괘에 드러나 있는 '기미[幾]'란 우주의 성실함[誠]의 기미다. 이 성실함이 없이는 그 기미가 있을 수 없다.[410] 이렇게 보면, 효(爻)들이 괘의 육위(六位)에서 드러나는 것은 모두 이전의 거처로 돌아오는 것이지 결코 아무런 연고가 없이 홀연히 이르는 것이 아님을 알 수 있다.

然'姤'一陰下見, 不可謂之復者, 陽位乎明, 陰位乎幽, 陽以發, 陰以居, 道之大經也, 則六位本皆陽位, 陰有時踐其位, 而固非其位, 故陽曰復, 而陰不可曰復. 且初・三・五, 本陽位也, 積陰猶盛, 而陽起於初, 得其所居, 亦有復之義焉.

---

410) 이 구절을 정확하게 이해하기 위해서는 위에서 체(體)의 충실함을 '성실함[誠]'이라 하였던 것을 전제로 해야 한다. 이 우주는, 이 세계는, 성실함의 극치로서 '성실함'을 덕으로 하여 작동하고 있다. 그리고 그 작동에서 갓 드러나는 조짐이 '기미[幾]'다. 따라서 우주의 성실함이 아니면 이 기미[幾] 자체가 아예 없고, 거꾸로 기미[幾]가 있다는 것은 우주가 성실하다는 반증이 된다. 그런데 우주의 작동은 그 변화의 끝이 열려 있는 것이 아니라 닫혀 있다. 말하자면 '극에 이르면 반드시 돌이킴(極則必反)'이다. 예컨대 밤낮의 변화라든지, 계절의 변화 등에서 이를 확인할 수 있다. 「계사전」의 '한 번은 음이 되었다 한 번은 양이 되었다 함을 도라 한다(一陰一陽之謂道)'는 말은 바로 이를 두고 한 말이다. 따라서 성실한 우주의 변화는 항상 그 자리로 돌아와서 다시 시작된다고 할 수 있다. 위에서 '이전의 거처로 돌아오는 것'이라 한 것은 바로 이러한 의미다. 왕부지는 바로 이러함을 단적으로 보여 주고 있는 것이 64괘 가운데 복괘䷗라고 보고 이러한 논지를 펼치고 있는 것이다. 즉 모든 변화와 순환은 순음(純陰)인 곤괘䷁에서 끝난다고 한다면, 이제 새로이 양이 돋아서 새로운 세상을 엶에 대해 이 복괘(復卦)가 드러내고 있다는 것이다.

그러나 구괘(姤卦)䷫의 한 음이 아래에 드러난 것에 대해서는 '복(復)'이라 하지 않는다. 그 까닭은, 양의 위(位)는 밝은 곳에 있고 음의 위(位)는 그윽한 곳에 있음과, 양은 발현함에 비해 음은 고요히 제자리만 차지하고 있음이 도(道)의 큰 원칙이기 때문이다. 그렇기 때문에 『주역』의 64괘에서 드러내고 있는 여섯 위(位)들은 본래가 모두 양의 위(位)들이다. 음효들은 다만 잠시 때가 그러하여 현재의 위(位)를 차지하고 있을 뿐이지 이것들이 그들에게 본래 고유한 위(位)가 아니다. 그래서 양효에 대해서는 '복(復)'이라 하지만 음효에 대해서는 '복'이라 할 수가 없다. 또한 초·3·5효는 본래 양의 위(位)들이다. 그런데 복괘에서는 여러 켜를 이루어 음들이 누적하여 오히려 왕성한 상황에서 양이 막 초효에서 일어나되 자신의 자리를 차지하고 있으니, 여기에도 또한 '돌아옴'의 의미가 있는 것이다.

陽一出而歸其故居, 則不可復禦, 陰得主而樂受其化, 故'亨'. 自幽而出見曰'出', 入乎積陰之下, 而上與陰相感曰'入'. '疾', 患也. 一陽初發, 爲天心始見之幾, 致一無雜, 出无疾也. 一陽以感群陰, 陰雖暗昧, 而必資陽以成化, 情所必順, 入无疾也. '朋'謂五陰相連而爲黨也. '來', 下相接也. 陰猶極盛, 疑有咎焉, 而陽震起於下, 以受陰而入與爲主, 則朋陰之來, 非以相離, 而以相就, 固无咎也.

양이 한 번 나와 그 옛 거처로 돌아오면 다시는 막을 수 없는데, 음들이 이제 막 출현한 양(陽)을 자기들 임금으로 얻어 그의 교화를 기꺼이 받아드리니 '형통하다'고 한 것이다. 그윽함으로부터 나와서 드러남을 '나옴(出)'이라 하고, 여러 켜를 이루어 쌓인 음들 밑으로 들어가 위로 음들과 서로 감응함을 '들어감(入)'이라 한 것이다. '疾(질)'은 두통거리를 의미한다. 하나의 양이 초효에서 발현하여 하늘의 마음이 막 드러난 기미[幾]임을 내보이고 있는데, 단 하나도 잡됨이 없음을 이루고 있으니 나옴에 아무런 문제가 없는 것이다. 그리고 하나의 양으로서 뭇 음들과 감응하니 음들이 비록 어둡고 우매하기는 하지만 반드시 그 양으로부터 힘을 입어 교화를 이루어내고 상황은 반드시 순조로워진다. 그래서 들어감에 아무런 문제가 없는 것이다.

'벗들(朋)'이란 다섯 음효가 서로 연대하여 당파를 이루고 있음을 의미한다. '오다(來)'란 아래와 서로 교접함을 의미한다. 복괘는 음들이 오히려 왕성하기 때문에 허물이 있지 않을까 하고 의심을 사지만, 하나의 양이 아래에서 떨쳐 일어나서 음들을 받아들이며 들어가 그들의 임금이 되니, 벗인 음들이 오더라도 서로 힐난하는 것이 아니라 서로 마주하여 나아간다. 그래서 본디 허물이 없는 것이다.

以人事言之. 在事功, 則王者不易民而治, 而聖作於創業之始, 多士多方, 雖繁有其徒, 皆撫之以消其疑貳. 在學術, 則君子不絶欲以處, 而仁發於隱微之動, 聲色臭味, 雖交與爲感, 皆應之以得其所安, 不患朋之來, 而特在初幾之貞一爾.

이를 사람의 일을 가지고 말해 보겠다. 먼저 일의 공효[事功] 측면에서 보면, 위대한 덕을 지닌 왕이 전대(前代)의 백성들을 바꾸지 않고 그대로 다스림이다. 그래서 성인이 일어나 나라의 기틀을 닦는 시초에, 여러 방면에서 뛰어난 지식인과 전문가들이 비록 번다하게 자신들의 분야를 뽐내더라도 이들을 모두 어루만짐으로써 이들의 의심 냄을 사라지게 한다. 그리고 학술 측면에서 보면, 군자가 일체의 욕구를 완전히 끊어버리지 않고 처신하는데, 그들의 욕구가 은미하게 발동하는 데서 인자함을 발휘한다. 그래서 소리 · 색깔 · 냄새 · 맛 등 욕구를 자극하는 요소들이 비록 더불어 교접하며 감각을 자극해대더라도 이들 모두에 응하면서 편안해 하도록 한다. 그리고 벗들이 옴을 두통거리로 여기지 않고 다만 처음 기미[幾]의 올곧음을 한결같이 해야 할 따름이다.

'反復其道'者, 言有反有復者其道也. 誠之所固有, 幾之所必動也. 七者, 少陽之數. 數極於六, 不可復減, 必上生至於七, 而陽復萌也. 天道之固然, 即人事之大順. 由此以往, 愈引愈出, 而陽益生, 皆一陽震起之功也. 率此而推行之, 世無不可治, 而人無不可爲堯舜也.

'그 도(道)를 돌이키고 되풀이하여'란 그 도를 돌이킴도 있고 되풀이함도 있다는 의미다. 이는 우주의 덕인 성실함[誠]에 고유한 것이기도 하고, 막 시작되는 기미[幾]에서 반드시 움직이게 하는 것이기도 하다. '7'이란 소양(少陽)의 숫자다. 수는 6에서 극에 이른다. 그래서 6에 이르면 더 이상 줄어들 수가 없어 반드시 위로 생하는데, 그리하여 7에 이르러서는 양이 다시 싹튼다. 이는 천도의 본디 그러함으로서 사람의 일에서도 크게 순종해야 할 것이다. 이 이후로는 갈수록 더욱 많은 것들이 출현하며 양이 더욱 생겨나는데, 이는 모두 초구인 양 하나가 떨쳐 일으킨 공덕(功德)이다. 이러한 원리에 따라 행하면 어느 세상이든 안정되고 평화로운 세상으로 만들지 못할 것이 없고, 어느 사람이든 요 · 순과 같은 임금이 되지 못할 것이 없다.

「彖」曰: "復亨", 剛反.

「단전」: "복괘는 형통하다."고 함은 굳셈[剛]이 돌이키기 때문이다.

'復'之亨, 以剛之反於位也.

복괘가 형통함은 굳셈이 제 위(位)로 돌아오기 때문이다.

動而以順行, 是以"出入无疾, 朋來无咎."

움직여서 순응하며 행하니, 그래서 "드나듦에 아무런 문제가 없고 벗들이 오는데 허물이 없다."고 하는 것이다.

以動而行乎順之中, 則於己無患其孤, 而物雖賾, 不足以相礙. 故特患其不動耳, 無憂物之不順也.

움직이며 순응함 속에서 행하니 자기 스스로도 그 외로움을 걱정하지 않고, 물(物)들이 비록 잡다하게 번성하지만 서로 장애가 되지 못한다. 그러므로 여기서는 다만 움직이지 않음을 염려할 따름이지 물(物)들이 순응하지 않으리라는 것을 염려할 필요가 없다.

"反復其道, 七日來復", 天行也.

"그 도(道)를 돌이키고 되풀이하여 7일이 지나 돌아온다."는 것은 하늘의 운행이다.

天之運行恆半隱半見. 日過一度, 周而復出於地, 於此可想陰陽具足, 屈伸於幽明, 而非有無也. '七日'者, 數極則反之大槪, 舊說謂自'姤'至'復', 於『易』卦・天數俱不合, 今不從之.

하늘의 운행에서는 늘 반은 숨어있고 반은 드러난다. 태양이 날마다 한 번씩 지나가는데 한 바퀴를 빙 돌아서는 다시 땅 위로 나오니, 여기서 우리는 음・양이 충분하게 다 갖춘 채 유(幽)・명(明)에서 오므렸다・펼쳤다 하는 것이지 있다・없다 하는 것이 아님을 알 수 있다. '7일'이란 수가 극에 이르면 돌이킴을 대표한다. 이에 대해 이전의 설에서는 구괘(姤卦)䷫로부터 복괘(復卦)䷗에 이름을 말하는 것이라 여겼지만, 이는 『주역』의 괘들이나 하늘의 수에 모두 합치하지 않는다. 그래서 지금 나는 이 설을 따르지 않는다.

"利有攸往", 剛長也.

"어디를 감에 이로움이 있다."는 것은 굳셈[剛]이 자라나기 때문이다.

不動則漸向於消, 動則必長. 往而進焉, 繼起之善, 相因必至, 故雖一陽乍生, 而可謂之長.

움직이지 않으면 점차 꺼져 가고, 움직이면 점차 자라난다. 여기서 나아가고 또 나아가면 계속해서 일어나는 선함이 서로 유기적으로 영향을 미치며 반드시 이르게 된다. 그러므로 복괘䷗에서는 비록 하나의 양이 얼핏 생겨난 정도이지만, 이에 대해 '자라난다'고 말할 수 있는 것이다.

復其見天地之心乎!

복괘에서 그 천지의 마음을 보는도다!

此推全體大用而言之, 則作聖合天之功, 於'復'而可見也. 人之所以生者, 非天地之心乎! 見之而後可以知生. 知生而後可以體天地之德, 體德而後可以達化. 知生者, 知性者也. 知性而後可以善用吾情; 知用吾情, 而後可以動物. 故聖功雖謹於下學, 而必以'見天地之心'爲入德之門. 天地之心不易見, 於吾心之復幾見之爾. 天地無心而成化, 而資始資生於形氣方營之際, 若有所必然而不容已者, 擬之於人, 則心也.

이는 천지의 온전한 체[全體]와 위대한 작용[大用]을 미루어 말한 것으로서 성인을 일으켜 하늘에 합치하는 공덕을 복괘에서 볼 수 있다는 것이다. 사람을 생겨나게 하는 것이 천지의 마음이 아니고 무엇이겠는가! 이 천지의 마음을 본 뒤에라야 사람이 어떻게 해서 생겨나는지를 알고, 그래서 생겨남에 대해 알고 난 뒤에라야 천지의 덕을 체득할 수 있다. 그리고 이러한 덕을 체득한 뒤에라야 사람 세상의 구석구석까지 교화를 이룰 수가 있다. 우리의 생겨남에 대해 아는 이는 우리의 본성을 아는 이다. 본성을 안 뒤에라야 그 발현으로서의 정(情)을 잘 사용할 수 있고, 우리들의 정(情)을 제대로 사용할 줄 안 뒤에라야 타자(他者)들을 움직일 수 있다. 그러므로 성인들께서 공력을 기울이시는 것을 보면, 비록 일상생활과 관련된 기초 단계의 배움에 온 정성을 기울인다 할지라도, 반드시 '천지의 마음을 봄'을 덕의 경지에 들어가는 문으로 여긴다. 천지의 마음은 쉽사리 보이지 않는데, 내 마음이 되돌아옴에서 그 기미[幾]가 드러날 따름이다. 천지는 무심히 지어냄[造化]을 이룬다. 그런데 사람과 물(物)의 형체를 이루는 기[形氣]가 막 만들어질 즈음에 그들이 비롯되고 생겨나도록 하는 필연으로서 그렇게 함을 결코 그만두어서는 안 될 것 같음이 작용하고 있다. 이를 사람에 비기면 마음이다.

乃異端執天地之體以爲心, 見其窅然而空・塊然而静, 謂之自然, 謂之虛静, 謂之常寂光, 謂之大圓鏡, 則是執一嗒然交喪・頑而不靈之體以爲天地之心, 而欲效法之. 夫天淸地寧, 恆静處其域而不動, 人所目視耳聽而謂其固然者也. 若其忽然而感, 忽然而合, 神非形而使有形, 形非神而使有神, 其靈警應機, 鼓之盪之於無聲無臭之中, 人不得而見也. 乃因其耳目之官有所窘塞, 遂不信其妙用之所自生, 異端之愚, 莫甚於此. 而又從爲之說曰. 此妄也, 不動者其眞也. 則以惑世誣民, 而爲天地之所棄, 久矣.

그러나 이단의 무리들은 하늘과 땅이라는 형체에 집착하여 그것을 마음으로 여긴다. 그들은 저 아득하게 텅 빈 하늘의 허공과 우두커니 아무런 느낌도 없는 땅의 고요함을 보고서 '저절로 그러함(自然)'・'텅 비고 고요함(虛靜)'이라 하고[道家], '상적광토(常寂光土)'[411]・'크고 둥근 거

---

411) 상적광토(常寂光土)는 여러 부처와 여래의 법신들이 살고 있는 정토(淨土)를 가리키는 말인데, 천태종에서 말하는 '사토(四土)' 중의 하나다. 또 '적광정토(寂光淨土)', '적광국(寂光國)', '적광토(寂光土)', '적광(寂光)'이라고도 부른다. 부처가 살고 있는 세계는 진여(眞如)의 본성(本性)으로서, '생하거나 멸하는 변화가 없고(常), 번뇌에 의한 어지럽힘이 없으며(寂), 지혜의 밝음만이 있다(光)'는 의미에서 '상적광토(常寂光土)'라 부른다. 이곳은 법신(法身)・해탈(解

울(大圓鏡)'[412]이라고 한다[佛家]. 그래서 넋이 나간 채 흐리멍덩하고 혼란한 상태[413]와 완고하며 전혀 의식 작용이 없는 몸을 천지의 마음으로 여긴다. 그리고 이들에 한결같이 집착하면서 본받으려 한다.

대저 하늘은 맑고 땅은 평안한 채 늘 자신의 영역에 처하여 움직이지 않는데, 사람은 자신의 눈으로 보고 귀로 들은 것에 입각하여 "본디 그러한 것들이다."라고 말한다. 그런데 그것들은 홀연히 감응하는 듯하고 홀연히 합하는 듯하다. 그리고 그러한 속에서 신(神)은 형체가 아니면

脫)・반야(般若)를 몸으로 하고 '절대 영원한 항상됨[常]・즐거움[樂]・스스로 존재하는 참된 나가 확립되어 있음[我]・깨끗함[淨]'이라는 네 개의 덕을 원만하게 갖추고 있다고 한다.

412) 원래 '대원경(大圓鏡)'은 대승불교, 특히 법상종에서 내세우는 여래의 네 가지 지혜 가운데 하나다. 즉 성소작지(成所作智), 묘관찰지(妙觀察智), 평등성지(平等性智), 대원경지(大圓鏡智) 등이 그것이다. 보통 사람들의 제8식(alaya識)이 여래(如來)에 이르러 대원경지(大圓鏡智)가 된다고 한다. 여기서 '대원경(大圓鏡)'은 '크고 둥근 거울'로서 모든 것을 밝게 다 비춘다는 것의 은유에 해당한다. 그 지혜의 몸뚱이가 청정(淸淨)하여 모순으로 가득 찬 세속의 법을 떠난 채 큰 거울에 만물이 비치듯이 모든 진리의 모습을 보여 주는 지혜를 이른다.

413) 『장자(莊子)』에 나오는 말이다. 『장자』에서는, 세상은 도(道)를 잃어버리고 도는 세상을 잃어버림으로써 둘이 서로 잃어버리는 것을 가장 좋은 인류 공동체 운용 행태로 여기고 있다. 여기서 도(道)는 천지 자체의 순환 원리가 아닌 사람의 파악 속에 들어온 법칙과 원리를 의미한다. 일종의 관념의 세계에 해당한다고 할 수 있다. 그래서 사람이 자신의 관점으로 세상에 대해서 도(道)를 파악해내지 않고, 세상도 사람이 파악한 도에 얽매이지 않음을 가장 좋은 공동체 운용의 형태라 보았다. 여기서는 유가의 인위에 의한 다스림은 저절로 부정된다.(『莊子』, 「繕性」: 由是觀之, 世喪道矣, 道喪世矣. 世與道交相喪也, 道之人何由興乎世, 世亦何由興乎道哉! 道无以興乎世, 世无以興乎道, 雖聖人不在山林之中, 其德隱矣.)

서 형체를 있게 하고, 형체도 신(神)이 아니면서 신(神)을 있게 한다. 그래서 변화무쌍하고 생동하면서도 정묘하고 알맞게 때에 응하는데, 이들이 사람의 인지 능력 범위를 벗어난 차원에서 소리도 냄새도 없이 만물을 고무하고 흔들어 대서 생겨나오게 한다. 그래서 사람으로서는 이를 알아볼 수가 없다. 그런데 눈·귀와 같은 감각기관이 이들을 지각하지 못하기 때문에 결국 이단은 그 신묘한 작용이 저절로 생겨 나옴을 믿지 못한다. 그러니 이단의 어리석음이 이보다 심한 것이 없다. 그런데도 그들은 또한 이어서 말을 만들어내어서는 "이는 망령된 것이다. 움직이지 않는 것이 진실한 것이다."라고 한다. 그러나 이러한 사상은 혹세무민이기 때문에 천지에 의해 버림받은 지 오래되었다.

故所貴於靜者, 以動之已亟, 則流於偏而忘其全, 故不如息動而使不流, 而動豈可終息者哉! 使終息之, 而槁木死灰之下, 心已喪盡. 心喪而形存, 莊周所謂"雖謂之不死也奚益", 而不知自陷其中也. 程子曰. "先儒皆以靜爲見天地之心, 不知動之端乃天地之心. 非知道孰能識之!" 卓哉其言之乎!

그러므로 고요함[靜]에 대해 귀히 여기는 까닭은 움직임[動]이 이루어지면 벌써 어느 한쪽으로만 치우치게 흘러 그 온전함을 잃어버리는 바, 이러한 움직임을 그치게 하고 흐르지 않게 하는 것만 못하기 때문이다. 그러나 움직임이 어찌 끝내 그칠 수 있는 것이리오! 만약에 끝내 그치게 하여 고목(槁木)·사회(死灰)[414]의 상태에 있게 한다면 마음이 이미 다 상실되어 버린 것이다. 이렇듯 마음이 상실된 채 몸만 존재한다는 것에 대해 장자조차 "비록 죽지 않았다 한들 무슨 보탬이 되겠는가!"[415]라 하고 있는데, 스스로 그 속에 함몰함을 알지 못한 소치다. 그래서 정자(程子; 程頤)께서는, "이전의 학자들은 모두 이 '천지의 마음을 봄(見天地之心)'을 '고요함[靜]'이라 풀이하였는데, 이는 아마 움직임[動]의 시초가 바로 천지의 마음이라는 것을 알지 못하였기 때문인 것 같다. 그러나 도(道)를 아는 이가 아니고서는 그 누가 이를 알리오!"416)라고 하셨다. 탁월하도다, 이 말씀이여!

---

414) 『장자』, 「제물론」에 나오는 말이다. 그곳에서는 이 '몸을 고목처럼 하고 마음을 타버린 재(死灰)처럼 함'을 '객체인 대상 세계와 주체인 나 둘 다를 잊어버림[物我兩忘]'의 상태로 여기며 수양의 최고 경지로 묘사하고 있다.(南郭子綦隱机而坐, 仰天而噓, 荅焉似喪其耦. 顔成子游立侍乎前, 曰: 「何居乎? 形固可使如槁木, 而心固可使如死灰乎? 今之隱机者, 非昔之隱机者也.)

415) 역시 『장자』, 「제물론」 편에 나오는 말이다. 그 전체 문장을 인용하자면, "한 번 사람의 형체를 받고서는 도대체 잊어버리지를 않고서 죽어 완전히 그것이 다 없어질 때까지 지속한다. 타자들과 칼날처럼 얽혀 부대끼는데, 마치 말을 달리듯 나아가며 그만둘 줄을 모른다. 그러니 또한 슬프지 아니한가! 죽을 때까지 아등바등하며 골몰하지만 도대체 공을 이루어내는 것일랑은 없다. 나른할 정도로 피곤에 찌들면서도 어디로 돌아가야 하는지를 알지 못한다. 이 어찌 슬프지 않을쏜가! 사람들이 비록 '죽지 않았다.'라고 할지라도 도대체 무슨 보탬이 되겠는가!"(一受其成形, 不忘以待盡. 與物相刃相靡, 其行盡如馳而莫之能止, 不亦悲乎! 終身役役而不見其成功, 苶然疲役而不知其所歸, 可不哀邪! 人謂之不死, 奚益!)라고 하고 있다.

416) 정이(程頤)가 『주역』 복괘(復卦)의 이 구절을 풀이하면서 한 말이다. 그런데 왕부지의 이 인용구절에는 '蓋(개)' 자가 빠져 있고, 지금 번역의 저본으로 삼고 있는 악록서사본에는 '~天地之心'까지만 인용부호로 처리하고 있다. 그러나 정이의 『역전』 원문대로 하는 것이 깔끔하여 이 번역에서는 원문에 입각하여 번역하였다. 참고로 정이의 『역전』 원문은 "先儒皆以靜為見天地之心. 蓋不知動之端乃天地之心也. 非知道者孰能識之!"로 되어 있다.

自人而言之, 耳目口體與聲色臭味, 柴立於天地之間, 物自爲物, 己自爲己, 各静止其域而不相攝, 乃至君臣・父子・兄弟・夫婦, 各自爲體而無能相動, 則死是已. 其未死而或流於利欲者, 非心也. 耳目口體之微明浮動於外, 習見習聞, 相引以如馳, 而反諸其退藏之地, 則固頑静而不興者也. 陽之動也, 一念之幾微發於俄頃, 於人情物理之沓至, 而知物之與我相貫通者不容不辨其理, 耳目口體之應乎心者不容於掩抑, 所謂惻隱之心是已. 惻者, 旁發於物感相蒙之下. 隱者, 微動而不可以名言擧似, 如痛癢之自知, 人莫能喻也. 此幾之動, 利害不能搖, 好惡不能違, 生死不能亂, 爲體微而爲用至大. 擴而充之, 則忠孝友恭・禮樂刑政, 皆利於攸往而莫之能禦. 則夫天地之所以行四時・生百物, 亘古今而不息者, 皆此動之一幾, 相續不舍, 而非窅然而清・塊然而寧之爲天地也, 審矣.

사람의 관점에서 볼 때, 사람의 인식 기관으로서의 귀・눈・입・몸과 그 대상으로서의 소리・색깔・냄새・맛 등이 하늘과 땅 사이에 고목처럼 무심히 서 있으면서[417] 물(物)은 스스로 물이고 나는 스스로 나가 되어 각기 제 영역에 딱 정지해 있는 채 서로 전혀 유기적으로 작용을 하지 않는다면, 그리하여 임금과 신하, 부모와 자식, 형과 동생, 지아비와 지어미 등이 각자가 자신의 영역에 갇힌 채 서로 유기적으로 영향을 주고받지 않는 지경에까지 이른다면, 이는 곧 죽은 것일 따름이다. 죽지 않았는데도 어쩌다 이욕으로 흘러가는 것은 사람의 마음이 아니다.[418]

---

417) 『장자』, 「달생(達生)」 편에 나오는 말이다.(無入而藏, 無出而陽, 柴立其中央.)
418) 성선설(性善說)에 입각한 말이다. 맹자 이후 유가에서는 사람의 마음은 선하기

귀・눈・입・몸 등은 그것들이 파악해낸 미약한 밝음[419]으로 말미암아 외물에 이끌린 나머지 진득하게 있지 못하고 들떠서 흔들리는데, 그것이 습관이 되어서는 마치 말을 타고 달리듯이 서로를 끈다. 그리고 물러나 고요히 있는 상태로 돌아가서는 진실로 완고하게 고요히 멈추어 있는 채 전혀 일어나지조차 않는다.

그러나 양(陽)이 움직이자 한 생각의 막 싹터 나오는 기미[幾]가 잠깐 사이에 발동하는데, 사람의 상황[人情]과 물들의 이치[物理]가 함께 이르

때문에 이로움과 욕구로 흐르지 않는다고 본다. 사람에게서 이러한 마음이 죽었기 때문에 이욕으로 흐른다는 것이 이곳 왕부지의 관점이다.

419) '微明(미명)'이라는 말을 이렇게 번역하였는데, 이는 『노자』 제36장에 나오는 말의 일부다. 『노자』에서는 "장차 오그라들게 하고 싶거든 반드시 진실로 확장시켜 주고, 장차 약하게 하고 싶거든 반드시 진실로 강하게 해주며, 장차 폐하고 싶거든 반드시 진실로 흥하게 하고, 장차 빼앗고 싶으면 반드시 진실로 주어라. 이를 '미약한 밝음[微明]'이라 한다. 부드럽고 약한 것이 굳세고 강한 것을 이긴다.(將欲翕之, 必固張之; 將欲弱之, 必固强之; 將欲廢之, 必固興之; 將欲奪之, 必固與之. 是謂微明. 柔弱勝剛强.)"라고 하여 오묘한 역설(逆說)을 펼치고 있다. 이는 보통 사람들의 일반적인 생각이나 견해와는 정반대로 보인다. 그러나 뒤집어보면 확장함・강함・흥함・줌 등이 오히려 그 반대의 결과를 초래하는 경우가 많다. 우리의 욕구와 이기심이 이들을 지향하지만 사실은 그 반대로 향해 가는 것이다. 그래서 왕필은 이러함이 물(物)들의 본성대로 하여 그들로 하여금 스스로 죽이게 하며 형벌을 빌리지 않고 제거하는 방법이라고 하였다.(王弼注, 『老子道德經』 제36장: 因物之性, 令其自戮, 不假刑為大, 以除將物也.) 그리고 하상공(河上公)은 '미명(微明)'에 대해 "이 네 가지는 그 도는 은미하지만 그 효과로 드러남은 분명하다.(河上公章句, 『老子道經』卷上, 「微明」 제36: 此四事, 其道微其效明也.)"라고 풀이하였다. 그런데 왕부지는 이 '미약한 밝음'에 대해서 대단히 비판적으로 본다. '무엇인가를 노리는 교활함'과 같은 의미로 보는 것이다.

는 곳에서 물(物)들과 내가 서로 관통하고 있음을 아는 이들로서는 그 이치를 분별하지 않을 수 없다. 그리고 마음에 응한 귀・눈・입・몸 등은 그 마음을 가리거나 억누르지 않으니, '측은지심'이라 하는 것이 바로 이것이다. '측(惻)'이란 대상이 나에게 감응하여 서로 영향을 미치는 상황에서 바로 발현하는 것이고, '은(隱)'이란 은미하게 움직여서 말로써는 드러낼 수 없는 것이니, 예컨대 자신의 통증과 가려움을 스스로는 알지만 다른 사람으로서는 분명하게 알 수 없는 것과 같다. 이 측은지심이 막 싹터 나오는 움직임에 대해서는 이로움과 해로움으로 흔들 수가 없고, 좋아함과 싫어함으로도 어길 수 없으며, 삶과 죽음으로도 어지럽힐 수가 없다. 그 형체는 미미하지만 작용은 지극히 크다. 그래서 이를 확충하면 충성・효성・우애・공손함 및 예・악(禮樂)과 형정(刑政)으로 드러나니, 모두 어디를 가더라도 이로워서 막을 수가 없다. 저 천지가 사계절을 행하고 만물을 생성해내며 영원토록 쉼이 없는 까닭은, 모두 이 움직임의 싹터 나옴들이 서로 이어가며 그치지 않기 때문이다. 이렇게 보면, 결코 형체적으로 저 아득하게 맑은 것이 하늘이 아니요 저 질펀하게 평안한 것이 땅이 아님을 여기서 잘 알 수 있을 것이다.[420)]

邵子之詩曰. "一陽初起處, 萬物未生時", 其言逆矣. 萬物未生處, 一陽初起時, 乃天地之心也. 然非特此也. 萬物已生, 而一陽之初起, 猶相繼

420) 『주역』 복괘(復卦)에서 '천지의 마음'이라 할 때의 하늘과 땅은 결코 우리의 눈앞에 펼쳐진 형체로서의 하늘과 땅이 아니라, 끊임없이 만물을 생하게 하며 지속하도록 하는 그 덕(德)과 공능(功能)이라는 의미다.

而微動也. 又曰. '玄酒味方淡', 是得半之說也. 淡可以生五味, 非舍五味而求其淡也. 又曰, '大音聲正希', 則愈非矣. 希聲者, 聲之餘也, 是'剝'上之一陽也. 金聲而後玉振之, 帝出乎'震', 聲非希也, 限於耳官之不聞而謂之希也. 其曰. '天心無轉移', 則顯與'反復其道'之旨相違矣. 天地之心, 無一息而不動, 無一息而非復, 不怙其已然, 不聽其自然. 故其於人也爲不忍之心, 欲姑置之以自息於靜, 而不容已. 而豈大死涅槃·歸根復命, 無轉無移之邪說所得與知哉! 是則耳目口體止其官, 人倫物理靜處其所, 而必以此心惻然悱然·欲罷不能之初幾, 爲體天地之心而不昧. 自其不流於物也, 則可謂之靜, 而固非淡味希聲以求避咎也.

소자(邵子; 邵雍)의 시에 "(동지는) 하나의 양이 처음으로 일어나는 곳이요 만물이 아직 생겨나지 않을 때다!"[421]라고 하였는데, 여기에서는

---

421) 소옹(邵雍)의 「동지음(冬至吟)」에 나오는 구절이다. 참고로 전문을 소개한다면 "동지는 동짓달의 한 가운데, 하늘의 마음은 바뀜이 없으니, 하나의 양이 처음으로 일어나는 곳이요, 만물이 아직 생겨나지 않은 때다. 현주(玄酒)는 이제 막 담박해지고 대음(大音)과 대성(大聲)은 정말로 희미하도다. 만약에 이 말이 믿기지 않거들랑 복희씨에게 다시 물어보게나!(冬至子之半, 天心無改移. 一陽初起處, 萬物未生時. 玄酒味方淡, 大音聲正希. 此言如不信, 更請問庖犧.)"로 되어 있다. 1년 12달을 12간지에 배당하여 순환하는 것으로 보는 것인데, 동지는 동짓달인 자월(子月)의 한 가운데로서 이때는 비록 엄동설한으로서 온 누리에 숙살(肅殺)의 기운이 엄정하지만, 하늘의 마음(天心)은 그 순환의 원리에 실어 다시 만물을 소생시키니 이때 하나의 양이 생한다고 본다. 그러나 그것이 갓 싹이 트는 정도여서 만물은 아직 생겨나지 않았으며 현주·대음·대성 등이 이제 막 태동하는 시기로서 사람의 감각 기관의 인식 범위 안에는 아직 들어오지 않는 때다. 그렇다 하더라도 동지에 하나의 양이 생김으로써 분명히 이렇게 새로운 순환은 시작되었으니, 이는 팔괘를 그린

말이 거꾸로 되었다. 정확하게는 만물이 아직 생겨나지 않은 곳에서 하나의 양이 처음으로 생겨나는 때가 바로 천지의 마음이다. 그러나 꼭 이것만이 아니다. 만물이 이미 생겨났다 하더라도 하나의 양이 처음으로 일어남은 오히려 계속 이어지며 은미하게 움직이는 것이다. 그리고 소자는 "현주(玄酒)는 이제 막 담박해지고"라 하였는데, 이는 득반(得半)설이다. 그런데 담박함이 다섯가지 맛[五味]을 낳을 수는 있지만, 이들 다섯가지 맛을 제쳐두고 다른 것에서 그 담박함을 구하는 것은 아니다. 그리고 "대음(大音)과 대성(大聲)은 정말로 희미하도다."라고 한 말은 더욱 잘못되었다. '희미한 소리'는 한바탕 소리가 지나가고 난 뒤의 여운을 말한다.[422] 따라서 이는 박괘(剝卦)䷖의 하나의 양인 상구효가 상징하고 있다. 금속 악기가 먼저 연주한 뒤에 옥으로 된 악기가 연주함이고[423], 임금이 진괘(震卦)☳의 방위(동쪽)에서 출현한 것이니[424], 이때의

복희씨가 이미 제시하신 진리라는 것이다.

422) 이곳에서 소자(邵子)가 의미하는 것처럼 저 땅속 깊은 곳에서 막 하나의 움직임이 태동하는 소리가 아니라는 의미다.

423) 맹자의 말이다. 맹자는 공자를 집대성자라 칭하면서, 마치 악곡을 연주할 적에 금속 악기들이 먼저 연주하여 열고 펼치면 옥으로 된 악기들이 그 뒤를 바치며 갈무리를 하듯이, 이전 시대의 훌륭한 사람들이 비롯하고 벌려 놓은 것을 공자가 종합하고 마무리하였다는 것을 이렇게 표현하였다. 그리고 비롯하는 것은 지혜로운 이에게 속하는 것이라면 마무리하는 것은 실천력이 담보된 성인에게 해당한다고 하였다.(『孟子』, 「萬章下」: 孔子之謂集大成. 集大成也者, 金聲而玉振之也. 金聲也者始條理也, 玉振之也者終條理也. 始條理者智之事也, 終條理者聖之事也.)

424) 『주역』, 「설괘전」 편에 나오는 말이다. 여기서는 '진괘(震卦)☳→손괘(巽卦)☴→이괘(離卦)☲→곤괘(坤卦)☷→태괘(兌卦)☱→건괘(乾卦)☰→감괘(坎卦)☵→간괘(艮卦)☶→진괘(震卦)☳'의 순서로 사방과 사계절의 순환을 말하고

소리는 결코 그 자체가 희미하지 않다. 사람의 관점에서 듣는 기관의 한계 때문에 들리지 않는지라 "희미하다."라고 하였을 뿐이다. 또 "하늘의 마음은 전이함이 없으니"라 한 것은[425] 이 복괘의 괘사에서 "그 도(道)를 돌이키고 되풀이하여"라고 한 것과 분명히 서로 어긋난다. 천지의 마음은 한순간도 움직이지 않음이 없고 한순간도 되풀이하지 않음이 없으니, '이미 그러함(已然)'에 의지하지도 않고 '저절로 그러함(自然)'에 귀 기울

있다. (帝出乎'震', 齊乎'巽', 相見乎'離', 致役乎'坤', 說言乎'兌', 戰乎'乾', 勞乎'坎', 成言乎'艮'. 萬物出乎'震', '震'東方也. 齊乎'巽', '巽'東南也; 齊也者, 言萬物之絜齊也. '離'也者, 明也, 萬物皆相見, 南方之卦也, 聖人南面而聽天下, 向明而治, 蓋取諸此也. '坤'也者, 地也, 萬物皆致養焉, 故曰 : 致役乎'坤'. '兌', 正秋也, 萬物之所說也, 故曰 : 說言乎'兌'. 戰乎'乾', '乾'西北之卦也, 言陰陽相薄也. '坎'者水也, 正北方之卦也, 勞卦也, 萬物之所歸也, 故曰 : 勞乎'坎'. '艮', 東北之卦也. 萬物之所成終而成始也, 故曰 : 成言乎'艮'.) 소옹은 이를 근거로 「문왕후천팔괘도」를 그렸다. 「문왕후천팔괘도」에 대해서는 이 책 앞에 붙인 그림들을 참조하라.

425) 소옹의 「동지잠」 원본에서 '天心無改移'라 한 것과는 달리 지금 번역의 저본으로 삼고 있는 악록서사본에는 이곳이 '天心無轉移'으로 되어 있다. 『표준국어대사전』에 보면, '전이(轉移)'는 '자리나 위치 따위를 다른 곳으로 옮김', 또는 '사물이 시간이 지남에 따라 변하고 바뀜'이라 풀이하고 있다. 왕부지는 여기서 이러한 의미로 보고 논의를 진행하고 있다. 즉 소옹이 고요함[靜]의 상태 그대로를 유지하는 것이 '하늘의 마음'이라 하였다고 여기며 비판하는 것이다. 그런데 '개이(改移)'는 '바뀜'이나 '변경'을 의미하니, '전이(轉移)'와는 그 의미가 다르다. 소옹은 분명히 천도의 순환을 주관하는 '하늘의 마음(天心)'의 항구성과 항상성을 의미하는 차원에서 이 '개이(改移)'라는 말을 써서 '바뀜이 없다'고 한 것으로 보인다. 그래서 복괘에서 새로운 순환이 시작된다는 것이다. 그렇다면 왕부지의 '천심(天心)'관과 그다지 다를 것이 없으니, 이는 비판의 대상이 아니라 할 것이다. 그런데 왕부지에게는 이 구절이 '전이(轉移)'로 전해졌으니, 이는 아마 전해지는 과정에 잘못이 있었던 것으로 추측된다.

이지도 않는다. 그래서 사람에게서 그것은 불인지심(不忍之心)이 되기 때문에 잠깐이라도 제쳐 둔 채 고요함에서 저절로 쉬려고 할지라도 이는 안 될 말이다. 그러니 위대한 죽음으로서의 열반 · 뿌리로 돌아가고 명(命)을 회복함 · 굴러감도 없고 옮겨감도 없음[426] 따위의 사설(邪說)을 늘어놓는 이들로서 어찌 이를 알아차릴 수 있으리오!

이러한 경지에 이르기 위해서는 눈 · 귀 · 입 · 몸 등의 기관이 그 인식 능력을 멈추고, 인륜과 물리(物理) 따위가 어느 한곳에 머물러 있어야 한다. 그리고는 반드시 이 마음의 측은히 여김과 애달아 함 및 그만두고자 하여도 결코 그러할 수 없음이 막 싹터 나온 것(幾)으로써 천지의 마음을 체현하여 어둡지 않아야 한다. 스스로 대상인 물(物)들에게로 흘러가지 않으면 곧 '고요함'이라 할 수 있거늘, 진실로 담박한 맛이나 희미한 소리로써 허물을 피하려 할 것이 아니다.

是心也, 發於智之端, 則爲好學; 發於仁之端, 則爲力行; 發於勇之端, 則爲知恥; 其實一也. 陽, 剛之初動者也; 晦之所以明, 亂之所以治, 人欲繁興而天理流行乎中, 皆此也. 一念之動, 以剛直擴充之, 而與天地合其德矣, 則'出入无疾, 朋來无咎', 而攸往皆利. 故曰, "作聖合天之功在下學", 而必於此見之也.

---

426) 이들은 불가와 도가에서 말하는 궁극의 경지들이다. 왕부지는 이러함에서는 우주의 무한한 생성과 순환이 불가능하다고 보고 비판하는 것이다.

이 마음은 지혜로움의 단초에서 발현하면 배움을 좋아함이 되고, 어짊의 단초에서 발현하면 힘써서 행함이 되며, 용기의 단초에서 발현하면 부끄러움을 앎이 된다. 그러나 이들은 사실 하나다. 양(陽)은 굳셈[剛]이 막 움직인 것인데, 어둠에서 밝아지는 까닭이나 혼란이 다스려지는 까닭, 사람의 욕구가 번다하게 일어나지만 그 속에 하늘의 이치가 유행함은 모두 이것 때문이다. 한 생각이 움직임에 굳세고 곧음으로 이를 확충하여 천지와 그 덕이 합치하게 되면, '드나듦에 아무런 문제가 없고 벗들이 오는데 허물이 없으며' 어디를 가더라도 모두 이롭다. 그러므로 "성인이 되고 하늘에 합치하는 공력은 일상생활과 관련된 기초 단계의 배움에 있다."[427]고 하니, 반드시 이러함에서 보게 되는 것이다.

「象」曰: 雷在地中, '復', 先王以至日閉關, 商旅不行, 后不省方.

「대상전」: 우레가 땅속에 있음이 복괘니, 선왕들께서는 이를 본받아 동짓날

427) 역자로서는 이 말의 출전을 찾지 못하였다. 다만 『회암집(晦庵集)』에서 도가·불가가 주장하는 정좌 수행을 부정한 뒤, "비록 요·순·공자와 같은 성인들이라 할지라도 스스로는 늘 단지 일상생활과 관련된 기초 단계의 배움에 있다고 하였다."라 하고 있고(『晦庵集』 권39, 「答許順之」: 如吾子之說, 是先向上達處坐, 却聖人之意正不如是. 雖至於堯舜孔子之聖, 其自處常只在下學處也. 上達處不可著工夫, 更無依泊處, 日用動靜語默無非下學. 聖人豈曾離此來!), 『명유학안(明儒學案)』에서 비슷한 취지의 구절을 드러내고 있다.(『明儒學案』 권2, 「河東學案二」: 李樂初見先生, 問, "聖學工夫如何下手?" 先生曰, "亦只在下學做去.") 그러나 딱 이렇게 말하지는 않는다 할지라도 이것이 유가에서 학문을 하고 수양을 하는 근본임은 두말할 필요도 없다.

관문을 닫아걸었고 장사꾼과 나그네도 돌아다니지 않았으며 제후들도 지방을 순시하지 않았다.

'至日', 冬至也. '后'謂諸侯. '省方', 行野而省民事也. 雷在地中, 動於內以自治, 而未震乎物. 民以治其家, 君以治其朝, 而無外事焉, 所以反身自治而立本也. 言'至日'者, 自至日爲始, 盡乎一冬之辭. 若云但此一日, 則商旅暫留於逆旅, 愈羈縻而不寧. 后之省方, 豈旦出暮歸, 而但此一日之不行乎? 民則至日以後, 寒極而息, 以養老慈幼, 而勤修家務. 后則息民於野, 而修明政事, 俟始和而頒行之, 皆動於地中之象也.

'至日(지일)'은 동짓날을 의미하고, '后(후)'는 제후를 의미한다. '省方(성방)'은 중앙에서 멀리 떨어진 지방을 순행하며[428] 백성들의 형편을 살핌을 의미한다. 이 복괘는 우레가 땅속에 있는 상이다. 그래서 움직임이 속에서 스스로를 다스릴 뿐, 아직 물(物)들에서 진동(震動)하지 않음을 나타낸다. 이러한 때에는 백성들로서는 각기 그 가정을 다스리고 임금으로서는 그 조정을 다스리며 그 밖에 다른 일들은 하지 않는다. 따라서 자기 자신을 돌아보고 수양하며 근본을 세움을 의미한다.

여기서 '동짓날'이라 한 것은 동짓날로부터 시작하여 한 겨울을 다하도록이라는 말이다. 만약에 꼭 이날 하루만을 말한 것이라고 한다면, 장사꾼과

428) '野(야)'를 이렇게 번역하여 보았다. 주대(周代)에는 왕성(王城)으로부터 100리까지를 '교(郊)'라 하였고, 그 밖의 지역을 '야(野)'라 하였다. '야'에도 각기 구별이 있었는데 전(甸)・초(稍)・현(縣)・도(都)로 구분하였다. 이들은 차례대로 교(郊)에서 100리씩 멀어진 지역을 가리킨다. 따라서 '야'는 왕성으로부터 100리~500리 지역을 가리킨다고 할 수 있다.

나그네들이 잠시 여행자 숙소에 머물렀다가 타고 갈 말의 굴레와 고삐를 더욱 조일 터이니 평안하지 않을 것이다. 그리고 제후들이 지방을 순행하는 것이 어찌 아침에 나갔다가 저녁에 돌아오는 것이어서 단지 이날 하루만 행하지 않는 것이겠는가? 백성들의 경우에는 동짓날 이후로는 추위가 극에 달해 쉬면서 집안의 노친네를 봉양하고 어린애들을 자애롭게 돌보며 가정의 일들에 부지런히 힘쓰는 것이다. 제후의 경우에는 멀리 떨어진 지방의 백성들을 쉬게 하고 정사를 닦고 밝혀서 비로소 화목하기를 기다려 널리 행하는 것이다. 이는 모두 땅속에서 움직이는 상이다.

自京房卦氣之說, 以冬至一日當'復'之初爻, 限十二卦爲十二月之氣, 拘蔽天地之化於十二卦之中, 旣無以安措餘卦, 則又强以六日一卦文致之, 說愈不通. 使其果然, 則冬至後之六日, 何以爲'迷復之凶'耶? 又云, "七日來復, 自'姤'數之", 則十二日而卦變盡, 又自相悖戾矣. 以冬至一日閉關爲義, 謂應時令, '觀'値八月, 陰氣方盛, 又何以獨宜'省方'? '姤'當夏至陰生, 又何宜'施命'哉? 天之有四時十二中氣, 自其化之一端. 而八卦之重爲六十四卦, 又別爲一道, 相錯而各成其理, 竝行而不相襲, 自不相悖, 造化之神所以有恆而不可測也. 京房者何足以知此哉! 其說行, 而魏伯陽竊之以爲養生之術, 又下而流爲鑪火彼家之妖妄, 故不可以不辨.

경방이 괘기설(卦氣說)[429]을 주창한 이래 동지 하루를 복괘의 초구효에 배당하고 12괘로 한정하여 12개월의 기(氣)에 배당함으로써 천지의 지어냄[造化]을 딱 12괘 속에 가두어버렸다. 그런데 괘기설에서는 이 나머지 괘들은 배당하지 않고 있으니 이 점이 마음에 걸렸던지 또한 억지로 6일을 1괘에 배당하여 꾸며대고 있다.[430] 이는 말이 더욱 통하지가

429) 괘기설은 『주역』의 괘들과 음·양 두 기의 운행 및 그에 의해 형성된 사계절을 배합해서 설명하는 학설이다. 즉 64괘와 1년의 사계절·12개월·24절기·72후를 배합하여 음·양 두 기의 순환을 설명하는 것이다. 여기에는 8괘 괘기설, 12소식설(消息說), 4정괘설(正卦說), 6일7분설 등이 포함된다. 이 설은 서한(西漢) 선제(宣帝) 때의 유명한 관방 역학자들인 맹희(孟喜)와 경방(京房)에 의해 주창되었고, 이후에 크게 유행하였다. 「복희선천팔괘도」를 기반으로 한 12소식설이 있고, 「문왕후천팔괘도」를 기반으로 한 12소식설이 있다. 이 12소식설에서 '소(消)'는 양기가 음기를 사라지게 함을 의미하고, '식(息)'은 양기가 생겨서 자라남을 의미한다. 따라서 사라졌다(消) 자라났다(息) 함의 주어는 양기다. 「복희선천팔괘도」를 기반으로 한 12소식설에서는, 10월을 순곤(純坤)의 달로 삼는데, 이 달에는 음기가 온 세상을 가득 채우고 있는 것으로 여긴다. 양기가 생기고 자라났다 사라짐을 설명하려 하므로 이 10월이 기점이 되는 것이다. 11월에 이르면 양기가 막 생겨나니, 하나의 양이 맨 밑에 자리 잡고 있는 복괘䷗가 이를 상징한다. 이 양기가 계속 자라나 12월에 이르면 구이효에 이른다. 이를 임괘䷒가 상징한다. 그리고 태괘䷊(정월)→대장괘(大壯卦)䷡(2월)→쾌괘(夬卦)䷪(3월)를 거쳐 4월에 이르면 양기가 온 세상을 가득 채운 것으로서 순건(純乾)䷀의 달로 본다. 그리고 5월에 이르면 음기에 의해 양기가 사라지기 시작하는데, 하나의 음효가 맨 밑에 자리 잡고 있는 구괘(姤卦)䷫가 이를 상징한다고 본다. 그리고 둔괘䷠(6월)→비괘䷋(7월)→관괘䷓(8월)→박괘䷖(9월)의 과정을 거쳐 10월에 이르면 음기가 양기를 다 사라지게 하고 다시 온 세상을 음기로 가득 채운다고 한다. 그래서 이 10월을 상징하는 것은 곤괘䷁가 된다. 이런 방식으로 음·양 두 기가 순환하며 사라졌다 자라났다 한다고 본다. 「문왕후천팔괘도」를 기반으로 하는 12소식설에서는, 진·리·태·감괘를 동·남·서·북쪽의 4정방에 배열하고 이들 각 괘의 여섯 효들이 24절기를 각기 상징하는 것으로 본다. 그런데 왕부지가 여기서 말하고 있는 괘기설은 「복희선천팔괘도」를 기반으로 한 12소식설이다.

430) 괘기설에서 건괘䷀·곤괘䷁·감괘䷜·이괘䷝를 제외한 나머지 60개의 괘들

않는다. 설사 그렇다고 한다면, 동지 뒤의 6일이 어째서 '돌아옴에 대해 헤매여 흉함[迷復]'431)이 된단 말인가? 또 "7일이 지나 돌아온다고 함은 구괘(姤卦)䷫로부터 헤아린다."라고 하는데, 그렇다면 12일이 지나야 괘변(卦變)이 다하게 되니, 이는 또한 자체로 모순된다. 아울러 동짓날 하루만 폐관하는 의미로 풀이하며 이것이 24절기에 부합한다고 말하고, 관괘(觀卦)䷓는 8월에 배당하였다. 그렇다면 8월은 음기가 한창 왕성함을 드러내는 것인데 어찌 이 괘에서만 '지방을 순시함[省方]'이 마땅하겠는가? 또 구괘(姤卦)䷫는 하지에 해당하여 음(陰)이 생겨나는데 어찌 '명을 반포함[施命]'이 마땅하겠는가? 하늘에 사계절 · 12중기(中氣)432)가 있음은 만물을 지어냄에서의 한 단서(端緖)를 드러내는 것이고, 8괘를 중첩하여 64괘가 되는 것은 또 다른 하나의 원리를 반영한 것이다. 이들은 서로 뒤섞이면서도 각기 나름대로의 이치를 이루니 양립하면서도 그대로를 받아들이지는 않는다. 그래서 서로 각기 별개의 영역에 속하기 때문에 저절로 서로 간에 어긋나지 않는다. 만물을 만들어냄의 신묘함에는 항상됨이 있지만 가늠할 수가 없는 것이다. 그런데 경방 따위가 어찌 이를 족히 알 수 있으리오! 그런데도 그러한 설이 유행하자 위백양(魏伯陽)433)은 이를 표절하여 양생술을 만들었고, 그 이후로는 연단을

각각이 6일에 해당하는 것으로 보아 360일에 맞추어내는 것에 대해 하는 말이다.

431) 이 복괘의 상육효사다. 한 괘가 6일에 해당한다면 이 상육효는 이 괘의 여섯째 날에 해당한다.

432) 24절기를 12개월에 배당하면 한 달에 두 개의 절기가 든다. 그래서 월초에 든 것을 '절기(節氣)'라 하고, 중순 이후에 든 것을 '중기(中氣)'라 한다.

433) 위백양은 동한 시기의 유명한 연단가(煉丹家)다. 이름은 상(翔; 翱라고도

제조하는 학파의 요망함으로 흘렀으니, 이에 대해서 분별하지 않아서는 안 될 것이다.

初九, 不遠復, 无祇悔, 元吉.

초구: 머지않아 곧 돌아옴이니, 후회함에 이르지 않는다. 원래 길하다.

'不遠'速而近也. '祇'語助辭, 言不至於悔也. 初爻爲筮之始畫, 一成象

한다.), 또는 독(篤)이었고, 자는 백양(伯陽)이었다. 호는 운아자(雲牙子), 또는 운하자(雲霞子)였다. 그는 고대 오(吳)나라 지역 출신인데, 이곳은 오늘날의 소주(蘇州) 지역에 해당한다. 생몰 연대는 정확하지 않다. 대개 한나라 환제(桓帝) 원가(元嘉) 원년(151년) 또는 환제(桓帝) 연수(延熹) 10년(167년)에 태어나 70세쯤 살다 북위(北魏)의 황초(黃初) 2년(221년)에 죽은 것으로 말하지만, 이는 어디까지나 추정일 뿐이다. 그의 아버지 위랑(魏朗)은 '당고(黨錮)의 화(禍)' 때 죽임을 당하였는데, 당시 '팔준(八俊)'의 한 사람으로 꼽힌 인물이었다. 성년이 되었을 때 위백양은 이러한 가족사가 아직 가시지 않아 벼슬하는 것에 뜻을 두지 않고 입산수도의 길을 택하였다. 그가 백두산으로 추정할 수 있는 장백산(長白山)에 있을 적에 진인(眞人)이 그에게 연단의 원리를 가르쳐 주었고, 그래서 그가 이와 관련된 저서 18장을 저술하였다고 하지만 확실하지는 않다. 그의 사적은 정사(正史)에는 보이지 않는다. 다만 갈홍(葛洪)이 지은 『신선전(神仙傳)』에서 그가 고귀한 신분의 집안에서 태어났지만, 성품이 도술을 좋아하였기 때문에 벼슬살이에 대한 뜻을 접고, 입산하여 양생 수도에 전념한 것으로 기록하고 있다. 그래서 당시 사람들은 그의 배경에 대해 잘 몰랐다고 한다. 그리고 제자와 함께 선단(仙丹)을 만들어 복용하였는데, 그것을 입에 넣자마자 즉사한 것으로 기록하고 있다. 『주역참동계(周易參同契)』와 『오상류(五相類)』를 지었다고 한다.

而陽即見, 故曰'不遠'. 推之於心德, 一念初動, 即此而察識擴充之, 則條理皆自此而順成, 不至於過而有悔, 此'乾'元剛健之初幾, 以具衆理, 應萬事, 而皆吉矣.

'不遠(불원)'은 신속하고도 가깝다는 의미다. '祇(기)'는 어조사로서 후회함에 이르지는 않음을 말해준다. 초효는 점치는 데서 맨 처음 그려지는 것인데, 상(象)이 이루어지자마자 곧 양이 드러났으니 '不遠(불원)'이라 한 것이다. 이를 마음의 덕에서 미루어보면, 한 생각이 움직이자마자 바로 알아차리고 확충함이다. 그래서 이로부터 모두 조리 있게 순조로이 이루어지니 잘못을 범하여 후회함에 이르지 않는다는 것이다. 이는 하늘을 여는 으뜸됨[乾元]의 굳세고 튼튼함이 막 싹터 나옴인데, 이것이 뭇 이치들을 다 갖추어 모든 일들에 응하니 모두가 길하다는 것이다.

「象」曰: '不遠之復', 以脩身也.

「상전」: '머지않아 곧 돌아옴'은 수신을 함이다.

'身'者, 最其不遠者也. 乃動而出以應物, 得失休咎, 聽之物而莫能自必, 雖刻意求善, 而悔亦多矣. 何也? 得物感而始生其心, 後念之明, 非本心之至善也. 方一起念之初, 毁譽吉凶, 皆無所施其逆億, 而但覺身之不修, 無以自安, 則言無過言, 行無過行, 卓然有以自立矣. 以誠之幾, 御官骸嗜欲而使之順, 則所謂'爲仁由己'·'不下帶而道存'也.

'身(신)'이란 우리들에게서 가장 멀지 않은 것이다. 그래서 움직여 나와서 외물들에 응하되, 그에 따른 득・실과 길・흉을 외물들에게서 그대로 받아들여야지, 결코 자기 스스로 이들 중에서 꼭 어떤 것이어야 한다고 할 수가 없다. 그래서 비록 애써 선함을 추구한다 하더라도 후회함 역시 많다. 그 까닭은 무엇이겠는가? 타자들에 대한 느낌이 있어서 비로소 그 마음을 내지만 뒤따라오는 생각들의 밝기가 본마음의 지극한 선이 아니기 때문이다. 막 하나의 생각이 일어날 적에 그것이 폄훼를 초래할지 예찬을 초래할지, 또 길할지 흉할지에 대해서는 모두 거슬러서 억측할 수가 없다. 다만 내가 수신을 다하지 않았다는 점을 깨닫고 스스로 안주하지 않는다면, 말에도 지나침이 없을 것이고 행위에도 지나침이 없을 것이다. 이렇게 함에 따라 사람됨에서 우뚝 홀로섬이 있을 것이다. 즉 막 싹터 나옴에 즈음하여 성(誠)으로써 내 몸의 기관들과 욕구를 제어하여 순응하게 한다면, 이른바 "어짊을 행함은 자기 자신으로부터 말미암는다."[434]는 말이나 "허리띠 아래로 내려가지 않은 속에 도가 존재한다."[435]고 함이 될 것이다.

---

434) 공자의 말로서 전체 맥락을 인용하면, "어짊을 행함은 자기 자신으로부터 말미암는 것이지 남으로부터 말미암는 것이랴!"(『論語』, 「顏淵」: 子曰, "爲仁由己, 由人乎哉!)"라는 것이다.

435) 맹자의 말로서 전체 맥락을 인용하면, "하는 말이 일상에 관련된 것이면서도 담긴 의미가 심원한 것은 훌륭한 말이고, 자신에게로 돌이켜 다잡고 지키면서도 멀리까지 영향을 미치는 것은 훌륭한 도(道)다. 군자의 말은 허리띠 아래로 내려가지 않은 속에 도가 존재한다. 군자가 해야 할 일은 제 몸을 닦아 온 세상이 화평해지도록 함이다."(『맹자』, 「진심 하」: 孟子曰, "言近而指遠者, 善言也; 守約而施博者, 善道也. 君子之言也, 不下帶而道存焉. 君子之守, 修其身而天下平.")라는 것이다. 여기서 '허리띠 아래로 내려감'은 몸의 욕구에 내맡김을 의미한다. 따라서 그렇게 하지 않는다는 것은 그것을 다잡고 마음속

六二, 休復, 吉.

육이: 돌아온 이에 의지하여 쉼이니, 길하다.

人依樹蔭以息曰'休'. 六二柔而得中, 下近於陽, 樂依其復, 所謂'友其士之仁者', 與吉人居, 則吉矣.

사람이 나무 그늘 밑에 앉아 쉬는 것을 '휴(休)'라고 한다. 이 육이효는 부드러움(柔)으로서 득중하고 있고, 아래로는 초구효인 양(陽)에 가깝다. 그래서 그가 돌아옴에 즐겁게 의지한다. 이른바 "사인(士人)들 가운데 어진 이들을 벗으로 삼는다."[436]라는 것에 해당하니, 길한 사람들과 더불어 살면 길하다는 것이다.

「象」曰: '休復之吉', 以下仁也.

「상전」: '돌아온 이에 의지하여 쉼'이란 어진 이의 밑으로 들어가기 때문이다.

에서 우리나는 우리들의 선한 본성에 따름을 의미하게 된다.

436) 공자의 말로서, 전체 맥락을 인용하면, "장인(匠人)이 자신의 일을 잘하고자 하면 반드시 먼저 그 연장들의 상태를 최상으로 가다듬어야 한다. 그렇듯이 나라에서 제대로 살아가려면 대부들 가운데 훌륭한 이들을 받들고 사인(士人)들 가운데 어진 이들을 벗으로 삼아야 한다."(『논어』, 「衛靈公」: 子曰, "工欲善其事, 必先利其器. 居是邦也, 事其大夫之賢者, 友其士之仁者.")라는 것이다.

屈意而樂親之曰'下'. 不遠復以修身, 仁人也. 下與之依, 故吉. 凡陰居陽上, 類以乘剛爲咎, 此獨言下而非乘者, 一陽下動, 以資始之德震動群陰, 非陰之敢乘, 而五陰順序以聽其出入, 無相雜以相亢, 静以待動, 其德不悖也. 『易』之不可以典要求也, 類然.

제 뜻함을 굽히고 즐겁게 친히 지냄을 '밑으로 들어감'이라 한다. 잘못을 범하고서는 머지않아 곧 돌아와 수신을 하는 이는 어진사람이다. 그런데 육이효는 지금 아래로 그와 더불어 지내며 의지하니, 길한 것이다. 무릇 음(陰)이 양(陽)의 위에 있으면 대부분 굳셈[剛]을 올라탄 것이어서 허물이 된다. 그런데 오직 여기서만은 밑으로 내려가고 올라타지 않는다고 하고 있다. 그 까닭은 다음과 같다. 즉, 이 복괘䷗에서는 하나의 양이 아래에서 움직이면서 '도와주고 비롯하게 해줌[資始]'의 덕을 발휘하여 뭇 음들을 진동(震動)시키니, 음들로서는 감히 그를 올라타지 못하고 다섯 음들이 순서대로 그가 들고나는 것을 따를 뿐, 결코 그와 어지럽게 한데 뒤엉키며 서로 목을 뻣뻣이 세운 채 저항함이 없다는 것이다. 이 음들은 그렇지 않고 고요히 있으면서 초구효의 움직임을 기다리니, 그들의 덕이 사리에 어긋나지 않는 것이다. 『주역』에서는 일정불변한 틀을 만들어 모든 괘들에 일률적으로 적용하며 그 의미를 풀이하려 해서는 안 된다고 함을 바로 이러한 예에서 확인할 수 있다.

六三, 頻復, 厲无咎.

육삼: 돌아옴에 가까이 있음이니, 위태롭기는 하지만 허물은 없다.

'頻'與'瀕'通, 字从涉, 从頁, 隷文省水爾, 近而未即親之辭. 六三去初較遠, 不能如二之下仁, 而與'震'爲體, 進而臨乎外卦, 其於復道不遠矣. 然必嚴厲自持, 不與上六相應, 而後'无咎'. 以柔居剛, 非一於柔者, 故可有'厲'之象焉.

'頻(빈)'과 '瀕(빈)'은 통용된다. 글자는 '涉(섭)+頁(혈)'로 이루어진 것인데, 예서(隷書)에서 '水(수)' 자[437]를 생략했을 따름이다. 가깝기는 하지만 바로 붙어 있지는 않다는 의미를 나타내는 말이다. 육삼효는 초구효로부터 비교적 멀리 있다. 그래서 육이효처럼 그 어짊의 밑으로 들어갈 수가 없다. 그러나 함께 진괘☳의 몸을 이루고 있고 나아가서는 외괘[438]에 임하고 있다. 그래서 복괘의 도(道)에서 멀지 않다. 그러나 반드시 엄격하고 가혹하리만치 자신의 몸가짐을 지켜야 하며, 상육효와 서로 응하지 않은 뒤에라야 '허물이 없게' 된다. 그리고 부드러움[柔]으로서 굳셈[剛]의 자리를 차지함으로써 부드러움의 도리에 한결같지 않기 때문에 '위태로움'의 상(象)이 있다.

「象」曰: '頻復之厲', 義无咎也.

「상전」: '돌아옴에 가까이 있어 위태로움'이나 의롭기 때문에 허물이 없다.

---

437) 즉 '氵(수)'변을 가리킨다.
438) 이 복괘䷗에서의 외괘는 곤괘☷다.

義不得與陰相暱, 而上應'迷復'也.

의로움의 측면에서, 음들과 서로 친근하게 지내다가 위로 '어떻게 돌아가야 할지 헤매고 있는' 상육효에 응하지 않는다.

六四, 中行獨復.

육사: 가운데서 가며 홀로 돌아온다.

就五陰而言之, 四爲中矣. 處上下四陰之中, 四陰環拱, 欲奉之爲主, 幾於不能自拔. 乃柔而得位, 又爲退爻, 舍同類而下應乎初, 樂聽其復. 不言吉者, 卓然信道, 非以謀利計功, 不期乎吉者也.

복괘䷗의 다섯 음효들에 대해 말하면, 이 육사효가 중앙이 된다. 그래서 육사효는 위·아래의 네 음효들의 가운데 있고, 나머지 네 음효들은 그를 빙 둘러싸고서 군주로 받들어 모시고자 한다. 그래서 육사효의 입장에서는 거의 발을 뺄 수가 없는 상황이다. 그러나 이 육사효는 부드러움[柔]으로서 제자리를 차지하고 있고, 또 물러남의 효가 되어 있다. 그리고 자신의 부류를 버리고 아래로 초구효에 응하며 그가 돌아옴을 즐겁게 따른다. 그런데 이 육사효에 대해 길하다고 말하지 않는 까닭은, 육사효가 그들 속에서 우뚝 솟은 모습으로 도(道)를 신봉할 뿐, 이로움을 도모하거나 공력을 따지며 꼭 길(吉)하기를 바라지 않기 때문이다.

「象」曰: '中行獨復', 以從道也.

「상전」: '가운데서 가며 홀로 돌아옴'은 도(道)를 좇는 것이다.

初之德仁, 而又其正應, 道所宜從也.

초구효의 덕은 어질고 육사효는 또 그와 제대로 응함[正應]의 관계에 있기 때문에, 이 육사효로서는 도리상 마땅히 초구효를 좇아야 한다.

六五, 敦復, 无悔.

육오: 돌아옴에 대해 돈독히 함이니 후회함이 없다.

六五居尊位, 疑可以與陽相亢, 不聽其復, 乃爲'坤'之主, 厚重自持, 則陽方長而己不拒, 静以聽動, 无悔之道也.

육오효는 존귀한 위(位)를 차지하고 있기 때문에 속으로 '양(陽)인 초구효와 어쩌면 서로 맞설 수도 있는 것 아닌가' 하며 그가 돌아옴에 대해 순종하지 않을 수도 있다. 그렇지만 이 육오효는 이 복괘의 회괘(悔卦)인 곤괘☷의 주체로서 두텁고 무겁게 자신의 몸가짐을 유지한다. 그래서 초구효의 양은 막 자라나고 있지만 자기를 내세우며 거기에 항거하지 않을 뿐만 아니라, 고요하게 그 움직임을 따른다. 이것이 그가 후회함이 없는 원리요 방법이다.

「象」曰: '敦復无悔', 中以自考也.

「상전」: '돌아옴에 대해 돈독히 하여 후회함이 없음'은 중도를 지키며 자신을 돌아보기 때문이다.

'考', 省察也. 位雖居中, 而度德相時, 自省其不足, 而順静以退聽, 熟審於貞邪以待治, 何後悔之有!

'考(고)'는 성찰하다는 의미다. 육오효는 위(位)로서는 비록 중앙을 차지하고 있다 하더라도 자신의 덕과 때를 살펴보고는 스스로 그것이 부족하다는 것을 알아 초구효에게 순종하며 고요히 그 명(命)을 따른다. 그리고 올곧음과 사악함을 충분히 파악하여 치세(治世)를 기다린다. 그러니 어찌 후회함이 있으리오!

上六, 迷復, 凶, 有災眚. 用行師, 終有大敗, 以其國君凶, 至于十年不克征.

상육: 어떻게 돌아올지 헤매고 있음이니 흉하고, 재앙과 자연의 재이 현상이 있다. 군대를 동원하면 끝내 대패한다. 나라의 군주를 참칭하니 흉하며, 10년 세월로도 정벌하지 못한다.

四處群陰之中而退聽, 五履至尊之位而大順, 皆不禁陽之來復. 上六遠陽已甚, 恃其荒遠, 欲爲群陰之長, 亢而不屈, 不度德, 不相時, 迷而凶矣. 初方奮起, 震群陰而施化, 朋來无咎, 固無所猜疑於上六而懲創之. 而上六既反天道, 人不致討, 天且降以水旱之災, 薄蝕之眚, 乃亢極而無自戢之情, 怙其陰險, 覆行師以與初爭勝敗, 師喪而命之不保, 必矣. 上六非天子之位, 故稱國君, 諸侯之負固不服者也. '至于十年不克征', 謂初九蕩平之難也. 隗囂死而隴右不下, 陳友諒殪而武昌未平, 其象也. 以學者之治身心言之. 仁之復也, 物欲之感皆順乎理, 而餘習存於幾微, 不易消除, 非義精仁熟, 仍留未去, 故程子有'見獵心喜'說. 克之之難如此, 特爲初爻重戒之.

육사효는 뭇 음들의 중앙에 있으면서도 물러나 조용히 초구효의 명을 따르고, 육오효는 존귀한 위(位)를 차지하고서도 초구효에 크게 순종하니, 이는 모두 양이 돌아옴을 막지 않는 것이다. 이들에 비해 이 상육효는 양(陽)인 초구효로부터 너무 멀리 떨어져 있다. 그래서 이렇게 변방에 멀리 떨어져 있음을 믿고 뭇 음들의 우두머리가 되어 초구효에 저항하며 굽히지 않는다. 자신의 덕이 턱없이 부족하고 때도 아님에도 불구하고 이렇게 미혹되어 헤매니, 흉한 것이다. 그런데 초구효의 입장에서는 막 떨쳐 일어나 뭇 음들을 흔들어 움직여대며 교화를 베푸는데, 벗들이 옴은 허물이 없다. 그래서 진실로 상육효에 대해 의심을 내지도 않고 징치하지도 않는다. 이렇듯 상육효가 이미 하늘의 도를 위반하였음에도 사람이 그에 대해 징치하지 않으니, 하늘이 나서서 수재나 가뭄을 내리고 일식(日蝕)과 월식(月蝕)의 흉조를 드러낸다. 그런데도 상육효는 뻣뻣이 맞서는 태도가 극에 이르러, 스스로 거두어들이고자 하는 마음은 전혀 없이 자신의 지역이 음지이고 험난하다는 것을 믿고서 군대를 일으켜 초효와 싸움을 벌인다. 그 결과 군대는 궤멸하고 자신의 명(命)도 보지하지 못하게 됨은 필연의 귀결이다.

상육효는 천자의 위(位)가 아니다. 그러므로 그가 나라의 군주라고 칭한 것은, 제후가 제 지역의 지세가 험하다는 것을 믿고서 복종하지 않음[439]에 해당한다. '10년 세월로도 정벌하지 못한다'는 것은 초구효가 상육효의 반란을 평정하기 어려움에 대해 하는 말이다. 외효(隗囂)가 죽은 뒤로도 농우(隴右) 지역이 고개를 숙이고 밑으로 들어오지 않던 것[440], 진우량(陳

439) 이는 '負固不服(부고불복)'을 번역한 말이다. 이 말은 『주례(周禮)』에 나오는 말이다.(『周禮』, 「夏官, 大司馬」: 野荒民散則削之, 負固不服則侵之.)
依恃險阻而不臣服. 『周禮 · 夏官 · 大司馬』: "野荒民散則削之, 負固不服則侵之." 鄭玄注 : "負, 猶恃也; 固, 險可依以固者也; 不服, 不事大也." 賈公彦疏 : "謂依恃險固, 不服事大國, 則以兵侵之."

440) 외효(?~33)는 신(新)나라에서 동한으로 이어지던 시기에 농우(隴右; 隴山 이서 지역, 지금의 감숙성) 지역을 장악하고 동한의 광무제에게 맞섰던 인물이다. 천수(天水)의 성기(成紀; 지금의 甘肅省 靜寧) 출신으로서 이 지역 거족 가문의 후예다. 그가 이 지역에서 벼슬살이를 할 적에 당시 국사(國師)이던 유흠(劉歆)이 그의 현명함에 대해 전해 듣고 국사(國士)로 천거하기도 하였다. 왕망이 피살되고 신(新)나라가 멸망하자 외효는 군대를 일으켜, 농서(隴西) · 무도(武都) · 금성(金城) · 무위(武威) · 장액(張掖) · 주천(酒泉) · 돈황(敦煌) 등 이 지역의 크고 작은 군현들을 차례로 정복하였다. 나중에는 유흠에게 귀순하여 우장군(右將軍)에 봉해졌고, 다른 사람들의 행적을 고변하여 그 공(功)으로 어사대부에까지 봉해졌다. 그러나 오래지 않아 자신의 고향으로 도망을 가서 스스로 서주대장군(西州大將軍)이라 칭하며 이 지역을 장악하였는데, 당시 혼란하던 형세에서 한때는 광무제(光武帝)에게 그 능력을 인정받기도 하였다. 그런데 광무제 건무(建武) 6년(30년)에 공손술(公孫述)이 남군(南郡)을 침범하자 광무제는 외효에게 촉(蜀) 지역을 토벌하라고 조서를 내렸으나 외효는 이를 거절하였다. 이에 광무제가 건위대장군(建威大將軍) 경엄(耿弇)을 파견하여 촉 지역을 토벌하며 외효를 멸망시키려 하였다. 이에 외효는 광무제에게 잘못을 빌고 용서를 받았다. 그러나 외효는 겉으로만 그랬을 뿐 여전히 속마음으로는 광무제에게 충성하지 않으며 공손술과 내통하였다. 그래서 건무 8년(32년)에 광무제가 군대를 파견하여 약양(略陽; 지금의 甘肅省 秦安 隴城鎮)을

友諒)이 목을 메달아 죽었지만 무창(武昌) 지역이 평정되지 않던 것[441]

빼앗자, 외효는 수하의 장수를 보내 맞서 보았으나 광무제의 군대와 하서(河西)의 두융(竇融) 연합군의 공격을 받아 궤멸하였다. 이에 외효는 가솔을 데리고 도망을 가서 공손술에게 의탁하였다. 공손술은 그를 삭영왕(朔寧王)에 봉했다. 그러자 광무제는 인질로 잡혀 있던 그의 아들 외순(隗恂)을 죽이고는 다시 군대를 파견하여 그를 공격하였다. 외효는 또 공손술의 도움으로 구출되었지만 이듬해(33)에 울분을 삭이지 못하고 자살하였다. 그가 죽은 뒤에도 그의 부하들이 그의 또 다른 아들인 외순(隗純)을 왕으로 옹립하고 저항하자 광무제는 또다시 군대를 파견하여 토벌하였다. 그리고 마침내 외순이 투항함으로써 농서(隴西)의 난이 평정되었다.

441) 진우량(1320~1363)은 호북성(湖北省) 출신의 인물로서 주원장(朱元璋)이 중원을 평정할 적에 가장 두드러지게 저항했던 인물로 꼽힌다. 원(元)나라 말기에 서수휘(徐壽輝)가 기병하여 황제를 참칭하고 천완(天完)이라는 나라를 세웠을 적에, 진우량은 거기에 투항하여 서수휘의 장수인 예문준(倪文俊)의 휘하에 들어갔다(1351). 그 6년 뒤 진우량은 예문준을 습격하여 피살하고는 '근왕(勤王)'을 자처하였다. 근왕은 임금의 통치가 위협을 받고 동요할 때 신하가 군대를 일으켜 왕조를 구원하는 이를 의미한다. 진우량은 또 선위사(宣慰使)를 자칭하며 양자강 서쪽 지역과 강서성(江西省), 안휘성(安徽省), 복건성(福建省) 등을 점령하였다. 나중에는 서수휘를 살해하고 스스로 황제의 지위에 올라 국호를 '한(漢)'이라 하고는 '대의(大義)'를 연호로 하여 개원하였다(1360). 그리고는 원나라에 대항하는 한편으로 주원장과 전쟁을 벌였다. 그러나 금릉성(金陵城) 서북쪽에 있던 용만(龍灣)에서 주원장의 군대에게 대패하여 강주(江州; 지금의 今九江) 지역으로 물러났다. 그 3년 뒤(1363) 양쪽 군대는 다시 파양호(鄱陽湖) 전투에서 일전(一戰)을 벌였다. 그 결과 진우량의 군대는 주원장 군대의 화공(火攻)을 받아 궤멸하였고, 그도 화살에 맞아 죽었다. 이를 역사에서는 '파양호의 전투'라 부른다. 그가 죽은 뒤에도 그의 부하들이 무창(武昌)에서 그의 둘째 아들 진리(陳理)를 황제로 옹립하고 저항하였다. 그러나 이듬해 주원장 군대의 대대적인 공격을 받자 진리가 항복함으로써 혼란의 막이 내렸다. 진우량은 너무나 사치한 나머지 민심을 얻지 못하고,

등이 바로 이 상(象)이다.

이를 학자가 몸과 맘을 다스리는 관점에서 말하자면, 어짊이 회복됨에 따라 물욕의 일어남이 모두 도리에 순응하지만, 그래도 아직 완전히 가시지 않은 습관이 미약한 상태로 존속하며 쉽게 제거되지 않음과 같다. 의로움에 대해 온 정성을 다해 깊이 헤아리지 않고 또 어짊을 실천함이 완숙하지 않아서 여전히 잔류한 채 제거되지 않는 것이다. 그러므로 정호(程顥)에게는 여전히 '남들이 사냥하는 것을 보고 자기도 모르게 희열을 느낌'[442]이 있었던 것이다. 이를 극복하기가 이렇게 어려우니, 이 효에서는 특히 초구효를 위해 거듭 경계하고 있다.

그의 옛 수하들이 대부분 배반을 한 것이 실패의 원인이라 한다.

442) 정호(程顥)는 16, 7세일 적에 대단히 사냥을 좋아했다고 한다. 그런데 그 뒤로는 학문에 정진하느라 한 번도 사냥을 할 수가 없었다. 이에 정호는 사냥을 좋아하는 습벽이 그만 없어진 줄 알았다. 그리고는 자신의 스승인 주돈이에게 "나는 이제 이러한 기호가 없어졌습니다!"라고 말하기까지 하였다. 그러나 주돈이는 "무슨 말을 그렇게 쉽게 하느냐. 단지 너에게서는 지금 이러한 욕구가 잠재하여 발현하지 않을 뿐이다. 하루라도 그런 욕구의 망념이 돋는다면 곧 이전과 같아질 것이다."라고 주의를 주었다. 그리고 12년이 지난 뒤의 일이다. 정호는 저녁 무렵 귀가하던 길에 다른 사람들이 사냥하는 것을 목격하자 자기도 모르게 희열을 느끼는 것을 발견하게 되었다. 그래서 그는 역시 이런 기호가 자신에게서 가시지 않았음을 알았다고 한다.(이상은 『근사록』과 『이정전서(二程全書)』, 「유서(遺書)7」 편을 근거로 재구성한 것이다.)

「象」曰: '迷復之凶', 反君道也.

「상전」: '어떻게 돌아올지 헤매고 있음의 흉함'은 임금의 도(道)에 반하기 때문이다.

非君道而欲爲之君, 群陰且不從, 況陽之震起者乎!

이 상육효는 임금의 도가 아님에도 임금이 되고자 하기 때문에 뭇 음들조차 이 상육효를 좇지 않는다. 그런데 하물며 지금 막 떨치고 일어나는 양(陽)이 이를 따르랴!

●●●

无妄卦震下乾上

무망괘䷘

无妄. 元亨利貞. 其匪正有眚, 不利有攸往.

무망: 으뜸되고 형통하며 이롭고 올곧다. 늘 있는 정상이 아닌 이상 현상이 있고, 어디를 가는 데 이롭지 않다.

'无妄'云者, 疑於妄而言其无妄也. 若非有妄, 則不言无妄矣. 時當陰積於上, 陽秉天化, 以震起而昭蘇之, 則誠所固有之幾也. 乃此卦天道運於上, 固奠其位, 二陰處下, 非極其盛, 而初陽震動, 非以其時, 理之所無, 時之或有, 妄矣. 然自人而言則見爲妄, 自天而言, 則有常以序時, 有變以起不測之化, 旣爲時之所有, 即爲理之所不無. 理, 天理也. 在天者即爲理, 縱橫出入, 隨感而不憂物之利, 則人所謂妄者, 皆无妄也. 君子於天之本非有妄者, 順天而奉天時, 於妄者深信其无妄, 而以歸諸天理之固有, 因時消息以進退, 而不敢希天以或詭於妄. 故天道全於上, 天化起於下, 元亨利貞, 四德不爽. 而其動也, 非常正之大經, 於人或見爲'眚'. 若日月之運行, 自有恆度, 誠然不相淩躐, 而人居其下, 則見爲薄蝕, 必退而自省, 不敢干陰陽之變, 以成人事之愆, 所以'不利有攸往'. 言其'匪正'者, 未嘗非元亨利貞之道, 而特非人所奉若之正也. 故曰. '无妄', 災也, 非天有災, 人之災也.

'무망(无妄)'이라 한 것은, 망령된 것이 아닐까 하고 의심스러워 보이기도 하지만 망령됨이 없음을 말한다. 만약에 진실로 망령됨이 있지 않다면 망령됨이 없다는 것조차 말하지 않는다. 이 무망괘䷘에서는 음들이 위에 누적된 때를 맞이하여 양이 하늘의 지어냄[造化]을 주재하며 떨쳐 일어나 밝게 소생시키니, 이는 하늘의 성실함[誠]에 고유한 싹터 나옴이다.[443] 이 괘는 천도가 위에서 운행하며 진실로 그 위치를 확정하고 있고 두 음효들이 그 아래에 처하여 극도로 성대하지는 않은 상황에서 초구의 양이 떨치고 일어나는 상으로 되어 있다. 그래서 제 때가 아니기

443) 이는 무망괘의 상(象)을 분석한 것이다. 무망괘는 상괘[悔卦]가 건괘☰로서 하늘을 상징하고, 하괘[貞卦]가 진괘☳로서 떨쳐 일어남과 소생함을 상징한다. 따라서 초구효가 위로 두 음효들이 누적된 상태에서 떨쳐 일어나 소생하는데, 이는 위로 하늘의 지어냄[造化]이 주재하고 있는 상황에서 이루어지는 것이라는 의미다.

때문에 이치상 없어야 함에도 시간적으로 어쩌다 있는 것이어서 망령되다고 하는 것이다.

그러나 이는 사람의 관점에서 말하여 망령된 것으로 보인다는 것이다. 하늘의 관점에서 말하자면, 항상됨이 있어서 순서대로 시간이 돌아가고, 가늠할 수조차 없는 변(變)들을 통해 지어냄[化]을 일으키는 것이다. 그래서 이미 시(時)에 있는 것일 뿐만 아니라 이치상으로도 없는 것이 아니다. 이치는 하늘의 이치다. 하늘에 있는 것은 곧 이치로서 종횡으로 드나들며 감(感)함에 따르되 물(物)들의 이로움 여부는 걱정하지 않는다. 그래서 사람들이 '망령되다'라고 말하는 것이 사실은 모두 망령됨이 없는 것이다.

군자는 하늘에 본래 망령됨이 있지 않다는 측면에서도 하늘에 순응하며 천시(天時)를 따르고, 망령되어 보이는 것에 대해서도 망령됨이 없다는 것을 깊이 믿으며 그것이 하늘의 이치에 본래 있는 것으로 돌린다. 그리고는 시(時)로 말미암아 사라졌다 자라났다 함에 맞추어 스스로 나아가기도 하고 물러나기도 할 뿐, 감히 혹시라도 망령됨으로 재이 현상을 보이도록 하늘에 희구하지 않는다. 그러므로 하늘의 도는 위에서 온전하고 하늘의 지어냄[天化]은 아래에서 일어나니[444], 으뜸됨[元]・형통함[亨]・이로움[利]・올곧음[貞]의 네 덕이 이상 없이 잘 발휘된다. 그런데 그 움직임이 늘 있는 길을 따르는 것이 아니어서 사람의 눈에는 혹시 '재이 현상'으로 보일지 모른다. 그러나 해와 달의 운행에는 그

---

444) 일반적으로 인간은 하늘이 위에 있다고 믿는다. 그래서 하늘의 도가 위에서 온전하다고 한 것이다. 그런데 이러한 하늘의 지어냄[造化]은 하늘 아래에서 일어난다. 그래서 이렇게 말한 것이다.

나름의 항상된 도수(度數)가 있어서 진실하고 성실하여 서로 침범하지 않는다. 그런데 사람은 그 아래에서 살아가고 있으니 일식・월식이 일어나면 해와 달이 서로에게 먹히는 것처럼 보인다. 그러므로 이러한 현상이 일어나면 반드시 물러앉아서 스스로 반성해야 할 뿐, 감히 음・양의 변화에 간여함으로써 사람이 잘못을 저지르는 짓을 해서는 안 된다. 그래서 '어디를 가는 데 이롭지 않다'고 한 것이다. 그리고 여기서 '정상적이지 않다'고 말한 것도 일찍이 하늘의 으뜸됨・형통함・이로움・올곧음의 도에 의한 것이 아님이 없다. 다만 이것이 사람들이 떠받드는 올바름이 아닐 따름이다. 그러므로 "무망(無妄)은 재이(災異)이기는 하지만 하늘에 있는 재이가 아니라 사람의 재이다."라고 말하는 것이다.

「彖」曰. 无妄, 剛自外來, 而爲主于內.

「단전」: 무망은 굳셈[剛]이 밖에서 와서 안에서 주인이 되어 있음이다.

外卦皆陽, 陽與陽爲類, 而一陽離其群, 間二陰而在下, 以主陰而施化. 又自'遯'之變言之, 九三之陽, 入而來初, 於將遯之世, 返歸於內, 以主二陰. 其來也, 欲以爲主, 非無情也. 有情, 則雖不測之變, 而固非妄矣.

이 무망괘의 외괘는 모두 양으로 되어 있다. 그런데 양과 양이 부류를 이룬 데서 하나의 양이 그 무리를 떠나 두 음효를 사이에 두고 아래에 있다. 그리고 이것이 음효들의 주인 노릇을 하며 교화를 베풀고 있다. 또 이 무망괘가 둔괘(遯卦)䷠의 변괘라는 관점에서 보면, 둔괘 구삼효의 양이 안으로 들어와 초효가 됨이니, 장차 은둔할 세상으로부터 안으로 돌아와 두 음효의 주인이 되어 있는 것이다. 그 옴은 주인이 되고자 함이니, 마음씀이 없는 것이 아니다. 그래서 마음씀이 있으니, 이렇게 돌아오는 것이 비록 예측하지 못할 변(變)이기는 하지만, 진실로 망령된 것은 아니다.

動而健, 剛中而應, 大亨以正, 天之命也.

움직이며 씩씩하고 굳셈[剛]이 득중한데 그에 응하니, 올바름으로써 크게 형통하다. 하늘의 명(命)이기 때문이다.

其動也, 承健而動. 五剛中而二應之, 不失其正, 則非無所稟承而動者. 雖非時序, 而承天固有之四德, 唯其所施而可矣. 天道有恆而命無恆, 故曰. "莫非命也, 順受其正"者, 存乎君子爾.

이 무망괘䷘의 하괘인 진괘☳의 움직임은 상괘인 건괘☰의 씩씩함을 받들어 움직이는 것이다. 구오효는 굳셈[剛]으로 득중하고 있는데 육이효가 그것에 응하여 그 올바름을 잃어버리지 않았으니, 이는 명(命)을 받듦이 없이 제멋대로 움직인 것이 아니다. 그래서 비록 시간의 순서에 어긋나 보이기는 하지만 하늘의 고유한 네 덕을 받들고 있고, 오직 그렇게 베푸는 것이라야 가능한 것이다. 하늘의 도에는 항상됨이 있지만, 하늘의 명(命)에는 항상됨이 없다.[445] 그러므로 "하늘의 명(命)이 아닌

445) 하늘의 명(命)에 일정불변한 항상됨이 없다는 것은 『시경(詩經)』 이래 유가의

것이 없으니 그 올바름을 순응하며 받아들여라!"[446]라고 하는 것인데, 이를 실현하는 것은 군자에게 달려 있을 따름이다.

"其匪正有眚, 不利有攸往", 无妄之往, 何之矣! 天命不祐, 行矣哉!

"늘 있는 정상이 아닌 이상 현상이 있고, 어디를 가는 데 이롭지 않다."고 하니, 무망의 시기에 가기는 어디를 가리오! 천명이 돕지 않는데도 가겠는가!

'其匪正'者, 即此'大亨以正'之命, 而有時不循其常, 人不與之相值, 則於人非所應受之命也. 夷齊不遇虞·夏之世, 孔子不與三代之英, 天命自

정론이다. 『시경』에서는 제후들이 하나라의 걸왕이 아니라 문왕에게 복종한 것은 바로 하늘의 명[天命]이 일정불변하지 않음을 보여준다고 하고 있다. 즉 이전에는 하나라가 하늘의 명을 받아 천하의 왕노릇을 하고 있지만, 걸왕대에 이르러서는 학정을 베풀어 민심을 이반했으므로 하늘이 그 명을 거두어들이고 이제 문왕에게 그것을 준다는 것이다.(『詩經』, 「大雅」, 「文王之什」: 侯服于周, 天命靡常, 殷士膚敏, 祼將于京.) 이것이 바로 하늘의 명은 일정불변한 것이 아님을 보여준다고 할 것이다.

446) 맹자의 말이다. 다 인용하면, "하늘의 명(命)이 아닌 것이 없으니 그 올바름을 순응하고 받아들여야 한다. 그러므로 하늘의 명을 아는 이는 바위나 담장 밑에 가서 서지 않는다. 온 힘을 다해 도(道)를 행하다 죽는 것이 올바른 명이고, 질곡에 빠져 죽는 것은 올바른 명이 아니다."(『孟子』, 「盡心 上」: 孟子曰, "莫非命也, 順受其正. 是故知命者不立乎巖墻之下. 盡道而死者, 正命也; 桎梏死者, 非正命也.")라 하였다.

成其一治一亂之恆數, 而於君子則爲變. 日月之眚, 當其下者不利, 亦此理也. 昧其變而不知止, 謂天命實然, 或隨時以徼利, 或矯時而冥行, 則違人情·悖物理, 所往必窮矣. 天之命本非祐己, 而可行矣乎哉?

'늘 있는 정상이 아닌 이상 현상'이라는 것은, 다름 아니라 이 '올바름으로써 크게 형통함'의 명(命)이기는 하지만, 때로는 그 항상됨을 따르지 않는 경우도 있으니, 사람으로서 그것을 만나지 못한다면 사람에게 그것은 응하고 받아들여야 할 명(命)이 아니라는 것이다. 백이(伯夷)·숙제(叔齊)가 순임금·우임금이 이끌던 세상을 만나지 못한 것이나 공자가 하(夏)·상(商)·주(周) 삼대와 같은 맑고 밝은 세상을 만나지 못하였던 것은 하늘의 명(命)이 스스로 한 번은 안정되었다(治) 한 번은 혼란했다(亂) 하는 항상된 법칙을 이루기 때문인데, 군자에게는 이것이 변(變)이 된다. 해와 달의 이상 현상이 바로 그 아래 있는 사람들에게는 이롭지 않은 것도 이러한 이치다. 그런데 이 변(變)에 몽매하여 멈출 줄을 모른 채 "하늘의 명이 실제로 그러하다."고 말한다든지, 아니면 이 틈을 타서 이로움을 꾀한다든지, 또는 억지로 시대를 어기고 맹목으로 간다든지 하면, 사람들의 마음을 거스르고 물(物)들의 이치를 어긴 것이어서 가더라도 필연코 궁색해진다. 하늘의 명(命)이 본래 자기를 돕지 않는데 갈 수 있겠는가?

蓋天之大命, 有千百年之大化, 有數十年之時化, 有一時之偶化; 有六合之大化, 有中土之時化, 有一人一事之偶化. 通而計之皆无妄, 就一時一事而言之, 則无妄者固有妄也. 有所祐·有所不祐者, 聖人不能取必於天, 況擇地相時以自靖之君子乎! 人子之於父母也, 小杖則受,大杖則走. 命之以非己所當爲, 則夫已多乎道. 非是則不足以事親, 亦此道爾.

하늘의 거대한 명(命)에는 천년・백년에 걸친 대화(大化)도 있고, 수십 년에 걸친 시화(時化)도 있으며, 한때에 일어나는 우화(偶化)도 있다. 또 공간적으로는 상하・사방의 온 세상에 미치는 대화(大化)가 있고, 중국에만 미치는 시화(時化)가 있으며 한 사람이나 한 가지 일에만 미치는 우화(偶化)가 있다. 이들은 통틀어서 따져보면 모두 무망(无妄)이지만, 그 속에 있는 특정한 한때와 한 가지 일에 국한하여 말한다면 무망이라 하는 것에 진실로 망령됨이 있다. 그래서 복을 받을 수 있느냐 없느냐에 대해서는 성인들께서도 하늘에서 꼭 원하는 것으로 취할 수가 없다. 그런데 하물며 살 곳을 고르고 때를 살피며 스스로 뜻함을 도모하는 군자로서야! 사람의 자식으로서 부모에게 가볍게 매질을 당하면 받아들이지만 크게 매질을 당하면 도망가는 것이다. 명(命) 자체가 자신이 마땅히 해야 할 바가 아니라면 그만두는 것이 더욱 도(道)에 합당하기 때문이다. 그렇지 않다면 목숨을 부지하지 못해 친부모조차 섬길 수 없을 것이니, 또한 이러한 원리일 따름이다.

「象」曰: 天下雷行, 物與无妄, 先王以茂對時, 育萬物.

「대상전」: 하늘 아래 우레가 치니 물(物)들이 망령됨이 없음에 함께한다. 선왕께서는 이를 본받아 무성함으로써 때에 응하며 만물을 기른다.

'茂', 盛也. '對'猶應也. 雷承天而行發生之令, 不必有定方定候, 而要當物生之時. 物與之无妄者, 物物而與之, 啟其蟄, 達其萌, 靈蠢良楛無所擇, 而各如其材質, 皆不妄也. 以無擇爲盛, 以不測爲時, 此其爲无妄者, 雖若有妄, 而固无妄也. 先王不以此道用之於威福, 恐其刑已濫而賞已淫, 雖自信无妄, 而必有妄矣. 唯因萬物之時・天所發生之候, 行長養之令, 金・木・水・火・土・穀惟修, 艸・木・鳥・獸咸若, 使之自遂其生, 則道雖盛而無過. 然所謂'對時'者, 因天因物以察其變, 非若呂不韋之「月令」, 限以一切之法也.

'茂(무)'는 무성하다는 뜻이다. '對(대)'는 응함과 비슷한 의미다. 우레가 하늘을 받들어 만물을 피어나게 하고 생겨나게 하는 명령을 행하는데, 어느 곳이라고 꼭 정해진 곳이 없고 어느 때라고 꼭 정해진 때가 없이 반드시 물(物)들이 생겨나는 때에 맞추려 하는 것이다. 물(物)들이 무망함에 함께한다는 것은, 물(物)들을 물(物)되게 하며 그들과 함께함이다. 그래서 그 칩거하고 있는 것들을 열어 주고 그 싹틈을 이루어주는데, 영민한 것들이나 미욱한 것들, 정교하고 우수한 것들이나 거칠고 나쁜 것들을 가리지 않고 각기 그 재질대로 이루어지게 한다. 그래서 모두 망령되지 않다는 의미다. 즉 전혀 가림이 없이 무성하고, 결코 가늠할 수 없이 때를 타고 드러난다. 그 망령됨이 없음이 이러하니, 비록 망령됨이 있는 것처럼 보일지라도, 본디 망령됨이 없는 것이다.

그런데 선왕들이 벌을 주거나 상을 주는 데서 이러한 방식을 사용하지 않은 까닭은, 이렇게 하면 형벌이 넘치고 상은 음란해질까 두려워하였기 때문이다. 비록 그들 스스로는 이렇게 하는 데에 망령됨이 없음을 믿지만, 백성들의 입장에서는 정확하게 가린 것도 아니고 가늠할 수도 없는 것이어서, 반드시 망령됨이 있는 것으로 보이는 것이다.

오로지 만물의 때와 하늘이 피어나게 하고 생겨나게 하는 절후에 맞추어

키우고 자라게 하는 명령을 행한다. 그래서 금·목·수·화·토·곡(穀)이 오로지 제 구실을 다하고 풀과 나무 및 날짐승과 들짐승 등이 다 제 본성대로 제때에 맞게 피어나게 함으로써 그들 스스로 생명을 완수하게 한다. 그래서 도(道)는 비록 무성하다고 할지라도 전혀 잘못됨이 없다. 그런데 '때에 응함'이라 한 것은 그때그때의 하늘의 변화와 물(物)들을 근거로 그 변함을 살피는 것이다. 이는 여불위(呂不韋)[447]의 「월령(月

---

447) 여불위(B.C.290~B.C.235)는 중국 전국시대의 유명한 상인이었고, 저명한 정치가였다. 조(趙)나라에 있을 적에는 거상(巨商)으로서 막대한 재산을 모았고, 진(秦)나라에서는 재상으로서 13년간 재임하였다. 재상 재임 기간에 그는 빼어난 지모를 발휘하여 능수능란하게 진(秦)의 조정을 농락하였다. 나중에 진의 장왕(莊王)이 되는 영이인(嬴異人)에게 조희(趙姬)라는 여인을 바쳐 그의 부인이 되게 한 뒤, 자신도 그녀와 사통(私通)하며 아들 영정(嬴政)을 낳았다. 이 영정이 훗날 진시황(秦始皇)이 된다. 그래서 13세에 즉위한 진시황은 당시 재상으로서 자신을 보필해주던 여불위를 존경한 나머지 '중부(仲父)'라고 불렀다. 그러나 진시황이 장성해가자 조희와 더 이상 사통하는 것에 두려움을 느낀 여불위는 그녀에게 새로운 남자 노애(嫪毒)를 환관으로 위장하여 넣어주고 자신은 물러났다. 그런데 진시황이 여불위와 자신의 생모 조희가 사통하여 자신을 낳았다는 것을 나중에 알고서 여불위를 촉(蜀)으로 유배시켰다. 진시황의 성품을 익히 알고 있던 여불위는 두려움을 느껴 안절부절못하던 나머지 유배지에서 결국 음독자살하는 것으로 생을 마감하였다.

생전에 여불위는 지식인을 환대하고 그들과 교유하는 데 자부심을 느꼈다. 그래서 그는 '유가와 묵가를 겸하고 명가와 법가를 합함(兼儒墨·合明法)'을 기치로 삼아 당시 지식인들을 널리 소집하여서 함께 『여씨춘추』를 편찬하게 하였다. 『여씨춘추』는 「팔람(八覽)」, 「육론(六論)」, 「십이기(十二紀)」 등으로 이루어져 있는데, 20만 자가 넘는 방대한 양을 담고 있다. 책이 이루어진 뒤 그것이 당시 지식의 집대성이자 총아라는 데 뿌듯해진 여불위는, 그것을 함양성의 성문 위에 올려놓고는, 만약에 누구라도 여기서 한 자라도 잘못된 글자를 찾아낸다면 황금 일천 냥(兩)을 상금으로 주겠노라고 호언하기도

令)」[448]처럼 일체의 법으로써 국한하는 것과는 다르다.

初九, 无妄, 往吉.

초구: 망령됨이 없다. 가서 길하다.

'无妄'之'不利有攸往'者, 業已成乎无妄之世, 更不可往也. '往吉'者, 以其无妄而往也. 初九承天之命, 以其元亨利貞之德信諸心者, 動而大有爲, 立非常之功, 如伊尹之放太甲, 孔子以匹夫作『春秋』, 行天子之事, 則先天而天弗違, 往斯吉矣.

무망괘의 '어디를 가는 데 이롭지 않다'는 것은 망령됨이 없는 세상에서 기업(基業)이 이미 이루어졌으니, 다시는 가서는 안 된다는 의미다. 그런데 이 초구효에서 '가서 길하다'고 하는 것은 망령됨이 없기 때문에 간다는 것이다. 초구효는 하늘의 명[天命]을 받들고 으뜸됨[元]・형통함[亨]・이로움[利]・올곧음[貞]의 덕을 믿으며 마음속에 깊이 쌓아두고

하였다.

448) 「월령」은 12개월의 시령(時令)에 맞추어 각기의 달에 제사 지낼 예의(禮儀)와 조정에서 해야 할 직무, 시행해야 할 법령과 금령(禁令) 따위를 기술해 놓은 것을 말한다. 이는 고대 동아시아에서 하나의 문장 체재(體裁)를 이루었다. 이 「월령」에서 운용하고 있는 원리는 음・양 사상과 오행의 상생・상극 사상이다. 지금은 『예기』 속의 하나의 편으로 짜여 전해진다. 여불위는 『여씨춘추』를 편찬하면서 이 「월령」의 전문(全文)을 수록하고 그것을 『여씨춘추』 전체의 준수 틀로 삼았다. 그래서 왕부지는 여기서 '여불위의 「월령」'이라 하고 있다.

있는 이니, 움직여서는 훌륭한 일을 크게 해내고 비범한 공훈을 세운다. 예컨대 이윤(伊尹)이 방탕한 왕 태갑(太甲)을 쫓아내 동궁에 유폐시킨 일[449]과 공자가 필부로서 『춘추』를 지은 일 등은 천자의 일을 행한 것인데 하늘에 앞서 행한 일을 하늘이 어기지 않으니, 가서 길한 것이다.

「象」曰: 无妄之往, 得志也.

「상전」: 망령됨이 없이 감이니, 뜻함을 얻는다.

心安而人莫不服.

마음이 평안하고 남들이 심복하지 않음이 없기 때문이다.

六二, 不耕穫, 不菑畬, 則利有攸往.

육이: 경작하지 않고도 수확하고 해갈이하여 일구지 않고도 곡식이 잘 여무니, 어디를 감에 이롭다.

田間歲而墾曰'菑'. 歲耕成熟曰'畬'. 不耕而穫, 不墾而熟, 有代之於先者也. 初九爲'震'之主, 以其不妄之誠, 創非常之業, 二柔得位而居中,

449) 이에 대해서는 앞 주19)를 참고하라.

雖與'震'爲體, 而動不自已, 靜聽以收其成, 則往而利. 言'則'者, 戒占者之勿效人動而亦動也. 无妄之爲, 非誠信於己者, 不可躬任其事. 自初而外, 皆以安靜爲得. 不然, 則雖合義守貞, 而固匪其正也.

전답을 해갈이하여 일구는 것을 '菑(치)'라 하고, 그해에 경작하여 곡식이 여문 것을 '畬(여)'라 한다. 경작하지 않고도 수확하고 해갈이하여 일구지 않고도 곡식이 잘 여문다는 것은 앞에서 대신해 주는 이가 있음을 의미한다. 이 무망괘의 초구효는 하괘인 진괘☳의 주체로서 그 망령되지 아니한 성실함으로써 비범한 기업(基業)을 일으켰고, 육이효는 부드러움[柔]으로서 제 위(位)를 차지한 채 득중하고 있다. 그래서 육이효도 진괘와 한 몸을 이루기에 비록 그 움직임을 따라 제 스스로는 그치지를 못한다 하지만, 고요히 초구효가 하는 일에 귀 기울이며 그 성취를 거두어들인다. 그래서 가더라도 이로운 것이다. 그런데 이 효사에서 '즉(則)'이라 하여 유보적인 의미를 둔 것은, 점을 치는 이들이 아무런 생각 없이 그저 남이 움직이는 것을 본떠 덩달아 움직여서는 안 됨을 경계하는 것이다. 망령됨이 없는 행함이란, 자기에게 대한 믿음이나 성실함이 없는 이로서는 결코 몸소 그 일을 맡을 수가 없기 때문이다. 이 괘는 초효부터 외괘[悔卦]의 효들까지 모두 평안하고 고요함으로써 얻는다. 그렇지 않으면, 비록 의로움에 합치하고 올곧음을 지키는 것이라 할지라도, 진실로 그 올바름이 아니다.

「象」曰: '不耕穫', 未富也.

「상전」: '경작하지 않고도 수확함'은 아직 부유하지 않음이다.

不言'菑畬'者, 義同則擧一而可括也. 不耕而穫, 其所收者亦薄矣. 唯不貪功利, 故能以静御動而往利.

지금 이 「상전」에서 '경작하지 않고도 수확함'만을 말하고 '해갈이하여 일구지 않고도 곡식이 잘 여묾'에 대해 말하지 않은 까닭은, 의미가 같으면 한 가지만 거론하더라도 개괄할 수 있기 때문이다. 경작하지 않고도 수확함에서는 그 수확한 것도 보잘것없을 것이다. 그러나 육이효는 오직 공(功)과 이(利)를 탐하지 않기 때문에, 그 고요함으로써 자신이 속한 진괘(震卦)☳ 전체의 움직임을 제어하고 가서 이로운 것이다.

六三, 无妄之災, 或繫之牛, 行人之得, 邑人之災.

육삼: 망령됨이 없음의 재변(災變)이니, 혹 소를 붙들어 매 놓는다 하더라도 길 가는 사람에게 소득이 되고 고을 사람들에게는 재변이 된다.

此以'遯'之變而言也. '或繫之牛', '遯'之所謂'執用黃牛之革'也. '行人'謂初九, '邑人'則三固居其位者也. 二欲繫陽於三, 而陽來居初, 爲初所得, 三以柔不當位, 而外卦之健行且責其不敏, 故'災'. 災, 自外至者也, 非三之自取, 初使之然, 程子所謂'无妄之禍'也.

이 효사는 이 괘가 둔괘(遯卦)䷠로부터 변하였다는 것을 가지고 말한 것이다. '혹 소를 붙들어 매 놓는다 하더라도'는 둔괘 육이효에서 '황소의 가죽으로 붙들어 매다'라고 함이다. '길가는 사람'은 초구효를 의미하고, '고을 사람'은 육삼효가 그 위(位)에 견고하게 자리 잡고 있음을 말한다.

육이효가 육삼효에게 양(陽)을 붙들어 매두려 하는데, 막상 양은 와서 초효에 자리 잡고 있으니, 이는 초효에게 소득이 된다. 육삼효는 부드러움[柔]으로서 제자리가 아닌 위(位)를 차지하고 있는데, 이 무망괘의 외괘인 건괘(乾卦)☰의 씩씩하게 행함이 또한 이 육삼효의 불민(不敏)함을 꾸짖는다. 그러므로 '재변'이 된다. 재변은 밖에서 온 것으로서 육삼효 스스로 초래한 것이 아니라 초구효가 그렇게 하도록 한 것이다. 그래서 정자(程子; 伊川)는 '망령됨이 없음의 앙화(殃禍)'라고 하였다.

「象」曰: 行人得牛, 邑人災也.

「상전」: 길 가는 사람이 소를 얻음은 고을 사람들에게는 재변이 된다.

邑人之有罪而蒙災, 妄也. 然失牛於其邑, 不責其人而誰責? 則亦非妄也. 災既非妄, 安受其咎可矣, 故不言凶.

고을 사람들이 죄가 있어서 재변을 당함은 망령됨이다. 그러나 "그 고을에서 소를 잃어버렸는데 그 사람에게 책임을 묻지 않고 누구에게 책임을 묻겠는가?" 라고 하는 측면에서 본다면 또한 망령됨이 아니다. 그래서 재변이 벌써 망령된 것이 아니니 편안하게 그 허물을 받아들여야 한다. 그러므로 여기서 '흉함'은 말하지 않은 것이다.

九四, 可貞, 无咎.

구사: 올곧게 할 수 있으니, 허물이 없다.[450)]

四與初相應, 以剛濟剛, 非能靜以處无妄者. 然動以誠動, 有唱必有和, 有作之者必有成之者, 諒其誠而與同道, 亦不失其正而得无咎. '可'者, 僅可之辭.

구사효와 초구효는 서로 응하면서 굳셈[剛]으로써 굳셈[剛]을 구제하고 있으니, 고요하게 망령됨이 없음에서 지낼 수 있는 이들이 아니다. 그러나 움직이되 성실함으로써 움직이니, 이들은 어느 하나가 앞에서 주창하면 반드시 뒤에서 화답하고, 누군가 앞에서 일을 일으키면 뒤에서 반드시 완성한다. 이렇듯 서로 그 성실함을 믿으며 같은 길에 함께하므로, 또한 그 올바름을 잃어버리지 않고 허물이 없을 수 있다. '可(가)'는 겨우 할 수 있다는 말이다.

「象」曰: '可貞无咎', 固有之也.

「상전」: '올곧게 할 수 있어 허물이 없음'은 본래 있기 때문이다.

---

450) 이 구사효사 '可貞(가정)'의 '貞(정)' 자를 정현(鄭玄)이나 『설문해자(說文解字)』에서 풀이한 대로 '점쳐 물음(占問, 또는 卜問)'으로 본다면 효사 '可貞'의 의미가 훨씬 쉽게 이해된다. '점쳐 물은 일에 가하다', 또는 '점쳐 물을 수 있다.'로 풀이할 수 있기 때문이다. 점을 친 사람의 입장에서는 무엇인가 점을 칠 만한 일이 있어서 점을 쳤을 것이고, 그래서 이 효를 얻었기 때문에, 그러한 맥락에 비추어보면 이 효사는 쉽게 이해되는 것이다. 그런데 전통 『주역』 풀이에서처럼 '貞(정)' 자를 '올곧음'이나 '올바름'으로 보아 '올곧게 할 수 있다'거나 '올바르게 할 수 있다'로 풀이한다면, 이 효사의 풀이는 그만큼 난해해진다. 그러나 왕부지가 전통 관점에서 풀이하였기 때문에 지금 이곳에서는 그것을 따라서 번역하였다.

動而无妄, 固有其事, 則抑固有其理. 諒其非妄而與之相濟可爾.

움직여서 망령됨이 없고 그 일이 본래 있는 것이니, 어쩌면 본래 그 이치가 있는 것일 수도 있다. 그 망령됨이 아님을 믿고서 더불어 서로 구제해야 될 따름이다.

九五, 无妄之疾, 勿藥有喜.

구오: 망령됨이 없음의 두통거리니, 약을 쓰지 않더라도 기쁨이 있다.

天位至尊, 而初擁'震'主之威, 以立非常之功, 五之疾也. 然五中正得位, 坦然任之, 而不疑其妨己, 而亟於施治. 初九之志, 本非逼上, 功成而坐受其福矣.

하늘의 지위는 지극히 존귀하다. 그런데 이 무망괘에서는 초구효가 자신이 하괘인 진괘☳의 주체라는 위엄을 풍기며 비범한 공을 세우니, 이것이 구오효에게는 두통거리다. 그러나 구오효는 중정(中正)한 채 제자리를 차지하고 있으면서 툭 터진 넓은 마음으로 자신의 임무를 다하고 초구효가 자신을 방해한다고는 전혀 의심하지 않으며 다스림을 베푸는 데서 민첩하다. 그리고 초구효의 뜻함은 본래 윗사람을 핍박하려는 것이 아니다. 그래서 공(功)이 이루어지고 앉아서 그 복을 받는다.

「象」曰: 无妄之藥, 不可試也.

「상전」: 망령됨이 없음에 대해 약으로 시험해서는 안 된다.

疑之則姑試之, 不知其疾固无妄者, 可勿藥也. 成王之於周公, 始試藥之而四國亂, 終勿藥而王室安.

의심스러우면 잠깐 시험해보는 것인데, 이는 그 두통거리가 본디 망령됨이 없는 것임을 모르기 때문이요, 약을 쓰지 않아도 된다. 성왕(成王)이 주공(周公)에게 바로 이러하였다. 그가 처음에 시험 삼아 약을 쓰자 네 나라가 난을 일으켰는데, 마침내는 약을 쓰지 않아서 왕실이 안정되었다.[451)]

---

451) 목야(牧野)의 전투에서 은나라 군대를 무찌른 주나라 무왕(武王)은, 은나라의 유민을 쉽게 통치하기 위해 은나라 왕조가 직접 관할하던 땅을 넷으로 나누었다. 그래서 은나라의 도읍이 있던 조가(朝歌; 오늘날의 하남성 기현淇縣) 지역을 '빈(豳)'이라 하여 주왕(紂王)의 아들인 무경(武庚)에게 관할하게 하고는, 그 동쪽 지역(오늘날 하남성 정주시 일대)을 '위(衛)'라 하여 자신의 동생인 관숙(管叔)에게 다스리게 하였고, 서쪽 지역(오늘날 하남성 상채현 일대)을 '용(鄘)'이라 하여 또 다른 동생인 채숙(蔡叔)에게 다스리게 하였으며, 북쪽 지역(오늘날 하남성 탕음현湯陰縣 일대)을 '패(邶)'라 하여 또 다른 동생인 곽숙(霍叔)에게 다스리게 하였다. 이들 셋으로 하여금 무경(武庚)을 감시하게 한 것이다. 그래서 이들을 '삼감(三監)'이라 부른다. 그리고 이듬해(약 B.C. 1045) 무왕은 병으로 죽었다. 그런데 그의 아들(成王)은 겨우 12세에 지나지 않아 아직 임금 노릇을 하기가 어려웠다. 이에 무왕의 동생이자 그의 숙부인 주공단(周公旦)이 섭정을 하게 되었다. 이것이 그의 형제들인 삼감(三監)으로부터 불만을 샀다. 특히 삼감의 우두머리 격인 관숙은 자신이 왕위를 계승하려 하는데, 주공의 섭정이 그에 방해가 되자 크게 불만을 가졌다. 그는 문왕의 셋째 아들로서 주공의 형이기도 하다. 이에 관숙은 "무왕이 죽으면 반란이 날 것이라는 말이 세상에 파다하다.(天下聞武王崩而叛)"는 헛소문을 퍼뜨리면서 채숙과 곽숙을 선동하고, 무경과 동쪽 지역의 여러 나라들까지 꼬드겨 반란을 일으켰다. 이에 대해서는 『서경』, 「주서(周書)・대고(大誥)」 편에 그 대강이 소개되어 있다. 이것을 '삼감의 난(三監之亂)'이라 부른다. 이들은

上九, 无妄行有眚, 无攸利.

상구: 망령됨이 없는 행동에 재앙이 있고, 어디를 가든 이로움이 없다.

初以陽剛震起, 代天而行非常之事. 上九晏居最高之地, 處欲消之勢, 不能安靖以撫馭之, 而亢志欲行, 則違時妄動, 自成乎'眚'而'无攸利'矣.

초구효는 양(陽)의 굳셈[剛]으로 떨쳐 일어나 하늘을 대신하여 비범한 일을 행하고 있다. 그런데 상구효는 가장 높은 곳에서 한가하게 지내고 있다가 곧 사라지려하는 추세 속에 있다. 그래서 안정되고 평화롭게 다스릴 수가 없는데, 그가 뻣뻣하게 저항하는 뜻을 드러내고 행하려

주공이 무왕의 어린 아들인 성왕에게 결코 이롭지 않을 것이라는 구실을 붙였는데, 이때 이 유언비어와 반란이 미친 효과가 자못 커서 소공석(召公奭)까지도 마음이 흔들려 주공을 의심할 정도였다. 소공은 대단히 현명한 사람으로 역사에 기록된 인물이다. 이에 큰 두통거리를 안게 된 주공은 먼저 소공과 대면하여 허심탄회하게 자신의 속마음을 털어 놓아 그의 마음을 돌렸다. 그리고는 동정(東征)에 나서 3년간에 걸친 정벌을 통해 이 난을 평정하였다. 그 뒤 성왕이 20살이 되어 임금 노릇을 충분히 할 수 있는 나이가 되어 통치권을 돌려주기까지, 주공은 7년여 동안 주나라의 문물제도를 훌륭하게 정비함으로써 그 통치 기반을 공고히 하였다. 공자가 주공을 칭송하며 흠모해마지 않던 점이 바로 이것이다. 이때 주공은 통치권을 돌려주면서 성왕에게 추호도 안일(安逸)을 탐하지 말고 나라를 다스리는 데 전심전력을 다하라는 의미의 교훈이 담긴 「무일(無逸)」 편을 지어 주기도 하였다. 주공이 닦은 기틀을 바탕으로 성왕과 그 아들 강왕(康王)은 장장 40여 년간에 이르는 태평성대를 이룰 수 있었다. 이를 '성강지치(成康之治)'라 부른다. 여기서 왕부지가 언급하고 있는 부분은 바로 이상과 관련된 것이다.

한다. 그런데 이는 때에 어긋난 망령된 행동이어서, 스스로 '재앙'을 초래하여 '어디를 가든 이로움이 없게' 된다.

「象」曰: 无妄之行, 窮之災也.

「상전」: 망령됨이 없는 행동이나 궁색함의 재앙이다.

時已過, 位已非其位, 權已歸下, 恃其故常而亢志以行, 高貴鄕公之所以自斃也.

때가 이미 지났고 지위도 이미 자신의 지위가 아니며 권세도 벌써 아랫사람들에게로 가버렸는데도, 옛날 그대로를 믿으며 뻣뻣하게 저항하는 뜻을 드러내며 행동하는 것, 고귀향공(高貴鄕公)이 스스로 죽임을 초래한 까닭이 바로 이것이다.452)

---

452) '고귀향공(高貴鄕公)'은 북위(北魏)의 제4대 황제 조모(曹髦; 241~260)를 가리킨다. 그는 제2대 황제(魏文帝) 조비(曹丕)의 손자였고, 동해정왕(東海定王) 조림(曹霖)의 아들이었다. 이 조모는 황위를 계승한 것도, 스스로 쟁취한 것도 아니었다. 당시 실권을 쥐고 북위 정권을 농락하던 사마씨(司馬氏)에 의해 보임되었던 것이다. 즉 사마사(司馬師)가 제3대 황제인 조방(曹芳)을 폐위시키고 당시 열네 살에 지나지 않던 조모를 새로운 황제로 옹립하였던 것이다. 이렇게 어린 황제 조모를 괴뢰로 앉힌 사마씨 형제는 형 사마사에서 동생 사마소(司馬昭)로 실권을 이어가며 끝 간 데 없이 전횡을 부렸다. 이러는 사이에 북위의 조정은 부패해질 대로 부패해져 갔다. 어려서부터 독서를 좋아하고 영준하였던 황제 조모는 이러한 상황에 대해 너무나 울분을 느꼈다.

大畜卦乾下艮上
대축괘䷙

大畜. 利貞, 不家食, 吉, 利涉大川.

대축괘: 올곧음에 이롭고 집에서 밥을 먹지 않음이니 길하다. 큰 하천을 건넘에 이롭다.

'大', 陽也. '大畜', 以陽畜陽也. '艮'者, '乾'道之成, 以止爲德, 以一陽止二陰於中, 而因以止'乾', 其用雖柔, 而志則剛. 用柔以節'乾'之行於內, 所以養其德而不輕見, 待時而行, 則莫之能禦矣. '乾'畜美於內, 精義以盡利, 敦信以保貞, 備斯二德, 皆'艮'止之功也. 不及元亨者, 止而未行, 長人之德未施, 雲雨之流形有待也. '不家食'者, 受祿而道行也. 以剛健大有爲之才, 止而聚於內, 以不苟於行, 家修之事也; 而止之者, 將以厚

이에 궁인(宮人) 300여 명을 거느리고 사마소를 토벌하려 들었는데, 그의 계획이 사전에 사마소에게 알려지고 역으로 조모는 그들에게 피살되고 말았다. 이때 그의 나이는 겨우 20세였고 재임 기간은 6년(254~260)이었다. 왕부지는 여기서 지위만 높지 아무런 실권이 없던 조모의 행동을 무망괘 상구효의 '망령됨이 없음의 행동(无妄之行)'에 비기고 있다. 비록 그것이 망령됨이 없는 행동이기는 하였지만 추세상 안될 수밖에 없는 행동이라는 것이다. 결국 그것은 조모에게 '피살(被殺)'로 돌아왔다. 이는 또한 '궁색함의 재앙'이라 할 수 있다.

其養而大用之, 待其汲引以進, 與'艮'之一陽, 志道合而利見, 受祿不誣矣. '利涉大川'者, 健於行而姑止, 止之者又其同志, 以之涉險, 蔑不濟矣. '小畜', 畜之者之志異, 故相持而不解. '大畜', 畜之者之道同, 故相待而終行.

대축괘의 '大(대)' 자는 양(陽)을 나타낸다. 대축(大畜)은 양으로써 양을 길러냄을 의미한다. 이 괘의 상괘(悔卦)인 간괘☶는, 하괘(貞卦)인 건괘☰의 도(道)가 성취되자 '멈춤'을 덕으로 하여 하나의 양으로서 두 음을 제 속에 멈추게 하고, 그로 말미암아 하괘인 건괘를 멈추게 하고 있다. 그래서 그 작용은 비록 부드럽지만 뜻함은 굳세다. 즉 간괘는 부드러움을 사용하여 건괘의 행함을 속에서 조절하고 있으니, 그 덕을 함양하면서 가볍게 드러내지 않고 때를 기다렸다가 행한다. 그리하여 그 누구도 이를 제지할 수가 없다. 그리고 하괘인 건괘는 속에 아름다움을 함축하고 있으니, 정성스럽고 세심하게 의로움을 살펴 다 이롭게 하고 돈독히 믿으며 올곧음을 보존한다. 이 두 개의 덕을 갖출 수 있는 것은 모두 간괘의 멈추게 함의 공덕이다.
그런데도 이 대축괘에서는 건괘(乾卦)와는 달리 '으뜸됨'과 '형통함'에 대해서 언급하지 않는다. 그 까닭은 멈추고 있고 아직 행하지 않기에 사람 세상 우두머리의 덕이 아직 베풀어지지 않고 자연 현상의 변화하는 형체도 때를 기다리고 있기 때문이다.
'집에서 밥을 먹지 않음'이란 녹봉을 받고서 길에서 행함을 의미한다. 이 대축괘의 하괘는 건괘(乾卦)로서 굳세고 씩씩하며 성대하게 소유함을 재질로 갖고 있다. 그런데 안에서 멈춘 채 끌어모을 뿐 구차하게 행동에 나서지 않는다. 이는 가정을 잘 건사하는 일이다. 그러나 멈추게 하는 것은 장차 두터이 함양하게 하여 크게 쓰고자 함이다. 그래서 끌어당겨주기를 기다렸다가 나아가게 되면, 상괘인 간괘(艮卦)의 하나의 양(陽)과 뜻함도 도(道)도 합치하여 서로 간에 만남을 이롭게 한다. 그래서 녹봉을 받음이 전혀 터무니없지 않다.

'큰 하천을 건넘에 이롭다'는 것은 행동함에서 씩씩하지만 잠깐 멈추는 데[453], 그를 멈추게 하는 것이 또 자신과 같은 뜻을 가진지라 씩씩함으로써 험난함에 발 벗고 나서기 때문에 건너지 못할 것이 없다는 것이다. 이에 비해 소축괘에서는 길러내는 이의 뜻함이 다르다. 그러므로 서로 유지하면서 풀지 않는다. 그런데 대축괘에서는 길러내는 이의 뜻함이 같기 때문에 서로 의지하면서 마침내 행동하는 것이다.

「象」曰: 大畜, 剛健篤實輝光, 日新其德.

「단전」: 대축은 굳세고 씩씩하며 돈독하고 충실하여 환하고 빛나니, 날로 그 덕을 새롭게 한다.

贊'大畜'之德, 其美如此其至也. '剛健', '乾'之德也. '篤實輝光', '艮'之德也. '艮'所以爲篤實者, 陰道斂而質, 靜而方, 止於內而不亢, 則務本敦信之道也. '乾'之剛健, 力行不倦, 而'艮'以靜斂之, 又以光明之志, 著見於外, 使'乾'信其誠, 而益務進修, 日畜而日新矣. '乾'之六爻, 外三爻, 其功化也; 內三爻, 進德修業也. 畜其德業, 而不急於功化, 則學問益

453) 이 대축괘가 건괘(乾卦; 下卦)☰와 간괘(艮卦; 상괘)☶의 조합으로 이루어졌음을 바탕으로 하여 하는 말이다. 건괘는 씩씩함을, 간괘는 멈춤을 상징하기 때문이다.

充, 寬仁益裕, 德自日新而盛, 其資於養者深矣. 君子之自修, 則韞玉以待沽; 明王之造士, 則譽髦以成德也.

대축괘의 덕을 찬미하는 것인데, 그 훌륭함이 이토록 지극하다는 것이다. '굳세고 씩씩함'은 건괘☰의 덕이고, '돈독하고 충실하여 환하고 빛남'은 간괘☶의 덕이다. 간괘의 덕이 돈독하고 충실함인 까닭은, 음(陰)의 도가 거두어들이고 바탕을 이루며 고요하고 방정하여 속에서 멈추고 뻣뻣하게 맞서지 않음이기 때문이다. 이는 근본을 다지기에 힘쓰고 믿음성을 돈독히 하는 원리이다. 건괘의 덕은 굳세고 튼튼하며 결코 게으름을 피우는 적이 없이 힘써 행함인데, 간괘의 덕은 고요함으로써 이를 거두어들일 뿐만 아니라 또한 환히 빛나게 할 의지를 발휘하여 밖으로 현저하게 드러나게도 한다. 그래서 건괘로 하여금 자신의 성실함을 믿게 하여 더욱더 덕을 증진시키고 기업(基業)을 닦게 함으로써 날로 쌓고 날로 새롭게 하도록 한다. 건괘의 여섯 효들에서도 밖의 세 효는 공(功)을 이룸과 교화함의 특성을 지니고 있고, 안의 세 효는 덕을 증진시키고 기업(基業)을 닦는 특성을 지닌다. 그런데 그 덕을 증진시키고 기업을 닦음만을 쌓아 갈 뿐 공(功)을 이룸과 교화함에 바삐 서두르지 않는다면, 학문은 더욱더 충실해지고 관대함과 인자함은 더욱더 넉넉해질 것이다. 그 결과 덕은 저절로 날마다 새로워지고 성대해질 것이니, 함양함에 힘입는 것이 이렇게 깊다. 군자가 스스로 수양함은 옥처럼 보배로움을 잘 감추어두었다가 팔리기를 기다리는 것이요, 훌륭한 임금이 학업에 성취가 있는 지식인을 길러냄은 명망이 있는 지식인들을 통해 자신의 덕을 이루고자 함이다.

剛上而尙賢, 能止健, 大正也.

굳셈[剛]이 위에 있어 현명함을 더욱 높이고, 멈추게 하고 씩씩하게 할 수 있으니 크게 올바르다.

'尙', 進也. 剛出乎二陰之上, 居高以倡, 引陽而進之, 以進之道止之, 誘掖奬進, 使精其義, 故'利'. 健行者恐過於敏, 以止之道進之, 使敦厚其德, 非'大正'者不能, 故'貞'.

'尙(상)'은 증진시킨다는 의미다. 이 대축괘의 상괘인 간괘☶에서는 굳셈(상구효)이 두 음들(육사・육오효) 위로 우뚝 솟아 높은 자리를 차지한 채 앞서 나아가며, 하괘인 건괘☰의 세 양들을 끌어당기고 증진시킨다. 그래서 증진시킴의 도(道)로써 그들을 멈추게 한 채 인도하고 부지하게 하며 장려하고 권면한다. 이렇게 하며 상구효는 그들로 하여금 의로움을 정성스레 세심히 살피도록 한다. 그러므로 '이로운' 것이다. 씩씩하게 행하는 이는 자신이 지나치게 민첩하지나 않을까를 두려워한다. 그래서 멈춤의 원리로써 자신을 증진시켜서 그 덕을 돈후(敦厚)하게 하니, 이는 '크게 올바른' 이가 아니면 할 수가 없는 일이다. 그러므로 '올곧음'이다.

'不家食, 吉', 養賢也.

'집에서 밥을 먹지 않음이니 길하다'는 것은 현명함을 함양함이다.

養其德而使日新, 則受以祿, 而位與德相稱而吉矣.

그 덕을 함양하여 날로 새롭게 한다면 녹봉을 받게 되고 지위와 덕이 서로 걸맞아 길하다.

'利涉大川', 應乎天也.

'큰 하천을 건넘에 이롭다'는 것은 하늘에 응하기 때문이다.

有'艮'上一陽與'乾'合志, 則躊躕以涉險, 自有同心之助. '乾'秉天德, 易以知險, 有應則彌利矣.

간괘(이 대축괘의 상괘)☶의 맨 위 하나의 양(陽)이 하괘인 건괘☰의 양(陽)들과 뜻함이 합치한다. 그래서 머뭇거리며 험난함에 발 벗고 들어가니, 저절로 한마음에서 우러나오는 도움이 있게 된다. 건괘☰는 하늘의 덕을 지니고 있어서 쉽게 험난함을 헤쳐 나아가는데, 이에 응함이 있으면 이로움은 더욱 많아진다.

「象」曰: 天在山中, '大畜', 君子以多識前言往行, 以畜其德.

「대상전」: 하늘이 산속에 있음이 대축괘니, 군자는 이를 본받아 선현들의 말과 행실을 많이 이해함으로써 자신의 덕을 기른다.

天者, 資始萬物之理氣也. 山雖地之形質, 而出雲蒸雨, 生艸木, 興寶藏, 皆天氣淪浹其中以成化. 故天未嘗不在山中, 豈徒空虛上覆者之爲天哉! 山之廣大, 其畜天之氣以榮百昌者, 厚矣. 君子安安而能遷, 聚而能散, 不欲多畜也. 唯學問之事, 愈多而愈不厭, 皆足以養德, 故取象焉. '前言往行', 亦人之美爾, 而人受天之靈以生, 言行之善, 皆天理之著見, 因其人而發也. 能知人之善皆天之善, 則異端忘筌蹄, 離文字, 以求合於虛寂, 其邪妄明矣.

하늘이란 만물의 바탕이 되어 주고 비롯함이 되어주는 이(理)와 기(氣)다. 그리고 산은 비록 땅의 형질이기는 하지만 구름을 일으키고 자욱이 비를 내려 초목을 생하게 하며 보배로운 것들을 흥하게 하는데, 모두 하늘의 기(氣)가 그 속으로 사무쳐 들어가 만들어낸 것이다. 그러므로 하늘은 일찍이 산속에 있지 아니한 적이 없었으니, 어찌 한갓 허공저 위에서 덮고 있는 것이 하늘이겠는가! 산이 넓고 크면, 하늘의 기를 함축하여 산속의 온갖 생명체들을 번성하게 함도 두텁다. 군자는 편안한 바에는 편하게 지내면서도 의로운 일에 잘 나서고 많은 재물을 모으면서도 사회에 잘 환원한다.[454] 그리고 많은 재물을 모아 쌓아두려고도 하지 않는다. 오직 학문하는 일만이 많을수록 더욱 싫증을 내지 않으니, 그렇게 하여 충분하게 덕을 함양하는 것이다. 그러므로 여기서 상(象)을

454) 『예기』, 「곡례(曲禮) 상」 편에 나오는 말이다. 전체 맥락은, "현명한 사람은 격의 없이 친하게 지내면서도 공경하고, 마음속 깊이 경외하면서도 사랑한다. 또 사랑하는 사람에게서도 그의 악함을 알고, 증오하는 사람에게서도 그 선함을 안다. 많은 재물을 모았다 할지라도 사회에 잘 환원하고, 편안한 바에는 편하게 지내면서도 의로운 일에 잘 나선다. 재물을 모을 수 있는 경우에도 구차하게는 얻으려 하지 않고, 어려운 일이 닥치면 구차하게 면하려 하지 않는다.(賢者狎而敬之, 畏而愛之. 愛而知其惡, 憎而知其善. 積而能散, 安安而能遷. 臨財毋苟得, 臨難毋苟免.)"로 되어 있다.

취한 것이다. '선현들의 말과 행실'도 사람의 아름다움일 따름인데, 사람이 하늘의 신령스러움을 받아서 생겨나니, 말과 행실의 선함도 궁극적으로는 모두 하늘의 이치가 밝게 드러난 것으로서 단지 이 분들을 통해 발현한 것이다. 그래서 사람의 선함은 모두 하늘의 선함이라는 것을 알 수 있다면, 이단들이 통발과 올무를 잊거나[455] 문자를 떠나서[456]

---

455) 왕필의 『주역주(周易注)』에 나오는 말이다. 왕필은, 사람의 말은 상(象)을 밝히기 위한 것이니 상을 이해하였으면 말은 잊어야 하고, 그 상은 의미를 담고 있는 것이니 의미를 파악하였으면 상은 잊어야 한다고 하였다. 그리고는 이를, 토끼를 잡기 위해 설치하는 올무는 토끼를 잡았으면 버리고, 물고기를 잡기 위해 설치하는 통발은 물고기를 잡았으면 버리는 것에 비유하였다.(言者所以明象, 得象而忘言; 象者所以存意, 得意而忘象. 猶蹄者所以在兎, 得兎而忘蹄; 筌者所以在魚, 得魚而忘筌也.) 즉 『주역』 읽기에서는 궁극적으로 의미 파악이 목적이니, 의미를 파악하였다면 거기에 이르는 수단들은 부차적이고 하찮은 것으로 여겨야 할 뿐, 결코 매달려서는 안 될 것으로 본 것이다. 왕필은 이러한 관점에서 그토록 번쇄하게 상(象)에 매달리던 한대 상수역학의 경향을 일소하고 의리역학이라는 또 하나의 흐름을 열었다. 그리고 나중에 당나라에 이르러 공영달이 이를 정본(定本)으로 채택하게 되자, 왕필의 의리역학은 역학사에서 이제 주류의 한 줄기로 자리 잡게 되었다. 그런데 왕부지는 왕필의 역학을 도가역학에 가까운 것으로 보고 이렇게 비판하고 있다. 왕부지 자신도 의리역학의 최고봉에 있는 사람이지만, 그는 『주역』의 의미 파악을 위해서는 상(象)도 매우 중요하다고 보았다. 즉 『주역』의 의미가 상을 통하지 않으면 드러날 길이 없다고 보고(象外無理), 또 『주역』이 상을 통해 의미를 드러내고 있는 것은 엄연한 사실이기 때문에, 그는 『주역』의 의미 파악이 중요하다면 그만큼 『주역』 읽기에서 상도 중요하게 취급해야 한다고 보았다.

456) '불립문자(不立文字)'를 가리키는 말로서, 이는 불교의 선종에서 내세우는 해탈의 핵심 방법이다.(釋普濟(宋), 『五燈會元』 권1, 「七佛, 釋迦牟尼佛」: 世尊在靈山會上, 拈華示衆. 是時衆皆默然, 唯迦葉尊者破顔微笑. 世尊曰, "吾有正法眼藏, 涅槃妙心, 實相無相, 微妙法門, 不立文字, 敎外別傳, 付囑摩訶迦葉.")

텅 빔이나 적멸에 합치함을 구하는 것이 얼마 사악하고 망령된 것인지 분명할 것이다.

初九, 有厲利已.

초구: 위태로움이 있지만 자기에게 이롭다.

三陽具而後成'乾', '艮'體具而後畜之也, 涉險皆利. 在一爻言之, 則剛健欲行而不受止, 此爻與彖之所以小異也. 乃以止道養人之德者, 施於剛躁之動, 白未能遽受, 故日新之德, 亦必抑志受止而後成, 非驟止之而即受, 則於三陽有戒辭, 與彖義亦不相悖也. 初九陽剛始進, 而四以柔止之於早, 固有危厲不安之意, 而戒之以利於已, 已亦止也.

세 양효가 갖추어진 뒤에 건괘☰가 이루어지고, 나아가 간괘☶까지 갖추어진 뒤에 대축괘의 덕이 이루어지는데, 이렇게 되어서는 험난함에 발 벗고 나서더라도 모두 이롭다. 그런데 이 초구효 하나만 놓고 보면, 굳세고 씩씩하여 가고자 하기 때문에 멈추게 함을 받아들이지 않는다. 그래서 이 효사에는 괘사와 조금 다른 뉘앙스가 있다. 말하자면 멈추게

선종에서는 이렇게 문자를 세우지 않고 곧장 사람의 마음을 가리키며 불성을 보고 성불하는 것을 근본으로 삼는다고 하고 있다.(釋普濟(宋), 『五燈會元』, 「五燈會元原序」: 原夫菩提達磨, 遡大龜氏於釋迦文佛, 晌青蓮目, 而得教外別傳之旨, 之二十八代之祖也. 既佩佛心印, 於梁普通之初, 至東震旦. 時學者方以講觀相高, 迺曰, "吾不立文字, 直指人心, 見性成佛之為宗.")

함의 도(道)로써 사람의 덕을 함양시키는 이가 굳세고 조급히 움직이는 이에게 이를 시행하면, 굳세고 조급히 움직이는 이 스스로는 급작스러워서 이를 받아들일 수 없다. 그러므로 또한 날마다 새롭게 하는 덕으로 반드시 뜻함을 억누르고 멈추게 함을 받아들인 뒤에야 이루어진다. 그런데 급속하게 멈추어 곧바로 받아들이지는 않으니, 세 양효에 경계하는 말들이 있는 것이다. 그렇다고 하여 괘사의 뜻과 역시 서로 모순되지 않는다. 이 초구효는 양의 굳셈이 막 나아가기 시작하는 것인데 육사효가 부드러움[柔]으로써 일찌감치 그를 멈추게 한다. 그래서 초구효에는 본디 위태롭고 불안한 뜻이 있다. 그러나 초구효가 자기에게 이롭다는 것으로써 경계하니, 자기도 또한 멈추는 것이다.

「象」曰: '有厲利已', 不犯災也.

「상전」: '위태로움이 있지만 자기에게 이롭다'는 것이니 재앙을 범하지는 않는다.

剛得其位, 可以自信無害, 乃出而有爲, 則物之險阻固不可知, 見止而止, 然後無傷.

이 초구효는 굳셈[剛]으로 제자리를 차지하고 있기 때문에 스스로 해가 없다는 것을 믿을 수 있다. 그러나 세상에 나와 무슨 일을 하면, 물(物)들이 험난하게 하고 가로막음을 알 수가 없다. 그래서 멈추어야 함을 알고서 멈춘 뒤에라야 해를 입지 않는다.

九二, 輿說輹.

구이: 수레에서 바퀴 축을 동이고 있는 복토를 벗김이다.

車, 所載以健於行者, 故取象焉. '大畜'之'乾'專言行者, 對'艮'止而言, 因時立義也. '輹', 車軸縛也. '說輹', 解其軸之縛. 本不欲行; 與'小畜'之'說輻', 欲行而車敗異. 九二居中, 無躁進之心, 遇六五之止而遂止, 乃静退修德之象. 不言吉凶者, 方務畜德, 志不存於利害. 若占得者, 雖於事覺無害有利, 而意不欲行, 則止之.

수레는 무엇을 싣고서도 힘차게 달리는 것이기 때문에 여기서 상을 취하였다. 대축괘의 하괘인 건괘☰에서는 오로지 다니는 것만을 말하는데, 이는 그 상괘인 간괘☶의 멈추게 함에 대비시켜 말한 것으로서, 때에 맞게 의미를 부여한 것이다. '輹(복)'은 수레의 바퀴 축을 동이고 있는 복토를 말한다. '복토를 벗김'은 그것을 벗기다는 의미다. 이는 본래 가고자 하지 않음을 드러내는 것이다. 그래서 소축괘䷈의 '복토가 벗겨짐'과는 다르다. 소축괘의 구삼효에서는 가려고 하는데 수레가 고장 나버렸음을 의미하기 때문이다. 이 구이효는 중앙에 자리를 잡고서 급하게 나아가고자 하는 마음이 없고 육오효의 멈추게 함을 만나 마침내 멈춘 것이다. 그래서 이는 물러나 고요히 덕을 닦고 있는 상(象)이다. 그런데 여기서 길(吉)이나 흉(凶)을 말하지 않은 까닭은, 이 육이효가 한창 덕을 기르는 데 힘쓰고 이로움·해로움 따위는 염두에 두고 있지 않기 때문이다. 점을 쳐서 이 대축괘의 구이효를 얻은 사람은, 비록 하는 일에 대해 해로움은 없고 이로움만 있음을 깨달았다 하더라도, 가고자 하는 뜻이 없다면 멈추어야 한다.

「象」曰: ‘輿說輹’, 中无尤也.

「상전」: ‘수레에서 바퀴 축을 동이고 있는 복토를 벗김’은 가운데 있는 이에게 아무런 허물이 없음을 의미한다.

居得所安, 但求無過, 不以進取爲念.

이 구이효는 편안하게 살아가면서 단지 허물이 없기만을 구할 뿐, 나아가 무엇을 얻는다는 것에 대해서는 아무런 생각이 없다.

九三, 良馬逐, 利艱貞. 曰閑輿衛, 利有攸往.

구삼: 좋은 말이 내달음이지만 간난신고함 속에서 올곧음에 이롭다. 경계하는 명령을 내려 수레를 모는 이들과 호위하는 이들을 잘 통제해야 어딘가를 가는 데 이롭다.

三以剛居剛, 而爲進爻, 有良馬之象. 上九與合德而尙賢, 養其才於已裕而延之進, 可以騁矣. 而四・五二陰居中爲礙, 未可遽以得志, 故必知難而守正乃利. ‘曰’, 戒令之辭. ‘輿’謂輿人. ‘衛’, 從行者. 九三進, 初・二兩陽且從之, 其輿衛也. ‘閑’, 防制之, 使守其職也. 其旣艱貞, 尤必申其戒令, 使輿衛各有敬忌, 而不失其度, 乃‘利有攸往’.

구삼효는 굳셈[剛]으로서 굳셈의 자리를 차지하고 있으니 나아감의 효가 된다. 그래서 구삼효에는 좋은 말의 상(象)이 있다. 또 상구효가 그와 덕이 합치하고 현명한 사람을 숭상하는데, 구삼효가 이미 넉넉하게 갖추고 있는 재질을 더욱 함양하여 나아감에까지 이끈다. 그래서 구삼효는 힘차게 내달을 수 있다. 그러나 육사·육오효 두 음이 이들 사이에 자리 잡고서 장애가 되고 있으니 구삼효로서는 성급하게 제 뜻대로만 할 수가 없다. 그러므로 어렵고 위태롭다는 것을 반드시 알아서 올곧음을 유지해야 이롭다.

'曰(왈)' 자는 경계하고 명령하는 말이다. '輿(여)'는 수레를 모는 사람을 의미하고, '衛(위)'는 자신을 좇아오며 호위하는 이들을 의미한다. 그래서 구삼효는 나아가고 초구·구이효의 두 양들은 이를 좇아오니, 이것이 곧 수레를 모는 것과 그를 호위함이 된다. '閑(한)'은 막고 통제하여 직책을 잘 수행하도록 함을 의미한다.457) 구삼효는 이미 간난신고함 속에서 올곧음을 지키고 있을 뿐만 아니라 더 나아가 반드시 그 경계하는 명령을 내려 수레를 모는 이나 호위하는 이들로 하여금 각기 경계하고 삼가도록 하여 그 직분의 한계를 벗어나지 않게 한다. 그리하여 '어디를 가는 데 이로운' 것이다.

「象」曰: '利有攸往', 上合志也.

「상전」: '어디를 감에 이롭다'는 것은 윗사람이 뜻함에서 합치하기 때문이다.

爻有以陰陽相應爲合者, 有以同類相得爲合者, 各因其卦. 此謂上九

457) 이 풀이는 다른 『주역』해설서들의 것에 비해 대단히 독특한데, 왕부지는 『주역패소』에서 특별히 이 '曰閑輿衛' 구절에 대해 논의를 하고 있다.

與乾合也.

효에 음과 양이 서로 응함이 있는 것이 '합치함'이 되기도 하고, 같은 부류로서 서로 득이 됨이 있는 것이 '합치함'이 되기도 한다. 이는 각 괘들에 따라 다르다. 여기서는 상구효가 하괘인 건괘☰와 합치함을 말한다.

六四, 童牛之牿, 元吉.

육사: 어린 소의 뿔에 가로 댄 나무니, 원래 길하다.

施木於牛角以禁觸, 曰'牿'. 初九始出之剛, 而位乎下. 故爲'童牛'; 及其童而牿之, 『本義』謂"禁於未發之謂豫"是也. '元吉'者, 吉在事先也. 四應初而止之, 故有是象.

쇠뿔 사이에 나무를 가로 대서 찌르지 못하게 하는 것을 '牿(곡)'이라 한다. 초구효는 막 출현한 굳셈[剛]이고 아래에 자리를 잡고 있기 때문에 '어린 소'가 된다. 이러한 어린 소에게조차 나무를 가로 댄 것에 대해 주희의 『주역본의』에서는 "아직 채 발생하기 이전에 금하는 것을 '예방함'이라 한다."고 풀이하니 맞다. '원래 길하다'는 것은 길함이 일 생기기 이전에 있다는 의미다. 육사효는 초구효에 응하여 그를 멈추게 한다. 그래서 이러한 상(象)이 있는 것이다.

「象」曰: 六四元吉, 有喜也.

「상전」: 육사효는 원래 길하니, 기쁨이 있다.

施德教於初九, 非豫期於獲福, 乃養士而收百年之用. 小學而得上達之理, 創業而致興王之功, 皆'喜'也. '喜''慶'皆自外至之辭, 而'喜'乃中心之所悅, '慶'猶一時之嘉會爾.

육사효가 초구효에게 덕으로 교화함을 베푸는 것은 복 받기를 미리 기대하는 것이 아니라, 지조 있는 지식인을 길러 백 년을 두고 쓸 인재를 거두고자 함이다. 어려서부터 배워서 궁극의 경지에 이르는 이치를 터득하는 것이나 새로운 왕조를 열어 왕도정치를 일으키는 공(功)을 이루는 것들 모두가 '기쁨'이다. '기쁨'과 '경사'는 모두 자신의 밖에서 오는 것을 일컫는 말인데, '기쁨'은 바로 마음 속 깊이 열락을 느끼는 것이고 '경사'는 한때의 즐거운 모임과 같을 뿐이다.

六五, 豶豕之牙, 吉.

육오: 거세한 돼지의 이빨이니, 길하다.

豕去勢曰'豶'. 豶則馴而牙不妄噬. 六五應九二而畜之, 九二剛不當位, 有妄躁噬物之防, 五豶之以制其暴, 則剛柔相得而安, 故'吉'.

돼지에서 거세한 것을 '豶(분)'이라 한다. 돼지를 거세하면 순치되어 망령되이 이빨로 물지 않는다. 이 대축괘에서는 육오효가 구이효에 응하여 길러주는데, 구이효는 굳셈으로서 제자리가 아닌 자리를 차지하고 있기 때문에 망령되고 조급하며 다른 것을 물어버릴 수 있으니, 이에 대해 방비할 필요가 있다. 이에 육오효가 그를 거세하여 그 폭력성을 제압함으로써 구이효의 굳셈과 육오효의 부드러움이 서로 이득을 얻어 평안하다. 그러므로 '길하다'고 한 것이다.

「象」曰: 六五之吉, 有慶也.

「상전」: 육오효의 길함은 경사가 있음이다.

豕, 不易制者也. 『春秋傳』曰, "封豕長蛇, 荐食上國." 制其躁而使順應, 不期而至之'慶'也.

돼지는 쉽게 통제되지 않는 짐승이다. 『춘추전』에서 말하기를 "오나라는 큰 돼지처럼 탐욕스럽고 큰 뱀처럼 잔학하여서 계속해서 다른 나라들을 먹어치우려 할 것입니다."[458]라 하는데, 그 조급해함을 통제하여 순응하

---

458) 『춘추좌씨전』, 「정공(定公) 4년」 편, 조에 나오는 말이다. 여기서 '封(봉)'은 '크다'는 뜻이다. 돼지가 양이 차더라도 계속 먹어대는 것을 '끝없는 탐욕'에 비유하고, 뱀이 제 몸보다 큰 짐승을 먹어치우는 것을 '무자비한 잔학성'에 비유하는 말이다. 당시 오자서(伍子胥)의 오(吳)나라 군대가 초나라의 수도를 침공해 왔을 때, 초나라의 신하인 신포서(申包胥)가 진(秦)나라로 급히 달려가 구원을 청하면서 한 말이다. 즉 오나라가 거대한 돼지처럼 탐욕스럽고 큰

게 한다면 기대하지 않더라도 '경사'가 이를 것이다.

上九, 何天之衢, 亨.

상구: 하늘의 사통팔달(四通八達)함을 짊어지고 있음이니, 형통하다.

'何', 負也. 路四達曰'衢'. '何天之衢', 莊周所謂"負雲氣, 背青天"也. '艮'之畜'乾', 非抑遏之也, 止其躁, 養其德, 以使裕於行也. 至於上九, 尙賢而與陽合德, '乾'德已固, 引而上升, 則三陽依負之以翱翔, 左宜右有, 唯所往而無不通矣.

'何(하)'는 짊어지다는 의미다. 길이 사통팔달한 것을 '衢(구)'라 한다. '하늘의 사통팔달함을 짊어지고 있음'이란 『장자』에서 말하는 "구름의 기(氣)를 짊어지고 푸른 하늘을 등 뒤로 하다"[459]고 함이다. 이 대축괘의 회괘(悔卦)인 간괘☶는 정괘(貞卦)인 건괘☰를 길러내는 데서 결코 억누르거나 틀어막는 방법을 쓰지 않는다. 단지 그 바스댐을 그치게 하고

뱀처럼 잔학무도하여 지금 초나라를 병탄하면 그것을 시작으로 이웃 나라들을 하나하나 먹어 치워서 결국 진나라까지 먹어치우려 들 것이라는 이미다.

459) 『장자』, 「소요유」 편에 나오는 말이다. 그러나 원문에서는 "구름을 뚫고 솟아올라 푸른 하늘을 등 뒤로 한 채(絶雲氣, 負青天)"라 하고 있어서 약간 뉘앙스가 다르다. 이는 아득한 북쪽 바다에 사는 곤(鯤)이라는 거대한 물고기가 대붕(大鵬)으로 화하여 구만 리 상공을 날아 남명(南冥)으로 가는 모습을 묘사한 광경이다.

덕을 길러줌으로써 행동하는 데서 여유가 있도록 한다. 그래서 이 상구효에 이르러서는 현인을 숭상하여 양(陽)과 덕이 합치하고 정괘(貞卦)인 건괘☰의 덕이 이미 견고해졌으니, 끌어서 위로 올리면 세 양이 그에 의지하여 맘껏 나래를 펼치며 비상한다. 그래서 다재다능하여 무엇이든 다 할 수 있고 재덕(才德)을 겸비하여 어디에든 적합하지 않음이 없으니[460], 오로지 어디를 가더라도 통하지 않음이 없다.

「象」曰: '何天之衢', 道大行也.

「상전」: '하늘의 사통팔달(四通八達)함을 짊어지고 있음'이란 도가 크게 행해짐이다.

'道'謂陽剛健行之道.

여기에서 말하는 '도'는 양의 굳세고 씩씩하게 행하는 도를 의미한다.

---

460) '左宜右有(좌의우유)'를 이렇게 번역하였다. 이 말은 『시경』, 「소아(小雅)」, 「상상자화(裳裳者華)」 편에 나오는 구절이다.(左之左之, 君子宜之; 右之右之, 君子有之.)

頤卦震下艮上
이괘䷚

頤. 貞吉. 觀頤, 自求口實.

이괘: 올곧기에 길하다. 길러줌을 관찰하고 스스로 입속의 씹을 거리를 구함이다.

‘頤’之爲卦, 以卦畫之象而立名. 上下二陽, 上齶下頷之象也. 四陰居中, 齒象也. 頤之爲體, 下頷動以齧, 上齶止而斷之. ‘震’動於下, ‘艮’止於上, 亦頷象也. 頤所以食, 而生人之養賴此爲用, 故爲養也. ‘貞吉’, 正乃吉也. 天生百物五味以養人, 非有不正者也. 人之有唇舌齒頰以受養, 亦豈有不正者哉? 滋其生, 充其體, 善其氣, 凝其性, 皆養之功也. ‘頤’卦之象, 中虛而未有物, 静以待養, 初無縱欲敗度之失. 因乎其所必養, 亦何患乎無飲食之正? 而小體爲大體之所麗, 養小體者忘其大體, 養大體者初不廢小體, ‘頤’之貞何弗吉也? 乃以其虛以待養, 在可貞可淫之間, 故戒之曰, “所謂貞者, 存乎觀與求而已.” 觀所可養而養之以養人, 於可求而求之爲口實以自養, 則貞也, 貞斯吉也. 非是弗貞, 而何易言吉也?

이 이괘(頤卦)䷚는 괘의 획들이 이루고 있는 상(象)을 근거로 이름을 붙인 것이다. 즉 이괘(頤卦)는 위・아래로 두 양효가 있어서 위 잇몸과 아래턱의 상(象)을 이루고 있으며, 네 음효들은 그 속에 자리 잡고 있어서 이빨의 상을 이루고 있다. 턱이라는 것은 아래턱이 움직이며 씹고 위의 잇몸은 그대로 정지한 채 씹고 있는 것들을 끊는다. 이 이괘도 하괘인 진괘☳가 아래에서 움직이고 상괘인 간괘☶는 위에서 멈추고 있으니, 역시 턱의 상(象)이다. 턱으로 씹어서 사람을 살아가게 하는 자양을 얻기 때문에, 이 이괘는 '길러줌'의 의미를 갖는다.

'貞吉(정길)'은 올발라서 길하다는 의미다. 하늘이 만물과 오미(五味)를 낳아 사람을 기르는데, 거기에 올바르지 않은 것이란 없다. 사람도 입술, 혀, 이빨, 뺨 등을 통해 자양분을 받아들이니 거기에 어찌 또 올바르지 않은 것이 있으리오. 그 생명에 자양을 주고, 그 몸을 충실하게 하며, 그 기(氣)를 좋게 하고, 그 본성대로 엄정케 하니, 이 모두가 길러줌의 공덕이다. 이괘(頤卦)의 상은 가운데가 텅 비어 아직 어떤 것도 있지 않은 채 고요히 길러주기를 기다리는 것이며, 결코 처음부터 욕구를 좇아 방자한 나머지 법도를 파괴하는 따위의 잘못을 범함이 없다. 반드시 길러줌 그대로 하니, 어찌 먹고 마시는 것에 올바름이 없음을 걱정하겠는가. 소체(몸)는 대체(마음)가 깃들어 있는 것이어서 소체를 함양하는 이는 그 대체를 잊어버리지만, 대체를 함양하는 이는 처음부터 소체를 폐기하지 않는 법이다. 그러니 이괘(頤卦)의 올곧음이 어찌 길하지 않겠는가! 그런데 이렇게 텅 비운 채 길러줌을 기다릴 수 있느냐 없느냐는 올곧을 수도 있고 음란할 수도 있는 그 사이에 달려 있다. 그러므로 이를 경계하여 "'올곧음'이란 관찰함과 추구함에 있을 뿐이다."라고 하는 것이다. 즉 길러줄 수 있는가를 세심하게 관찰하여 길러줌으로써 사람을 길러주며, 구할 수 있는 것을 구하여 입속의 씹을 거리를 만들어 스스로 기른다면, 이것이 바로 올곧은 것이다. 그리고 올곧기에 길한 것이다. 올곧게 하지 않고서 어찌 쉽게 '길하다'고 할 수 있으리오.

「象」曰: '頤貞吉', 養正則吉也.

「단전」: '길러줌이 올곧기에 길함'은 올바름을 함양하면 길하다는 것이다.

養其所當養則正, 正則偏給天下之欲而非濫, 以天下養一人而非泰, 咸受其福矣.

마땅히 길러주어야 할 것을 길러주면 올바르다. 올바르면 세상 사람들의 욕구에 두루 공급해주더라도 넘치는 것이 아니고, 온 세상을 가지고서 한 사람을 길러주더라도 넉넉하지 않는다. 그래서 모두가 그 복을 받는다.

'觀頤', 觀其所養也.

'길러줌을 관찰함'은 그 길러주는 대상을 관찰한다는 의미다.

君子以養人爲道者也, 然豈以徇人之欲哉! 既不吝於養人, 而養君子, 養小人, 養老, 養幼, 人有等, 物有宜, 人子不以非所得奉之親, 人臣不以非所得奉之君, 鼎肉不以勞賢者之拜, 秉粟不以爲繼富之施, 遠宴樂之損友, 懲淫酗之惡俗, 食以時, 用以禮, 審察觀度, 而正不正見矣.

군자는 사람을 길러내는 것을 자신의 갈 길로 삼지만, 그렇다고 하여 어찌 사람들의 욕구를 따라 주리오! 이미 사람을 길러줌에서 인색하지는 않지만, 군자를 길러줌과 소인을 길러줌, 노인을 길러줌과 어린이를 길러줌 등 사람에도 차등이 있고 물(物)들에도 저마다 알맞음이 있다. 그래서 사람의 아들로서는 봉양할 수 없는 피붙이를 봉양하지 않고,

신하로서도 봉양할 수 없는 임금을 봉양하지 않는다. 익힌 고기 따위로 현명한 신하가 연거푸 감사의 절을 하는 수고를 하게 하지 않고[461], 녹봉을 부유한 신하에게 넘치도록 주어서는 안 된다.[462] 또 질펀하게

---

461) 임금이 현명한 군자를 배양하고 대우하는 데서 취해야 할 태도에 대한 맹자의 관점이다. 맹자는, 진목공(秦穆公)과 자사(子思) 사이에 있었던 일화를 예로 들며, 임금이 군자에게 매번 명(命)을 통해 재물을 하사하면 그것을 받은 이가 그때마다 감사하는 뜻에서 계수재배(稽首再拜)의 절을 해야 하는데, 이것이 매우 귀찮고 모욕적인 일이라서 군자를 배양하는 도(道)가 아니라고 보았다. 자사는 진목공이 자신에게 이렇게 대하는 것이 마치 개나 말을 기르는 것처럼 여겨져 심한 모욕감을 느낀 나머지, 마지막에는 이를 거절하였다고 한다. 그래서 임금이 신하에게 재물을 하사하여 배양하고자 할 적에는 처음에는 명(命)을 통하지만 그 이후로는 그것이 없이 관리인이 계속 곡식과 고기를 내주도록 해야 한다고 하였다. 그리고는 현명한 군자 배양의 모범적인 사례로 요임금이 순임금에게 행했던 것을 들고 있다.(『孟子』, 「萬章」: 萬章曰, "士之不託諸侯, 何也?" 孟子曰, "不敢也. 諸侯失國而後託於諸侯, 禮也; 士之託於諸侯, 非禮也." 萬章曰, "君餽之粟則受之乎?" 曰, "受之." "受之何義也?" 曰, "君之於氓也, 固周之." 曰, "周之則受, 賜之則不受, 何也?" 曰, "不敢也." "敢問其不敢, 何也?" 曰, "抱關擊柝者, 皆有常職以食於上, 無常職而賜於上者, 以為不恭也." 曰, "君餽之則受之, 不識可常繼乎?" 曰, "繆公之於子思也, 亟問, 亟餽鼎肉. 子思不悅. 於卒也, 摽使者出諸大門之外, 北面稽首再拜而不受. 曰. '今而後知君之犬馬畜伋.' 盖自是臺無餽也. 悅賢不能舉, 又不能養也可謂悅賢乎?" 曰, "敢問國君欲養君子如何, 斯可謂養矣." 曰, "以君命將之, 再拜稽首而受, 其後廩人繼粟, 庖人繼肉, 不以君命將之. 子思以為鼎肉使己僕僕爾亟拜也, 非養君子之道也. 堯之於舜也, 使其子九男事之, 二女女焉. 百官牛羊倉廩備, 以養舜於畎畝之中, 後舉而加諸上位. 故曰, '王公之尊賢者也.'")

462) 이는 공자의 관점이다. 공자는, 공서적(公西赤; 자는 子華)이 제(齊)나라에 자신의 사신으로 갈 적에 염구(冉求)가 공서적의 어머니에게 녹봉을 두텁게 내어주자 이와 같은 관점을 제시하였다. 즉 사신으로 가는 공서적의 행색으로 볼 때 그가 부유하다는 것을 드러내어 알 수 있었기 때문에, 군자라면 궁핍하여

잔치를 베풀며 열락을 탐하는 손해되는 벗(損友)을 멀리해야 하고[463], 음탕하고 술주정을 부리는 나쁜 습속을 징치해야 한다고 하였다. 또 때에 맞게 먹여 주고 예(禮)에 입각하여 부린다. 이렇게 길러줌의 법도를 세심하게 살펴야 올바름과 올바르지 않음을 보게 된다.

'自求口實', 觀其自養也.

'스스로 입속의 씹을 거리를 구함'이란 스스로 함양함을 관찰한다는 의미다.

君子謀道不謀食, 非求口實者. 然養資於天下之物, 豈有不求而自至者哉! 求之有道, 則謀食即謀道矣. 自其小者而言之, 如「鄕黨」·「內則」所記烹割調和之皆有則, 不以取一時之便而傷生, 即不使不醇不適之物暴其氣, 而使沈溺麤悍以亂其性, 則雖小而實大. 自其大者而言之,

---

재물이 급한 사람에게는 충분히 주되 부유하여 여유가 있는 사람에게는 이렇게 많이 주는 것이 아니라고 하고 있다.(『論語』, 「雍也」: 子華使於齊, 冉子爲其母請粟. 子曰, "與之釜." 請益. 曰, "與之庾." 冉子與之粟五秉. 子曰, "赤之適齊也, 乘肥馬, 衣輕裘. 吾聞之也, 君子周急不繼富.")

463) 공자가 사귀어서 자신에게 도움이 되는 좋은 벗 3종과 사귀에서 자신에게 손해가 되는 나쁜 벗 3종을 열거하며 한 말이다. 공자는 좋은 벗으로서 곧은 이, 믿음성이 있는 이, 견문을 넓히려고 노력하는 이 등을 꼽았고, 나쁜 벗으로는 아첨하며 남의 비위나 맞추려 드는 친구, 지조가 없이 양다리를 걸치며 간에 붙었다 쓸개에 붙었다 하는 친구, 화려한 말로 말만 번드르르하게 할 뿐 실속이 없는 친구 등을 꼽았다.(『論語』, 「季氏」: 孔子曰, "益者三友, 損者三友. 友直, 友諒, 友多聞, 益矣. 友便辟, 友善柔, 友便佞, 損矣.")

九州之貢, 可供玉食, 而簞食豆羹, 乞人不屑. 故伯夷叔齊餓於首陽, 而孔子疏食飮水, 樂在其中, 禹疏儀狄而爲百世師, 桓公親易牙而國內亂, 所繫者大, 而必慎之於微, 審察觀度, 貞不貞・吉不吉, 於斯辨矣.

군자는 올바른 길을 도모하지 제 먹을거리를 도모하지 않으니, 입속의 씹을 거리를 도모하지 않는다. 그러나 천하의 물(物)들에게서 생존의 바탕을 제공받으니, 어찌 이들이 구하지 않는데도 스스로 이르겠는가! 이들을 추구하는 것이 올바른 길에 입각한 것이라면 먹을거리를 도모함 자체가 곧 올바른 길을 도모함일 것이다.
이를 작은 것에서 말한다면, 『논어』의 「향당(鄕黨)」 편이나 『예기』의 「내칙(內則)」 편에 기록되어 있다시피, 식재료를 삶고 자르고 어울리게 하여 맛을 내는 데는 모두 법도가 있는데, 한때 편리하다는 이유로 이것을 어겨 자신의 생명을 상하게 해서는 안 된다. 즉 순일(純一)하지 않거나 적당하지 아니한 것을 먹어서 자신의 기(氣)를 포악하게 하지 않고, 술에 탐닉하거나 거칠고 사나운 것을 먹어서 그 본성을 어지럽히지 않는다면, 비록 이것이 작은 것이라 하더라도 실질은 크다.
또 큰 것에서 말하자면, 중국 각지에서 올라오는 공물(貢物)들로 보배와 맛있는 먹을거리를 제공받을 수 있지만, 한편으로 한 소쿠리의 밥과 한 사발의 콩국을 걸인조차 달갑게 여기지 않는다.[464] 그러므로 백이와

464) 여기서 중요한 것은 올바른 길에 입각한 것이냐 그렇지 않느냐 하는 것이다. 만약에 올바른 길에 입각한 것이라면 중국 각지로부터 올라오는 공물(貢物)로 금은보화와 맛있는 것들을 제공받더라도 괜찮다. 그러나 올바른 길에 입각하지 않는 것이라면, 자신의 생명을 가를 한 소쿠리의 밥과 한 그릇의 콩국을 거지조차 거절한다는 것이다. 이는 맹자가 한 말이다. 즉 맹자는 "한 소쿠리의

숙제는 수양산(首陽山)에서 굶어죽었고, 공자는 거친 밥과 물을 마시고 살더라도 즐거움이 그 속에 있다고 하였으며[465], 우임금은 의적(儀狄)을 소원하게 대하여 만세의 사표가 되었다.[466] 이에 비해 환공[467]은 음식

밥과 한 그릇의 콩국을 먹으면 살고 먹지 않으면 죽을 경각에 처한 경우라 할지라도, 거칠게 큰소리를 치며 주면 길가는 사람이 받지 않을 것이요, 발로 차면서 주면 거지조차도 고깝게 여기지 않을 것이다."라고 하였다.(『孟子』, 「告子 上」: 一簞食, 一豆羹, 得之則生, 弗得則死, 嘑爾而與之, 行道之人弗受, 蹴爾而與之, 乞人不屑也.)

465) 『논어』, 「술이」 편에 나오는 말이다. 즉 공자는 "거친 밥과 물을 마신 뒤 팔을 베고 눕더라도 즐거움이 또한 그 속에 있다. 그러나 의롭지 않게 부유하고 고귀한 것은 나에게는 뜬구름과 같다."라고 하였다.(子曰, "飯疏食飮水, 曲肱而枕之, 樂亦在其中矣. 不義而富且貴, 於我如浮雲.")

466) 의적(儀狄)은 중국에서 최초로 술을 빚은 사람으로 알려져 있다. 여자였는데 나중에 남성으로 잘못 알려졌다는 주장이 제기되고 있으며, 과연 그가 술을 빚은 최초의 인물일까에 대해서도 이론이 분분하기는 하다. 『전국책(戰國策)』의 기록을 보면, "옛날에 제녀(帝女)가 의적에게 술을 빚게 하였는데, 그 맛이 매우 좋았다. 이를 우임금에게 바치니 우임금이 그것을 마셔보았는데 정말 맛있었다. 그래서 우임금은 마침내 의적을 멀리하고 맛있는 술을 끊었다. 그리고는 '후세에 반드시 술 때문에 나라를 망하게 하는 이가 있을 것이다.'라고 하였다고 한다.(『戰國策』, 「魏」: 昔者帝女令儀狄作酒而美, 進之禹, 禹飮而甘之. 遂疏儀狄絶旨酒曰, 後世必有以酒亡其國者.)"라 하고 있다. 허신(許愼)의 『설문해자(說文解字)』, 「주(酒)」 편 자 조(條)에서도 비슷한 취지로 말하고 있다.(古者儀狄作酒醪, 禹嘗之而美, 遂疏儀狄.) 맹자도 "우임금은 맛있는 술을 싫어하고 훌륭한 말을 좋아했다.(『孟子』, 「離婁 下」: 孟子曰, "禹惡旨酒而好善言.)"라 하고 있다.

467) 제 환공(B.C.716~B.C.643)은 춘추 오패 가운데 첫째 인물로 춘추시대 제나라의 제15대 임금이었다. 재위 기간은 42년 간(B.C.685~B.C.643)이다. 임금으로 있는 동안 그는 관중을 재상으로 기용하여 정치 개혁을 단행하고 군정합일(軍政合一)·병민합일(兵民合一)의 정책을 시행한 것이 성공하여 제나라를 강성

솜씨가 좋았던 역아(易牙)와 친하게 지내다 나라를 혼란에 빠트리기도 하였다.468) 이처럼 먹을거리에는 연관된 것이 크니, 반드시 은미한 단계

대국으로 이끌었다. 기원전 681년에 견(甄; 지금의 산동성 견성鄄城)에서 제후들을 소집하여 회맹(會盟)을 주재하고 역사상 최초로 제후들의 맹주(盟主)가 되었다. 맹주로서 그는 '존왕양이(尊王攘夷)'의 기치를 내걸고 당시 중원을 위협하던 융(戎)·적(狄) 등을 격파함으로써 중원의 첫째 패주(霸主)가 되었고 주(周) 천자로부터 상을 받았다. 그러나 말년에는 사리판단력이 흐려져서, 관중이 죽고 난 뒤에 그의 충고를 저버리고 역아(易牙)·수조(竪刁)·개방(開方) 등을 기용하였다가 그들에 의해 정권을 농락당한 나머지 나라는 혼란에 빠지고 스스로도 처참한 죽임을 당하였다.

468) 역아는 제나라 팽성(彭城; 오늘날의 강소성江蘇省 서주徐州) 출신으로서 불세출의 요리사였다. 그는 여러 가지 재료를 섞고 맛을 절묘하게 배합함으로써 일품의 요리를 만들어냈는데, 특히 삶고 익히는 요리법이 뛰어났다고 한다. 그는 역사상 맨 먼저 개인 요릿집을 낸 사람으로 알려지고 있으며, 중국에서는 요리사들의 비조(鼻祖)로 꼽힌다. 산동 지방에는 오늘날까지도 음식 문화 속에 그의 이름이 남아 있을 정도다. 그리고 그의 솜씨를 바탕으로 이루어진 제나라 요리(魯菜)는 중국에서 최초로 지방의 특색을 지닌 요리로 꼽히는데, 오늘날에도 여전히 중국의 4대 지방 요리 가운데 하나로 인정받고 있다. 우리나라에 들어와 있는 '산동요리'도 그 계열에 속한다.
이처럼 음식과 관련한 그의 명성은 거의 전설적이었기 때문에, 후대인들이 음식과 관련된 저술을 할 적에는 으레 그의 이름을 갖다 붙이고는 하였다. 명대의 한혁(韓奕)이 지은 『역아유의(易牙遺意)』와 주리정(周履靖)이 지은 『속역아유의(續易牙遺意)』 등이 그 대표적인 예다.
이 음식 솜씨로 역아는 제 환공의 환심을 사고 친해지게 되었는데, 환공이 4국 회맹을 주재할 적에 음식 만드는 일을 그가 총괄하기도 하였다. 언젠가 제 환공이 영아(嬰兒)의 고기를 아직 먹어보지 못하였다고 말하자, 역아는 자신의 어린 아들을 삶아 국을 끓여 환공에게 바쳤다고 한다. 그 결과 역아는 환공으로부터 결정적인 신임을 얻기에 이르렀다. 그리하여 환공은 당시 죽음에 임박해 있던 관중을 대체하여 그를 재상으로 앉힐 생각으로 관중의 의향을

에서 삼가고 길러줌의 법도를 세심하게 살펴야한다. 이렇게 해야 올곧음과 올곧지 않음, 길함과 불길함 등이 여기서 판가름 난다.

天地養萬物, 聖人養賢以及萬民. 頤之時大矣哉!

하늘과 땅은 만물을 길러내고, 성인은 현명한 사람을 길러내어 만민에게 영향을

묻게 되었다. 이에 대해 관중은 "사람이라면 누구나 자식을 사랑하지 않는 이가 없고 이것이 일반적인 정서거늘 제 자식에게 차마 그런 짓을 할 정도면 장차 임금에게라도 무슨 짓인들 못하겠는가!"라고 여겨 그가 자기 자리를 잇는 것에 반대하였다고 한다. 이러한 관중의 견해에 일리가 있다고 여긴 환공은 그의 생각을 접게 되었다. 그리고는 한 걸음 더 나아가 역아의 직책을 빼앗고 영원히 입조(入朝)하지 못하게 하였다. 이때 그와 함께 하나의 패거리를 이루고 있던 개방(開方)·수조(豎刁) 등도 함께 축출하였다. 그러나 관중이 죽은 뒤 환공은 관중의 유언을 저버리고 역아를 친하게 대하며 이전의 신임을 다시 보여 주었다. 아마 역아의 빼어난 음식에 대한 미련을 버리지 못한 탓으로 보인다. 그리고 이때는 환공도 노쇠하여 판단력이 많이 흐려져 있었다. 그런데 환공이 중병이 들자 역아는 수조와 작당, 난을 일으켜 궁중 문을 닫아걸고 담장을 높이 쌓아올려 안팎의 소통을 막아버린 채 궁중의 권력을 자기들의 손아귀에 틀어쥐었다. 그리고 중병이 든 환공을 그대로 방치하여 굶어죽게 하였다. 뿐만 아니라 그의 죽은 시체조차 치우지 않은 채 구더기가 들끓을 때까지 놓아두었다. 이제 역아 일당은 공자 무궤(無詭)를 임금으로 앉히고 마음껏 정권을 농락하였다. 이러한 상황에 위협을 느낀 공자 소(昭)는 송(宋)나라로 도피하기에 이르렀다. 이에 의분을 느낀 송 양공(襄公)이 공자 소를 도와 제나라를 공격하자 제의 경대부들이 이에 호응하여 정변을 일으키고 수조를 주살(誅殺)하였다. 역아는 노(魯)나라로 도망갔다가 팽성(彭城)으로 가서 숨어 살았다고 한다. 그리고 공자 소가 즉위함으로써 제나라는 비로소 안정을 되찾을 수가 있었다.

미치게 한다. 이토록 이괘(頤卦)의 때가 지닌 의의는 크도다!

此又推明'頤'之爲道, 本無不正, 善觀之則時義甚大, 不必如異端之教, 日中一食, 矯廉之操, 死於嗟來, 而後爲貞. 但使精於其義, 合於其時, 則與天地養物之理通, 而聖人之尊賢・子百姓, 亦不能舍此以求治也.

이 구절도 이괘(頤卦)䷚ 속에 담긴 도(道)를 미루어 밝힌 것이다. 그 도는 본래 올바르지 않음이 없으니 잘 관찰한다면, 때가 지닌 의의가 너무나 크기 때문에 꼭 이단들의 가르침처럼 하루에 한 끼만 먹고 억지로 염결(廉潔)의 지조를 꾸며대거나[469] 죽음에 대해 찬탄한 뒤에라야[470]

---

469) 불교의 수행법이다. 석가모니는 수행 길에 들어선 사문(沙門)들에게 수행의 과정으로서 하루에 한 끼만 먹고, 나무 아래서 잠을 잘 것을 강조하였다. 사람을 어리석게 하는 것이 애정과 탐욕이라고 보고 그것을 끊을 방편으로 세상의 모든 재물을 버렸으니, 이제 먹는 것은 탁발에 의존해야 하는바 이렇게 해야 한다는 것이었다. 이는 마음의 재계(齋戒)와도 관련된 것이다.(『佛說四十二章經』 제3장, 「割愛去貪」: 佛言, "剃除須發而爲沙門, 受道法者, 去世資財, 乞求取足, 日中一食, 樹下一宿, 愼勿再矣. 使人愚蔽者, 愛與欲也.")

470) 이는 『장자』의 「대종사」 편에 나오는 말이다. 자상호(子桑户), 맹자반(孟子反), 자금장(子琴張) 등 세 사람은 삶과 죽음에 대해 잊은 채 무위자연(無爲自然)하는 소요유(逍遙遊)의 경지에서 서로 어울리며 막역한 친구 사이가 되었다. 그러다 자상호가 먼저 죽었는데, 이들은 그의 장례도 치르지 않고 서로 음악을 지어 악기를 연주하며 노래를 하였다. 그 가사는 "아 상호여, 아 상호여, 그대는 벌써 저 참됨으로 돌아갔는데 우리들은 아직도 사람의 몰골을 벗어나지 못했도다!"라는 것이었다.(『莊子』, 「大宗師」: 子桑户・孟子反・子琴張三人, 相與友, 曰, "孰能相與於無相與, 相為於無相為? 孰能登天遊霧, 撓挑無極, 相忘以生, 無所終窮?" 三人相視而笑, 莫逆於心, 遂相與友, 莫然有間. 而子桑户死, 未葬, 孔子聞之, 使子貢往待事焉. 或編曲, 或鼓琴, 相和而歌曰, "嗟來桑户乎!

올곧음을 이루는 것이 아니다. 다만 때가 지닌 의의에 대해 온 정성을 기울여 파악하고 그때에 맞게 행동한다면, 천지가 만물을 길러내는 이치와도 통하게 된다. 성인들께서 현명한 이를 존귀하게 여기고 백성들을 자식처럼 여기는 것도 이러한 방법이 아니고서는 이룰 길이 없다.

「象」曰: 山下有雷, '頤', 君子以慎言語, 節飮食.

「대상전」: 산 아래에 우레가 치는 것이 이괘니, 군자는 이를 본받아 말을 삼가고 음식을 조절한다.

山下之雷, 山上聞之, 其聲不震. 古云, "衡嶽峯頂聞下雷, 聲如嬰兒." 愚嘗驗之, 隆隆隱隱, 方動即止, 信然. 飮食言語皆由於口, 言欲出而慎之, 食欲入而節之, 不宣志而導欲, 當使如山下之雷, 不迫不濫, 樞機謹而心存, 嗜欲制而理得, 皆所以養德也.

산 아래에서 우레가 치는 것을 산 위에서 듣고 있노라면 그 소리가 진동(震動)하지는 않는다. 예부터 말하기를, "형산(衡山)의 봉우리 정상에서 아래로 우레가 치는 소리를 들으면 마치 아이들 소리처럼 들린다."라고 하였는데, 내가 실제로 체험해보니, 큰 소리가 나는 듯하다가 은은하고 막 진동하는가 하면 곧 멈추었다 하여 진실로 그 말과 같았다. 음식과 말은 모두 입을 통해 이루어진다. 말은 나오려 하지만 삼가고 음식은

嗟來桑户乎! 而已反其真而我猶為人猗.")

들어가려 하지만 조절함으로써, 뜻하는 대로 다하여 욕구를 유도해서는 안 된다. 마땅히 산 아래에서 치는 우레처럼 해야 하니, 급박하지도 않고 넘치게 함부로 하지도 않아야 한다. 이처럼 말과 행동을 삼가서 마음이 보존되고 기욕(嗜慾)은 통제하여 이치대로 해야 한다. 이는 모두 덕을 함양하는 방법이다.

初九, 舍爾靈龜, 觀我朶頤, 凶.

초구: 너의 영험한 거북점은 놓아둔 채 나를 바라보며 턱을 늘어뜨리고 있음이니, 흉하다.

以全卦立言, 謂初爲'爾', '我'謂二上四陰也. '靈龜', 所從問得失者. 初九, 動之主, 得失之幾在焉. 本靈龜也, 乃躁動而望四陰以垂頤, 不自觀而侈於物, 宜其凶也.

이 이괘(頤卦) 전체로써 보면 초구효는 '너'가 되고, '나'는 육이효 이상의 네 음효가 된다. '영험한 거북점'은 득・실을 점쳐 물어서 나온 결과를 의미한다. 초구효는 이괘(頤卦)의 하괘인 진괘☳가 상징하는 진동(震動)의 주체인데, 득・실의 막 갈리는 조짐이 여기에 존재하고 있다. 그런데 본래 이렇게 영험한 거북점이지만 지금 조급하게 움직이며 위로 네 음효들을 바라보고 턱을 늘어뜨리고 있으니, 이는 스스로는 돌아보지 않고 외물에만 한없이 이끌림이다. 그 흉함은 마땅하다.

「象」曰: ‘觀我朶頤’, 亦不足貴也.

「상전」: ‘나를 바라보며 턱을 늘어뜨리고 있음’으니 역시 존귀하지 못하다.

觀食垂頤, 賤甚矣, 而云‘亦不足貴’者, 『易』不爲賤丈夫謀. 若嵇·阮之流, 以沈醉相尙, 自謂爲貴, 而豈知其事止飮食, 亦不足貴哉! 王融云, “爲爾寂寂, 令鄧禹笑人”, 則尤‘朶頤’之凶也.

남이 먹는 것을 바라보며 턱을 늘어뜨리고 있는 것은 매우 천박한 짓이다. ‘역시 존귀하지 못하다’고 한 것은 『주역』이 천박한 인간들이 도모함을 위한 것이 아니기 때문이다. 예컨대 혜강(嵇康)[471], 완적(阮籍)[472] 등은

471) 혜강(224~263, 일설에는 223~262라고도 함)은 삼국 시기부터 위진 시기에 걸쳐 살았던 인물이다. 그의 가문은 대대로 위(魏)의 종실과 통혼하였는데, 이러한 속에서 그도 중산대부(中散大夫)를 받았기 때문에 당시 사람들은 그를 ‘혜중산(嵇中散)’이라고도 불렀다. 혜강은 위진 현학의 대표적인 인물로서, 위(魏)나라 정시(正始; 240~249) 말년에 완적(阮籍), 유령(劉伶) 등 죽림칠현(竹林七賢)과 함께 새로운 학풍을 일으켰다. 그리고 ‘유가에서 내세우는 인류공동체의 운용 체제인 예(禮) 따위는 벗어 던지고 자연 그대로에 내맡겨라(越名敎而任自然)’라는 기치를 내세웠는데(『釋私論』), 그가 사실상 죽림칠현의 영수 인물이다. 그의 인격과 중국 문화에 끼친 영향은 매우 크고 심원하다. 그는 저명한 철학가임과 동시에 뛰어난 음악가요 비파 연주가이기도 하였다. 그래서 『장청(長清)』, 『단청(短清)』, 『장측(長側)』, 『단측(短側)』 등의 악곡을 창작하였다. 이를 합하여 ‘혜씨사롱(嵇氏四弄)’이라 부른다. 이는 또 동한(東漢)의 ‘채씨오롱(蔡氏五弄)’과 합쳐져 ‘구롱(九弄)’으로도 불린다. 그의 저작으로는 『성무애락론(聲無哀樂論)』, 『여산거원절교서(與山巨源絶交書)』, 『금부(琴賦)』, 『양생론(養生論)』 등이 있어서 오늘날까지 전한다.

472) 완적(210~263)은 위진 남북조 시기 위(魏)나라의 인물이다. 당시 승상으로서

술에 취한 채 서로를 숭상하며 자기들끼리 '존귀하다'고 하였지만, 그들이 한 일이란 기껏 먹고 마시는 것에 그칠 뿐 역시 존귀하다고 하기에는 부족하다는 것을 그들이 어찌 알리오! 또 왕융(王融)[473]은 "내가 이렇게

건안칠자(建安七子) 가운데 한 사람이던 완우(阮瑀)의 아들이다. 완적은 생김새가 준수하였는데, 지기(志氣)가 크고 방자(放恣)하여 제멋대로 할 뿐 어디에 구애받으려 하지 않았다. 그리고 천하가 사분오열하여 혼란하던 위진 남북조 시기를 살아가면서 그는 늘 술을 입에 달고 살았다. 사마소(司馬昭)가 그를 대장군의 종사중랑(從事中郎)으로 임명하였으나, 그는 보병부대의 취사병 중에 술을 잘 담그는 이가 있다는 말을 듣고 보병교위(步兵校尉)를 자원할 정도였다. 그래서 당시 사람들은 그를 '완보병(阮步兵)'이라 불렀다. 성품이 지극히 효성스러워서 어머니가 운명하였을 적에는 너무나 슬피 통곡하는 바람에 몇 되나 되는 피를 토했다고도 한다. 완적은 노장철학을 신봉하였고, 정치적으로는 근신하며 화를 피하는 태도를 취했다. 혜강(嵇康), 유령(劉伶) 등 일곱 사람이 우정이 두터워 늘 죽림(竹林)에 모여 술을 즐기면서 '유가에서 내세우는 인류공동체의 운용 체제 따위는 벗어 던지고 자연 그대로에 내맡기는(越名敎而任自然)' 삶을 추구하며 살았다. 그래서 이들을 '죽림칠현(竹林七賢)'이라 부른다.

473) 왕융(467~493)은 남북조 시기의 문장가다. 어려서부터 매우 총명하였으며 여러 방면에서 문재(文才)를 보여 수재(秀才)로 천거되었다. 그런데 그는 자신의 재주를 너무 믿은 나머지 30세 전에 공보(公輔; 三公·四輔를 가리키는 말로서 모두 천자를 보좌하는 직책이다. 재상과 같은 부류의 대신이다.)가 되어야만 한다고 공언하고 다녔다. 그는 태자사인(太子舍人)에 여러 차례 임명되었고, 비서승(秘書丞)을 거쳐 27세에 벼슬이 중서랑(中書郎)에 올랐다. 그러던 어느 날 밤에 중서성에서 당직을 서다가 "이렇게 쓸쓸해서야 등우(鄧禹)에게 웃음거리가 되고 말리라!"(李延壽, 『南史』권21, 「王弘列傳」)라고 탄식하였다고 한다. 등우는 24세에 벌써 사도(司徒)가 되었음에 비해 자신은 아직 공보의 꿈을 이루지 못하고 있다는 것을 비관해서다. 왕부지가 여기서 인용하고 있는 말은 바로 이 말이다. 나중에 왕융은 경릉왕(竟陵王) 소자량(蕭子良)의 막료가 되어 그로부터 대단히 높이 평가받으며 극진한 대접을 받았다. 그리고

쓸쓸해서야 등우(鄧禹)[474]에게 웃음거리가 되고 말리라!"라고 스스로를 비관하며 탄식하였는데, 이는 더욱 '턱을 늘어뜨림'의 흉함이라 할 것이다.

六二, 顚頤, 拂經, 于邱頤, 征凶.

육이: 거스르게 길러줌이고, 일상의 원칙을 어기는 것이며, 높은 데서 길러줌이니, 정벌에 나서면 흉하다.

陽求, 陰與. 凡物之養人者, 皆地產也; 故初爲自求養, 二以上四陰爲養

그로부터 영삭장군(寧朔將軍)과 군주(軍主)로 기용되는 등 그와 매우 좋은 관계를 맺었다. 아울러 심약(沈約), 사조(謝朓), 소연(蕭衍), 범운(范云), 임방(任昉) 등과 함께 '경릉팔우(竟陵八友)'로 일컬어지며 돈독한 관계를 유지하였다. 영명(永明) 9년(491년) 남조(南朝) 제(齊)의 무제(武帝)가 방림원(芳林園)에서 뭇 신하들을 모아 계연(禊宴)을 베풀고 글을 짓게 하였을 때 그는 『곡수시서(曲水詩序)』를 지어 바쳤는데, 이는 역사상 대단한 명문으로 평가받는다. 그는 순식간에 글을 완성하는 등 시(詩)와 부(賦) 모두에서 빼어난 글재주를 자랑하였고, 언변도 뛰어나 북위(北魏)의 사자를 접대하기도 하였다. 무제가 중병이 들었을 적에 소자량과 소소업(蕭昭業)이 제위(帝位) 쟁탈전을 벌이는 데서 소자량을 옹립하기 위해 뛰어들었다가 소자량이 패하는 바람에 하옥되고 죽임을 당했다. 이때 그의 나이 겨우 27세였다.

474) 등우(2~58)는 동한(東漢)의 개국 명장으로서 광무제(光武帝)가 동한을 건립하는 데서 혁혁한 공을 세웠다. 특히 그와 함께 광무제를 도와 동한의 건국에 공을 세운 '운대(雲臺) 28장수' 가운데 첫째 인물로 꼽힌다. 이러한 인연으로 그는 24세라는 약관의 나이에 벌써 동한의 사도(司徒)가 될 수 있었던 것이다. 동한 건립 후에 그는 여러 고위 관직을 거쳤고, 나중에는 태부(太傅)가 되기도 하였다. 죽은 뒤에 '원후(元侯)'라는 시호를 받았다.

人. '顚', 逆也. 野人養君子 · 下養上, 順也; 自上養下, 逆也. '拂', 違也. '經', 上下相應之常理. '邱', 高也, 謂五也. 二與五爲正應, 義當上養, 即使下養小人, 亦必承君命以行而不敢專; 今見初之貪求, 就近與之相感, 拂君臣令共之大義, 不奉命而市私恩, 行必凶矣. 陳氏厚施於民以奪齊, 其免於凶, 幸也. 汲黯矯詔發粟, 史氏侈爲美談, 揆之孟子搏虎之喩, 則固人臣之所不得爲, 亦凶道也.

양은 구하고 음은 준다. 무릇 사람에게 먹을거리를 대주어 길러주는 것들은 모두 땅에서 난 것들이다. 그러므로 이 이괘(頤卦)䷚의 초구효는 먹을거리를 대주어 길러주는 것을 스스로 구하고, 육이효 이상의 네 음효들은 다른 사람들에게 먹을거리를 대주어 길러준다.
'顚(전)'은 거스르다는 의미다. 그런데 문화적인 소양이 없이 그저 본능대로만 살아가는 이들이 군자에게 먹을거리를 대주어 길러주는 것이나, 아랫사람이 윗사람에게 먹을거리를 대주어 길러주는 것은 순(順)이고, 위에서 아래로 먹을거리를 대주어 길러주는 것은 역(逆), 즉 거스름이다. '拂(불)'은 어긴다는 의미고, '經(경)'은 위와 아래가 서로 응하는 일반적인 이치를 뜻한다. '邱(구)'는 높다는 의미로서 여기서는 육오효를 가리킨다. 육이효와 육오효는 제대로 응함[正應]의 관계에 있으니 마땅히 위에서 아래를 길러줌이 옳지만, 비록 아래에서 소인을 기른다 할지라도 반드시 임금의 명(命)을 받들어 행해야지 감히 제멋대로 해서는 안 된다. 그런데 이 이괘에서는 초구효가 구하는 것을 탐하며 가까운 것에로 나아가 더불어 서로 교감하니, 임금과 신하 사이에 명령을 함께해야 할 대의를 어긴 것이다. 그리고 명(命)을 받들지 않고 사사로운 은혜를 베풀어 관계를 맺은 것이다. 그래서 행하는 것이 반드시 흉하다. 그런데 진씨(陳氏)가 백성들에게 두터이 베풀어 제(齊)나라의 권력을 빼앗았어도 흉함을 면한 것은[475] 요행일 뿐이다. 그리고 급암이 천자의 교서(敎書)를 가탁하여 창고를 열고 곡식을 내 준 것에 대해 사마천은 미담으로 부풀리고 있다.[476] 그러나 이를 맹자가 풍부(馮婦)라는 인물이 맨손으로 호랑이

---

475) 여기서 진씨(陳氏)는 전성자(田成子)를 가리킨다. 그의 이름은 항(恒)인데, 한문제(漢文帝)의 이름이 유항(劉恒)이었기 때문에 문제 이후로는 피휘(避諱)하여 그의 이름을 상(常)으로 바꾸었다. 전성자는 제(齊)나라의 대부였다. 기원전 485년, 그는 또 다른 대부인 포식(鮑息)을 사주하여 도공(悼公)을 시해하고, 간공(簡公)을 세웠다. 그리고는 감지(闞止, 또는 監止)와 함께 좌(左)・우상(右相)으로서 간공을 보필하였다. 그런데 전성자는 이렇게 제나라의 권력을 감지와 양분하고 있는 것에 불만이었다. 그래서 어떻게든 감지를 무너뜨리려고 하였지만 감지가 간공의 총애를 받고 있어서 이것이 쉽지가 않았다. 이때 그가 쓴 방법이 바로 여기서 왕부지가 거론하고 있는 방법이다. 즉 이자법을 고쳐서 빌려줄 때는 큰 말(大斗)로 빌려주고 거두어들일 때는 작은 말(小斗)로 거두어들이게 한 것이 그것이다. 말하자면 제나라 백성들에게 퍼주기를 한 것이다. 그래서 제나라 민심은 그에게로 귀속되었는데, 제나라 사람들은 장차 제나라의 권력이 전성자에게로 귀속될 것을 예언하는 노래를 지어 부르기까지 하였다. 그 4년 뒤(B.C.481), 전성자는 다시 정변을 일으켜 감지와 간공을 죽이고 그의 동생을 임금으로 옹립하였다. 그가 제평공(齊平公)이다. 그 뒤로는 거리낄 것이 없이 전성자는 제나라의 대권을 농단하였다. 심지어는 그의 봉읍(封邑)이 평공이 관할할 수 있는 지역보다도 더 컸을 정도였다.

476) 급암(?~B.C.112)은 서한의 명신(名臣)이다. 경제(景帝) 때 태자의 세마(洗馬; 태자가 나들이할 때 앞장서서 길을 여는 사람)로 임명되었다. 무제 때는 중대부(中大夫)에 임명되었는데, 늘 무제의 잘못을 지적하며 옳은 쪽으로만 권면하다보니 무제가 견디지 못하고 외직인 동해군(東海郡) 태수로 전보조치하기도 하였다. 여기서 자못 치적이 있어 주작도위(主爵都尉)가 되었고 9경(九卿)의 반열에까지 올랐다. 직간을 하며 정쟁(廷爭)을 불사하는 그에게 무제는 '사직지신(社稷之臣)'이라 부르며 그를 아꼈다. 그는 흉노족과의 화친을 주장하기도 하였다. 나중에 작은 잘못을 범하는 바람에 관직을 박탈당한 나머지 몇 년 동안 전원에 묻혀 지내다가 회양태수(淮陽太守)에 임명되어

를 때려잡던 것에 비유한 것에[477] 비추어 본다면, 진실로 신하로서 할 수 없는 일이다. 역시 흉(凶)하게 하는 이치다.

「象」曰: 六二征凶, 行失類也.

「상전」: 육이효의 경우 정벌에 나서면 흉하다는 것은 소행이 일상의 원칙에 어긋나기 때문이다.

掠美市恩, 上且爲君所惡, 下且爲同事所側目矣.

임지로 가는 도중에 죽었다. 그런데 급암은 정치에서 백성을 근본으로 하였고 민중들의 질고(疾苦)를 자신의 고통처럼 여기며 아파하였다. 언젠가 하내군(河內郡)에 불이난 적이 있었다. 이에 무제가 그를 파견하여 정황을 살펴보도록 하였는데, 가는 도중에 그는 하남군의 백성들이 마침 수재(水災)를 당하고 있는 참상을 목격하였다. 그들의 상황은 배고픔을 못 이겨 부자간에 서로 잡아먹기까지 할 정도로 비참하였다. 이에 급암은 교제(矯制)의 죄를 무릅쓰면서까지 황제의 사신이라는 이름으로 부절을 내놓고 창고를 열어 빈민을 구제한 적이 있다. 백성들이 크게 기뻐하였음은 물론이다. 돌아와서 급암은 그 참상과 자신이 교제의 죄를 범하였음을 알리고 처벌을 청하였다. 그러나 무제는 오히려 그의 현명함을 칭찬하며 풀어주었다. 왕부지가 여기서 거론하고 있는 바로 이 일이다. 이에 대해 사마천의 『사기』에서 기록하고 있는데, 왕부지는 사마천이 급암의 이러한 소행을 미화했다고 보고 있다.(『史記』권120, 「汲鄭列傳」第60: 河南失火延燒千餘家, 上使黯往視之, 還報曰家人失火, 屋比延燒, 不足憂也. 臣過河南, 河南貧人傷水旱萬餘家, 或父子相食. 臣謹以便宜持節發河南倉粟以振貧民, 臣請歸節伏矯制之罪, 上賢而釋之.)

477) 이에 대한 자세한 내용은 각주 223)을 참고하기 바람.

아름다운 일을 빼앗아다가 제멋대로 백성들에게 은택으로 베푼은, 위로 임금에게 미움을 살 뿐만 아니라 아래로 동료들에게서도 백안시당한다.

六三, 拂頤貞凶, 十年勿用, 无攸利.

육삼: 길러줌을 저버리니 올곧아서 흉하다. 십 년이 가도 등용되지 않을 것이니 이로운 바가 없다.

'拂頤', 拂人待養之情而不養也. 六三與'震'爲體, 初之所望養者也, 乃位剛志進, 而與上九之尊嚴靜止者相應, 拂初而不與之頤. 當多欲之世而吝於與, 雖異於二之市恩徇物, 爲得其'貞', 亦'凶'道也. 小人之欲不可徇, 亦不可拂, 上既剛正不受其養, 又拂小人之情欲, 絶物以居, 無用於世, 故'无攸利'. 不能利物, 不合義矣. 『易』屢言'十年', 要皆終竟之辭. 僅言'十年'者, 『春秋傳』謂蓍短龜長, 以此. 聖人不終絶人, 而天道十年一變, 得失吉凶, 通其變而使民不倦. 筮不占十年以後, 其意深矣. 蓍之短, 愈於龜之長也.

'拂頤(불이)'는 길러주기를 바라는 사람들의 마음을 저버리고 길러주지 않음을 의미한다. 이 육삼효는 이괘(頤卦)의 하괘인 진괘☳와 한 몸이 되어 있으니, 초구효가 길러주기를 바라는 대상이다. 그러나 육삼효의 위(位)가 굳셈[剛]의 위(位)고 그 뜻함도 나아가고자 함이기 때문에, 육삼효로서는 상구효의 존엄하고 고요히 멈추어 있음과 서로 응할 뿐 초구효의 바람은 저버리고 더불어서 길러주지 않는다. 이는 바라는 이가 많은 세상을 살면서 주는 것에 인색함이다. 그래서 비록 육이효가 백성들에게 은택을 무차별적으로 베풀며 물(物)들의 욕구를 따라주는 것과는 다르다 할지라도, 그 '올곧음'을 얻은 것은 역시 '흉'한 이치다. 소인들의 욕구는 따라줄 수도 없고 저버릴 수도 없다. 지금 이 육삼효에 대해 상구효가 굳세고 올발라서 이미 그 길러줌을 받아들이지 않는데, 그 자신도 또한 이처럼 소인들의 바람과 욕구를 저버리며 모든 것들과 단절한 채 살아가고 있으니, 이는 세상에 아무런 쓸모가 없는 존재다. 그래서 '이로울 바가 없다'고 한 것이다. 다른 이에게 이로움을 줄 수 없으니 의로움에 합치하지 않는다.

『주역』에서는 자주 '10년'이라는 말을 사용하고 있다. 이는 모두 한 단계가 극에 달해 끝나려 함을 나타내는 말이다. 겨우 '10년'으로 한정하고 있지만, 『춘추좌씨전』에서 '시초점은 시간상 짧은 일에 대해 점을 치고 거북점은 긴 것에 대해 점을 친다(筮短龜長)'고 할 적에도 이러한 의미로 사용하고 있다.[478] 그런데 성인은 끝까지 사람과 절연하지 않지만 하늘의

---

478) 왕부지는 여기서 '蓍短龜長(시단구장)'이라 하였는데, 원래 『춘추좌씨전』의 해당 구절에는 '筮短龜長(서단구장)'으로 되어 있다. 뜻은 둘 다 통한다. 시초점은 시간상 짧은 일에 대해 점을 치고 거북점은 시간상 긴 것에 대해 점을 친다는 의미다. 당시 여희(麗姬)라는 미인에게 푹 빠져 있던 진(晉)의 헌공(獻公)이 그녀를 부인(夫人)으로 맞아들이기 위해 먼저 거북점을 치게 했다. 그냥 맞아들이는 것은 도리에 맞지 않아 주변 사람들을 설득시키기 어려우니 점괘를 뽑아 그것을 의거로 하여 자신의 의도를 관철시키기 위한 소치였다. 그런데 거북점의 결과는 그만 그의 의도와는 다르게 불길하다고 나와 버렸다. 그래서 헌공은 다시 시초점을 쳐 보게 하였다. 그리고 그 결과는 그의 바람을 만족시키게도 길하다고 나왔다. 문제는 이 둘 가운데 어느 것을 취할까 하는 것이었다. 헌공은 자신의 바람을 관철시키기 위해 "시초점을 따르라!"고 하였다. 그러자 당시 최고의 지성으로서 점치는 일을 관장하던 복인(卜人)이 이에 대해 반기를 들고 나왔다. 그는 "시초점은 시간상 짧은 일에 대해 점을 치고

도(道)는 10년이면 한 번 변한다. 득·실과 길·흉도 그 변함을 통해 백성들로 하여금 나태하지 않게 한다. 이러한 관점에서 볼 때, 시초점에서 10년 이후의 일을 점치지 않은 것은 그 의미가 깊다고 할 것이다. 시초점의 짧음이 거북점의 긴 것보다 더 나은 것이다.

「象」曰: '十年勿用', 道大悖也.

「상전」: '십 년이 가도 등용되지 않을 것'이란 도(道)에 크게 어긋나기 때문이다.

'頤'以養人爲道, 拂而不養, 悖於'觀頤'之道.

이괘(頤卦)는 사람을 길러줌을 도(道)로 삼는다. 그런데 육삼효는 그것을 저버리고 길러주지 않으니 '길러줌을 바라봄'의 도(道)에 어긋나는 것이다.

거북점은 긴 것에 대해 점을 치니, 이 경우에는 긴 것에 대한 점을 따르는 것이 낫습니다. 또 그 거북점의 점사에서도 '애틋한 사랑은 변하리라!'라 하고 있으니 이렇게 변한 마음이 공(公)의 아름다움을 제거해버리고 말 것입니다. 하나는 향내가 나고 하나는 누린내가 난다 할 적에 10년이 지나도 (향내는 스러지고 없지만) 누린내는 아직 남아 있기 때문입니다. 절대로 안 됩니다."라고 하였다. 그러나 헌공은 그의 말을 듣지 않고 여희를 맞아들이고 말았다. 이것이 비극의 씨앗이 되어 진(晉)의 조정에서는 골육상쟁이 일고 자식들은 뿔뿔이 흩어져 19년이라는 고난의 세월을 겪는다. '서단구장(筮短龜長)'이라는 말과 그에 대한 복인의 해석이 옳았던 것이다.(『春秋左氏傳』, 「僖公」 4년조: 初, 晉獻公欲以驪姬爲夫人, 卜之, 不吉; 筮之, 吉. 公曰, "從筮." 卜人曰, "筮短龜長, 不如從長. 且其繇曰, '專之渝, 攘公之羭. 一薰一蕕, 十年尙猶有臭.' 必不可." 弗聽, 立之.)

六四. 顚頤吉. 虎視眈眈, 其欲逐逐, 无咎.

육사: 거스르게 길러줌이니 길하다. 호랑이가 숨을 죽이고 먹잇감을 노려봄이요, 그 욕구를 쫓고 쫓아감이라. 허물이 없다.

六四正應乎初而施之養, 以上養下, 亦'顚頤'也. 當位而養其所應養, 故吉. '虎視'謂初九. '眈眈', 垂耳貌. 虎怒噬則耳豎; 耽耽, 順而有求也. 初九剛躁, 本虎也, 以有'逐逐'之欲, 媚養己者. 四以養撫之, 疑於徇小人之欲, 然居其位而以君子畜小人之道使之馴服, 則固无咎.

육사효는 초구효와 제대로 응함[正應]의 관계에 있으면서 그에게 길러줌을 베푸니, 이는 윗사람이 아랫사람을 길러주는 것으로서 역시 '거스르게 길러줌'이다. 그리고 제 위(位)를 차지하고서 응당 길러주어야 할 것을 길러주기 때문에 길하다. '호랑이가 주시함'이란 초구효에 대해 한 말이다. '숨을 죽이고 먹잇감을 노려봄'이란 귀를 늘어뜨린 모습이다. 호랑이가 성이 나서 물어뜯을 적에는 귀가 쫑긋 솟는데, 숨을 죽이고 먹잇감을 노려봄에서는 먹잇감을 따라가면서 그것에서 욕구를 채우고자 함이 있다. 초구효는 굳세고 조급해 하니 본래 호랑이 딱 그대로다. 그런데 '쫓고 쫓아감'의 욕구가 있어서 자기를 길러주는 이에게는 아양을 떤다. 육사효가 길러줌으로써 그를 어루만져주니, 이것이 소인의 욕구를 따르는 것이 아닌가 하는 의심이 있기는 하지만, 육사효는 제 위(位)를 차지하고서 군자가 소인을 길러주는 원칙과 방법으로써 그를 순치하고 복종시킨다. 그래서 진실로 허물이 없는 것이다.

「象」曰: 顚頤之吉, 上施光也.

「상전」 거스르게 길러줌의 길함은 위에서 광명을 비쳐줌이다.

上謂四居上而臨初也. 光者, 君子有養民之道, 非以徇小人, 其志光明.

'위에서'라 한 것은 육사효가 윗자리를 차지하고서 초구효에게 임함을 의미한다. 광명이란 군자에게 백성을 길러주는 원리와 방법이 있는데, 그것이 소인의 욕구를 그대로 따르는 것이 아니기 때문에 그 뜻함이 빛나고 밝다는 것이다.

六五, 拂經, 居貞吉, 不可涉大川.

육오: 일상의 원칙을 어김이나, 살아감이 올곧아서 길하다. 큰 하천을 건너서는 안 된다.

六五不與二應, 拂上養下之常經, 而比於上九, 以成止體, 以之處常得正而吉. 然不厭小人之欲, 則緩急無與效力, 以之涉險, 危矣哉! 武王伐殷, 散鉅橋之粟; 漢高推食解衣, 而韓信效死. 飮食之於人, 大矣. 勿以己之居貞而强人同己, 君子達人情, 而天下無險阻矣.

이 이괘䷚의 육오효가 육이효와 응하지 않음은 윗사람이 아랫사람을 길러준다는 영원한 법칙을 어기는 것이다. 그러나 이 육오효는 위로 상구효와 저희끼리 친하게 지내며 머물러 있음의 몸을 이룬 채[479] 언제나 올바름을 얻는 곳에 처하여 길하다. 그렇지만 이 육오효는 소인들이 따르는 욕구를 싫어하지 않기에 위급한 일이나 변고나 발생했을 적에 효력을 미치지 못한다. 이러함으로써 험난함을 헤쳐나아가려 한다면 위험하리로다. 그런데 무왕이 은나라를 정벌하고 거교(鉅橋)[480]의 곡식을 은나라 기민(饑民)들에게 나누어 준 것이라든지, 한나라의 고조가 자신이 먹으려던 음식을 밀어주어 먹게 하고 자신이 입고 있는 옷을 벗어 입혀 주니 한신(韓信)은 죽음으로써 그 보답을 하려 하였다는[481]

---

479) 이괘(頤卦)의 상괘는 간괘☶다. 이는 취상(取象)으로는 산(山)을, 취의(取義)로는 정지함과 머물러 있음을 상징한다.

480) 거교는 은나라 주왕(紂王) 때의 식량 창고 이름이다. 오늘날의 하북성(河北省) 곡주현(曲周縣) 북동쪽에 있었다. 주왕이 세금을 혹독하게 거두어 가득 채워 놓았었다고 한다.

481) 이는 한신(韓信)이 항우(項羽)의 사자에게 한 말 가운데 나오는 말이다. 한신은 원래 항우의 수하에 있었다. 그런데 항우는 그의 됨됨이를 몰라보고 미관말직만 부여하였으며, 그의 말과 계책에는 전혀 귀를 기울이지 않았다. 이에 한신은 유방에게 귀순하였는데, 그때 유방이 자신을 얼마나 환대했는지를 구체적으로 서술하는 말 가운데 나오는 것이다. 즉 "내가 항우 왕을 모실 적에 관(官)은 낭중(郎中)에 불과하였고 직위는 창잡이(執戟)에 불과하였다. 그는 내가 하는 말은 들은 척도 안 했고, 제시한 계책은 전혀 쓰지 않았다. 그래서 나는 초나라를 떠나 한나라로 갔는데, 한나라 왕은 나에게 상장군의 인끈을 직접 건네주며 수만의 군사를 내주었고, 입고 있던 옷을 벗어서 나에게 입혀주었다. 그리고 자신이 먹으려던 음식을 나에게 밀어주어 먹게 하였다. 그는 내가 하는 말을 귀 기울여 듣고 내가 제시하는 계책은 다 받아들여 썼다. 그래서 나는 오늘날의 처지에 이르게 되었다. 사람이 나를 그토록 친히 여기며 믿는데, 내가 그를 배신한다면 이는 결코 상서롭지 않은 일이다. 나는 비록 죽는다 할지라도 나의 이 마음을 바꾸지 않겠다."라고 하였다. 이렇게 말하면서 한신은, 이제야 새삼 자신의 능력에 감탄하여 다시 자신에게로 오면 왕이 되게 해주겠노라고 하는 항우의 사자를 돌려보냈다. 그리고 유방이 항우를 무찌르고 중원을 통일하는 데서 결정적인 공헌을 했다. 이후 '자신의 음식을 밀어주어 먹게

것을 보면, 음식이 사람에게 미치는 영향력이 얼마나 큰 줄을 잘 알 수 있다. 절대로 자신이 살아가는 방식이 올곧다고 하여 남에게까지 이를 강요하여 억지로 자기와 같게 하려 해서는 안 된다. 군자는 보통 사람들의 실정에 통달해야 세상에서 험난하거나 막히는 일이 없게 된다.

「象」曰: 居貞之吉, 順以從上也.

「상전」: 살아감이 올곧아서 길하다는 것은 순종하며 윗사람을 좇음을 의미한다.

하고 자신이 입고 있는 옷을 벗어 주어 입게 하다(推食解衣)'는 '남을 극도로 환대하며 포용하다'는 의미를 띠게 되었다.

한신(약 B.C. 231~B.C.196)은 서한의 개국공신으로서 중국 역사상 걸출한 군사지략가다. 그는 회음(淮陰; 지금의 江蘇省 淮安) 출신이며, 장량(張良), 소하(蕭何)와 함께 '한초삼걸(漢初三傑)'의 하나로 불린다. 전설에는 그가 귀곡자(鬼谷子)의 고족제자인 위료(尉繚)의 수제자라고 한다. 그는 후세에 숱한 전투의 실례와 책략을 남겼다. 그는 유방이 한나라를 세우는 데서 그의 모든 열정과 노력을 다했다. 그러는 동안 대장군, 좌승상, 상국(相國) 등을 역임하였고, 가제왕(假齊王; '假'는 '대리'를 뜻함), 초왕(楚王)에 봉해졌다. 나중에는 회음후(淮陰侯)로 강등되기도 하였다. 그런데 그는 공이 많았기 때문에 오히려 이것이 그의 비극적 종말을 초래한 역설적인 인물이다. 그가 세운 출중한 공과 불세출의 능력이 이제 중원을 통일하여 더 이상 이러한 인물이 쓸모가 없어진 상황에서, 한고조 유방에게는 오히려 두려움의 대상일 뿐이며 거추장스럽기만 하였다. 그래서 유방은 점점 한신을 궁지로 몰았고, 마침내는 그에게 모반의 죄명을 뒤집어씌웠다. 결국 한신은 여후(呂后; 유방의 부인)와 소하(蕭何)의 유인책에 말려들어 장락궁(長樂宮)의 종실(鍾室)에서 살해되고 말았다. 죽은 뒤에 그는 '병선(兵仙)', '전신(戰神)'으로 불렸고, '왕후장상(王侯將相)'이라는 말은 오로지 그에게만 적용하게 되었다.

能順乎上, 則可以安其居矣.

윗사람에게 순종할 줄 안다면 현재 살아가는 처지에 평안할 수 있다.

上九, 由頤, 厲吉, 利涉大川.

상구: 길러줌의 말미암음이 되니482), 위태롭지만 길하다. 큰 하천을 건넘에 이롭다.

人知下頤之動, 以齧物而效養, 不知非上頤之止, 則動者無所施. 故'頤'之爲功, 必由乎上. 上九以剛居高, 爲'艮'止之主, 静正無欲, 止動於發. 其以自養者正, 則德威立而人不敢妄干之. 所施養於人者罔非其正, 吉道也. 以之涉險, 正己無私, 不貪利而妄動, 則无不利. 涉險者雖務得小人之情, 而必端嚴以自處, 諸葛孔明所謂"寧静可以致遠"也.

사람은 아래턱이 움직여야 입에 넣은 것들을 씹어서 자양을 흡수할 수 있다는 사실은 알면서도, 위턱이 그대로 정지해 있지 않다면 아래턱의 움직임조차 펼칠 수가 없다는 것은 모른다. 그러므로 이 이괘(頤卦)의 공(功)은 반드시 상괘인 간괘☶로부터 말미암는다. 지금 이 상구효는 굳셈[剛]으로서 높은 자리를 차지한 채 상괘인 간괘☶의 주체가 되어 있고, 고요하고 올바르며 욕심이 없는 채 움직임이 발현하지 않도록

482) 이 이괘(頤卦)가 상징하는 '길러줌'의 근본적인 연유(緣由)가 된다는 의미다.

제지하고 있다.[483] 그리고 스스로 함양함이 올바르기 때문에 그 덕의 권위가 서고 남들이 감히 망령되이 그에게 간여하지 못한다. 또 남에게 함양함을 베푼 것도 모두 다 올바르니, 길할 수밖에 없는 이치다. 이러함으로써 험난함에 빠져 들더라도 사사로움이란 전혀 없이 자기를 바루며, 이로움을 탐하여 망동(妄動)하지 않으니 이롭지 않음이 없다. 험난함에 빠진 이가 비록 소인들의 정서를 얻고자 힘쓰기는 하지만 반드시 단정하고 엄숙하게 자신을 바로잡으며 처신하니, 제갈공명이 말한 "욕심이 없이 청정하고 영리에 마음이 쏠리지 않아야 원대함을 이룰 수 있다."고 함이 바로 이것이다.

「象」曰: '由頤厲吉', 大有慶也.

「상전」: '길러줌의 말미암음이 되니, 위태롭지만 길하다'는 것은 크게 경사가 있다는 것이다.

不期人之順己而人自服.

남들이 자신에게 꼭 순종하기를 기대하지 않더라도 남들이 저절로 심복하는 것이다.

---

483) 이 이괘(頤卦)는 정괘(貞卦)가 진괘☳로서 움직임을 상징하고, 회괘(悔卦)가 간괘☶로서 멈추게 함을 상징하다. 그래서 움직임을 멈추게 한다고 말하고 있는 것이다.

大過卦巽下兌上

대과괘䷛

大過. 棟橈, 利有攸往, 亨.

대과: 용마루가 휨이요, 어딘가를 감에 이롭다. 형통하다.

卦之六位, 初在地下, 潛藏未見, 有體而不能用; 上寄居天位之上, 不近於人, 有用而體託於虛; 皆物之所不樂居也. 中四爻出於地上, 人效其能, 而登天位, 固爲陽之所宜處; 而天之化・人之事・物之理, 無陽不生, 無陰不成, 無理則欲濫, 無欲則理亦廢, 無君子莫治小人, 無小人莫事君子, 而'大過'整居於內, 旣據二・五之中, 復據三・四人位以盡其才, 擯二陰於重泉之下・靑霄之上, 豈非陽之過乎!

이 대과괘䷛의 여섯 효들을 보면, 초육효는 땅 아래에 잠겨 숨어 있는 채 드러나지 않으니 형체는 있으나 쓰일 수가 없다. 그리고 상육효는 천위(天位)의 윗자리에 덧붙어 기거하면서 사람과는 가깝지 않으니 쓰임은 있지만 형체를 텅 빔에 의탁하고 있다. 그러니 이들은 모두 어떤 것도 즐겁게 거처하려 하지 않는 곳들이다. 이에 비해 가운데 네 효들은 땅 위로 나와 있고, 사람들이 그 능력을 본받아 천위(天位)에 오르니 진실로 양(陽)들에게 마땅한 곳이다. 그러나 하늘의 지어냄이든 사람의 일삼음이든 물(物)들의 이치든, 양이 없으면 생겨날 수가 없고 음이 없으면 이루어지지 않으며, 이치가 없으면 욕구가 넘치고 욕구가 없으면 이치도 폐기되며, 군자가 없으면 소인을 다스릴 수가 없고 소인이 없으면 군자를 섬길 수가 없다. 그런데 이 대과괘에서는 양효들이 안에 가지런히 자리 잡고 있다. 즉 구이·구오효가 이미 중앙에 웅거하고 있는데도 다시 구삼·구사효가 사람의 위(位)에 터 잡은 채 그 재질을 다하면서 두 음효를 저 땅속 깊은 저승 세계 아래와 푸른 하늘 위로 밀어내고 있다. 이러니 이 어찌 양의 지나침이 아니리오!

'大過'·'小過'之象, 皆以三·四爲脊, 中竦而兩迤於下. 擬之以屋, 三·四其棟, 初·上·下垂之宇也. 陽之性亢, 棟竦而高, 上下柔弱, 故爲'棟橈'. 恃其得位乘權, 爲可久居, 則終於橈. '利', 宜也. 宜往交於陰以相濟而後'亨'. 二·五利而无咎, 往之利也.

대과괘䷛와 소과괘䷽의 상(象)을 보면, 모두 구삼·구사효가 허리가 되어 가운데가 불끈 솟은 채 양쪽에서 아래로 이어지고 있다. 이를 가옥에 비유하면, 구삼·구사효는 용마루에 해당하고 초육·상육효는 아래로 늘어뜨리고 있는 처마에 해당한다. 양(陽)의 본성은 뻣뻣하고 굽힐 줄을 모르니 용마루로 불끈 솟아 높은데, 위·아래는 부드럽고 약하다. 그러므로 '용마루가 휨'이 된다. 이것이 상징하는 것은, 그 지위를 얻어 권세를 타고 있음을 믿고 으스대면서 이러함이 오래 갈 수 있다고 여긴 나머지 마침내 휘어져 버림이다. '이롭다'는 마땅하다는 의미다. 마땅히 음에게로 가서 사귀면서 서로 돕고 이루어준 뒤에라야 '형통하다'는 것이다. 구이·구오효는 이롭고 허물이 없으니, 어딘가를 감이 이롭다.

'乾'之積陽甚於'大過', 而非過者, 十二位之在幽明, 各司其化, 奠陽於明, 奠陰於幽, 陰不自失其居, 故陽可無過. '大過'業延陰以效用, 而又置之疏遠, 故過也. '夬'之所以非過者, 陽方盛長, 陰留不去, 非陰方出而厄之也. '姤'之所以非過者, 陰起于陽, 陽有往勢, 非據止天位而不思遷. 所以唯此一卦爲大之過也.

건괘䷀의 경우는 양을 누적하고 있음이 대과괘䷛보다 심하다. 그런데도 그것이 지나침이 되지 않는 까닭은, 12위(位)가 유(幽)・명(明) 속에 존재하면서 각기 자신들의 지어냄[造化]을 맡고 있을 뿐만 아니라, 양은 명(明)에서 자리를 정하고 음은 유(幽)에서 자리를 정하여 음이 제 거처해야 할 곳을 잃어버리지 않기 때문이다. 그래서 양이 지나침이 없을 수가 있는 것이다. 이에 비해 대과괘는 자기 하는 일이 음(陰)에게까지 뻗치며 효용을 드러내면서도 그것들을 소원한 곳에 내버려두고 있다. 그래서 지나친 것이다. 그런데 이는 쾌괘䷪・구괘䷫와도 비교된다. 쾌괘는 다섯 개의 양효들을 누적하고 있다. 그런데도 지나침이 되지 않는 까닭은, 양이 한창 왕성하게 자라나는데도 음이 여전히 머물며 떠나지 않고 있고, 이 음이 막 출현하여 횡액을 당하는 것도 아니기 때문이다. 구괘(姤卦)도 양효가 다섯이지만 지나침이 되지 않는다. 그 까닭은, 음이 양들 밑에서 일어나고 있지만 이 양들이 떠나가는 흐름을 타고 있고, 하늘의 위(位)에 터 잡은 채 딱 멈추어 옮겨갈 생각을 하지 않는 것이 아니기 때문이다. 그래서 양들을 누적하고 있는 네 괘 가운데 오직 이 대과괘 한 괘만이 큰 것[陽]이 지나침이 되고 있다.

「彖」曰: 大過, 大者過也. 棟橈, 本末弱也.

「단전」: 대과괘는 큰 것이 지나침이다. 용마루가 휨은 본말이 약하기 때문이다.

初·上皆不垂者, 而上有末之象焉. 又自下承上則謂之本, 自上垂下則皆謂之末.

초육·상육효가 모두 늘어뜨리지 않고 있는 까닭은, 상육효에 말(末)의 상(象)이 있기 때문이다. 또 아래에서 위를 받들고 있으면 '본'이라 하고, 위에서 아래로 늘어뜨리고 있으면 모두 '말(末)'이라 한다.

剛過而中, 巽而說行, 利有攸往, 乃亨.

굳셈[剛]이 지나쳐서 중앙에 있는데 들어가서 기뻐하며 행하니, 어디를 감에 이롭다. 그래서 형통한 것이다.

二·五中位正, 而與初·上相比, 下交成'巽', 以受其入; 上交成'兌', 而相說以行, 則可節其過而亨. 非然, 未有能亨者也.

구이·구오효는 중앙의 위(位)에 올바르게 자리 잡고 있고, 초육·상육효는 서로 이들과 나란히 하며 친하다. 그래서 아래로 사귀어서는 손괘☴를 이루어 그들이 들어옴을 받아들이고, 위로 사귀어서는 태괘☱를 이루어 서로 기뻐하며 행한다. 그래서 그 지나침을 절제하여 형통한 것이다. 그렇지 않고서는 형통할 수 있는 이가 없다.

大過之時大矣哉!

대과괘의 때는 위대하도다!

獨言其時大者, 謂其時爲成敗興衰所難必之時, 不易處也. 君子居得爲之位, 小人失職而遠出, 非甚盛德, 鮮不激而成害也.

이 대과괘䷛에서만 유독 '그 때가 위대하다'고 말한 것은, 그 때가 성패(成敗)·흥쇠(興衰)의 측면에서 꼭 어떠하다고 단정하기 어려워 쉽게 처신할 수가 없다는 의미다. 이 대과괘에서 군자는 무엇인가를 할 수 있는 지위를 차지하고 있고 소인은 직업을 잃은 채 멀리 축출되어 있는데, 매우 융성한 덕이 아니고서는 부딪혀서 해를 입지 않기가 거의 어렵다.

「象」曰: 澤滅木, '大過', 君子以獨立不懼, 遯世无悶.

「대상전」: 연못이 나무를 빠뜨려버리려고 함이 대과괘니, 군자는 홀로 서서 두려워하지 않으며 세상으로부터 은둔해 살면서도 자신의 처지에 대해 전혀 번민함이 없다.

'滅', 湮而欲沈之也. 澤欲滅木, 木性上浮, 終不可抑. 君子之行, 獨立於流俗之表, 世不見知而不懼不悶, 抑之而愈光, 晦之而彌章, 不嫌於過剛. 若處得爲之時, 交可與之人, 則不可過也.

'滅(멸)'은 빠져서 가라앉으려 한다는 의미다. 그러나 연못이 나무를 빠뜨려버리려 하지만 나무의 본성은 위로 뜨는 것이니 마침내는 억누를 수가 없다. 군자의 행위는 부대끼면서 살아가는 속인(俗人)들의 밖에 홀로 있고, 세상 사람들이 알아주지 않는다 하더라도 두려워하지도 않으며 번민하지도 않는다. 그리고 누르면 누를수록 더욱 빛이 나고 덮으려 하면 덮을수록 더욱 널리 드러나며, 자신이 지나치게 굳세다는 것에 대해서도 마다하지 않는다. 그리고 만약에 무엇인가를 할 수 있는 때를 만나 다른 사람들과 사귀면서 함께할 수 있다면 지나치지 않을 수 있다.

初六, 藉用白茅, 无咎.

초육: 백모(白茅)를 깔개로 씀이니, 허물이 없다.

'白茅', 茅之秀也, 柔潔而樸素. 古者祀上帝於郊, 掃地而祭, 以茅秀藉俎籩, 所以致慎, 而不敢以華美加於至尊. 初六承積陽於上, 卑柔自謹, 有此象焉. 君子守身以事親, 如仁人之享帝, 求无咎而已.

'백모'는 띠의 이삭으로서 부드럽고 깨끗하면서도 화려하지 않고 수수하다. 옛날에는 교외에서 하느님께 제사를 지낼 때 땅을 쓸고 제를 지냈는데, 띠의 모개들을 제기(祭器)의 깔개로 사용함으로써 삼감을 다하고 감히 지존께 화려함을 가미하지 않았다. 초육효는 위로 누적된 양효들을 받들고 있으니 자신을 낮추고 부드럽게 하여 삼간다. 그래서 이러한 상(象)이 있다. 군자는 제몸을 잘 간수하여 어버이를 섬기는데, 이는 마치 어진 사람이 하느님께 흠향토록 함과 같다. 여기서는 허물이 없음을 구할 따름이다.

「象」曰: ‘藉用白茅’, 柔在下也.

「상전」: ‘백모를 깔개로 씀’은 부드러움이 아래에 있기 때문이다.

位在積剛之下, 故以柔爲美. 則棟之橈, 非己不克承之咎, 過在大也.

초육효는 누적된 굳셈들의 아래에 있기 때문에 부드러움을 아름다움으로 삼는다. 그래서 용마루가 휨은 자기가 받들지 못한 탓이 아니고, 그 용마루가 지나치게 크기 때문이다.

九二, 枯楊生稊, 老夫得其女妻, 无不利.

구이: 고목이 된 버드나무에 어린 싹이 돋음이니, 늙은 사내가 마누라를 얻는다. 이롭지 않음이 없다.

‘楊’, 陽木, 陽亢則枯. ‘稊’, 根下旁出之白荄. ‘女妻’, 室女也. 陽剛雖過, 而二得中居柔, 以下接於初之穉陰, 故有此象. 生稊則再榮, 得女妻則可以育嗣. 當過之世, 而能受陰之巽入, 故‘无不利’.

‘버드나무’는 양(陽)의 성질을 지닌 나무인데, 그 양이 지나치면 말라버린다. ‘어린 싹’이라 한 것은 뿌리 밑에서 곁으로 뻗어 나온 하얀 새 뿌리를 말한다. '마누라'라 한 것은 여자를 얻어 가정을 꾸린다는 의미다. 이 대과괘에서는 양의 굳셈이 비록 지나치기는 하지만, 이 구이효는 중앙을 차지하고 부드러움의 위(位)에 자리 잡은 채 아래로 초육효의 어린 음과 교접하고 있다. 그래서 이러한 상(象)이 있는 것이다. 어린 싹이 돋았으니 다시 꽃이 필 테고, 마누라를 얻었으니 후사(後嗣)를 기를 수가 있다. 이렇듯 구이효는 양이 지나친 세상을 살아가면서 음이 공손히 들어옴을 받아들일 수 있기 때문에 '이롭지 않음이 없다'고 한 것이다.

「象」曰: 老夫女妻, 過以相與也.

「상전」: 늙은 사내가 어린 여자를 마누라로 얻은 것은, 과년한 나이에 서로 함께함이다.

自慮其太過, 因而下交初柔而樂承之, 剛柔調矣.

스스로 너무 과년하였다고 생각하고는 아래로 초육효의 부드러움과 사귀면서 즐겁게 그녀를 받아들이니, 굳셈과 부드러움이 어울리게 된다.

九三, 棟橈凶.

구삼: 용마루가 휨이니 흉하다.

三·四皆凸起而爲棟者. 三以剛居剛, 躁於進而不恤下之弱, 下必折矣. 包拯用而識者憂其亂宋, 不顧下之不能勝任, 其能安乎!

구삼·구사효는 돌기하여 용마루가 된다. 그런데 구삼효는 굳셈[剛]으로서 굳셈의 자리를 차지하고 있으니 나아가는 데 조급하여 아래가 약하다는 것을 전혀 고려하지 않는다. 그래서 아래가 반드시 부러지게 되어 있다. 포증이 기용되자 당시 지식인들은 그가 송나라를 어지럽힐 것이라 여겨 우려하였는데[484], 아랫사람들이 견뎌낼 수 없다는 것을 포증이

484) 포증(999~1062) 중국 북송 시대의 관리다. 과거에 급제하였으나 처음에는 "부모님 살아 계실 적에 먼 곳을 다녀서는 안 된다"는 유가의 가르침(子曰, "父母在, 不遠遊, 遊必有方.")에 따라 가까운 지방의 고을 수령(知縣·知州) 등을 역임하였다. 이때에도 자못 치적이 있었다. 나중에 아버지까지 죽고 나서 비로소 그는 중앙의 관직에로 나아갔는데, 감찰어사(처음에는 監察禦史裏行이었다가 나중에 정식으로 監察禦史가 됨)가 되어 탐관(貪官)들을 징치하였다. 이때 그는 관리의 복무태도로서 '청렴'이 백성들의 본보기가 되어야 한다고 여겼고, 그에 반하여 '탐장(貪贓)'은 백성들을 도둑질하는 것이라 여겼다. 그래서 강서전운사(江西轉運使) 왕규(王逵)가 너무나 백성들에게 잔학하게 굴며 재물을 탐하는 것을 징치해달라고 인종(仁宗)에게 7차례나 상서를 올리기도 하였다. 이를 계기로 그는 송나라 조정의 관리 임용제도가 얼마나 잘못되어 있는지에 대해서도 엄격하게 비판하였다. 또 지간원(知諫院)이 되어서는 3차례에 걸쳐 외척 장요좌(張堯佐)를 탄핵하였고, 황자(皇子)를 사칭하는 이를 가려내어 깔끔히 처벌함으로써 조야(朝野)를 깜짝 놀라게 하였다. 인종(仁宗) 가우(嘉祐) 2년(1057년) 3월에 포증은 개봉부윤(開封府尹)에 임명되어 1년 3개월 동안 직책을 수행하였는데, 이 짧은 기간 동안 그는 당시 누구도 다스리지 못하리라고 정평이 나 있던 개봉부를 맑고 깨끗한 곳으로 바꾸어 놓았다. 이때 그는 권문세족들의 불법 행위를 과감하게 처단하였고, 개봉부 관리들의 오만하고 제멋대로인 근무 태도를 단호하게 제지하였으며, 무고한 백성들의 억울한 사안을 그때그때 정확하게 처리하여 주었다. 그 3년 뒤(1061)에는 추밀부사((樞密副使)가 되어 송나라 최고 결책(決策) 기관인 2부(二府;

전혀 고려하지 않았으니 평안할 수가 있겠는가!

中書省과 樞密院을 합쳐서 부르는 말)의 한 구성원이 되었지만, 먹는 것이나 입는 것, 사용하는 도구들이 여전히 평민일 적 그대로여서, 중국 청관(淸官; 엄정하고 염결한 관리)의 전형으로 꼽힌다. 포증의 이러한 복무 태도에 대해 당시 사람들 가운데는 "황하의 물이 백 년이 간들 맑아질쏘냐!" 하는 의미에서 '황하청(黃河清)'에 비유하며 그를 비웃기도 하였다. 그러나 그와 함께 조정에서 일하였던 구양수(歐陽修), 사마광(司馬光)은 물론, 후대의 주희(朱熹), 유창(劉敞), 호적(胡適), 노신(魯迅) 등은 그에 대해 대단히 높이 평가하고 있다. 다만 왕부지가 이 대과괘 구삼효사의 풀이에서 지적하고 있는 것을 보면, 그것도 어느 정도 일리가 있어 보인다. 포증처럼 아랫사람들의 능력은 전혀 고려하지 않고 천편일률(千篇一律)적으로 원칙대로만을 지나치게 강조하며 그대로 밀어붙이다 보면, 능력이 안 되는 사람들로서는 그 자체가 불안 요인이 되기 때문이다. 64세 되던 해에 포증은 개봉에서 병으로 죽었다. 그런데 그의 죽음을 두고 당시 사람들 가운데는 누군가가 독살한 것일지도 모른다고 의심하는 이들이 많았다고 한다. 포증이 하도 적이 많고, 또 그의 존재 자체가 두려움과 귀찮음의 대상이었기 때문이다. 죽은 뒤에 인종(仁宗)은 그를 '포공(包公)'으로 봉하고 동해군개국후(東海郡開國侯)로 하였으며, 예부상서를 추증하였다. 또 그가 "젊은 시절에는 효행으로 고을 사람들에게 칭송되고, 만년(晚年)에는 곧음과 절조(節操)로 조정을 울렸다"는 것을 근거로 '효숙(孝肅)'이라는 시호를 내렸다. 저작으로는 『효숙포공주의(孝肅包公奏議)』(『包拯集』)가 전한다. 그는 중국 역사상 '맑고 바르며 굳세고 곧은(清正剛直)' 관리의 대명사로 평가받는다. 그래서 그를 '포청천(包青天)'이라 부르는데, 이는 티브이 드라마를 통해서도 우리나라 사람들에게 잘 알려진 그의 별명이다. 그리고 민간 신앙에서는 그를 신명(神明)으로 여기며 숭배의 대상으로 삼고 있다. 그리고 그를 문곡성(文曲星)이 사람의 형상으로 세상에 내려온 것이라 여긴다. 죽은 뒤에는 지옥의 염라대왕이 되었다고 한다. 그의 얼굴빛이 검다는 것 때문에 '포흑자(包黑子)', '포흑탄(包黑炭)'이라는 별명으로도 불렸다.

「象」曰: 棟橈之凶, 不可以有輔也.

「상전」: 용마루가 휨의 흉함이니, 도움을 주는 이가 있을 수 없다.

民者, 上之輔也. 過剛則人疑懼, 事不立而怨作, 誰與輔之!

백성은 윗사람에게 도움을 주는 이들이다. 그런데 윗사람이 지나치게 강직하면 사람들은 의심하고 두려워하게 되니, 일은 되지 않고 원망만 인다. 그러니 누가 그를 돕겠는가!

九四, 棟隆吉. 有它吝.

구사: 용마루가 솟아올라 있음이니 길하다. 그러나 다른 이에게는 아쉬워할 일이 있다.

四以剛居柔, 雖隆而不亢; 二・三兩陽輔而持之, 可保其隆. 然外卦之體, 以上爻爲藉, 上弱不足以勝任, 亦不能有爲矣. 四退爻就內, 故以上爲'它'.

구사효는 굳셈[剛]으로서 부드러움[柔]의 위(位)를 차지하고 있으니, 비록 솟아올라 있다고 하더라도 감히 그에게 뻣뻣하게 맞서는 이가 없다. 게다가 구이・구삼효 두 양효가 그를 도우며 지지하고 있어서 그 솟아올라 있음을 유지할 수 있다. 그러나 이 대과괘䷛의 외괘[悔卦]가 이루고 있는 몸은 상육효를 깔개로 삼고 있는데, 이 상육효가 약하여 이를 감당할 수가 없다. 그래서 상육효로서는 제 구실을 다할 수가 없다. 그런데 구사효가 물러남의 효(爻)로서 안으로 들어와 있기 때문에 상육효를 '다른 이'라 부르는 것이다.

「象」曰: 棟隆之吉, 不橈乎下也.

「상전」: 용마루가 솟아올라 있음의 길함은 아래가 휘지 않기 때문이다.

不橈乎下, 所吝在上耳.

아래에서는 휘지 않고 아쉬워할 일은 위의 상육효에게 있을 따름이다.

九五, 枯楊生華, 老婦得其士夫, 无咎无譽.

구오: 고목이 된 버드나무에 꽃이 핌이니, 늙은 부인이 젊은 남자를 얻는다. 허물될 것도 없고 명예로울 것도 없다.

陽過已極, 亢居尊位, 下無相濟之陰, 唯上六與比而相悅, 一時之浮榮也. 故爲'枯楊生華, 老婦士夫'之象. 五爲主, 以比於上, 不言士夫得老婦, 而言老婦得士夫者, 五無就陰之志, 上爲'兌'主, 悅而就之也. 五得位得中, 亦未有咎, 而時過暱於非偶, 則訕笑且至, 必无譽矣.

이 구오효는 양(陽)들의 지나침이 이미 극(極)에 달한 것으로서[485] 목에 뻣뻣이 힘을 준 채 존귀한 위(位)를 차지하고 있다. 그런데 아래로는 그를 도와줄 음효가 없고 오직 상육효만이 그와 사귀며 서로 기뻐하고 있으니, 이 또한 뜬구름과 같은 한때의 봄 날씨일 뿐이다. 그러므로 '고목이 된 버드나무에 꽃이 핌이니, 늙은 부인이 젊은 남자를 얻음'의 상(象)이다. 그런데 이 구오효가 주효(主爻)로서 상육효와 사귀고 있음에도 불구하고 '젊은 남자가 늙은 부인을 얻음'이라 하지 않고 '늙은 부인이 젊은 남자를 얻음'이라 한 까닭은, 구오효는 음에게로 다가가지 않는데 상육효가 태괘(兌卦)☱[486]의 주효(主爻)로서 그에게로 기뻐하며 다가오기 때문이다. 구오효는 제 위(位)를 차지한 채 득중하고 있다. 그래서 허물이 있지는 않다. 다만 구오효는 양들의 지나침이 극에 달한 데 자리 잡고 있어서 때가 지났고 또 제 배우자로는 적당하지 않은 이와 사귀기 때문에 남들의 비웃음을 사게 된다. 그래서 필연코 명예로움은 없다.

「象」曰: '枯楊生華', 何可久也! 老婦士夫, 亦可醜也.

「상전」: '고목이 된 버드나무에 꽃이 핌'이니, 어찌 오래갈 수 있으리오! 늙은

---

485) 앞에서 보았다시피 왕부지는 이 대과괘䷛에서 구이효부터 구오효까지 네 개의 양효가 연이어 있는 것을 양(陽)의 지나침이라 한다. 그래서 괘의 이름인 '대과(大過)'가 양들의 지나침을 드러낸 것이라 보고 있다. 그런데 이 구오효는 그 무리 지은 양효들의 맨 마지막에 자리 잡고 있다. 그 너머에는 음효인 상육효가 있다. 그래서 '양(陽)들의 지나침이 이미 극(極)에 달한 것'이라 한 것이다.

486) 이는 대과괘의 상괘(上卦; 悔卦)가 태괘☱임을 지칭하는 말이다.

부인이 젊은 남자를 얻음이니 또한 추하다고 할 수 있다.

下無輔而求榮於上, 終必危矣. 亢極而屈於失所之孤陰, 自辱而已.

아래에서 누구 하나 도와주는 이가 없는 채 위로만 영화를 구하면 마침내는 위험하게 된다. 목에 힘을 주는 것조차 극에 이르렀는데도 제 있을 곳을 잃어버린 외로운 음에게 굴종하니, 스스로 욕됨을 초래할 뿐이로다.

上六, 過涉滅頂凶, 无咎.

상육: 지나친데도 그 속에 들어가 건너다가 머리꼭대기까지 물속에 잠겨버림이니 흉하다. 그러나 허물은 없다.

'過涉', 謂陽已過, 而己涉之以出其上, 如水盛漲而徒涉, 必至於'滅頂'之凶. 然過者陽也, 非陰之咎也. 上欲以柔濟剛, 而剛不聽, 反擯抑之於外. 進柔和之說於剛嚴之主, 以此獲罪者多矣, 其心可諒也. 言'滅頂'者, 卦以三・四爲脊, 覆乎上爻之上也.

'過涉(과섭)'은 양(陽)들이 이미 즐비하게 무리를 이루고 있어 지나친데도 외로운 음(陰)이 몸소 그 속에 들어가 헤쳐나아가면서 그 위로 모습을 드러낸다는 의미다. 이는 마치 큰물이 져서 물이 질펀하게 넘치는데도 맨 몸으로 들어가 건넘과 같으니, 필연코 '머리꼭대기까지 물속에 잠겨버림'의 흉함에 이른다. 그러나 지나친 것은 양들이지 음의 허물은 아니다. 그리고 상육효는 부드러움[柔]으로서 굳셈[剛]들을 건네주려 한 것인데 그 굳셈들이 말을 듣지 않고 오히려 그를 밖으로 내쫓으며 억압한 것이다. 강퍅하고 엄격한 임금에게 부드러움과 화목함의 말을 했다가 바로 이러함 때문에 죄를 짓는 이들이 많을 것이다. 그러나 그 마음만은 혜량(惠諒)할 수가 있다. '머리꼭대기까지 물속에 잠겨버림'이라 한 것은, 이 대과괘䷛에서 구삼・구사효가 허리를 이루어 상육효의 위에서 덮고 있음을 두고 한 말이다.

「象」曰: 過涉之凶, 不可咎也.

「상전」: 지나친데도 그 속에 들어가 건너다가 머리꼭대기까지 물속에 잠겨버린 흉함은 탓할 수가 없다.

志在濟剛, 道之所許.

굳셈들을 구제하는 데 뜻을 두고 있으니, 이치상 인정할 수가 있다.

●●●

坎卦坎下坎上

감괘䷜

習坎. 有孚, 維心亨, 行有尙.

중첩된 감괘: 믿음이 있고, 오직 마음이라야 형통하며, 행함에 숭상함이 있다.

伏羲之始畫卦也, 三畫而八卦成. 及其參兩而重之, 陰陽交錯, 分爲貞・悔二卦之象以合於一, 而率非其故. 然交加屢變, 固有仍如'乾'・'坤'六子之象者. '震'得'震', '巽'得'巽', '坎'得'艮', '離'得'兌', '艮'得'坎', '兌'得'離', 貞・悔皆爲六子之象, 與他卦異.[487] 蓋他卦爲物化人事之變, 隨象而改; 而雷・風・水・火・山・澤, 易地易時, 大小殊而初無異也, 重者仍如其故. 有以源流相因成象者, '坎'也; 以前後相踵成象者, '震'也, '巽'也, '離'也; 以上下相疊成象者, '艮'也; 以左右相竝成象者, '兌'也. 相因・相踵・相叠・相竝, 而其形體・性情・功效無異焉, 故即以其三畫之德擬之, 而仍其名以名之. 此成象以後, 見其不貳之物, 變而必

---

487) 이 구절에는 오자가 있는 것 같다. 이곳에서는 3획 소성괘의 중첩됨에 대해서 논하는 것으로 보이는데, 진괘☳가 진괘☳를 얻은 것, 손괘☴가 손괘☴를 얻은 것('震'得'震', '巽'得'巽'.)"이라 하여 정(貞)・회(悔) 두 소성괘의 중첩됨을 논하다가 갑자기 "감괘☵가 간괘☶를 얻은 것, 이괘☲가 태괘☱를 얻은 것, 간괘☶가 감괘☵를 얻은 것, 태괘☱가 이괘☲를 얻은 것('坎'得'艮', '離'得'兌', '艮'得'坎', '兌'得'離'.)"이라 하여 정(貞)・회(悔) 두 소성괘의 중첩이 아닌 상호 이질적 괘들로 이루어짐을 열거하고 있기 때문이다. 이는 바로 이어서 "정괘와 회괘가 모두 여섯 자식괘의 상으로 되어 있는데, 이는 다른 괘들과는 다른 모습이다.(貞・悔皆爲六子之象, 與他卦異.)"라 하는 것과도 일치하지 않는다. 만약에 "진괘가 진괘를 얻은 것, 손괘가 손괘를 얻은 것('震'得'震', '巽'得'巽'.)"이라 한 것처럼 두 소성괘의 중첩됨을 열거하려 했다면, "감괘☵가 감괘☵를 얻은 것, 이괘☲가 이괘☲를 얻은 것, 간괘☶가 간괘☶를 얻은 것, 태괘☱가 태괘☱를 얻은 것('坎'得'坎', '離'得'離', '艮'得'艮', '兌'得'兌'.)"이라고 했어야 옳다고 본다. 그러나 역자로서 확신은 없다. 여기에 역자로서 파악하지 못하는 다른 의미가 있는 것인지, 아니면 역자가 파악한 것이 맞는데 책으로 만들어지는 과정에서 착오가 생겼는지 알 수가 없다. 강호 제현의 가르침을 기대한다. 그러나 번역은 원문에 입각하여 하기로 한다.

遇其常也. '習', 仍也. 重卦八而獨加'習'於'坎'者, 擧一而槩其餘也.

복희씨께서 처음으로 괘를 그리실 적에는 1괘를 세 획으로 하여 팔괘가 이루어졌다. 그런데 그 세 획을 둘씩 중첩시키기에 이르자, 음·양이 엇갈리게 뒤섞이고, 나뉘어서는 정괘(貞卦)·회괘(悔卦) 두 괘를 이루는 상이 하나로 합쳐져서 전체적으로 이전 팔괘 때의 것과는 달라진다.488) 그러나 이 엇갈리게 뒤섞임이 가해져서 변한다 하더라도 진실로 여전히 건괘·곤괘의 여섯 자식괘의 상(象)을 그대로 지니는 것들이 있다489).

---

488) 3획 8괘가 6획 64괘로 되었다는 말이다. 이 6획괘는 다시 위 3획괘, 아래 3획괘로 나뉠 수 있다. 왕부지는 아래 3획괘를 '정괘(貞卦)'라 하고 위 3획괘를 '회괘(悔卦)'라 한다. 물론 일반적으로는 '아랫괘(下卦)'·'윗괘(上卦)'라고 한다. 그리고 3획괘가 6획괘로 되면 이전의 의미나, 원리, 논리 등이 달라지지만 이 감괘를 비롯한 몇 개의 괘는 예외라는 것이 여기서 왕부지가 말하는 의미다.

489) 여기에는 '건곤육자('乾'·'坤'六子)'설이 깔려 있다. 이는 「설괘전」의 "건괘☰는 하늘을 상징한다. 그러므로 '아버지'라고 부른다. 곤괘☷는 땅을 상징한다. 그러므로 '어머니'라고 부른다. 진괘☳는 한 번 구하여 아들을 얻은 것이기 때문에 '장남'이라 부른다. 손괘☴는 한 번 구하여 딸을 얻은 것이기 때문에 '장녀'라고 부른다. 감괘☵는 재차 구하여 아들을 얻은 것이기 때문에 '중남'이라 부른다. 이괘☲는 재차 구하여 딸을 얻은 것이기 때문에 '중녀'라고 부른다. 간괘☶는 세 번 구하여 아들을 구한 것이기 때문에 '소남(少男)'이라 부른다. 태괘☱는 세 번 구하여 딸을 얻은 것이기 때문에 '소녀(少女)'라고 부른다.('乾', 天也, 故稱乎父. '坤', 地也, 故稱乎母. 震, 一索而得男, 故謂之長男. 巽, 一索而得女, 故謂之長女. 坎, 再索而得男, 故謂之中男. 離, 再索而得女, 故謂之中女. 艮, 三索而得男, 故謂之少男. 兌, 三索而得女, 故謂之少女.)"라는 말을 근거로 한 것이다. 말하자면 건괘·곤괘가 부모가 되어 이들 여섯 괘를 낳았다는 의미다. 「계사전」에서는 또 "건도는 남성을 이루고 곤도는 여성을 이룬다.('乾'道成男, '坤'道成女.)"라고 함으로써 이 설을 뒷받침하고 있다.

즉 진괘☳가 진괘☳를 얻은 것, 손괘☴가 손괘☴를 얻은 것, 감괘☵가 간괘☶를 얻은 것, 이괘☲가 태괘☱를 얻은 것, 간괘☶가 감괘☵를 얻은 것, 태괘☱가 이괘☲를 얻은 것 등은 정괘와 회괘가 모두 여섯 자식괘의 상으로 되어 있는데, 이는 다른 괘들과는 다른 모습이다. 생각건대 다른 괘들은 물화(物化) · 인사(人事)의 변함을 반영하고 있는 것들로서 상에 따라서 고쳐진다. 그러나 우레, 바람, 물, 불, 산, 연못 등은 곳이 바뀌고 때가 바뀐다 하더라도 크고 작음의 차이는 있지만 처음부터 다름이 없다. 중첩된 것들이 여전히 이전 그대로인 것이다. 이들 가운데 수원(水源)과 그 이후의 흘러감[流行]이 서로 말미암아 상을 이룬 것은 감괘䷜고, 앞 · 뒤로 서로 뒤를 이으며 상을 이룬 것은 진괘䷲, 손괘䷸, 이괘䷝다. 그리고 위 · 아래가 서로 겹쳐져서 상을 이룬 것은 간괘䷳고, 왼쪽 · 오른쪽이 서로 나란히 하며 상을 이룬 것은 태괘䷹다. 이처럼 서로 말미암고, 서로 뒤를 잇고, 서로 겹쳐지고, 서로 나란히 함이지만, 그 형체 · 성정 · 공효에서는 다름이 없기 때문에, 곧 세 획으로 이루어졌던 때의 덕을 그대로 갖다가 비유하며 여전히 그 이름 그대로를 제 이름으로 삼는다. 이들은 상이 이루어진 뒤에도 이전 것과 다르지 않은 것들임을 드러내니, 변하더라도 반드시 그 항상됨[常]을 만나게 된다. '習(습)'은 이전 그대로라는 의미다. 그런데 중첩한 괘가 여덟 괘지만 유독 이 감괘에서만 '習(습)'이라는 말을 덧붙인 까닭은, 이 하나만을 들더라도 나머지 것들을 모두 개괄할 수 있기 때문이다.

'坎'內明而外暗, 體剛而用柔, 藏剛德於主陰之原而不可測, 故爲坎坷不平之象, 而效於化者爲水. 自其微而言之, 則呵噓之蒸爲濕者, 氣甫聚而未成乎涓滴, 皆含'坎'之性, 而依於陰以流盪於虛, 固不測也. 及其盛大, 則江海之險而難踰, 亦此而已. 若其流行之處, 則地之不足而爲澤以受水, 猶其有餘而爲山以積土, 故'坎'·'兌'分配焉. 陰之凝也, 堅濁以靜, 而爲地之形. 陽之舒也, 變動不居, 而爲天之氣. 故曰陰靜而陽動. 陽非無靜, 其靜也, 動之性不失. 陰非無動, 其動也, 靜之體自存. 水亦成乎有形者矣, 而性固動; 靜則平易而動則險, 已成乎形而動者存, 是靜中之動, 幾隱而不易知者也. '坎'之德亦危矣哉! 而陰陽必有之幾, 天地所不能無, 雖聖人體易簡以爲德, 亦自有淵深不測·靜以含動之神, 則抑非但機變之士, 伏剛於柔中以爲陷阱者然也. '坎'而又'坎', 其機深矣. 而聖人於『易』, 擇取元化之善者以爲德, 而不效其所不足, 故特於剛中之象, 著其'有孚', 謂其剛直內充, 非貌柔以行狙詐, 而『易』以溺人者之足貴也. 若老氏曰"上善若水", 則取其以至柔馳騁乎至剛, 無孚之'坎', 爲小人之險, 豈君子之所尙哉!

감괘☵는 속은 밝으나 겉은 어두우며, 형체는 굳셈으로 되어 있지만 작용은 부드러움으로 한다.[490] 그래서 굳셈의 덕을 주인인 음(陰)의 근저에다 감추어 놓아 가늠할 수가 없으므로 울퉁불퉁 평평하지 않은 상(象)이 된다. 지어냄[造化]에서 이러한 모습을 드러내는 것이 물이다. 이 물을 은미한 상태에서 말하면, 불어내는 증기와 같은 것들이 습기를 이루고 있다. 이는 기(氣)들이 응취한 것이기는 하지만 아직 물방울의 형태를 이룬 것은 아니다. 이들은 모두 감괘의 본성을 함유하고 있는데,

490) 이는 감괘☵의 상을 두고 하는 말이다. 이 감괘의 상을 보면, 속은 양효—여서 밝음과 굳셈을 나타내고 있다. 이에 비해 밖이라 할 수 있는 하효와 상효는 모두 음효--로 되어 있다. 이는 어둠과 부드러움을 상징한다.

텅 빔 속에서 음(陰)에 의존하여 떠다니니 진실로 가늠할 수가 없다. 그러나 이것이 성대해져서는 강과 바다와 같은 험난함이 되어 뛰어넘기가 어려울 정도가 되는데, 그러더라도 역시 가늠할 수가 없다.

이 물이 흘러가는 곳을 보면, 땅이 부족한 곳이 연못이 되어서 물을 받아들이는가 하면, 오히려 땅이 남아돌아 산이 되어 흙을 누적하고 있기도 한다. 그러므로 이러함에 대해서는 감괘☵와 태괘☱를 분배하고 있다.[491] 음이 응취한 것은 굳고 탁하며 고요하니 이는 땅의 형체다. 이에 비해 양의 펼침은 한 자리만을 차지하고 있지 않고 변하며 움직이니 이는 하늘의 기(氣)다. 그래서 "음은 고요하고 양은 움직인다."[492]고 말하는 것이다. 그렇다고 하여 양이 전혀 고요함이 없는 것은 아니니, 그 고요함에서도 움직임의 본성을 잃어버리지 않는다. 또 음도 전혀 움직임이 없는 것이 아니니, 그 움직임에서도 고요함의 본체가 스스로 존재한다. 물[水]도 형체를 이루고 있는 것인데 그 본성은 본디 움직임이다. 그래서 고요함에서는 평이하고 움직임에서는 험난하다. 물이 이미 형체를 이룬 속에 움직임이 존재하는데, 이는 고요함 속의 움직임이고 싹트는 기미[幾]로서 은미하여 쉽게 알 수가 없다. 이래서 감괘의 덕도 위태롭도다!

음·양에 반드시 있게 마련인 이러한 싹틈의 기미가 천지에 없을 수가 없다. 그래서 비록 성인들께서 평이함[易]·간단함[簡]을 체득하여 『주역』

---

491) 물이 유행하는 것과 관련된 것이기 때문에, 물이라는 점에서는 감괘☵가, 연못이 되어 물을 받아들이고 있다는 점에서는 태괘☱가 분배된다는 의미다. 간괘☶는 산을 상징하는 것으로서 흙을 누적하고 있기 때문에 물의 흐름을 방해하는 것이다. 그래서 분배될 수가 없다. (앞면 그림 5.「太極圖」 참조)

492) 주돈이의 「태극도(太極圖)」 제2권(圈)에서 이렇게 표기하고 있다.

의 덕을 보여주고 있다 하더라도, 거기에는 연못처럼 깊어 가늠할 수 없음·고요하면서도 움직임의 신묘함을 저절로 함유하고 있다. 꼭 복잡다단한 변화의 체제로써 사람을 홀리는 술사(術士)가 부드러움[柔] 속에 굳셈[剛]을 잠복시켜 함정을 만들어 놓은 것만 그러한 것이 아니다. 감괘☵에 또 감괘☵가 더해지면 그 천지 변화의 기제(機制)는 더욱 복잡하게 얽히는 양상을 드러낸다. 그러나 성인들은 『주역』에서 천지조화의 선함만을 가려 취하여 덕으로 드러내고 그 부족함의 측면은 드러내지 않았다. 그러므로 특히 감괘의 굳셈이 득중하고 있는 상에서 그 '믿음이 있음'을 부각시키며, 그것이 강직하고 속이 충실한 것이지 얼굴에는 부드러움을 드러낸 채 틈을 엿보며 간사한 짓을 함이 아니라고 말하고 있다. 그래서 『주역』은 살다가 예기치 않은 불행을 만나 제 스스로는 어찌할 수 없는 사람들이 귀하게 여기기에 충분하다. 그런데 노씨(老子)는 물에 대해 "훌륭한 선은 마치 물과 같다."[493]고 하여, 물이 그 지극한 부드러움으로서 지극한 굳셈으로 내달음만을 취하고 있다. 그러나 속에 믿음성이 없는 물줄기는 소인들에게 험난함이 될 뿐이니, 어찌 군자들이 숭상하리오!

---

493) 『노자』 제6장에 나오는 말이다. 노자는 여기서 "훌륭한 선은 마치 물과 같다. 물은 만물을 잘 이롭게 하면서도 다투지 않고, (낮은 곳으로만 흘러) 뭇 사람들이 싫어하는 곳에 처한다. 그러므로 물은 도(道)에 가깝다.(上善若水. 水善利萬物而不爭, 處衆人之所惡, 故幾於道.)"라고 하고 있다.

'維心亨'者, 外之柔不足以亨, 而中之剛乃亨也. 以剛中敦信之心行乎險, 而變動不居者皆依有形之靜體而不妄, 則'行'可有功而足'尙'. 君子所貴乎坎者, 此也, 孟子所謂'有本'也.

'오직 마음이 형통하다'고 한 것은 밖의 부드러움만으로는 형통하기에 부족하고 속마음의 굳셈이라야 형통하다는 의미다.[494] 그래서 물은 굳셈을 속에 지닌채 두텁고 믿음직한 마음으로 험난함에서 행하는데, 한 자리만 차지하고 있지를 않고 변하며 움직이되 모두 형체를 지닌 고요한 몸에 의거하여 망령되지 않다. 그래서 물은 '행함'에 공력이 있어 충분히 '숭상'할 수가 있는 것이다. 군자가 감괘의 덕에 대해 높이 치는 것은 바로 이러한 이유 때문이다. 맹자께서 물에 "근본이 있다"고 한 것[495]도 바로 이러한 의미다.

494) 이 역시 감괘☵의 상을 두고 한 말이다. 감괘는 밖을 구성하고 있는 초효와 상효가 음효--로 이루어졌다. 그래서 이는 밖으로 부드러움이 드러나는 것을 상징한다. 또 이 음효는 어둠을 상징하기도 한다. 이에 비해 감괘의 가운데(속) 있는 효는 양효—다. 이는 속이 강직(剛直)함을 상징한다. 왕부지는 이를 두고 겉으로만 부드러워서는 형통하기에 부족하고 오직 마음이 강직하여 형통하다는 것으로 풀이하고 있다. 그리고 이 양효는 밝음을 상징한다. 그래서 감괘☵는 겉으로는 어둡지만 속으로는 밝음을 드러낸다고 한다.

495) 『맹자』, 「이루(離婁) 하」 편에 나오는 말이다. 맹자는 여기서 "원천(源泉)의 물이 졸졸 밤낮으로 끊임이 없이 흘러나오며 구덩이라도 만나면 그것을 가득 채우고 난 뒤에 나아가 넓은 바다에 이른다. 근본이 있는 이도 이와 같아서 이를 취했을 따름이다.(孟子曰, "原泉混混, 不舍晝夜, 盈科而後進, 放乎四海. 有本者如是, 是之取爾.)"라 하고 있다.

「彖」曰: 習坎, 重險也.

「단전」: 중첩된 감괘는 중첩된 험난함을 의미한다.

'重險'則嫌於不誠, 故以下文釋之.

'중첩된 험난함'이라 하니 성실하지 않을지도 모른다는 혐의를 둘 수 있다. 그러므로 아래 문장에서 이를 풀이하고 있다.

水流而不盈, 行險而不失其信.

물은 흐르며 가득 채우고만 있지 않고, 험난함을 행하면서도 그 믿음성을 잃어버리지 않는다.

此釋'有孚'之義. 水之性險, 故專以水言. 自其著者而言之, 所以見'坎'固天地自然之化, 非人爲機詐之險也. 水有流有止, 坎者其所止也, 而洊至於重坎, 則流也. 流則易淫泆而踰其所居, 變詐之所以叵測也. 而水不然, 雖流而必依其所附, 在器止於器, 在壑止於壑, 不踰其涯量, 以憑虛而旁溢, 是陽之依陰以爲質也. '行險'者, 性雖下, 而迂折縈回於危石巨磧以必達, 乃至高山之伏泉, 渴烏之吸漏, 不避難而姑止, 而往者過, 來者續, 盡其有以循物不違, 此水之有孚者也. 善體此者以爲德, 則果於行而天下諒其誠矣.

이는 괘사의 '믿음이 있음'이라는 말의 뜻을 풀이하는 구절이다. 물의 본성은 험난함이다. 그러므로 이 구절에서는 오직 물만을 가지고 말하고 있다. 그 현저함에서 보면, 감괘의 험난함은 본디 천지자연의 지어냄[造化]이지 결코 사람이 만든 속임수의 험난함이 아님을 알 수 있다. 물은 흐르기도 하고 멈추어 있기도 한다. 그런데 구덩이는 물이 멈추는 곳이지만, 중첩된 구덩이에 계속해서 물이 이르면 흐르게 된다.

일반적으로 흘러 다니게 되면 쉽게 음란함과 방탕함에 젖어들어 제 살던 곳을 넘어서게 되니, 그 교묘한 변덕과 사술(詐術)을 짐작할 수 있다. 그러나 물은 그렇지 않다. 비록 흐르기는 하지만 반드시 무엇인가에 의지하며 붙어 있다. 물은 그릇에 있으면 그릇에 멈추어 있고 골짜기에 있으면 골짜기에 멈추어 있다. 그래서 자신의 한정된 경계를 뛰어넘어 허공에 의지한 채 곁가지로 흐르거나 하지를 않는다. 이는 양(陽)이 음(陰)을 비탕삼아 의지하고 있음이다.

'험난함을 행함'이란 물의 본성이 비록 아래로 내려가는 것이기는 하지만, 높고 큰 바위나 물가의 돌이 많은 거대한 서덜을 만나면 꺾어서 돌거나 소용돌이를 쳐서라도 이르러야 할 곳에 반드시 이른다는 의미다. 뿐만 아니라 높은 산의 옹달샘이든 물 긷는 죽통의 누수를 빨아들이는 곳이든, 물은 어려움을 무릅쓰고서라도 잠시 멈추니, 간 것은 앞서 지나가고 온 것은 뒤를 이어가며 어떠한 것이든 따를 뿐 어기지를 않는다. 이것이 바로 물의 믿음성 있음이다. 사람이 만약에 이러함을 자신의 덕으로 잘 체득하고 있으면 행동이 과감하리니 세상 모든 사람들이 그 성실함을 믿는다.

'維心亨', 乃以剛中也.

'오직 마음이라야 형통하다'는 것은 바로 굳셈이 득중하고 있기 때문이다.

‘心’者, 函之於中以立本者也. 言‘乃’者, 明非外見之柔, 可以涉險而得亨.

‘마음’이란 빙 둘러 휩싸인 채 가운데서 근본을 세우고 있는 존재다. 「단전」의 이 구절에서 ‘乃(내)’ 자가 함의하는 바는, 감괘䷜의 밝음이 겉으로 드러나 있는 부드러움[柔]이 아니라 굳셈[剛]이 험난함을 피하지 않고 들어가서 형통함을 얻어낼 수 있음이라는 것이다.

行有尙, 往有功也.

행동함에 숭상받을 만함이 있고 가서는 공을 세우게 된다.

不終陷於二陰之中, 行而必達, 潤物而必濟, 故天下尙之.

감괘에 있는 양효들은 끝내 두 음들 속에서 함몰해버리는 것이 아니라, 행동하여 반드시 목표를 이루어내고 다른 것들을 윤택하게 하여 주어 그들이 꼭 이루어지게 한다. 그래서 온 세상 사람들이 그를 숭상하는 것이다.

天險, 不可升也; 地險, 山川丘陵也. 王公設險以守其國, 險之時用大矣哉!

하늘의 험난함은 올라갈 수 없다. 땅의 험난함은 산과 강, 구릉과 같은 것들이다. 인간 세상의 우두머리들은 험난함을 설치하여 그 나라를 지켜내니, 험난함의 때와 쓰임이 이렇게도 크도다!

此又推言險亦自然不可廢之理, 而必因乎險之時, 善其險之用, 非憑險以與物相難也. 天以不可升爲險而全其高, 非以絶人自私. 地以山川邱陵爲險而成其厚, 非以阻人於危. 王公以城郭溝池爲險而固其守, 非以負險而肆虐. 用險者非其人, 不可也.

이 또한 험난함도 저절로 그러한 것으로서 그 속에는 폐기할 수 없는 이치가 담겨 있음을 미루어 말하는 것이다. 그래서 반드시 험난함의 때에 제대로 맞추어서 그것을 잘 활용해야지 그것에 빙자하여 다른 것들과 서로 어려움을 조성해서는 안 된다고 하고 있다. 하늘은 절대루 오를 수 없음을 험난함으로 삼아 그 높음을 보전하는데, 이는 결코 사람들의 접근을 끊어 제 사사로움을 보존하려는 것이 아니다. 땅은 산과 강, 구릉 등을 험난함으로 삼아서 그 두터움을 성취하지만, 결코 그 위태로움으로 사람들을 막는 것이 아니다. 인간 세상의 우두머리들은 성곽이나 해자를 험난함으로 삼아 제나라를 지켜내지만, 결코 그 험난함을 짊어지고 제멋대로 포악하게 굴거나 학대하지는 않는다. 그리고 험난함은 제 사람을 만나지 않으면 제대로 쓸모를 발휘하지 못한다.

「象」曰: 水洊至, 習'坎', 君子以常德行, 習教事.

「대상전」: 물이 연이어서 이름이 중첩된 감괘니, 군자는 이를 본받아 자신의 덕성과 품행을 항상 유지하고, 가르치는 일을 거듭하여 익힌다.

此專取重險爲水洊至之象而取義也. 凡相仍而至者, 必有斷續, 而水之相沓以至, 盈科而進, 不舍晝夜. 君子之學誨以之, 則不厭不倦. '常德行'者, 月無忘其所能. '習教事'者, 溫故而知新.

이 「대상전」은 중첩된 험난함으로써 물이 연이어서 이르는 상으로 삼고, 또 거기에서 의미를 취하고 있다. 무릇 서로 이어가며 이르는 것들에는 반드시 끊어짐도 있고 이어짐도 있다. 그러나 물은 서로 연이어서 이르면서 구덩이가 있으면 채우고 나아가고, 밤낮으로 쉼 없이 흘러간다. 군자가 이러한 자세로 배우고 가르친다면 싫증을 내지도 않을 것이고 게으름을 피우지 않을 것이다. '자신의 덕성과 품행을 항상 유지함'이란 이미 배워서 할 수 있게 된 것을 달마다 다시 검토하여 잊어버리지 않도록 함[496]이다. '가르치는 일을 거듭하여 익힌다'는 것은 과거의 것들을 익숙하도록 들여다보고 거기에서 새로운 의미를 알아낸다는 의미다.

初六, 習坎, 入于坎窞, 凶.

초육: 중첩된 감괘인데, 광 바닥의 작은 구덩이 속으로 들어감이라, 흉하다.

---

496) 『논어』에 나오는 말로서 자하(子夏)가 배움에 대해 한 말이다. 즉 그는, "날마다 이전에는 몰랐던 것을 배워서 알고 달마다 이미 배워서 할 수 있게 된 것을 다시 검토하여 잊어버리지 않도록 해야 하니, 이래야 '배움을 좋아한다!'고 말할 수 있을 따름이다.(『논어』, 「子張」: 子夏曰, "日知其所亡, 月無忘其所能, 可謂好學也已矣!")"라고 하였다. 날이면 날마다, 달이면 달마다, 지속적으로 배움을 지속해야 한다는 것이다.

據全卦已成之象, 以言一爻之得失, 此類是也. 當'習坎'已成之世, 而以陰柔入於潛伏之地, 將以避險, 而不知其自陷也.

한 괘 전체가 이미 이루고 있는 상을 근거로 하여 하나의 효가 갖는 득・실에 대해 말하는 것은 바로 이 초육효와 같은 부류다. '중첩된 감괘'가 상징하듯 이미 이루어진 세상을 맞이하여, 이 초육효는 음의 부드러움(陰柔)으로서 잠복된 땅속으로 들어가 험난함을 피하고자 하지만, 그는 이러함이 스스로 함정에 빠진 것임을 알지 못한다.

「象」曰: 習坎入坎, 失道凶也.

「상전」: 중첩된 감괘인데 작은 구덩이 속으로 들어감은 자기가 가야할 옳은 길을 잃어버려서 흉한 것이다.

險已頻仍, 道在剛以濟之; 而卑柔自匿, 不能忘機, 葸畏已甚, 必凶.

험난함이 벌써 끊이지 않고 연속되는데 이를 헤쳐 나아갈 길은 굳셈(剛)이 험난함을 구제해 줌에 있다. 그러나 이 초육효는 비천하고 유약하여 스스로를 감춘다고 감추었지만, 기심(機心)을 버리지를 못하고 있고[497]

497) '忘機(망기)'를 이렇게 번역해 보았다. 이는『장자』,「천지」편에 나오는 말과 관련이 있다. 거기에서는 다음과 같은 일화를 소개하고 있다. 공자의 제자인 자공(子貢)이 초나라에 가서 볼일을 보고 진(晉)나라로 돌아가는 길에 한음(漢陰)이라는 곳을 지나게 되었다. 거기에서 그는 우연히 채소밭에 물을 주고

눈이 휘둥그레질 정도로 심한 두려움에 젖어 있다. 그래서 반드시 흉하다.

九二, 坎有險, 求小得.

구이: 구덩이에 험난함이 있으니, 구하더라도 보잘것없는 만큼만 얻는다.

二以剛居柔, 雖中而未能固有其剛, 誠信未篤, 所行不決, 如水之在源, 有遠達之志, 而仍多迂阻, 足以自保, 而憂危亦甚矣. '坎'之內卦皆失位, 故二雖中而未亨. 離之外卦皆失位, 故五雖中而多憂.

구이효는 굳셈[剛]으로서 부드러움[柔]의 자리를 차지하고 있다. 그래서

있는 한 노인을 보았다. 그 노인은 물동이에 물을 퍼 담아 가슴에 껴안고 가서 채소에 물을 주고는 하였다. 수원(水源)에서 채소밭까지의 거리가 상당하였는데, 한 번 또 한 번 계속 왔다 갔다 하며 그 노인은 반복적으로 이 일을 하고 있었다. 이를 본 자공이 그 노인을 딱하게 여겨, 기계를 써서 하면 금방 끝날 일을 왜 그렇게 어렵게 하느냐고 한마디 거들었다. 그러자 그 노인은 화를 벌컥 내며 자공에게 쏘아 붙이기를, "기계가 있으면 반드시 힘들이지 않고 기계를 사용하여 일을 하게 되는데, 그렇게 힘들이지 않고 기계를 사용하여 일을 하는 이에게는 반드시 기심(機心)이 있게 된다.(有機械者必有機事, 有機事者必有機心.)"라고 하였다. 이는 순박(淳朴)과 소박(素朴), 무사(無事)와 무위(無爲)를 강조하는 장자의 철학을 잘 보여주는 일화(逸話)라 할 수 있다. 여기서 '기심'은 기계의 편리함을 추구하는 순박하지 않은 마음인데, 나아가 약삭빠르게 잔꾀를 부려서까지 공(功)과 이로움을 탐하는 마음을 의미한다. 그리고 이것을 잊는 것을 '망기(忘機)', 또는 '망기옹(忘機翁)'이라고 한다.

비록 득중하고는 있다 할지라도, 그 굳셈의 고유한 능력을 발휘할 수가 없고 성실함과 믿음성도 돈독하지 못해 제가 해야 할 일을 민첩하게 결정하지 못한다. 이는 마치 발원지에 있는 물과 같으니, 그 물에게는 멀리까지 이르고자 하는 뜻함이 있기는 하지만 앞으로 만나게 될 수많은 난관이 놓여 있다. 그래서 충분히 스스로를 보존하고는 있지만 근심과 위태로움도 심하다. 감괘䷜의 내괘[貞卦] 세 효☵는 모두 제 위(位)를 잃고 있다. 그러므로 구이효가 비록 득중하였다고는 하지만 아직 형통하지 않은 것이다. 이와 같은 예가 또 있으니, 이괘(離卦)䷝의 외괘[悔卦] 세 효☲들이 모두 제 위(位)를 잃고 있음이다. 그래서 이괘의 육오효도 비록 득중하였다고는 하지만 근심이 많다.

「象」曰: '求小得', 未出中也.

「상전」: '구하더라도 보잘것없는 만큼만 얻는다'는 것은 아직 험난함의 가운데로부터 벗어나지 못했기 때문이다.

未離乎中, 故可以'小得'. 而前有險而未能出, 無以及物, 故所得者小.

험난함의 가운데로부터 아직 벗어나지 못했기 때문에 '보잘것없는 만큼만 얻을' 수 있다. 그 앞에 험난함이 가로 놓여 있는데 그로부터 벗어날 수 없고 다른 것들에도 영향력을 미칠 수 없다. 그래서 소득이 보잘것없는 것이다.

六三, 來之坎坎, 險且枕, 入于坎窞, 勿用.

육삼: 오나가나 구덩이요 구덩이니, 험난함을 밑에서 굄이요 광 바닥의 작은 구덩이 속으로 들어감이라. 쓰지 마라!

'之', 往也. '坎坎', 坎而又坎也. '險且枕', 下之險承之. '入于坎窞', 上且進而入于險也. 當二險相仍之際, 柔不能自決, 波流來往於險中, 徒勞而無能爲也.

'之(지)'는 가다는 의미다. '坎坎(감감)'은 감괘☵가 구덩이요 또 구덩이라는 의미다. 즉 험난함이고 또 험난함이라는 의미다. '험난함을 밑에서 굄'이란 아래에서 험난함을 받든다는 의미다.[498] '광 바닥의 작은 구덩이 속으로 들어감'이란 위로 올라가더라도 험난함 속으로 진입한다는 의미다. 육삼효는 지금 상괘와 하괘의 두 험난함이 서로 맞닿아 있는 즈음에 처하여 부드러움(柔)으로서 스스로는 이를 결단하고 나아갈 수가 없는데, 이 험난함의 바다에 빠진 육삼효에게 거친 물결이 밀려왔다 밀려가고는 하니 무슨 짓을 한들 헛된 노력일 뿐 이루어낼 수가 없다.

---

498) 감괘(坎卦)는 상괘도 감괘☵, 하괘도 감괘☵로서 험난함을 상징하는 감괘☵가 중첩되어 있는 상이다. 그리고 육삼효는 하괘의 맨 위효로서 인접하고 있는 상괘의 험난함을 받들고 있는 형국이다. 이러한 관점에서 왕부지는 이렇게 풀이하고 있다.

「象」曰: '來之坎坎', 終无功也.

「상전」: '오나가나 구덩이요 구덩이니'는 끝내 아무런 공(功)도 이루지 못한다는 의미다.

陷陽者陰也. 陰之乘陽, 三與上當之. 乃三以柔居剛, 而爲進爻, 志不在於陷二, 故異於上六之陷人而因以自陷. 然徒懷濟險之志而不能自拔, 則固无功之可見矣.

이 감괘䷜에서 양을 빠뜨리고 있는 것들은 그 위·아래의 음효들이다. 그리고 음으로서 양을 올라타고 있는 것들은 육삼효와 상육효가 이에 해당한다. 그런데 육삼효는 부드러움으로서 굳셈의 위(位)를 차지하고 있고 나아감을 지향하는 효니 구이효를 함정에 빠뜨리는 데 뜻을 두고 있지는 않다. 그러므로 남을 함정에 빠뜨리려다 그것 때문에 오히려 스스로가 함정에 빠지고 마는 상육효와는 다르다. 그러나 육삼효도 한갓 헛되이 험난함을 구제하겠다는 뜻을 품고는 있는데, 스스로는 전혀 이러한 상황을 타개할 수가 없으니, 진실로 아무런 공도 세우지 못하리라는 것을 알 수 있다.

六四, 樽酒簋貳, 用缶, 納約自牖, 終无咎.

육사: 술잔에 술을 부어 놓고 또 제기에 먹을 것을 담아 놓아 두 가지로 대접을 하는데, 진흙으로 빚은 장군을 써서 간약하게 하고는 창문을 통해 들인다. 끝내는 허물이 없다.

‘貳’字, 『本義』從晁氏連‘用缶’爲句. 今按, 連上讀爲‘簋貳’, 自通. 樽以盛酒, 燕禮也. 簋以盛黍稷, 食禮也. ‘貳’, 間也. 陳樽酒而又設簋食, 合而相間, 非禮, 而急於樂賓, 情之迫也. ‘缶’, 陶器, 有虞氏所尙, 器古而質樸, 謂樽與簋皆瓦也. 缶制下平而博, 盛物能不傾者. 納物必於戶, 迫於納而嫌其約, 乃自牖焉. 古之牖無檽, 故可納. 柔乘剛, 則陷陽而險; 承剛, 則載陽而使安. 六四, 柔居柔而當位, 上承九五, 故其象如此. 以水言之, 則溪澗仰出・合流於大川之象; 相孚而合, 則且出險而夷. 推其情之已篤, 則雖儉不中禮, 而江海不擇細流, 是以終得无咎.

‘貳(이)’ 자를 『주역본의』에서는 조씨[499]의 견해를 좇아 ‘用缶(용부)’까지

499) 조공무(晁公武; 1105~1180)를 말한다. 그는 북송에서 남송 시기를 거쳐 산 대학자 가운데 한 사람이다. ‘소덕 선생(昭德先生)’이라고도 불린다. 대대로 벼슬을 하였던 명문 출신으로서 그의 삼촌들 가운데 조보지(晁補之), 조열지(晁說之) 등 저명한 학자들이 있었다. 금나라의 남침에 의해 북송 지역을 빼앗기게 되자 그는 가족을 거느리고 사천성(四川省)으로 피난을 가 가정(嘉定)에 자리 잡고 살게 되었다. 이곳은 오늘날 ‘낙산대불(大佛)’로 유명한 지역이다. 피난을 가는 동안 그는 가문에 전해 오던 수많은 장서 대부분을 유실하였다. 28세 되던 소흥(紹興) 2년(1132년) 진사에 급제하여 사천 전운사(四川轉運使)인 정도(井度)의 속관(屬官)이 되었다. 이때 조공무는 정도의 출간과 교서(校書) 작업에 대대적으로 협조하였다. 정도는 장서(藏書)를 대단히 좋아하여 그의 월급 절반을 도서 구입에 할애할 정도였고, 그가 원하는 책은 반드시 손에 넣고야 마는 성격이었다. 이 정도는 『송서(宋書)』・『위서(魏書)』・『양서(梁書)』・『남제서(南齊書)』・『북제서(北齊書)』・『주서(周書)』・『진서(陳書)』 등 ‘남북조칠사(南北朝七史)’로 불리는 역사서의 출간을 맡아서 주관하였다. 정도가 이 작업을 수행하였던 지역 이름을 따서 이 7편의 역사서를 ‘미산칠사(眉山七史)’라고도 부른다. 그런데 정도는 말년에 벼슬에서 쫓겨나게 되자 50상자가 넘는 책을 조공무에게 다 보내주었다고 한다. 조공무는 이 뒤로

를 붙여 하나의 구(句)로 보고 있다. 그러나 내 관점에서는 위로 붙여 '簋貳(궤이)'까지 끊어야 그 의미가 저절로 통한다고 본다. 술잔에 술을 담는 것은 연례(宴禮[500])를 의미하고, 제기에 곡식을 담는 것은 식례[501]를 의미한다. '貳(이)' 자는 사이를 띄운다는 의미다. 그런데 지금 술잔에 술을 따라 놓고도 또 제기에 밥을 담아 놓음으로써 이들을 합쳐 놓았으니, 이들은 물 위에 뜬 기름처럼 서로 부조화를 낳고 있다. 이는 예에 어긋난다. 이는 손님을 즐겁게 하도록 하기에 급급한 나머지 빚은 결과로서, 여기에는 마음이 급박함이 드러나 있다.

'缶(부)'는 진흙으로 빚은 도기(陶器)로서 유우씨(有虞氏[502]) 부족이 숭상

여러 고을의 지사(知事)를 역임한 뒤 중앙의 고위관료를 지냈는데, 그 역시 대단한 장서가로서 정도가 보내준 책들까지 합하여 24,500권이 넘는 장서를 자랑하였다. 이는 중복된 것을 제외한 수치다. 그는 지방관으로 있으면서도 틈나는 대로 책들을 손에 붙들고 잘못된 곳을 바로잡았고, 작업이 끝나면 그 대지(大旨)를 파악하여 토론하고는 하였다고 한다. 이렇게 하여 『군재독서지(郡齋讀書志)』 초고를 완성하였다. 만년에도 그가 터 잡고 살던 가정(嘉定)에 '군재(郡齋)'라는 도서관을 짓고 끊임없이 수정과 보완을 계속하였다. 이러한 각고의 노력 결과 『역고훈전(易詁訓傳)』, 『상서고훈전(尚書詁訓傳)』, 『모시고훈전(毛詩詁訓傳)』, 『중용대전(中庸大傳)』, 『춘추고훈전(春秋詁訓傳)』 등 유가 경전에 대한 주옥같은 훈고서를 냈다. 이밖에도 『석경고이(石經考異)』, 『계고후록(稽古後錄)』 등의 훈고서와 『통감평(通鑒評)』, 『노자평술(老子通述)』, 『소덕당고(昭德堂稿)』, 『숭고초창(嵩高樵唱)』 등의 방대한 저술을 냈다.

500) 연례(宴禮)는 옛날에 천자나 제후가 뭇 신하들과 함께 잔치를 베풀던 예(禮)를 말한다. 또한 나이 많은 드신 분들을 위해 잔치를 베풀어 주던 예를 의미하기도 한다.

501) 식례(食禮)는 밥도 있고 반찬도 있으며 술은 비록 차려져 있기는 하지만 마시지 않고 밥 먹는 것을 위주로 하는 예를 말한다. 그래서 '식례'라고 한다. 여기에는 예식(禮食)과 연식(燕食) 두 가지가 있다.

하던 것이다. 그래서 그릇은 오래되었고 질박하니 이는 술잔과 제기가 모두 진흙으로 빚은 질그릇임을 말해준다. 장군(缶)은 밑을 평평하고 넓게 만든 것으로서 물건을 담아도 쏟아지지 않는다. 그리고 물건을 받아들이는 것은 반드시 출입문을 통해야 하지만 지금 받아들이는 데 급박하고 그것이 또 약소하다는 것을 부끄럽게 여겨 벽의 창문을 통해 받아들이고 있다. 옛날 벽의 창문에는 격자가 없었으니 그것을 통해 물건을 들고 날 수가 있다.

부드러움[柔]이 굳셈[剛]을 올라타 있으면 양(陽)을 구덩이에 빠뜨려서 험난함을 자아내게 되지만, 반대로 굳셈을 받들고 있으면 양을 싣고서 편안하게 한다. 이 감괘䷜의 육사효는 부드러움으로서 부드러움의 위(位)를 차지하고 있으니 제 자리를 마땅하게 차지한 것이다. 그리고 위로 구오효를 받들고 있다. 그러므로 그 상이 이와 같은 것이다. 이를 물을 가지고 말하면, 두 산 사이로 난 개울을 흐르는 물들이 합쳐져서 큰 하천으로 흘러감의 상이다. 그래서 이들은 서로 믿고서 합하니 험난함을 벗어나 평탄해진다. 그리고 그 손님 대접을 잘하고자 하는 마음이 이미 두터우므로 비록 검박(儉薄)하여 예에 맞지는 않는다 할지라도, 강과 바다는 가느다란 물줄기라 하여 마다하지 않듯이, 마침내는 받아들여져 허물없음(无咎)을 얻게 된다.

---

502) 유우씨(有虞氏)는 중국 고대 오제(五帝)의 하나인 순(舜)임금의 부락 명칭이다. 이 부락의 시조는 우막(虞幕)인데 순임금은 그 후예로서 나중에 이 부락의 우두머리가 되었다. 그리고 요임금의 선양(禪讓)을 받아 제위(帝位)에 등극하였다.

'坎'之內卦言險, 而外卦不言者, 水險於源而流則平, 故四·五爲美, 異於離火之下灼而上且滅也. 方技家以言心腎之交, 本此.

감괘䷜의 내괘에서는 '험난함'을 말하면서도 외괘에서는 이에 대해 말하지 않은 까닭은, 물이 수원지에서는 험난하지만 흘러감에서는 평이하기 때문이다. 그러므로 육사·구오효는 아름다움이 된다. 이는 불을 상징하는 이괘(離卦)䷝가 하괘에서는 불을 사르지만 상괘에서는 꺼버리는 것과 다르다. 『주역』을 응용한 전문 분야인 한의학에서 '심장과 신장의 교접함'[503]이라 하는 것도 이를 근본으로 한 것이다.

---

503) 심장(心臟)은 오행에서 화(火)에 속하고 그 성질은 양에 속한다. 그리고 우리 몸에서 심장은 위에 자리 잡고 있고, 움직이는 성질을 갖고 있다. 이에 비해 신장(腎臟)은 수(水)에 속하고 그 성질은 음에 속한다. 그리고 우리 몸에서 신장은 아래에 자리 잡고 있고, 고요함을 그 본성으로 한다. 우리 몸속에서 이들 심장과 신장은 서로 의존하면서도 서로 제약하는 관계에 있다. 그래서 정상 상태라면 심화(心火)는 반드시 아래로 내려와 신장의 양(陽)과 협동하여 신장(腎臟)의 음(陰)을 따뜻하게 덥혀준다. 이렇게 함으로써 신장의 물이 지나치게 차게 되는 것을 방지한다. 그리고 신수(腎水)는 반드시 위로 올라가 심장의 음(陰)과 협동하여 심장의 양(陽)에 자양을 제공한다. 이렇게 함으로써 심장의 불이 지나치게 흥분함을 막아준다. 이를 '심장과 신장이 서로 교접함(心腎相交)'이라고 한다. 그런데 만약에 이들의 관계에 균형이 깨지게 되면, 즉 수와 화, 음과 양 사이의 평형과 교접함에 이상이 발생하면, 이는 곧 질병으로 이어진다. 이를 '심장과 신장이 교접하지 않음(心腎不交)'이라 부른다.

「象」曰: '樽酒簋貳', 剛柔際也.

「상전」: '술잔에 술을 부어 놓고 또 제기에 먹을 것을 담아 놓아 두 가지로 대접을 하며'라 한 것은 굳셈과 부드러움이 만나는 즈음을 의미한다.

'際', 相交接也. 柔居柔, 以接當位得中之剛, 故情迫而輸誠恐後也.

'만나는 즈음'이란 서로 교접함을 말한다. 이 육사효는 부드러움으로서 부드러움의 위(位)를 차지한 채 역시 제자리를 마땅하게 차지하고 위로 득중(得中)한 굳셈과 교접하고 있다. 그러므로 혹시 뒤처지지나 않을까 두려운 나머지 마음이 절박하여 구오효에게 충심을 바치는 것이다.

九五, 坎不盈, 祇既平, 无咎.

구오: 구덩이가 가득 차지도 않고 가로막던 것들도 이미 평탄해졌다. 허물이 없다.

九五剛中得位, 而處洊至之下游, 所謂江海爲百谷王者, 流盛而不盈溢, 此當之矣. 既有盛大流行之德, 則危石巨磧, 皆所覆冒, 而險失其險, 至於平矣. 雖疑於爲陰所乘, 而不得外見, 然持之有道, 進而有功, 何咎之有!

구오효는 굳셈으로서 득중하여 제 위(位)를 얻고 있지만 물이 연이어서 이르는 하류에 처하여 있다. 이른바 "강과 바다가 모든 골짜기의 왕이 된다."[504]고 함이 이것이다. 흘러들어오는 물의 양이 성대하지만 가득 차지도 넘치지도 않으니, 이 구오효가 이에 해당한다. 이렇게 성대하게 널리 행하는 덕이 있기 때문에 아무리 큰 바위나 물가의 서덜이라 할지라도 모두가 덮여버려서 이미 험난함이 그 험난함을 잃어버리고 평탄함에 이르게 된다. 비록 음(상육효)이 그 위를 올라타고 있어서 밖으로 드러날 수 없을지도 모른다는 의문을 갖지만, 정도(正道)를 지니고 있고 나아가서는 공을 세우니 무슨 허물이 있으리오!

「象」曰: '坎不盈', 中未大也.

「상전」: '구덩이가 가득 차지도 않고'란 중앙에서 크다고 자만하지 않기 때문이다.

'大'者, 自肆之意. 剛中以動, 而在二陰之中, 含明內蘊, 故無盈滿自大之咎.

'大(대)' 자는 스스로 방자하게 나대는 생각을 의미한다. 그러나 구오효는 굳셈으로 득중하여 움직이고 속 깊은 곳에 밝은 덕을 함유하고 있기 때문에 가득 채우고 자만하여 스스로 크다고 하는 허물이 없다.

---

504) 『노자』 제66장에 나오는 말이다. 노자는 여기서 "강과 바다가 모든 골짜기들의 왕이 될 수 있는 까닭은 자신을 낮추는 데서 뛰어나기 때문이다. 그래서 모든 골짜기의 왕이 될 수 있다.(江海所以能爲百谷王者, 以其善下之, 故能爲百谷王.)"라 하고 있다.

上六, 係用徽纆, 寘于叢棘, 三歲不得, 凶.

상육: 오랏줄로 묶어 감옥 속에 가두어 두었는데, 삼 년이 되도 석방되지 않는다. 흉하다.

憑高以陷陽, 障洪流而終決. 世既平, 而己猶險, 刑必及之. '徽纆', 係罪人之墨繩. '叢棘', 獄也. '三歲', 古者拘係罪人, 以三歲爲期. '不得', 不見釋也.

상육효가 가장 높은 곳에 자리 잡고 있음을 빙자하여 양(구오효)을 함닉시키고 홍수와 같은 흐름을 막으려고 애쓰고 있으나 끝내는 터져버린다. 세상은 벌써 평화로워졌는데 자기만 오히려 험난함에 빠져 있으니 형벌이 반드시 그에게 미친다. '徽纆(휘묵)'은 죄인을 묶는 오랏줄을 의미한다. '叢棘(총극)'은 감옥이다.[505) '삼년'은 옛날에 죄인을 구류하는 데서 삼년을 주기로 하였기 때문에 하는 말이다. '不得(부득)'은 석방되지 않는다는 의미다.

「象」曰: 上六失道, 凶三歲也.

「상전」: 상육효는 도리를 저버렸기 때문에 흉함이 3년을 가는 것이다.

---

505) 옛날에는 범인을 가두어 두는 곳에 빙 둘러 가시덤불을 쳐서 죄인이 뛰어넘는 것을 방지하였다. 그래서 '叢棘(총극)'을 감옥이라 칭하였다.

較初之失道爲甚, 故其凶爲尤長.

이 상육효가 도리를 저버림은 초육효에 비해서도 더욱 심하기 때문에 그 흉함이 더욱 긴 것이다.

離卦離下離上

이괘䷝

離. 利貞亨, 畜牝牛, 吉.

이괘: 이롭고 올곧으며 형통하다. 암소를 기름이라, 길하다.

陰本柔暗, 而附麗乎陽以得居乎中, 則質之內斂者固而發於外者足以及物, 故其化爲火. 火之氣, 日在兩間, 不形而託於虛, 麗於木而炎以成熟·光以炤耀, 乃成乎用. 光景者, 陽之發也, 陰固在內者也. 得所麗以成其用, 則'利', 居得其所而正, 則'貞'; 能知所附麗而得中, 美不必自己, 而大美歸焉, 則'亨'; 皆言陰也. '畜', 聚而養之也. '牝牛', 順之至者, 謂陰也. 畜, 陽畜之也. 陽任於外, 以爲陰所麗, 以保陰而使不濫, 則成陰之美而陰信任之, 故'吉', 言陽吉也. 陰靜正居中, 任陽以發舒其美; 陽盡其才以施光輝於上下, 而保陰以成不動之化, 兩善之道也. 人君虛順以任賢, 而化隆俗美, 天下文明, 此成王附麗周公以興禮樂, 而周公養沖人之德以成大勳之道也. 其在學者, 虛中遜志, 常若不足, 而博學多通, 强行不倦, 則文著而道明, 亦此理焉. 反是者, 剛愎中據, 而溺於私利, 坎之所以陷與!

음(陰)은 본래 부드럽고 어두워서 잘 드러나지 않는데, 지금 이 이괘䷝에서는 상·하괘의 음효가 그 위·아래 양효들 사이에 붙은 채 끼어 있으면서 가운데 자리를 차지하고 있다. 그래서 바탕의 안으로 거두어들임이 견고하고 겉으로 발하는 것들도 충분히 다른 것들에까지 미친다. 그러므로 이는 불의 지어냄[造化]이다. 불의 기(氣)는 날마다 하늘과 땅 사이에 존재하고 있지만 형체로 드러나지 않은 채 텅 빔에 의탁하고 있다. 그러다 나무에 붙어서는 불타올라 무엇을 익히고 빛나며 환히 비추어준다. 이렇게 그 쓰임을 이룬다. 그 밝게 빛남은 양(陽)의 발함이기는 하지만 음(陰)이 본디 그 속에 존재하고 있다.

이 불의 기(氣)가 붙은 채 끼어 있을 곳을 얻어 그 쓰임을 이루니 이것이 '이로움'이다. 그리고 자기가 있기에 마땅한 곳을 얻어 거처하며 올바르니 이것이 '올곧음'이다. 또 어디에 붙은 채 끼어 있어야 할지를 능히 알아서 가운데 위(位)에 알맞게 자리 잡고 있으니 꼭 자기를 아름답게 하지 않더라도 크나큰 아름다움이 그에게로 돌아온다. 이것이 '형통함'이다. 이는 모두 이괘의 득중한 음효에 대해 말한 것이다.

'기름[畜]'은 모아서 양성함이다. '암소'는 가장 잘 순종하는 것인데, 역시 음효에 대해 말한 것이다. 기름은, 양(陽)이 기르는 것이다. 이 이괘에서는 양(陽)들이 밖을 맡고 있고 음은 그들 사이에 붙어서 끼어 있는데 양들이 이 음을 보호하고 함부로 나대지 않게 하여 음의 아름다움을 이루게 한다. 음도 이 양들을 믿고 맡긴다. 그래서 '길하다'고 한 것이며 이는 양이 길하다는 말이다. 음효는 고요하면서 올바르게 가운데 자리를 잡고서 양들에 맡겨 그 아름다움을 활짝 펼쳐내니 양들은 그들의 재능을 다하여 위·아래에서 그것에 광휘로움을 한껏 베풀고 있다. 그래서 음들을 보호하여 움직이지 않으면서 하는 그들의 지어냄[造化]을 이루게 한다. 이는 음·양 둘에게 다 좋은 이치요 길이다. 그리고 임금이 자신을 비운 채 순응하는 자세로 현인에게 맡김으로써, 그 교화가 융성해지고 백성들의 풍속이 아름다워지며 온 세상에 문화의 꽃을 활짝 피움이다. 주나라의 성왕이 바로 이러하였다. 그는 주공에게 붙은 채 끼어서 예악을 일으켰고 주공은 이 어린 임금의 덕을 함양하여 위대한 공훈을 이루는 도(道)를 이루어냈다.[506] 이것이 배움의 과정에 있는 이들에게서는 마음을 비우고 겸손하며 남들에게 순응하고 늘 자신은 부족한 듯이 여김이 된다. 그래서 널리 배워 많은 것에 달통하고 게으르지 않은 채 힘써 행하면 그의 됨됨이가 더욱 드러나고 도(道)는 밝아지는 것이 바로 이러한 이치 때문이다. 이와 반대로 강팍함으로 중앙에 웅거하면서 사사로운 이익에만 탐닉해서는 안 될 것이니, 바로 이러하기 때문에 감괘䷜에서는 함정에 빠진 것이로다!

「彖」曰: 離, 麗也. 日月麗乎天, 百穀草木麗乎土, 重明以麗乎正, 乃化成天下.

「단전」: '離(이)'는 '麗(리)'와 의미가 같으니 '둘 사이에 끼다', '걸리다'는 의미다. 해와 달이 하늘에 걸려 있고, 백곡과 초목이 땅에 걸려 있으며, 이괘의

506) 성왕과 주공의 관계에 대해서는 주230), 450)을 참고하라.

중첩된 밝음이 올바름에 걸려 있으니, 이렇게 하여 이 세상을 만들어내고 이루어 낸다.

此廣言'麗'之義, 以贊卦德也. 麗者, 依質而生文之謂. 日月附天氣以運, 百穀草木依地德以榮, 未有無所麗而能尊其位, 發其美者也. '離'之德重明, 而唯柔中以麗乎剛之正, 故明不息. 人君以此道, 不據尊以孤立, 而行依乎道, 治依乎賢, 則禮樂文章效大美於天下, 而化成矣.

이는 '麗(리)' 자의 의미를 광범위하게 말함으로써 이괘䷝의 덕을 찬양하는 것이다. '麗(리)'란 바탕[質]에 의거하여 문채(文)를 만들어내는 것을 말한다. 해와 달이 하늘의 기(氣)에 붙어서 운행하고 백곡과 초목이 땅의 덕에 의거하여 번성함이 그러하니, 이들은 어느 것이라도 어디엔가 걸지 않고서는 그 지위를 높일 수가 없고 아름다움도 발할 수가 없다. 이괘의 덕이 거듭 밝으며 오직 부드러움[柔]으로서 득중한 채 굳셈[剛]의 올바름에 걸려 있기 때문에 그 밝음이 꺼지지를 않는다.
임금은 이 원리와 방법을 가지고서 임해야 한다. 결코 존귀함에만 의거함으로써 고립되어서는 안 된다. 임금으로서 도리에 의거하여 행하고 현명한 이에 의거하여 다스리면, 사람 세상을 빛나게 하는 예악과 제도가 온 세상에 크게 아름다움을 발휘할 것이며 교화가 이루어질 것이다.

柔麗乎中正, 故亨, 是以'畜牝牛吉'也.

부드러움이 가운데의 올바름에 걸려 있으니 형통하며, 그러하기 때문에 "암소를 기름이라, 길하다."고 한 것이다.

柔而麗乎剛之正, 則尊位乎中, 而自通天下之志, 故君道以之而亨. 上既虛己以任賢, 則賢者亦盡其發揮, 而道行志得, 無疑沮之憂, 唯盡其才以養君於善, 順而吉矣.

부드러우면서 굳셈의 올바름들 사이에 걸려 있으니[507] 가운데서 존귀한 지위를 차지하여 스스로 온 세상 사람들의 뜻함을 통하게 한다. 그러므로 임금의 길이 이것으로써 형통하다. 이렇듯 윗사람이 벌써 자기를 비운 채 어진 이를 임용하므로, 그 어진 이도 가지고 있는 재능을 모두 발휘하게 된다. 그래서 자신이 갖고 있는 도(道)가 행해지고 뜻함도 이루어지며 임금에게 의심을 받거나 저지될 우려가 없으니, 오직 그 재능을 다 발휘하여 훌륭하게 임금을 보필해낸다. 그래서 순조롭고 길한 것이다.

「象」曰: 明兩作, '離', 大人以繼明照于四方.

「대상전」: 밝음이 둘이 일어난 것이 이괘니, 대인은 이를 계승하여 온 누리를 밝게 비추며 보살핀다.

'明'謂日也. 不取象於火, 而取象於日者, 火相迫則在上者滅, 若其已熄而更然, 有異火矣. 日則今日已入地, 明旦復出, 不改其故. 言'兩作'者,

507) 이괘(離卦)䷝는 상・하괘가 모두 이괘☲로서 그것이 중첩되어 있다. 그런데 이괘☲는 초효나 상효가 모두 굳셈剛으로서 각기 제 위(位)를 알맞게 차지하고 있다. 모두 홀수 위(位)기 때문이다. 여기서 '굳셈의 올바름들'이라 한 것에는 이러한 의미가 들어 있다.

以卦體言爾, 實則相續無窮也. '大人', 德位俱尊之稱. 非其德, 無其位, 施明不已, 則文有餘而實不足. 唯大人德盛而道在. '照四方', 事日變, 道日新, 明不繼, 則自以爲無不知明, 無不處當, 而固有不明不當者矣. 求人之情, 通物之理, 豈有窮哉!

여기에서 말하는 '밝음'이란 해를 가리킨다. 이처럼 이괘䷝가 상을 불에서 취하지 않고 해에서 취한 까닭은, 불은 서로 너무 가까이 접근하면 위에 있는 것이 꺼져 버리고 만약에 이미 꺼져 버린 것을 다시 붙인다면 이는 다른 불이 되어버리기 때문이다. 이에 비해 해는 오늘의 해가 이미 땅속으로 져버렸다 하더라도 내일이면 다시 떠오르며, 이전의 것을 바꾸지도 않는다.
'둘이 일어난 것'이란 괘체를 가지고 말한 것일 따름인데[508], 실제로는 무궁토록 서로 잇는다. '대인'이란 갖추고 있는 덕(德)과 지위가 모두 존귀한 사람을 일컫는 말이다. 그 덕을 지니지도 않고 그 지위도 없는 채 밝음을 끊임없이 베푼다고 한다면, 겉으로 드러나는 문채는 남을지 몰라도 실질은 부족하다. 오직 대인만이 덕이 융성하고 도(道)가 존재한다. '온 누리를 밝게 비추며 보살핀다'는 것은, 할 일은 날마다 변하고 도(道)는 날마다 새로워지는데 밝음이 계승되지 않는다면, 스스로는 모든 밝음에 대해 모르는 것이 없고 처신하는 것도 마땅하지 않음이 없다고 여기지만, 진실로 그에게는 밝지도 않고 마땅하지도 않음이 있는 것이다. 그러나 사람을 구하는 마음과 물(物)들에 통하는 이치에 어찌 다하여 끝나버림이 있겠는가!

---

508) 이괘䷝의 괘체가 상・하괘 모두 이괘☲로 되어 있다는 의미다.

初九, 履錯然, 敬之, 无咎.

초구: 첫발을 내딛는 지경이 현란하게 교차한 문채를 드러내고 있지만, 경건하게 나아가니 허물이 없다.

'履', 始踐其境也. '錯然', 經緯相間, 文采雜陳之貌. '離'體已成, 而初九動於其下, 忽覩此物理錯陳之大觀, 以剛而有爲之才, 爲二所任, 則爲物所眩而急於自見, 咎道也. 乃位在潛退, 有敬愼而不敢嘗試之心焉, 所以无咎.

'履(리)'는 처음으로 그 지경을 밟는다는 의미다. '현란하게 교차한 문채를 드러내고 있음'이란 가로세로로 엇갈리게 짜인 문채가 잡다하게 펼쳐진 모양을 말한다. 이괘䷝의 괘체가 이미 이루어지고 초구효가 그 맨 밑에서 움직여 홀연히 물(物)들의 이치가 이렇게 현란하게 펼쳐진 성대한 장관을 목도하게 되었는데, 그에게는 굳세면서도 무엇을 해낼 수 있는 재질이 있어서 육이효가 그에게 소임을 준다. 그래서 초구효는 다른 것들에게 현혹된 나머지 스스로를 드러내는 데 절박해 하니, 이치상 허물이 있게 되어 있다. 그러나 지금 초구효는 물러나 자신을 드러내지 않음의 위(位)에 있다. 그리고 그도 여기서 경건하게 삼가고 있을 뿐, 감히 시험 삼아 한 번 해보려는 마음조차 내지 않는다. 그렇기 때문에 허물이 없다.

「象」曰: 履錯之敬, 以辟咎也.

「상전」: 첫발을 내딛는 지경이 현란하게 교차한 문채를 드러내고 있는 데서 경건하게 나아감이니, 이렇게 하여 허물을 피한다.

剛明可試, 而急於自見, 則咎. 敬愼以辟除之, 乃可以無浮明不終之害. 婁敬脫輓輅, 馬周被召於逆旅, 爲時所倚重, 驟著其聰明以求飾治道, 而一用不能再用, 終以不顯. 太祖善解縉西庖之書而不用, 使老其才, 教以敬也, 惜乎縉之不自知敬也.

이괘䷝의 이 초구효는 굳셈[剛]이 밝으니 시험할 수는 있겠으나 자신을 드러내는 데 급급하면 허물이 있다. 그보다는 경건하고 신중하게 함으로써 이를 피하고 물리쳐야만, 바탕 없이 붕 뜬 현명함으로는 끝을 맺지 못할 해로움을 없앨 수 있다. 루경(婁敬)은 수레의 가로대를 풀어놓았고[509] 마주(馬周)는 문객(門客)의 신분에서 부름을 받았는데[510], 이들이

509) 『사기』, 「유경・숙손통열전(劉敬・叔孫通列傳)」의 첫머리에 나오는 말이다. 이는 루경(정확한 생몰 연대는 미상)이 미천한 수졸(戍卒)로서 중국의 동쪽 끝인 산동(山東) 그의 고향에서 서쪽 끝인 농서(隴西; 오늘날의 甘肅省 一帶)로 수자리를 서러 가는 도중, 낙양을 지나다 한고조 유방을 알현하기 위해 가던 길을 멈추는 모습을 묘사한 것이다. 당시 미천한 수졸인 주제에 바로 한나라 임금을 알현할 수 없었던 루경은 같은 고향 출신인 우장군(虞將軍)을 만나 임금을 배알할 수 있도록 주선을 부탁하였다. 그런데 우장군은 지금 꾀죄죄한 양가죽 옷을 걸친 루경의 모습 그대로는 임금을 알현할 수 없다고 판단하여 깨끗한 옷을 내주며 갈아입으라고 하였다. 그러자 루경은 "제가 지금 비단옷을 입고 있으면 비단옷을 입은 그대로 뵈올 것이요, 추레한 삼베옷을 걸치고 있으면 추레한 삼베옷을 입은 그대로 뵈올 것입니다. 저는 감히 옷을 바꾸어 입지 않겠습니다."라고 대답하였다. 이에 우장군이 안으로 들어가 유방에게 알렸는데, 유방이 그를 불러들여 만난 것으로 되어 있다. 이처럼 루경이 겉만 번드레하게 꾸미는 것[浮明]을 거절하고 미천한 수졸의 모습 그대로 유방을

만나서 자신의 견해를 공손하면서도 조리 있게 밝히던 것을 두고, 왕부지는 이 「상전」의 이괘(離卦)䷝ 초구효사에 대한 풀이 "첫발을 내딛는 지경이 현란하게 교차한 문채를 드러내고 있는 데서 경건하게 나아감이니, 이렇게 하여 허물을 피한다."에 해당한다고 본 것이다. 이렇게 하여 유방에게 발탁된 루경은 이후에 유방의 으뜸가는 현신(賢臣)으로 활약하게 된다. 즉 이때 한나라의 수도를 장안에 두도록 한 것 이외에도 흉노와의 화친(和親)을 주청(奏請)하여 성사시켰고, 호족(豪族)들의 이거(移居)를 주청하여 성사시킴으로써 한나라 초기의 안정에 결정적 기여를 하였다.

510) 마주(601~648)는 중국 당나라 초기에 활약하였던 명신(名臣)으로서 그 공적이 매우 훌륭하였으며, 전설적인 인물로 평가받는다. 자(字)는 빈왕(賓王)이었다 그는 조실부모하여 매우 빈궁한 가운데서도 『시(詩)』, 『서(書)』, 『춘추(春秋)』 등의 고전을 열심히 읽은 나머지, 어린 나이에 이들에 대해 달통하였다. 일찍이 인근 고을에서 작은 벼슬을 얻기도 하였으나 자신의 재주에 걸맞지 않다고 여긴 그는 직무는 소홀히 한 채 날마다 술로 세월을 보내다가 당시 박주자사(博州刺史) 달해서(達奚恕)로부터 책임 추궁을 당하게 되자 미련 없이 그 벼슬을 박차고 나오기도 하였다. 그리고 산동(山東) 지방을 유랑하다 자신의 재능을 발휘하기 위해서는 수도 장안(長安)으로 가는 것이 낫다고 여겨 장안으로 갔다.

장안에 이르러서 마주는 중랑장(中郎將) 상하(常何)의 문객으로 유숙하게 되었다. 이 상하는 '현무문의 사태[玄武門之變]' 당시 현무문의 수문장으로서 이세민이 다른 형제들을 제압하고 실권을 장악하는 데 결정적인 도움을 준 인물이다. 황제가 된 이세민(당태종)은 조정의 문무백관 모두에게 시정(市政)의 잘잘못에 관해 글을 써서 올릴 것을 요구하였다. 그런데 상하는 무인 출신으로서 이를 해낼 능력이 못되어 전전긍긍하게 되었다. 이러한 상황을 알아차린 마주가 보은의 심정으로 상하에게 대필을 해주게 되었다. 연이어 20여 편의 문장을 대필하여 주었다. 글마다 모두 명문이었다. 이것이 마침내 당태종의 눈에 띄게 되었다. 당태종은 이 일련의 저작이 상하 본인의 저작이 아님을 알아차리고는 상하에게 그 원저자를 물었다. 진솔한 성품의 상하는 이것들이 자신의 문객으로 있는 마주의 저작이라는 사실을 숨김없이 밝혔다.

당시 임금들에게 신임을 받고 중용되었다고 하여 재빠르게 자신들의 총명함을 드러내며 마치 나라는 꼭 이렇게 다스려야 한다는 듯이 정책과 조치들을 화려하게 제시하였더라면, 그 임금들의 입장에서 이들을 한 번 기용하고서는 다시는 기용할 수 없었으리니, 이들은 마침내 사라지고 말았을 것이다. 그래서 명나라 태조 주원장은 해진(解縉)이 올린 포서서(庖西書)들에 대해 칭찬은 하면서도 채용하지 않고, 그 재능을 묵혀버리며 경건해야 한다는 가르침을 주었던 것이다. 그런데 안타깝게도 해진

이렇게 해서 당태종과 마주의 운명적인 만남이 실현되었다.

왕부지가 여기서 지적하고 있는 것은 바로 이 장면이다. 즉 마주가 곧장 자신의 신분과 재주를 드러내기 보다는 상하(常何)의 식객 노릇을 하면서 그 이름 뒤에 숨어서 상하의 문제를 해결하는 것으로 그 첫걸음을 내딛던 것을, 이 「상전」의 이괘(離卦)䷝ 초구효사에 대한 풀이 "첫발을 내딛는 영역이 현란하게 교차한 문채를 드러내고 있는 데서 경건하게 나아감이니, 그렇게 하여 허물을 피한다."에 해당한다고 본 것이다.

당태종은 그를 처음에 문하성(門下省)의 관리로 발탁하였다가(貞觀 5년; 632) 이듬해 곧 감찰어사(監察御使)에 임명하였다. 그런데 마주의 주도면밀한 일처리 능력과 거침없는 언변 및 훌륭한 인품은 금방 사람들에게 호평을 받게 되었다. 당태종도 마주를 발굴해낸 공(功)을 표창하며 상하에게 비단 300필을 하사할 정도로 마주와의 만남에 대해 기뻐하였다. 마주의 입장에서도 이렇듯 자신을 믿고 중임하는 당태종에게 감격하였다. 그리고 마침내 이러한 당태종을 통해 자신의 포부와 이상을 실현할 수 있다고 보고, 마주는 좋은 정치적 대안들을 제시하였다. 후대의 역사가들은 당태종의 통치를 중국 역사에서 드물게 보는 선정(善政)이라 보고 '정관의 통치[貞觀之治]'라고 부르는데, 이를 가능하게 한 것은 바로 이 마주의 능력이었다. 그야말로 『주역』 건괘 구이효사와 구오효사에서 말하는 '대인을 만남이 이롭다(利見大人)'고 함의 전형적인 예를 우리는 여기서 발견할 수 있다. 그러나 그 첫걸음은 「상전」의 이괘(離卦)䷝ 초구효사에 대한 풀이와 같았다는 것이 왕부지의 견해다.

스스로는 경건해야 한다는 것을 알지 몰랐던 것이다.[511)]

---

511) 해진(1369~1415)은 명나라 초기의 저명한 학자며 서예가, 정치가다. 양신(楊慎)·서위(徐渭) 등과 함께 '명나라 3대 천재'로 불릴 정도로 어려서부터 총명하였다. 20세에 급제하여 명 태조 주원장(朱元璋)으로부터 각별한 신임을 받았다. 그래서 명 태조는 늘 그를 자신의 곁에 있게 하였다. 어느 날 명 태조가 대포서실(大庖西室)에서 그에게 "짐과 그대는 의리로는 군신의 관계지만 은혜로는 부자의 관계와 같다. 그러니 짐과 그대 사이에는 못할 말이 없다는 것을 마땅히 알아야 할 것이다."라고 한 말에 고무되어, 그는 바로 당일 장문의 만언봉사(萬言封事)를 올려 개국한 지 얼마 안 되는 명나라에 시급한 정책과 소지를 제시하였다. 이를 본 명 태조는 그에게 '나라를 안정시키고 세상을 구제할 기재(安邦濟世之才)'가 있다고 극찬하였다. 얼마 지나지 않아 해진은 또 『태평십책(太平十策)』을 올려 다시 한 번 명나라가 나아갈 길을 제시하였다. 이 역시 태조의 칭찬을 받았다. 그러나 이러한 일련의 상소는 태조에게 진심으로 받아들여지지 않았고 오히려 마음의 부담으로 작용하였다. 그래서 나중에 그를 궁궐에서 물러나게 하는 데 작용하였다. 해진 스스로도 황제의 신임을 과신한 때문인지 언동을 전혀 조심하지 않고 함부로 해댔다. 당시 그는 병부(兵部) 소속이었는데 평상시 그의 행동거지가 얼마나 거만했던지 병부상서 심진(沈溍)이 특별히 이를 태조에게 보고할 정도였다. 물론 태조는 "해진이 단지 한가하고 무료해서 이렇게 제멋대로 구는 것뿐이다!"라고 대답하고 넘어갔으나 몇 개월 뒤 그를 감찰어사로 전보 조치하였다. 이 외에도 그의 장기인 초서(草書)로 남의 신원을 대필해준다든지 탄핵하는 글을 올린다든지 하여 세인의 원망을 샀다. 이에 부담을 느낀 태조는 해진의 아버지 해개(解開)가 입궐하여 태조를 배알하는 자리에서, 대기만성(大器晩成)의 기재(奇才)를 갖고 있으니 데리고 가 10여 년 더 수학하여 큰사람이 된 뒤 크게 쓰더라도 늦지 않다고 하며 그를 그의 아버지와 함께 돌려보냈다.
왕부지가 여기서 지적하는 것은 해진의 바로 이러한 일련의 행동들이다. 이제 막 조정에 등장한 처지에서 자신을 경건하고 신중하게 관리하지 않고 함부로 자신의 능력을 뽐내다가 결국은 정치 무대에서 배제되고 마는 것을 지적한 것이다.

六二, 黃離, 元吉.

육이: 노랗게 가운데가 밝음이니, 원래 길하다.

'黃'之爲色, 近白而不皎, 近赤而不炫, 與青黑居而不相揜, 能酌文質之中, 以麗物采而發其文者也. '元吉', 吉於始也.

'노랑'이라는 색깔은 흰색에 가까우면서도 눈부실 정도로 새하얗지는 않고, 붉은색에 가까우면서도 혼을 빼 놓을 정도로 농염하지는 않으며, 푸른색・검은색과 함께 있어도 서로 드러나는 것을 방해하지 않는다. 겉으로 드러나는 아름다움과 본바탕 속에 섞여서는 물(物)들의 색채를 화려하게 꾸며주며 그 드러나는 아름다움을 확 피어나게 할 수 있다. '元吉(원길)'은 원래 길하다는 의미다.

태조가 죽은 뒤, 조카인 제2대 황제 건문제(建文帝)를 몰아내고 제3대 영락제(永樂帝)가 등극하자 해진은 다시 발탁되었다. 한림원학사에 임명되어 황회(黃淮)・양사기(楊士奇) 등과 함께 문연각(文淵閣)에 입직하였고, 영락제의 명을 받아『영락대전(永樂大典)』을 수찬(修撰)하였다. 그러나 이후 태자의 옹립에 연루되어 귀양과 투옥을 거듭하던 끝에 반대파에 의해 해진은 동사(凍死)당하고 말았다. 이때 그의 나이 겨우 47세였다. 아까운 그의 재주가 비명에 가고 만 것이다. 돌이켜 보면 이는 언행에 신중하지 않은 그의 성품이 초래한 비극적 결말이라 할 수도 있다. 왕부지는 여기서 이를 애석해 하고 있다. 해진은 서예에 발군의 재주를 보였는데 특히 초서(狂草)에 뛰어났다. 작품집으로『자서시권(自書詩卷)』과『서당인시(書唐人詩)』가 있다. 오관(吳寬)은 해진의 이 서예 실력을 두고 당대 최고라고 평하였다.(『匏翁家藏集』, "永樂時, 人多能書. 當以學士解公爲首, 下筆圓滑純熟.") 저서에『문의집(文毅集)』이 있다. '문의(文毅)'는 그의 시호다.

水之相承, 源險而流平. 火之相繼, 始盛而終燼. 故'坎'道盛於五, '離'道盛於二. 人之有明, 待後念之覺者; 牿亡之餘, 僅存之夜氣, 終不可恃也. 若昭質之未虧者, 一念初發, 中道燦然於中, 自能虛以受天下之善, 而不蔽於固陋; 殆其已知, 更求察焉, 則感於情僞而利害生·私意起, 其所明者非其明矣. 故愚嘗有言: 庸人後念賢於前念, 君子初幾明於後幾. 天理在人心之中, 一麗乎正, 而天下之大美全體存焉, 夫子所以譏季孫之三思也. 其在治天下之理, 則開創之始, 天子居中而麗乎剛明之賢, 以盡其才, 則政教修明而中和建極. 若中葉以後, 更求明焉, 雖虛己任賢, 論治極詳, 且有如宋神宗之祇以召亂者. 此六二之吉, 所爲吉以元也. 占者得此, 當以始念之虛明爲正.

물이 서로 이어가며 흐르는 것을 보면 수원(水源) 부근에서는 험난하지만 하류로 흘러갈수록 평탄해진다. 이에 비해 불이 서로 이어가며 타는 것을 보면 처음에는 왕성하게 타오르다 마지막에는 깜부기불이 되고 만다. 그러므로 감괘(坎卦)䷜의 도(道)는 구오효에서 왕성하고 이괘(離卦)䷝의 도는 육이효에서 왕성하다.

사람이 태어날 때부터 지닌 밝음은 후천적으로 생각하는 깨달음에 의지하는 법인데, 사람 스스로 자꾸 질곡 시켜서 그것을 없애 버리니, 종국에는 겨우 존재하던 야기(夜氣)마저 기대할 수가 없게 되어버리고 만다.[512)]

---

512) 맹자의 말이다. 맹자는 제(齊)나라 근교에 있는 '우산(牛山)'이라는 민둥산을 예로 들어, 사람의 마음에 있는 본성이 본래 선하다는 것을 논증하였다. 그 대강의 내용은 다음과 같다. 우산의 숲이 본래는 매우 아름다웠으나 큰 나라의 교외에 있다 보니 끊임없이 사람들이 와서 도끼로 벌목해가 버려 그 아름다움을 잃어버렸다. 그래도 밤낮으로 소생하는 기(氣)와 비·이슬에 의해 새로이

그런데 만약에 그 환한 바탕이 아직 다 이지러져 버리지 않은 사람이라면, 하나의 생각이 처음 발할 적에 그 속에서 중도(中道)가 찬연하게 드러나니 스스로를 비운 채 세상의 모든 훌륭함을 다 받아들일 수 있다. 그래서 결코 고루함에 딱 막혀버리지 않을 수 있는 것이다. 그런데 이미 알고 있는 것들을 위태롭게 하며 거기에서 더 나아가 무엇인가를 살피게 되면, 진실과 거짓에 감응하여 이해가 생기고 사의(私意)가 생기니 그 밝은 것이 결코 밝은 것이 아니게 된다. 그래서 나는 일찍이 "보통사람들

싹이 터 올라오지만, 이제는 사람들이 소나 양을 거기에 방목시키니 저렇게 민둥산이 되어 버렸다는 것이다. 그런데 현재의 모습이 저렇게 민둥산이라 하더라도 저 우산에는 숲이 우거지게 할 본성은 여전히 있다고 하고 있다. 다만 조건의 형성만을 기다릴 뿐. 마찬가지로 사람에게도 본래 착한 본성이 있어 인의(仁義)를 행할 수 있는 마음이 있지만 사람들이 그 양심(良心)을 놓아버렸을 뿐이다. 그런데 사람의 기(氣)는 밤낮으로 순환하며 소생하니 새아침의 기(氣)가 청명하게 새로 이루어지지만, 이제 사람들은 육체가 지닌 욕구에 절어 반복적으로 그것을 못살게 굴어 질곡 시키니 그 야기(夜氣)조차 보존될 수가 없어 짐승과 다르지 않게 되어버린다고 한다. 그래서 마치 사람에게 그 선한 본성이 없는 것처럼 보이는 것이라 하였다. 그러나 이러한 이들에게라 할지라도 사람의 선한 본성은 여전히 잠재하고 있으니, 그것을 함양하는 수위지공(修爲之功)에 의해 얼마든지 소생이 가능하다고 하였다.(『孟子』, 「告子上」: 孟子曰, "牛山之木嘗美矣, 以其郊於大國也, 斧斤伐之, 可以爲美乎? 是其日夜之所息, 雨露之所潤, 非無萌蘖之生焉, 牛羊又從而牧之, 是以若彼濯濯也. 人見其濯濯也, 以爲未嘗有材焉, 此豈山之性也哉? 雖存乎人者, 豈無仁義之心哉? 其所以放其良心者, 亦猶斧斤之於木也, 旦旦而伐之, 可以爲美乎? 其日夜之所息, 平旦之氣, 其好惡與人相近也者幾希, 則其旦晝之所爲, 有梏亡之矣. 梏之反覆, 則其夜氣不足以存, 夜氣不足以存, 則其違禽獸不遠矣. 人見其禽獸也, 而以爲未嘗有才焉者, 是豈人之情也哉? 故苟得其養, 無物不長, 苟失其養, 無物不消. 孔子曰, '操則存, 舍則亡, 出入無時, 莫知其鄉.' 惟心之謂與?")

은 나중에 하는 생각이 이전에 한 생각들보다 현명하고, 군자는 애초의 정미(精微)한 마음의 발동이 뒤의 정미한 마음의 발동보다 밝다."라고 한 적이 있다. 하늘의 이치는 사람의 마음속에서 한결같이 올바름에 붙어 있는데 세상의 거대한 아름다움은 전체가 여기에 있다. 그래서 공자께서는 계손(季孫)이 세 번 이상 생각하는 것에 대해 비판했던 것이다.[513)]

세상을 다스리는 이치로 볼 적에도, 개국한 시초에는 천자가 중앙에 자리 잡고 있으면서 굳세고 밝은 현명한 신하들 사이에 끼인 채 그 재능을 다 발휘하면 정치와 교화가 찬란하게 빛을 발하며 중용의 도(道)에 의한 안정과 평화가 건립된다. 그러나 중엽 이후에 다시 밝음을 구한다면, 비록 자신을 텅 비우고 현명한 이들을 임용하며 안정된 정치를 논함이 극히 상세하다고 하더라도, 또한 송나라 신종(神宗)처럼 단순히 혼란만 초래하고 만다.[514)] 이 이괘䷝ 육이효의 길함도 새로운 시작이기 때문에

---

513) 계손은 계문자(季文子; ?~B.C.568), 즉 계손행보(季孫行父)를 가리킨다. 그는 춘추시대 노(魯)나라의 정경(正卿)으로서 무려 33년간(B.C.601~B.C.568)이나 집정하였다. 시호가 '문(文)'이기 때문에 '계문자(季文子)'라고 부른다. 그런데 그는 지나치게 소심한 사람이어서 섣불리 결정을 못하고 재삼재사 숙고하는 버릇이 있었다. 그러나 이것이 오히려 일을 그르칠 수 있다는 점을 들어 공자가 이렇게 비판한 것이다. 이 기록이 『논어』,「공야장」 편에 실려 있다.(季文子三思而後行, 子聞之, 曰, "再, 斯可矣.")

514) 송나라 신종은 제6대 황제다. 영종(英宗)의 맏아들로서 치평(治平) 3년(1066년) 맏아들로 옹립되었다가 이듬해에 즉위하였다. 즉위 당시 그의 나이는 20세였고, 재위 기간은 18년간(1067~1085)이었다. 그는 즉위한 뒤 당시 송나라의 누적된 가난과 허약함에 대해 불만을 느끼고 이를 바로잡아 부국강병한 나라를 만들고자 하였다. 이 바람을 이루기 위해 그는 평소부터 마음속으로 높이 평가하던 왕안석에게 명하여 개혁에 착수하였다. 이를 '왕안석 변법', 또는

하는 일이 길하다는 것이다. 점친 이가 이 효를 얻었다면 마땅히 시작할 때 갖는 생각으로 자신을 비우고 현명하게 함을 그 올바른 길[正道]로 해야 한다.

「象」曰: '黃離元吉', 得中道也.

「상전」: '노랗게 가운데가 밝음이니, 원래 길하다'는 것은 중용의 도를 얻었기 때문이다.

'희령 변법(熙寧變法)'이라 부른다. 이 개혁은 왕안석의 주지(主持) 하에 매우 기세가 높게 진행되었다. 왕안석은 '중국의 힘을 바탕으로 하여 중국의 재부를 만들어내고, 그 재부를 가져다 중국의 쓰임에 제공한다.(因天下之力以生天下之財, 取天下之財以供天下之費)'는 원칙에 입각하여 철저하게 개혁을 몰아붙였다. 그래서 농전수리법(農田水利法), 균수법(均輸法), 청묘법(青苗法), 면역법(免役法; 募役法이라고도 부름), 시역법(市易法), 방전균세법(方田均稅法) 등 일련의 개혁 법안을 연이어 반포하였고, 아울러 강한 군대를 목표로 보갑법(保甲法)과 장병법(將兵法)도 시행하였다. 이런 변법의 성과는 누구나가 다 목격할 정도로 분명하였지만, 마침내 실패로 막을 내리고 말았다. 왕안석 자신이 가진 결함과 변법 속에 담긴 여러 가지 폐단 및 제대로 된 시행을 못한 것이 그 주요 원인이라 할 수 있다. 그러나 자신들의 존립기반이 무너질 위기의식을 느낀 반대파[구법당]들이 결연하게 반대함으로 말미암아 신·구당 사이에 벌어진 오랜 기간의 싸움도 한 몫 했다고 말할 수 있다. 신종이 죽음으로써 이 변법은 폐지되었지만, 그 이후로도 신법당과 구법당은 계속해서 싸움을 벌였고, 이것이 결국 송나라의 국력을 약화시키게 되었다.

二·五皆中, 而二得其道矣.

이괘䷝의 육이·육오효는 모두 중앙에 자리 잡고 있는데, 그중에서도 육이효는 그 중용의 도를 얻은 것이다.

九三, 日昃之離, 不鼓缶而歌, 則大耋之嗟, 凶.

구삼: 해가 기운 밝음인데, 악기를 두드리며 노래하지 않는다면 상늙은이의 탄식을 하리라. 흉하다.

九三以剛居剛, 而爲進爻, 前明垂盡, 不能安命自逸, 而懷忿忮以與繼起爭勝, 不克則嗟, 所謂日暮途窮·倒行逆施者也. 生死者屈伸也, 樂以忘憂, 唯知此也. 衛武公耄而好學, 非自勞也, 有一日之生則盡一日之道, 善吾生者善吾死也, 樂在其中矣. '大耋之嗟', 豈以憂道哉! 富貴利達, 名譽妻子之不忍忘而已. 馬援跋足於武溪, 卒以召光武之疑怒而致凶, 況其下焉者乎!

이괘䷝ 구삼효는 굳셈[剛]으로서 굳셈의 위(位)를 차지하고 있고 나아감의 효가 되어 있다. 그런데 앞선 밝음의 드리움이 다하고 말았기 때문에 이제 구삼효로서는 자신의 운명에 안심하며 스스로 몸과 맘을 편안히 할 수가 없다. 그래서 분노와 해치고자 하는 마음을 품고 계속하여 다툼을 벌이는데, 이기지 못하면 참지 못하고 탄식을 한다. 이른바 '해는 벌써 저물었는데 갈 길은 멀어 급한 마음에 허둥지둥 하며 통상의 법규(常規)나 사람의 정리(情理)에 위배되는 짓을 저지름'[515]이라고 함이다.

그러나 삶과 죽음이란 굽혔다 폈다 하는 우주 순환의 일환이니 근심되는 일들을 즐겁게 정면으로 맞서 나아가야 한다. 오직 이것을 알아야 한다. 위(衛)나라의 무공(武公)516)이 늙어서도 학문을 좋아한 것은 결코 노고를

---

515) 『사기』, 「오자서열전(伍子胥列傳)」 편에 나오는 말이다. 원전에는 "吾日暮途遠, 吾故倒行而逆施之."로 되어 있다. 당시 오자서는 자신의 아버지와 형을 살해한 초나라의 평왕(平王)에게 복수하기 위해 월왕 합려의 군대를 이끌고 초나라를 격파한 뒤 초나라 평왕(平王)의 무덤을 파서 관을 부수고 그 시체를 꺼내 회초리로 300대를 때린 뒤에야 그쳤다. 이 말을 전해들은 그의 옛 친구인 신포서(申包胥)가 사람을 보내, "그대의 복수는 어찌하여 이다지도 심하다는 말인가. 내 듣건대 사람이 많으면 잠시 하늘을 이길 수 있지만 하늘은 반드시 그를 격파하고 만다고 하였네. 그대는 한때나마 평왕의 신하였는데 지금 죽은 그에 대해 그다지도 잔인하게 할 수 있나!(子之報讐, 其以甚乎! 吾聞之, 人衆者勝天, 天定亦能破人. 今子故平王之臣親北面而事之, 今至於僇死人, 此豈其無天道之極乎!)"라고 책망하였다. 이에 대해 오자서가 답하는 말이 이 말이다. 자신의 입장에서는 해는 벌써 저물었는데 갈 길이 멀어 가는 길을 되짚어 돌아오듯, 보통의 경우라면 말도 안 되는 짓을 할 수밖에 없었다는 것이다. 그러니 자신을 책망할 수 없을 것이라는 의미다. 이에 신포서는 진(秦)나라로 가서 7일 밤낮을 통곡하는 애절함으로 진애공(秦哀公)의 마음을 파고들어 그의 군대를 이끌고 와서 오자서의 군대를 격파하였다.

516) 위무공(B.C.852~B.C.758)은 서주(西周) 시기의 인물이다. 완정한 시호(諡號)는 예성무공(睿聖武公)이다. 주 왕실과 같은 '희(姬)' 씨로서 이름은 화(和)다. 위(衛)나라 리후(釐侯)의 아들이며 공백(共伯)의 동생이다. 어떤 학자들은 서주(西周)의 공화(共和) 시기의 공백화(共伯和)가 바로 위무공이라고 한다. 당시에 95세까지 장수한 인물로 이미 기록되어 있는데(『國語』, 「楚語上」: 昔衛武公年數九十有五矣, 猶箴儆於國.), 55년 동안 위나라 제후로 있으면서 매우 훌륭한 정치를 편 것으로 평가받고 있다. 재위 42년 되던 해에 견융(犬戎)이 주나라 유왕(周幽王)을 살해하자, 그는 평왕(周平王)을 보좌하여 견융을 평정하였다. 그러므로 평왕이 그를 공작(公爵)으로 올려주었다. 그의 시호에 '무(武)' 자가 들어간 것은 바로 이러한 공로를 참작한 것으로 보인다. 그의

자초한 것이 아니라, 하루를 산다 하면 하루의 도(道)를 다해야 하고 나의 삶을 잘 가꾸는 것은 곧 나의 죽음을 잘 가꾸는 것이며, 즐거움은 바로 그 속에 있다고 하는 태도였던 것이다. 그런데 '상늙은이의 탄식'이 어찌 도(道)를 우려한 것이겠는가! 그저 부귀와 현달(顯達), 명예와 처자식을 차마 잊지 못하여 하는 것일 따름이다. 마원(馬援)이 무릉(武陵)의 오계(五溪)에서 노령을 무릅쓰고 전공을 세우고자 발돋움을 하듯 애를 쓰다가 결국은 광무제의 의심과 노여움을 사서 흉함을 부르고 말았는데[517], 하물며 그보다 못한 이들이야!

아들 혜손(惠孫)은 위(衛)나라의 세족인 손씨(孫氏)의 시조가 되었다.

517) 마원(B.C.14~49A.D.)은 동한의 장군이다. 왕망(王莽)의 신(新)나라에서 그는 부풍군(扶風郡; 오늘날의 섬서성 興平의 동남 지역에 해당함)의 독우(督郵)를 지냈는데, 중죄인을 사사로이 놓아주었다가 몰리자 그 북쪽 변방(오늘날의 甘肅省 天水 지역)으로 도망을 가서 양치기로 지내기도 하였다. 왕망 말년에는 양주(涼州)를 차지하고 있던 외효(隗囂)에게 달려가서 몸을 의탁하였다. 후한 광무제 건무(建武) 4년(28년), 마원은 외효의 편지를 가지고 낙양(洛陽)에 갔다가 광무제의 환대를 받자 그만 거기에 눌러 앉았다. 그 4년 뒤에 외효가 후한(後漢)에 반기를 들자, 이를 진압하러 친히 출정하는 광무제를 따라서 마원도 함께 출격하였다. 그리고 외효의 사정에 대해 잘 알고 있는 자신의 지식을 활용하여 광무제가 쉽게 외효의 반란을 진압하도록 큰 도움을 주었다. 그 뒤로 마원은 크고 작은 전공을 세워 호분중랑장(虎賁中郎將)에 임명되었고, 건무 17년(41년)에는 복파장군(伏波將軍)이라는 직위를 받았다. 그래서 사람들은 그를 '마복파(馬伏波)'라고 불렀다. 복파장군으로서 그는 두 번의 정벌을 성공적으로 수행하여 이제 신식후(新息侯)에 봉해졌다. 그 뒤로 흉노족과 오환(烏桓)족이 침범하자 마원은 또, "사나이라면 마땅히 변방의 싸움터에서 죽어야 하거늘 그러다 말가죽에 시체가 싸여서 돌아올지언정 어찌 침상에서 아녀자와 함께 뒹굴겠는가!"라고 하며 출격을 자청하였다. 광무제는 그의 나이가 이미 고령임을 걱정하며 허락하지 않았다. 그러나 그가 말안장에

「象」曰: '日昃之離', 何可久也!

「상전」: '해가 기운 밝음'이니 어찌 오래갈 수 있으리오!

걸터앉아 아직 쓸 만하다는 것을 뽐내자 광무제는 마무(馬武), 경서(耿舒)와 함께 출정하도록 하였다. 광무제 건무(建武) 23년(47년), 무릉(武陵)의 오계(五溪) 지역에서 만족(蠻族; 오늘날의 토가족土家族)의 노략질이 심하였다. 그 추장인 상단정(相單程) 등을 중심으로 이들은 그곳 지형의 험악함에 기대 자못 강성한 세력을 이루며 날뛰었다. 그러자 광무제는 그 이듬해에 이미 62세에 달한 노령의 마원을 여기에 출정시켰다. 출정한 지 채 1년이 안 된 건무 25년(49년) 3월 마원의 군대는 호두산(壺頭山; 오늘날의 沅陵 동북쪽에 있는 산)에서 이들의 저항을 받았는데, 협곡의 물살이 너무나 급해 군사를 실은 배가 도저히 상류로 거슬러 올라갈 수가 없었다. 게다가 날씨는 덥고 습도는 높아 군사들 대부분이 전염병으로 죽고 말았다. 마원도 악전고투하다 이곳의 진중에서 죽었다. 그런데 광무제의 사위인 호분중랑장(虎賁中郎將) 양송(梁松)이 이곳으로 실태 조사를 나와 마원이 군사 작전에서 잘못을 범했고, 전쟁터에서 사사로이 수많은 진주를 거두어 들여 후송하였다고 보고를 올리고 말았다. 이 보고를 접한 광무제는 진노하여 그에게 수여한 '신식후'의 작위를 삭탈해버렸다. 그런데 이때 마원이 후송한 것은 사실 진주가 아니라 알맹이가 비교적 큰 남방의 율무 열매였다. 이것을 먹으면 몸이 가벼워지고 욕구가 감퇴한다. 그리고 남방의 습하고 더운 데서 생기는 독기를 이겨내는 데 효험이 있는 것이었다. 그런데 사람들은 이를 '남방의 진기한 보물[南土珍怪]'이라 오해하였고, 그것이 결국은 이런 비극적 결말을 낳고 말았다. 이를 역사에서는 '율무명주(薏苡明珠)', 또는 '율무의 비방(薏苡之謗)'이라고 부른다. 죄인으로 낙인이 찍힌 마원의 장례에는 감히 아무도 조문을 오려 하지 않았다. 이에 그의 처자식들과 조카 마엄(馬嚴)이 여섯 차례나 광무제에게 상소를 올려 겨우 정식으로 장례를 치를 수 있었다. 그리고 그로부터 30년이 지난 뒤에야 후한의 장제(章帝)가 그에게 '충성후(忠成侯)'라는 시호를 내려 주었다. 삼국 시기의 군벌인 마등(馬騰), 마초(馬超)가 마원의 후손이라고 한다.

知不可久, 則鼓缶而歌可矣. 少而不勤, 老而不逸, 謂之下愚.

오래갈 수 없다는 것을 안다면 악기를 두드리며 노래를 하면 될 것이다. 그런데 정작 소년에는 부지런히 하지 않다가 노년에야 아등바등하며 편할 날이 없는 것을 '제일 못난 이'라고 한다.

九四, 突如其來如, 焚如 · 死如, 棄如.

구사: 돌연히 그것이 오는 듯하고 불타는 듯하며 죽은 듯하다. 버려진 듯도 하다.

前明甫謝, 餘照猶存, 而失位之剛遽起而乘之, 羿 · 莽是也. 占此者, 小人雖盛, 可勿以爲憂.

앞선 밝음이 막 스러졌는데 아직 남은 빛이 희미하게 비추고 있음이다. 지위를 잃어버린 굳셈[剛]이 돌연히 일어나서 올라타는 격이니, 후예(后羿)[518]와 왕망[519]이 이에 해당한다. 점을 쳐서 이 효를 얻은 이는 소인들이

518) 후예(后羿)는 전설적인 인물로서 백발백중을 자랑하던 활쏘기의 명인이다. 전설 속에서는 두 시대에 걸쳐 각기 그의 활동상이 전해진다. 먼저 요임금 때의 후예다. 그 당시 하늘에 10개의 태양이 함께 출현하여 그 피해가 이만저만이 아니었다. 너무나 뜨거워서 대지가 말라붙고 초목은 시들었으며 사람들은 숨조차 쉴 수가 없을 지경이었다. 이에 천제(天帝)가 활을 잘 쏘는 이 후예를 보내 9개의 태양을 떨어뜨리고 1개의 태양만을 남겨 놓아 이 재앙을 가시게 하였다고 한다. 그래서 대지에 다시 생기가 소생하게 하였으니, 그를 '대예(大

비록 극성하고 있다 하더라도 근심거리로 삼지 않아도 된다.

「象」曰: '突如其來如', 无所容也.

「상전」: '돌연히 그것이 오는 듯하고'는 어디에서고 용납되는 곳이 없기 때문이다.

前明之餘燄, 猶足以灼始然之浮火而滅之.

앞선 밝음의 타다 남은 불꽃이지만, 오히려 막 붙는 떠돌이 불을 족히 붙여주고 꺼진다.

羿)'라고 부른다. 하(夏)나라 때도 후예(后羿)가 활약한 것으로 전해진다. 이때의 후예는 동이족 유궁씨(有窮氏)의 수령이라 한다. 그래서 그를 '이예(夷羿)', '후예(後羿)'라고도 부른다. 이 유궁씨 부족은 모두 활을 잘 쏘았으며, 후예는 그 가운데서도 가장 빼어났던 인물이다. 어떤 학자들은 후예(后羿)가 후예(後羿)와 대예(大羿)의 특징을 융합해서 만든 신화적인 존재에 대한 이름이라고 한다. 그런데 이 후예는 하(夏)나라 초기에 태강(太康)이 정치를 제대로 하지 못하자 궁정에서 정변을 일으켜 정권을 장악하였다. 그러나 그도 역시 그의 가신 한착(寒浞)에 의해 피살되고 말았다. 왕부지가 이 이괘(離卦)䷝의 구사효사에서 지적하는 것은 바로 이 점이다. 후예를 죽인 한착은 후예의 권위를 계승하기 위해서는 당시의 습속에 따라 마땅히 윗사람인 후예의 아내 상아(嫦娥)를 아내로 맞아야 했다. 그래서 이를 피해 상아는 달나라로 달아나 '광한궁(廣寒宮)'에서 살게 되었다고 한다.

519) 왕망에 대해서는 주267)을 참고하라.

六五, 出涕沱若, 戚嗟若, 吉.

육오: 눈물을 줄줄 흐르며 너무나 깊은 근심에 탄식을 하지만, 길하다.

後明繼前明而興, 以柔道居尊. 高宗宅憂而三年不言, 成王即政而嬛嬛在疚, 盡仁孝以慕先烈, 知艱難而戒臣工, 商・周之所以復明也.

이 육오효는 뒤의 밝음으로서 앞의 밝음을 계승하여 등극하였는데, 부드러움[柔]의 도(道)를 지닌 채 존귀한 지위를 차지하고 있다. 고종(高宗)이 부친상을 치르느라 3년 동안 말을 하지 않은 것이나[520] 성왕(成王)

520) 여기서 말하는 고종(高宗)은 상(商)나라 제23대 왕인 무정(武丁; ?~B.C.1192)을 가리킨다. 그의 덕이 높아서 존경할 만하기에 묘호를 이렇게 하였다고 한다. 무정은 반경(盤庚)의 동생인 소을(小乙)의 아들이다. 어렸을 적에 그는 밖에 역(役)을 나가서 일반 백성들과 함께 노역을 한 나머지, 백성들의 고통을 누구보다 잘 알게 되었다. 그는 즉위한 뒤에 부열(傅說)을 발탁하여 재상으로 앉혔고, 또 왕자일 적에 자신의 스승이었던 감반(甘盤)을 기용하였다. 그래서 무정은 이 둘의 보좌에 힘입어 통치 기반을 공고히 하고 국력을 증강함으로써 상(商) 왕조를 크게 부흥시켰다. 이러한 까닭에 무정을 '중흥의 왕(中興之王)'이라 부르며 '무정 대제(大帝)'라고도 부른다. 그의 재위 기간은 59년이며, 그가 죽은 뒤에는 그의 아들 조경(祖庚)이 왕위를 계승하였다.
왕부지가 여기서 지적하고 있는 것은 『서경』, 「열명(說命) 상」 편에 나오는 내용이다. 즉 무정이 왕위를 계승하여 아버지의 삼년상을 치르느라 묵언(默言)을 하였던 사실을 적시하고 있다. 그런데 무정이 삼년상을 마쳤는데도 계속 묵언을 하자, 신하들은 명령을 받을 수 없어 어찌 할 바를 모르겠다고 무정에게 일제히 간언(諫言)하였다. 그러자 무정은 자신이 세상에 올바른 본보기가 되어야 하는데 자신의 덕이 이에 어울리지 않아 말을 하지 않고 있노라 하며, 공손하고 묵묵히 올바른 길에 대해 생각을 하자 꿈속에 하느님께서 자신에게 이 즉위하여 아직 어린 나이에 의지할 곳 없이 없는 채 국가의 두통거리에 노출되었던 것이[521] 이에 해당한다. 고종은 인(仁)과 효(孝)를 다하며 선열들을 사모한 것이었고, 성왕은 나라의 상황이 당시 얼마나 어려운 처지에 놓여 있는지를 잘 알아 신료(臣僚)들을 경계토록 한 것이다. 바로 이러하였기 때문에 상(商)나라와 주(周)나라는 밝음을 다시 회복할 수 있었던 것이다.

훌륭한 보필을 내려 주었다고 하였다. 그리고는 꿈에 본 인물을 그려 널리 그 주인공을 찾게 하였고, 그렇게 해서 찾은 인물이 부열(傅說)이라고 기록하고 있다.(王宅憂, 亮陰三祀. 既免喪, 其惟弗言. 羣臣咸諫于王曰, 嗚呼, 知之曰明哲, 明哲實作則, 天子惟君萬邦, 百官承式, 王言惟作命, 不言, 臣下罔攸稟令. 王庸作書以誥曰, 以台正于四方, 惟恐德弗類, 玆故弗言, 恭默思道, 夢帝賚予良弼, 其代予言. 乃審厥象, 俾以形旁求于天下, 說築傅巖之野, 惟肖. 爰立作相, 王置諸其左右.)

521) '삼감(三監)의 난'을 일컫는다. 즉 성왕의 삼촌 셋(관숙管叔・채숙蔡叔・곽숙(霍叔)이 멸망한 은나라 주왕(紂王)의 아들인 무경(武庚)을 꼬드겨 반란을 일으킨 것을 말한다. 이때 무경은 은나라의 도읍이 있던 '빈(豳)'을 다스리고 있었는데, 이는 죽은 무왕(武王)의 유화정책에 의한 것이었다. 그런데 이 무경을 감시하라는 목적에서 무왕으로부터 영지를 하사받은 이들 삼촌 셋이 오히려 무경과 결탁하여 주나라에 반기를 든 것이다. 삼촌들, 그중에서도 맏이인 관숙은 주공의 섭정으로 말미암아 자신의 왕위 찬탈이 빗나가자 이렇게 주동하여 노골적으로 반기를 들었다. 이제 갓 왕위에 오른 12세의 성왕에게는 이것이 절체절명의 위기로서 크나큰 근심거리였다. 그런데 주공은 이 삼감의 난을 평정하고 섭정을 계속하며 나라의 기반을 공고히 한 뒤, 성왕이 20세에 이르자 정권을 그에게 넘겨주었다. 이에 관한 자세한 내용은 주451)을 참고하라. 『서경』, 「주서(周書)・대고(大誥)」 편에 그 일단이 실려 있기도 하다.

「象」曰: 六五之吉, 離王公也.

「상전」: 육오효의 길함은 왕공(王公)들 사이에 붙어 있기 때문이다.

'離'謂麗乎其位也. 仰承先烈, 而欲嗣其耿光, 非憂危以處之, 不勝其任矣. 元祐諸賢, 輔其君以改熙・豊之政而求快一時, 無惻怛不得已之情, 未能無過. 若曹丕定嗣而抱辛毗以稱快, 魏之不長, 婦人知之矣. 此專爲嗣君而言. 然君子守先待後, 亦可以此通之.

여기에서 말하는 '離(리)'는 구사효와 상구효의 사이에 끼인 채 그 지위를 차지하고 있다는 의미다. 그런데 선열들을 우러러 받들고 그들의 찬란한 영광을 이으려 하면 늘 위태롭게 여기며 노심초사하는 근심으로 대처하지 않고서는 그 대임을 감당치 못한다. 그럼에도 원우(元祐) 연간에 제현(諸賢)들이 임금을 도와 희령(熙寧)・원풍(元豐)[522] 연간에 시행한 왕안석의 신법들을 개폐하여 일시에 말끔히 정리하려던 것에서는[523]

522) 희령(熙寧)・원풍(元豐)은 왕안석을 기용하여 신법(熙寧變法)을 시행하였던 신종(神宗)의 두 연호다.

523) 원우(元祐)는 송나라 제7대 황제 철종(哲宗)의 첫째 연호로서 1086년에서 1094년까지 모두 9년간 사용하였다. 철종의 등극 당시 나이가 겨우 10세였으므로 이 기간에는 고태황태후(高太皇太后)가 집정하였다. 그녀는 제6대 황제인 신종(神宗) 당시부터 맹렬한 신법 반대론자였기 때문에 집권하자마자 대거 구법당(舊法黨)을 기용하여 왕안석의 신법인 '희령변법(熙寧變法)'을 모두 철폐하려 들었다. 그래서 사마광(司馬光)을 재상으로 앉히며 "희령(熙寧) 연간 이래 시행한 정책 가운데 불편한 것은 차례대로 철폐하라!"고 요구하였다. 사마광은 재상의 지위에 오르자마자 일체를 고려하지 않고 오로지 태황태후의 말만을 들으며 신법을 모조리 폐기하려 들었다. 이러한 이유로 해서 이후로

유감스럽게도 이와 다른 면이 드러났다. 즉 신법당으로서도 어쩔 수 없었다는 데 대한 연민의 정(情)이 없이 그저 매몰차게 밀어붙였으니 과오가 없을 수가 없었던 것이다. 또 조비(曹丕)도 후사(後嗣)로 결정되었을 때 너무나 기쁜 나머지 그 기쁨을 주체하지 못하고 신비(辛毗)를 끌어안고 탄성을 질러댔는데, 이를 보면 위나라가 더 이상 커지지 않으리라는 것을 아녀자들도 알 수 있었다.[524] 물론 이는 오로지 후사(後嗣)라는

'원우(元祐)'라는 말은 곧 구법당과 그 구성원을 지칭하게 되었다. 그런데 철종은 이에 대한 불만이 컸다. 그래서 태황태후가 죽자(1094) 철종은 친정(親政)을 표방하고 사마광을 몰아냈다. 아울러 소식(蘇軾)·소철(蘇轍) 등도 유배를 보냈다. 그리고는 장돈(章惇)·증포(曾布)와 같은 신법당(新法黨)의 인물들을 재기용하여 왕안석의 신법(熙寧變法)의 부흥을 꾀하였다. 그래서 보갑법(保甲法)·면역법(免役法)·청묘법(青苗法) 등을 다시 시행하여 농민들의 부담을 덜어주고 국력의 회복 기미[幾]를 띠게 하는 등 일정한 정도의 효과를 보았다. 그리고 이듬해에는 연호도 '소성(紹聖)'으로 바꾸었다. 그러나 여전히 구법당의 완강한 저항에 부딪혔고, 급기야 약관 24세의 나이에 병으로 요절함으로써(1100) 그의 뜻은 커다란 성취를 이루지는 못한 채 막을 내리고 말았다. 그는 북송 시기에 비교적 자주적으로 황권을 행사한 군주로 꼽힌다. 하지만 그의 재임 당시에 구법당과 신법당이 교대로 실권을 잡음으로써 당쟁이 더욱 격해졌으며, 그것이 결국은 북송 멸망의 한 원인을 제공하였다고 평가받는다.

524) 신비(辛毗)는 정확한 생몰 연대는 분명하지 않다. 영천(潁川) 양적(陽翟) 출신이다. 그는 원래 그의 형 신평(辛評)과 함께 원소(袁紹)를 섬겼다. 그래서 조조가 그를 사공(司空)에 임명하고 초빙하였으나 그는 이 부름에 응하지 않았다. 그러나 원소가 죽고 그의 아들들 사이에 싸움이 벌어진 결과, 신비가 섬기던 원담(袁譚; 원소의 맏아들)이 패하여 진퇴양난에 빠지게 되자 조조에게 투항할 의향으로 그를 사신으로 보냈는데, 조조는 신비의 인품에 반하여 자신이 끼고 있던 한(漢)의 황제(獻帝)에게 그를 의랑(議郎)으로 추천하였다. 그리고 나중에는 승상장사(丞相長史)·시중(時中)이 되게 하였다. 그래서 신비는 이제 조조의 사람이 되었다. 이후 신비는 조조의 아들 조비(曹丕;

문제에 한정하여 한 말이기는 하다. 그러나 군자가 옛것을 지키며 훗날을 기다려야 한다는 것은 이 점에서도 확인할 수 있다.

上九, 王用出征, 有嘉折首, 獲匪其醜, 无咎.

상구: 왕이 명을 내리니 출정하여 큰 공을 세우고 괴수의 목을 베는데 그 떨거지들

魏文帝), 그 손자 조예(曹叡; 魏明帝)를 모시며 삼대에 걸쳐 종사하였다. 조조가 죽기 4년 전(220), 대지 옹립을 둘러싸고 조조의 아들들 사이에 싸움이 벌어졌다. 조비(曹丕)에게는 맏아들이라는 명분이, 조식(曹植)에게는 셋째 아들이지만 인품과 재주가 뛰어나서 조조의 총애를 받고 있다는 점이 이점으로 작용하였다. 한 번 유예가 될 정도로 쉽게 결론이 나지 않았다. 그런데 신비가 원소의 두 아들 사이의 다툼에서 그랬듯이, 역시 '맏아들 세습'론을 취해 조비의 편을 들자 결국은 조비의 승리로 끝나고 말았다. 이에 조비가 너무나 기쁜 나머지 그 기쁨을 주체하지 못하고 철딱서니 없이 어린아이처럼 굴었던 행동을 왕부지는 여기서 지적하고 있다. 당시 조비가 보인 행동은 이 이괘䷝ 구오효사에서 경계하고 있는 것과는 정반대의 행위라는 것이다.

조조가 죽고 조비가 계승하자 신비는 더 이상 한(漢)의 헌제(獻帝)를 끼고 조대(朝代)를 유지하는 것이 의미가 없다고 보고, 조비로 하여금 헌제를 폐위하고 스스로 위(魏)의 황제가 되라 하였다. 신비의 안배와 조정에 도움을 받아 조비는 이를 시행하였다. 그리고 신비에게 관내후(關內侯)의 작위를 수여하였다. 또 뒤에는 광평정후(廣平亭侯)를 하사하였다. 명제(明帝)가 즉위하여서는 신비를 영향후(潁鄉侯)에 봉했다. 제갈량(諸葛亮)이 쳐들어와 위남(渭南)에서 웅거하며 위(魏)와 교전할 적에, 신비는 철저한 지공(遲攻) 작전으로 맞서 지친 제갈량이 군중(軍中)에서 죽게 만들었다. 제갈량이 죽은 뒤에 그도 얼마 안 가서 죽었다. 이처럼 신비는 충성심이 대단히 강한 인물이었고, 의로움이 넘쳐 군주에게 직언을 아끼지 않는 성품이었으며, 상황을 꿰뚫어보는 혜안을 지닌 인물이었다. 진수(陳壽)가 쓴 『삼국지(三國志)』에 그의 「전(傳)」이 있다.

은 그대로 두니 허물이 없다.

'王用', 王命之也. '有嘉', 歎美其功之辭. '折首', 罪人斯得也. 俘馘生死皆曰'獲'. '醜', 小類. '獲匪其醜', 脅從罔治也. 當嗣王之初, 必且有不軌之姦, 乘之妄動, 六五之憂危所以不釋也. 上九爲五所附麗以求明者, 而在外, 蓋胤后徂征・周公東征之象. 誅其首惡而兵刑不濫, 雖剛過而疑於亢, 實所不得而辭. 僅言'无咎'者, 所謂周公且有過也.

'王用(왕용)'은 왕이 명을 내린다는 의미다.[525] '有嘉(유가)'는 공을 세웠음에 대해 찬미하는 말이다. '折首(절수)'는 죄인을 잡았다는 의미다. 포로를 죽이는 것이든 살리는 것이든 모두 '獲(획)'이라 한다. '醜(추)'는 떨거지들을 말한다. '그 떨거지들은 그대로 두니'라 한 것은, 그 떨거지들이 괴수로부터 핍박을 받아 어쩔 수 없이 한 일이니 징치(懲治)하지 않는다는 의미다. 새로운 왕이 막 등극하였을 적에는 틀림없이 궤도에서 일탈한 간교한 무리들이 그 틈을 타서 망령된 짓을 한다. 그래서 왕을 상징하는 육오효는 그 근심과 위태로움을 내려놓지 못한다. 이러한 상황에서 이 상구효는 육오효가 딱 붙어서 세상을 밝혀달라고 의지하는 존재인데 지금 밖에 있으니, 아마 이는 윤후(胤后)가 정벌을 나간 것[526]이나 주공이

525) 이괘☲의 육오효를 왕으로 보고, 이 상구효는 그 명을 받드는 무장(武將)을 상징하는 것으로 본다. 그래서 왕부지는 이렇게 풀이한 것이다.

526) 『상서(尙書)』, 「하서(夏書)」, 「윤정(胤征)」 편에 나오는 말이다. 하나라의 임금 중강(仲康)이 막 왕위에 올랐을 적에 희화(羲和)가 제 할 일을 내팽개친 채 술과 음탕함에 빠져 허우적대자 윤후(胤后)가 중강의 명을 받들어 출정하여 이를 징치한 것으로 기술하고 있다.(惟仲康肇位四海, 胤侯命掌六師, 羲和廢厥

동쪽으로 정벌에 나섰던 것[527]을 상징하는 상이라 할 수 있을 것이다. 그런데 악랄한 짓을 한 그 괴수를 죽이지만 이러한 무력과 형벌의 사용이 결코 함부로 하는 것이 아니니, 비록 그 굳셈이 지나쳐서 목에 힘을 준 채 거만함을 떠는 것이라 의심을 사기도 하지만 실제로는 그렇게 말할 수가 없다. 그리고 이 효사에서 조심스레 '허물이 없다'고 말한 것은 이른바 '주공에게도 허물이 있다.'고 함[528] 때문이다.

職, 酒荒于厥邑, 胤后承王命徂征.) 희화(羲和)는 중국의 신화에서 태양신의 어머니로 나온다. 즉 희화는 제준(帝俊)의 부인으로서 10명의 아들을 낳았는데, 이들이 모두 태양이라 한다. 그래서 10개의 태양이 하늘이 함께 떠 있어서 너무 뜨거워 사람이 살 수가 없게 되자, 후예(后羿)가 이 가운데 아홉 개를 활로 쏘아 떨어트렸다는 것이다. 그리고 이 희화는 동쪽 큰 바다의 뽕나무 위에 사는데, 태양을 자신의 수레에 실어 동쪽에서 서쪽으로 옮겨준다고 한다. 그래서 태양의 사자(使者)라고도 한다. 이렇게 희화가 태양과 관련이 있기 때문인지 『상서』, 「요전」 편에서는 또한 그녀에게 하늘의 천문을 관측하여 달력을 만들어서 백성들에게 농사짓는 때를 가르쳐 주라는 명(命)을 내리고 있다.(乃命羲和, 欽若昊天, 曆象日月星辰. 敬授民時.)

527) 성왕의 등극 초기에 일어난 성왕 삼촌들의 반란, 즉 '삼감(三監)의 난'을 징치하기 위해 주공이 동정(東征)에 나선 것을 말한다. 자세한 것은 주451)을 참고하라.

528) 『맹자』, 「공손추(公孫丑) 하」 편에 나오는 말이다. 연(燕)나라 왕이 맹자에게 백성들이 반란을 일으켜 부끄러워 낯을 들 수 없다고 하였다. 맹자의 가르침과는 달리 어진 정치를 행하지 않음으로써 백성들에게 반란을 일으킬 소지를 주었다는 것에 대한 부끄러움일 것이다. 그러나 진가(陳賈)라는 이가 아첨하고자 하는 마음에서였던지 성인과오론을 내세운다. 그는 주공이 '삼감(三監)의 난'을 징치한 것을 예로 들고 있다. 어쨌거나 형제를 주살한 이 사건에서, 만약에 주공이 이들이 반란을 일으킬 것이라는 것을 알면서도 무경(武庚)에 대한 감시(監)를 맡겼다면 이는 그들을 잘못으로 유도하여 징치한 셈이니 불인(不仁)이요, 모르고서 맡겼다면 이는 부지(不知)라 하였다. 그리고 불인(不仁)이든 부지(不知)든 과오인 것만은 분명하다는 것이다. 이에 비하면 연

「象」曰: '王用出征', 以正邦也.

「상전」: '왕이 명을 내리니 출정하여'라는 것은, 나라를 바로잡는다는 이유에서라는 것이다.

言非窮兵黷武, 以天下未定, 不容不正也. 孟子承先聖而懼, 闢邪說以正人心, '歸斯受之', 亦此二爻之義. 讀『易』者以義類求之, 無不可占, 無不可學也.

이 상구효사에서 말하는 것은, 말하자면 군대를 곤고에 처하게 하거나 무력을 욕보이는 것이 아니라, 천하가 아직 안정되지 않았기 때문에 어쩔 수 없이 바로잡는다는 의미다. 맹자는 앞선 성인들을 계승하여 두려워하면서도 사설(邪說)들을 물리치고 사람들의 마음을 바로잡았는데, 그가 "돌아오면 받아들인다."[529]고 하였던 것은 역시 이들 두 효,

---

왕의 과오는 그다지 크지 않다는 것이 진가의 논리다. 그리고 진가는 맹자를 만나 이에 대해 직접 따졌다. 그러자 맹자는 어쨌거나 형제를 주살한 것이니 주공의 과오임은 분명하다고 하면서, 다만 그는 자신의 잘못을 뉘우치고 바로잡은 뒤 다시는 반복하지 않았으니 백성들의 눈에도 그 일련의 과정이 분명하게 드러나서 그를 우러러본다고 하였다. 이는 오늘날의 군자들이 자신의 과오를 처리하는 것과 다르다고 하였다.(曰, "周公, 弟也, 管叔, 兄也. 周公之過, 不亦宜乎? 且古之君子, 過則改之, 今之君子, 過則順之. 古之君子, 其過也, 如日月之食, 民皆見之, 及其更也, 民皆仰之. 今之君子, 豈徒順之, 又從而爲之辭.")

529) 맹자가 당시 세상을 둘로 나눌 정도로 위세를 떨치고 있던 양주(楊朱)와 묵적(墨翟)의 무리들이 유가로 돌아오는 경우에는 받아들여야 할 뿐이라 한 것을 말한다. 그런데 맹자는 이를 양(楊)·묵(墨) 양가(兩家)의 행태와

즉 육오·상구효의 의미와 같다. 이렇듯 『주역』을 읽는 사람들이 의로움과 같은 부류로써 의미를 추구한다면, 어떤 점(占)이든 못 칠 것이 없고 어떤 가르침이든 얻어내지 못할 것이 없을 것이다.

극명하게 대비시키며 말하고 있다. 즉 그는 돼지를 잡으러 쫓아가는 것에 비유하며, 이들 양가(兩家)는 이미 돼지가 상대방의 우리 속에 들어가 버렸는데도 그 속에까지 들어가서 끌고 나오는 것과 비교하여 말하고 있다.(『孟子』, 「盡心下」: 孟子曰, "逃墨必歸於楊, 逃楊必歸於儒. 歸, 斯受之而已矣. 今之與楊·墨辯者, 如追放豚, 旣入其苙, 又從而招之.")

지은이

왕부지(王夫之)

1619년 9월(음): 중국 호남성(湖南省) 형주부(衡州府; 오늘날의 衡陽市) 왕아평(王衙坪)의 몰락해가는 선비 집안에서 아버지 왕조빙(王朝聘; 1568~1647)과 어머니 담씨(譚氏) 부인 사이에 3남으로 태어났다. 어려서의 자(字)는 '삼삼(三三)'이었고, 성장한 뒤의 자(字)는 '이농(而農)'이었다. '부지(夫之)'는 그 이름이다. 왕부지의 호는 대단히 많다. 대표적인 것만을 소개하면, 강재(薑齋), 매강옹(賣薑翁), 쌍길외사(雙吉外史), 도올외사(檮杌外史), 호자(壺子), 일호도인(一瓠道人), 선산노인(船山老人), 선산병수(船山病叟), 석당선생(夕堂先生), 대명전객(大明典客), 관아생(觀我生) 등이다. 호는 20개가 넘는데, 스스로는 '선산유로(船山遺老)'라 불렀다. 왕부지와 함께 명조(明朝)의 세 유로(遺老)로 불리는 황종희(黃宗羲; 1610~1695)보다는 9살 아래고, 고염무(顧炎武; 1613~1682)보다는 6살 아래다. 동시대에 활약한 대학자 방이지(方以智; 1611~1671)보다는 8살 아래다.

1622년(4세): 자신보다 14살 연상의 큰형 왕개지(王介之; 1605~1687)에게서 글을 배우기 시작하다. 왕개지는 그의 자(字)를 좇아 '석애(石崖)선생'으로 불렸는데, 경학(經學)에 조예가 깊은 학자로서 『주역본의질(周易本義質)』과 『춘추사전질(春秋四傳質)』 등의 저술을 남겼다. 왕부지는 9살 때까지 이 왕개지로부터 배우면서 많은 영향을 받았다. 그런데 왕부지는 7살에 13경을 다 읽을 정도여서 '신동(神童)'으로 불렸다.

1628년(10세): 아버지에게서 경전을 배우기 시작하다.

1637년(19세): 형양(衡陽)의 재야 지주인 도씨(陶氏)의 딸에게 장가들다. 이해부터 숙부 왕정빙(王廷聘)에게서 중국의 역사를 배우기 시작하였다.

1638년(20세): 장사(長沙)의 악록서원(嶽麓書院)에 입학하다. 동학인 광붕승(鄺鵬升) 등과 함께 '행사(行社)'라는 독서 동아리를 만들어 경전의 의미와 시사(時事)에 대해 토론하였다.

1639년(21세): 관사구(管嗣裘)·곽봉선(郭鳳躚)·문지용(文之勇) 등 뜻이 맞는 벗들과 함께 '광사(匡社)'라는 동아리를 꾸려 정권의 잘잘못과 예측 불가능할 정도로 급변해가는 시사에 대해 토론하며 대안을 세웠다.

1644년(26세): 청나라 세조(世祖)가 북경에 천도하여 황제로 즉위하고 청나라 왕조를 세웠다. 왕부지는 명나라 멸망에 비분강개하며 『비분시(悲憤詩)』 100운(韻)을 짓고 통곡하였다. 그리고 형산(衡山)의 쌍길봉(雙吉峰)에 있는 흑사담(黑沙潭) 가에 초가집을 짓고 거처하며 '속몽암(續夢庵)'이라 불렀다.

1646년(28세): 비로소 『주역』을 공부할 뜻을 세우고 『주역패소(周易稗疏)』 4권을 지었다. 아버지로부터 『춘추』를 연구하여 저술을 내라는 명을 받았다. 도씨(陶氏) 부인과 사별하였다.

1647년(29세): 청나라 군대가 형주(衡州)를 함락시키자 왕부지 일가는 흩어져 피난길에 올랐다. 이 도피 생활 중 그의 아버지가 서거하였다.

1648년(30세): 왕부지는 형산(衡山) 연화봉(蓮花峰)에 몸을 숨긴 채 『주역』 공부에 더욱 매진하였다. 그러다가 기회를 타서 벗 관사구(管嗣裘) · 하여필(夏汝弼) · 성한(性翰; 승려) 등과 함께 형산 방광사(方廣寺)에서 거병하였다. 그러나 이 의병활동이 실패로 돌아가자 밤낮으로 험한 산길을 걸어가 당시 조경(肇京)에 자리 잡고 있던 남명정부 영력(永曆) 정권에 몸을 맡겼다. 병부상서 도윤석(堵允錫)의 추천으로 한림원 서길사(庶吉士)에 제수되었으나 부친상이 끝나지 않은 이유로 사양하였다.

1649년(31세): 왕부지는 조경(肇京)을 떠나 구식사(瞿式耜)가 방어하고 있던 계림(桂林)으로 갔다. 그리고는 다시 계림을 떠나 청나라 군대의 수중에 있던 형양(衡陽)으로 돌아와 어머니를 모시고 살게 되었다.

1650년(32세): 부친상을 마친 왕부지는 당시 오주(梧州)에 자리 잡고 있던 남명 정부를 다시 찾아가 행인사행인(行人司行人)의 직책을 맡게 되었다. 그런데 조정의 실세인 왕화징(王化澄)의 비행을 탄핵하다 그의 역공을 받아 투옥되었다. 농민군 수령 고일공(高一功; 일명 必正)의 도움으로 간신히 죽음을 면한 왕부지는 계림으로 가서 구식사(瞿式耜)의 진영에 합류하게 되었다. 그러나 청나라 군대가 계림을 핍박하는 바람에 다시 피난길에 올라 산간 오지에서 나흘을 굶는 등 갖은 고초를 겪었다. 이해에 정씨(鄭氏)부인과 재혼하였다.

1654년(36세): 상녕(常寧)의 오지 서장원(西莊源)에서 이름을 바꾸고 복식을 바꾼 채 요족(瑤族)에 뒤섞여 살았다. 이때의 경험으로 왕부지는 중국 소수민족들의 생활상을 알게 되었고, 이들에 대한 인식을 바꾸게 되었다. 그리고 명나라 멸망으로부터 얻은 교훈을 정리하는 저술활동에 몰두할 결심을 굳힌다.

1655년(37세): 진녕(晉寧)의 산사(山寺)에서 『주역외전』을 저술하였고, 『노자연(老子衍)』 초고를 완성하였다.

1657년(39세): 4년 가까이 지속된 도피생활을 마치고 서장원에서 돌아와 형산 쌍길봉(雙吉峰)의 옛 거처 속몽암(續夢庵)에서 기거하게 되었다. 그리고 유근로(劉近魯)의 집을 방문하여 6천 권이 넘는 장서를 발견하고는 그 독파에 시간가는 줄을 몰랐다.

1660년(42세): 속몽암으로부터 형양(衡陽)의 금란향(金蘭鄉; 지금의 曲蘭鄉) 고절리(高節里)로 거처를 옮겼다. 수유당(茱萸塘) 가에 초가집을 짓고 '패엽려(敗葉廬)'라 부르며 기거하였다.

1661년(43세): 정씨부인과 사별하였다. 정씨부인의 이해 나이는 겨우 29세였다. 아내의 죽음에 깊은 상처를 받은 왕부지는 그 쓰라린 감정을 애도(哀悼) 시로 남긴다.

1662년(44세): 남명(南明)의 영력제(永曆帝)가 곤명(昆明)에서 오삼계(吳三桂)에게 살해당했다는 소식을 듣고 『삼속비분시(三續悲憤詩)』 100운(韻)을 지었다.

1665년(47세): 여전히 패엽려에 기거하며 『독사서대전설(讀四書大全說)』 전 10권을 중정(重訂)하였다.

1669년(51세): 장씨(張氏)부인을 세 번째 부인으로 맞이하였다. 이해에 30세부터 써오던 근고체 시집 『오십자정고(五十自定稿)』를 펴냈다. 그리고 『속춘추좌씨전박의(續春秋左氏傳博議)』 상・하권을 지어서 부친의 유명(遺命)에 부응하였다. 수유당(茱萸塘) 가에 새로이 초가집 '관생거(觀生居)'를 짓고 겨울에 이사하였다. 그 남쪽 창가에 유명한 "六經責我開生面(육경책아개생면), 七尺從天乞活埋(칠척종천걸활매)"라는 대련(對聯)을 붙였다. 뜻은 "육경이 나를 다그치며 새로운 면모를 열어 보이라 하니, 이 한 몸 하늘의 뜻을 좇으며 산채로 묻어 달라 애걸하네!" 이제부터는 육경 공부가 하늘의 뜻인 줄 알고 거기에 온 생애를 걸겠다는 다짐으로 보인다. 중국 산천을 이민족에게 내준 것, 자신이 그것을 만회하기 위해 애썼지만 결국 부질없음으로 돌아간 것 등이 모두 하늘의 뜻이라 여기며, 이제 자신의 갈 길을 육경 공부로 정하였다는 것이다. 이것이 스스로 자부하는 문화민족으로서 한족(漢族) 지식인에게 허락된 길이라는 깨달음을 반영한 것으로 보인다.

1672년(54세): 『노자연(老子衍)』을 중정(重訂)하였다. 그러나 불행히도 그의 제자 당단홀(唐端笏)이 이것을 빌려갔다가 그 집이 불타는 바람에 그만 소실(燒失)되고 말았다. 지금 전해지는 것은 그가 37세 때 지은 초고본이다.

1676년(58세): 상서초당(湘西草堂)에 거처하기 시작하다. 『주역대상해(周易大象解)』를 지었다.

1679년(61세): 『장자통(莊子通)』을 짓다.

1681년(63세): 『상종락색(相宗絡索)』을 지었다. 그리고 제자들의 요청에 의해 『장자(莊子)』 강의용 『장자해(莊子解)』를 지었다.

1685년(67세): 병중임에도 제자들의 『주역』 공부를 독려하기 위해 『주역내전』 12권과 『주역내전발례』를 지었다.

1686년(68세): 『주역내전』과 『주역내전발례』를 중정(重訂)하였고, 『사문록(思問錄)』 내·외편을 완성하였다.

1687년(69세): 『독통감론(讀通鑑論)』을 짓기 시작하다. 9월에 병든 몸을 이끌고 나가 큰형 왕개지(王介之)를 안장(安葬)한 뒤로 다시는 바깥출입을 하지 않았다.

1689년(71세): 병중에도 『상서인의(尙書引義)』를 중정(重訂)하였다. 이해 가을에 「자제묘석(自題墓石)」을 지어 큰아들 반(攽)에게 주었다. 여기에서 그는, "유월석(劉越石)의❶ 고독한 울분을 품었지만 좇아 이룰 '명'(命)조차 없었고❷, 장횡거(張橫渠)의 정학(正學)을 희구했지만 능력이 부족하였다. 다행히 이곳에 온전히 묻히나❸ 가슴 가득 근심을 안고 세상을 하직하노라!"❹라고 술회하고 있다.

1690년(72세): 『장자정몽주(張子正蒙注)』를 중정(重訂)하였다.

---

❶ 유곤(劉琨, 271~318)을 가리킨다. '월석(越石)'은 그의 자(字)다. 유곤은 서진(西晉) 시기에 활약했던 인물이다. 그는 건무(建武) 원년(304년) 단필제(段匹磾)와 함께 석륵(石勒)을 토벌하게 되었는데, 단필제에 농간에 의해 투옥되었다가 죽임을 당하였다. 나중에 신원되어 '민(愍)'이라는 시호를 추서 받았다. 이처럼 자기도 모르는 사이에 진행된 일 때문에 정작 이적(夷狄)을 토벌하려던 입지(立志)는 펴보지도 못하고 비명에 간 유곤의 고분(孤憤)을 왕부지는 자신의 일생에 빗대고 있다.

❷ 이해는 명나라가 청나라에 망한 지 벌써 48년의 세월이 흐른 뒤이다. 왕부지는 명조(明朝)의 멸망을 통탄해 마지않았고, 끝까지 명조에 대한 대의명분을 지키며 살았다. 이처럼 한평생을 유로(遺老)로 살았던 비탄(悲嘆)이 이 말 속에 담겨 있다.

❸ 이 말은 그와 더불어 청조(淸朝)에 저항하였던 황종희(黃宗羲), 고염무(顧炎武), 부산(傅山), 이옹(李顒) 등이 비록 끝까지 벼슬을 하지 않으면서도 치발령(薙髮令)에는 굴복하여 변발을 하였음에 비해, 왕부지 자신만은 이에 굴하지 않고 죽을 때까지 머리털을 온존하며 복색(服色)을 바꾸지 않았음을 술회하는 것처럼 보인다.

❹ 王之春, 『船山公年譜』(光緒19年板), 「後篇」, 湖南省 衡陽市博物館, 1974: 抱劉越石之孤憤, 而命無從致; 希張橫渠之正學, 而力不能企. 幸全歸于玆邱, 固銜恤以永世."

1691년(73세): 『독통감론(讀通鑑論)』 30권과 『송론(宋論)』 15권을 완성하였다.

1692년(74세): 정월 초이튿날(음) 지병인 천식으로 극심한 고통 속에 서거하다.

[저서]

왕부지는 중국철학사에서 가장 방대한 양의 저술을 남긴 인물 중의 한 사람으로 꼽힌다. 대표적인 것만 꼽아도 다음과 같다.

『주역내전(周易內傳)』, 『주역외전(周易外傳)』, 『주역대상해(周易大象解)』, 『주역고이(周易考異)』, 『주역패소(周易稗疏)』, 『상서인의(尙書引義)』, 『서경패소(書經稗疏)』, 『시경패소(詩經稗疏)』, 『시광전(詩廣傳)』, 『예기장구(禮記章句)』, 『춘추가설(春秋家說)』, 『춘추세론(春秋世論)』, 『춘추패소(春秋稗疏)』, 『속춘추좌씨전박의(續春秋左氏傳博議)』, 『사서훈의(四書訓義)』, 『독사서대전설(讀四書大全說)』, 『설문광의(說文廣義)』, 『독통감론(讀通鑑論)』, 『송론(宋論)』, 『영력실록(永曆實錄)』, 『장자정몽주(張子正蒙注)』, 『사문록(思問錄)』, 『사해(俟解)』, 『악몽(噩夢)』, 황서(『黃書)』, 『노자연(老子衍)』, 『장자해(莊子解)』, 『장자통(莊子通)』, 『상종락색(相宗絡索)』, 『초사통석(楚辭通釋)』, 『강재문집(薑齋文集)』, 『강재시고(薑齋詩稿)』, 『곡고(曲稿)』, 『석당영일서론(夕堂永日緖論)』, 『고시평론(古詩評選)』, 『당시평선(唐詩評選)』, 『명시평선(明詩評選)』

김진근

연세대학교 철학과에서 학부, 대학원을 마침(문학사, 문학석사, 철학박사. 지도교수: 裵宗鎬・李康洙)
북경대학 고급진수반(高級進修班) 과정 수료(지도교수: 朱伯崑)

- 연세대학교, 덕성여대 등에서 강의
- 한국교원대학교 교수(현재)
- 국제역학연구원(國際易學硏究院) 상임이사
- 한국동양철학회(韓國東洋哲學會) 감사(전)
- 한국교원대학교 도서관장(전)

[대표 논문]

- '강남스타일'과 극기복례
- 왕부지의 『장자』 풀이에 드러난 '무대' 개념 고찰
- 왕부지의 겸괘 「대상전」 풀이에 담긴 의미 고찰
- '互藏其宅'의 논리와 그 철학적 의의
- 船山哲學的世界完整性硏究(中文) 외 30여 편

[저서]

- 왕부지의 주역철학
- 주역의 근본 원리(공저)

[역서]

- 완역 역학계몽
- 역학철학사(전8권, 공역) 외

한국연구재단
학술명저번역총서
[동양편] 613

주역내전 ❷

초판 인쇄 2014년 12월 01일
초판 발행 2014년 12월 15일

지 은 이 | 왕부지(王夫之)
옮 긴 이 | 김진근(金珍根)
펴 낸 이 | 하운근
펴 낸 곳 | 學古房

주 소 | 서울시 은평구 대조동 213-5 우편번호 122-843
전 화 | (02)353-9907 편집부(02)353-9908
팩 스 | (02)386-8308
홈페이지 | http://hakgobang.co.kr/
전자우편 | hakgobang@naver.com, hakgobang@chol.com
등록번호 | 제311-1994-000001호

ISBN 978-89-6071-453-3 94140
978-89-6071-287-4 (세트)

값 : 31,000원

■ 이 저서는 2011년 정부(교육과학기술부)의 재원으로 한국연구재단의 지원을 받아 수행된 연구임 (NRF-2010-421-A00022).
This work was supported by National Research Foundation of Korea Grant funded by the Korean Government (NRF-2010-421-A00022).

이 도서의 국립중앙도서관 출판시도서목록(CIP)은 서지정보유통지원시스템 홈페이지(http://seoji.nl.go.kr)와 국가자료공동목록시스템(http://www.nl.go.kr/kolisnet)에서 이용하실 수 있습니다.(CIP제어번호: CIP2014034843)

■ 파본은 교환해 드립니다.